디지털 교육

일러두기

각주는 해당 PART 끝에 수록된 참고문헌을 확인해 주세요.

디지털 교육

초판 발행 2025년 8월 25일

지은이 김성애, 김용성, 김한성, 박주연, 이소율
펴낸이 류원식
펴낸곳 **교문사**

편집팀장 성혜진 | **책임진행** 윤지희 | **디자인·본문편집** 신나리

주소 10881, 경기도 파주시 문발로 116
대표전화 031-955-6111 | **팩스** 031-955-0955
홈페이지 www.gyomoon.com | **이메일** genie@gyomoon.com
등록번호 1968.10.28. 제406-2006-000035호

ISBN 978-89-363-2663-0 (93370)
정가 25,000원

디지털 교육

DIGITAL EDUCATION

김성애 · 김용성 · 김한성 · 박주연 · 이소율 지음

교문사

새로운 시대의 교육자를 위한 디지털 항해를 시작하며

우리는 인공지능(AI)이 글을 요약해주고, 매끄러운 문장을 만들어주고, 원하는 스타일로 그림을 그리고, 코드를 짜고, 인간과 소통하는 것이 더 이상 낯설지 않은 시대, 즉 디지털 대전환의 중심에 서 있습니다. 이러한 변화의 물결은 우리 사회의 모든 영역에 깊숙이 스며들고 있으며, 특히 미래 세대를 길러내는 '교육'의 패러다임을 근본적으로 바꾸고 있습니다. 이제 교사에게 디지털 소양은 선택이 아닌 필수 역량이 되었으며, 바로 이 지점에서 예비교사들인 여러분에게도 필수적으로 요구되는 역량이 되었습니다.

이러한 시대적 요구에 부응하여 미래 교육의 주역이 될 여러분을 위해 2024년에 입학하는 예비교사들부터 필수 교직 소양 과목으로 지정된 것이 바로 '디지털 교육'입니다. 따라서 이 책은 여러분의 디지털 항해에 함께하고자 마련되었습니다. 단순히 디지털 기술을 소개하는 것을 넘어 '디지털'이라는 거대한 흐름을 이해하고, 이를 교육 현장에 효과적으로 접목하여 새로운 가치를 창출하는 혜안을 기르는 데 그 목적을 두고 있습니다.

이 책은 다음과 같은 질문에 대한 답을 찾아가는 여정으로 여러분을 안내할 것입니다.

PART 1에서는 '디지털 교육'을 전반적으로 조망하며, 우리가 맞이한 디지털 시대의 본질을 이해하고, 기존의 교육 방식과 디지털 교육이 무엇이 어떻게 다른지 근본적인 차이를 탐색합니다. 프로젝트 학습, 문제 중심 학습, 디자인 사고, 게임 기반 학습 등 다양한 디지털 교육 방법을 통해 변화하는 교육 환경에 대한 기초를 다지게 될 것입니다.

PART 2에서는 '디지털 활용 교육'의 세계로 더 깊이 들어갑니다. 폭발적인 잠재력을 지닌 생성형 AI의 교육적 활용 가능성, 그리고 미리캔버스, 패들렛과 같은 유용한 에듀테크 도구 사용법까지, 실질적인 수업 사례를 통해 디지털 도구를 창의적으로 활용하는 능력을 기릅니다.

PART 3에서는 '디지털 융합 교육'을 통해 여러 교과의 경계를 허무는 경험을 하게 됩니다. 간학

문적, 다학문적, 초학문적 접근을 이해하고, 디지털 교과 융합을 위한 다양한 교육방법을 통해 복잡한 미래 사회의 문제를 해결할 수 있는 융합적 사고를 갖춘 인재를 길러내는 수업을 설계할 수 있는 교사의 역량을 함양합니다.

PART 4에서는 기술의 발전 이면에 반드시 성찰해야 할 '디지털 윤리 교육'을 다룹니다. AI의 편향성, 프라이버시, 저작권 등 첨예한 윤리적 쟁점을 살펴보고, 하버드의 'Embedded Ethics'와 같은 선진 사례를 통해 학생들이 올바른 디지털 시민으로 성장할 수 있도록 이끌어줄 윤리 교육의 방향을 모색합니다.

그리고 마지막으로 부록에서 우리는 함께 '미래 디지털 교육의 방향'에 대해 토론하며 이 여정을 마무리하게 될 것입니다.

예비교사 여러분, 여러분은 태어날 때부터 디지털 환경을 경험한 '디지털 네이티브' 세대이지만, 여러분이 마주할 학생들은 더욱 고도화된 디지털 세상의 주인공들입니다. 이 책이 여러분의 손에 들려, 단순히 지식을 전달하는 교사를 넘어 학생들과 함께 질문하고, 탐구하며, 새로운 가능성을 열어가는 '디지털 시대의 안내자'로 성장하는 든든한 디딤돌이 되기를 바랍니다.

미래 교육을 향한 설레는 첫걸음, 이 책과 함께 힘차게 내딛으시길 응원합니다.

2025년 8월

예비교사 여러분들의 디지털 항해를 함께할

저자 일동

차례

PART 2
디지털 활용 교육

CHAPTER 4 에듀테크의 이해

CHAPTER 5 디지털 활용 교육 사례

PART 3
디지털 융합 교육

PART 4
디지털 윤리 교육

AI

PART 1

디지털과 디지털 교육

CHAPTER

1

디지털 사회와 교육의 변화

1. 디지털 사회

오늘날의 4차 산업혁명으로 인한 디지털 사회로의 전환은 사회 전반에 큰 변화를 가져왔고, 교육 분야도 미래 교육을 위한 새로운 변화에 직면했다. '4차 산업혁명'이라는 용어는 2016년 세계경제포럼인 다보스포럼에서 클라우스 슈밥(Klaus Schwab)에 의해 등장한 용어로 물리적 세계, 디지털 세계, 생물 세계가 융합되어 경제와 사회의 모든 영역에 영향을 미치는 새로운 시대를 일컫는다. 1차 산업혁명의 기계화, 2차 산업혁명의 대량 생산화, 3차 산업혁명의 정보화에 이어 4차 산업혁명은 로봇공학, AI(인공지능), IoT(사물인터넷), VR(가상현실)과 같은 혁신적인 기술이 우리가 살아가는 방식을 변화시키는 것을 의미한다. 디지털혁명(digital revolution)에서 '혁명'이라는 용어가 사용되는 이유는 3차 산업혁명을 통한 컴퓨터와 정보기술(IT)의 발전이 계속되면서 발전의 가속성이 폭발적이고, 그 영향력이 이전과 다르게 큰 힘을 가지기 때문이다.

그림 1-1 문명사적 대변혁

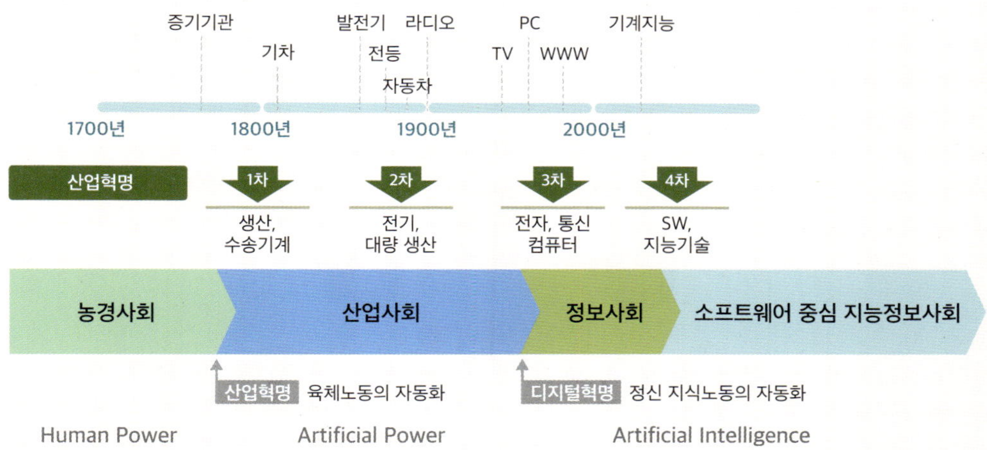

이러한 새로운 시대는 연결성을 강화시키고 탈중앙화, 분권, 공유와 개방, 맞춤 시대, 지능화 세계를 지향한다. 지능화 세계를 구축하기 위해 빅데이터, 블록체인, AI 등 여러 가지 기술들이 계속해서 진보하고 있다. 진정한 4차 산업혁명의 의미는 산업시스템뿐만 아니라 사회 전체 시스템의 변화에 있다. 4차 산업혁명의 핵심 기술을 활용하여 새로운 부가가치를 창출하는 방향으로 전 산업계가 발전하고 있으며, 교육 분야도 예외가 아니다. 4차 산업혁명 관련 신특허분류체계를 통한 핵심 기술과 핵심 분야는 **표 1-1**과 같이 16개가 있다. 먼저 '4차 산업 ICT 기반 기술'로는 AI(인공지능), 빅데이터, 클라우드 컴퓨팅, 차세대 통신, IoT(사물인터넷)가 있다. 다음으로 '융합 서비스 기술'로는 지능형 로봇, 자율주행차, 드론(무인기), VR/AR(가상/증강현실), 스마트 시티, 맞춤형 헬스케어, 혁신 신약이 있다. 마지막으로 '산업 기반 기술'로는 지능형 반도체, 첨단 소재, 신재생 에너지, 3D 프린팅이 있다.

표 1-1　4차 산업혁명의 핵심 기술과 핵심 분야

<table>
<tr><td>4차 산업
ICT 기반 기술</td><td colspan="12">AI(인공지능) | 빅데이터 | 클라우드 컴퓨팅 | 차세대 통신 | IoT(사물인터넷)</td></tr>
<tr><td rowspan="2">융합 서비스 기술</td><td colspan="4">지능형 로봇</td><td colspan="4">자율주행차</td><td colspan="4">드론(무인기)</td></tr>
<tr><td colspan="3">VR/AR(가상/증강현실)</td><td colspan="3">스마트 시티</td><td colspan="3">맞춤형 헬스케어</td><td colspan="3">혁신 신약</td></tr>
<tr><td>산업 기반 기술</td><td colspan="3">지능형 반도체</td><td colspan="3">첨단 소재</td><td colspan="3">신재생 에너지</td><td colspan="3">3D 프린팅</td></tr>
</table>

이러한 4차 산업혁명 관련 기술 관계도를 살펴보면 **그림 1-2**와 같다. 지능형 반도체, 첨단 소재, 신재생 에너지, 3D 프린팅과 같은 산업 기반 기술을 기저에 두고, 4차 산업 ICT 기반 기술인 AI(인공지능), 빅데이터, 클라우드 컴퓨팅, 차세대 통신, IoT(사물인터넷)를 바탕으로, 융합 서비스 기술인 지능형 로봇, 자율주행차, 드론(무인기), VR/AR(가상/증강현실), 스마트 시티, 맞춤형 헬스케어, 혁신 신약이 만들어진다.

그림 1-2　4차 산업혁명 관련 기술 관계도

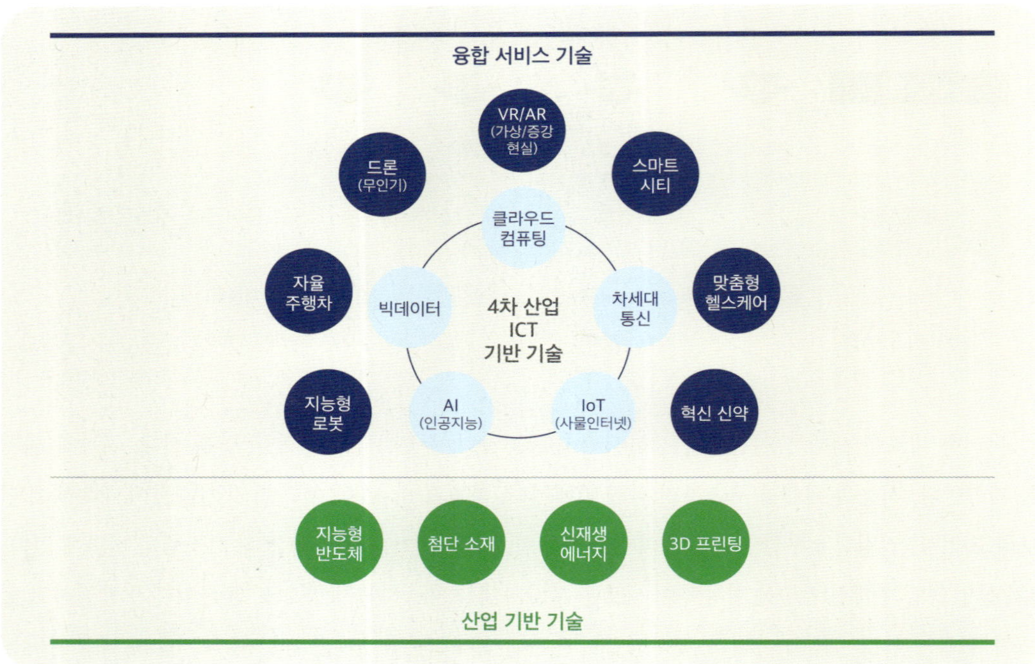

출처: 특허청. (2020). 기술혁신을 위한 '특허 빅데이터 활용' 길라잡이 보도자료.

더 나아가 현재의 시대를 디지털 심화 시대라고 부른다. 디지털 기술은 단순히 생산성 향상을 위한 도구를 넘어 경제와 사회 곳곳에서 함께하고 있으며, 초고속망으로 연결된 스마트폰을 통해 지도, 교통 예약, OTT, 쇼핑과 같은 서비스를 언제 어디서나 쉽게 사용할 수 있게 되었다. 키오스크, 서빙 로봇처럼 부족한 일손을 돕는 데 디지털 기술이 활용되고, 2022년 등장한 생성형 AI는 인간 고유의 영역으로 여겨졌던 창작의 영역까지 도전하면서 그림, 소설, 음악 등을 만들어내고 있다. 이렇게 디지털이 인간을 돕고 보완하는 것을 넘어, 인간과 함께 공존하는 시대를 '디지털 심화 시대'라고 한다. 디지털이 보조적 차원에서 활용된 디지털화에서, 디지털 기술이 인간의 역할을 보완했던 디지털 전환의 시대를 거쳐, 이제는 디지털 기술과 인간이 공존하는 디지털 심화 시대에 살고 있는 것이다. 업무 방식을 보면 DB화/정보 검색에서 클라우드/화상회의를 넘어 ChatGPT와 같은 생성형 AI를 활용하여 AI가 문서를 대신 작성하는 형태로 변화하고 있다. 또한 자동차의 이동 방식을 보면 내비게이션 사용에서 주행 보조 시스템, 더 나아가 완전 자율주행으로 발전하고 있다. 농업 분야의 생산 방식에서는 자동화 농기계에서 스마트팜으로, 그리고 더 나아가 AI(로봇) 농부가 등장하고 있다.[1]

그림 1-3 **디지털화, 디지털 전환, 디지털 심화 시대**

	디지털화(보조) digitalization	디지털 전환(보완) digital TX	디지털 심화(공존) digital sophistication
업무 방식(사무직)	**신속한 업무 처리를 위한** DB화, 정보 검색	**시공간 제약을 극복하는** 클라우드, 화상회의	**문서를 대신 작성하는** ChatGPT(생성형 AI)
이동 방식(자동차)	**빠르고 정확한 이동을 위한** 내비게이션	**안전·편의 향상을 위한** 주행 보조 시스템	**운전자의 개입이 없는** 완전 자율주행
생산 방식(농업)	**반복된 작업의 효율을 위한** 자동화 농기계	**생산성 향상과 비용 절감을 위한** 스마트팜	**스스로 수확하고 관리하는** AI(로봇) 농부

출처: 디지털 공론장. 새로운 디지털 질서. https://www.beingdigital.kr/front/digital_deepening_new.do

이러한 디지털 심화 시대의 혁신은 디지털 기술의 진보와 새로운 도전이 결합되면서 생겨나는데, 발전된 디지털 기술이 인류가 해결해 오지 못한 여러 가지 난제를 해결하기도 하고, 새로운 산업 생태계를 만들면서 경제 성장을 이끌기도 한다. 그리고 반면에 기존 사회를 이루던 질서와 충돌하면서 다양한 이슈와 논쟁거리를 만들기도 한다. 무인정보단말기(키오스크)로의 사회 변화는 디지털 격차의 문제를, 디지털 플랫폼 서비스의 확산은 기존 직업과의 갈등을 만들어 내고 있다. 최근 생성형 AI가 소설, 만화 등의 창작에 사용되면서 저작권 문제가 이슈가 되기도 한다. 이에 기존 질서와의 충돌을 극복하고 우리 사회가 디지털 혁신을 수용할 수 있도록 새로운 질서가 필요한 시점이다.

디지털 심화 시대가 다가옴에 따라 이에 대응하기 위해 정부는 디지털 공동번영사회(digital shared prosperity society)의 가치와 원칙에 관한 헌장인 '디지털 권리장전'을 개발하고 디지털 공동번영사회를 만들기 위한 미래 전략을 수립하고 있다. 디지털 권리장전에서는 디지털 심화 시대의 특징으로 다음의 4가지를 제시하였다.

① 플랫폼의 전방위적 확산

온라인 플랫폼을 중심으로 경제와 사회 전반의 상호작용이 이루어진다. 온라인 플랫폼은 사회 구성원 간의 효율적인 연결과 자원 배분을 가능하게 하고, 일반인들도 플랫폼을 통해 콘텐츠를 제공할 수 있게 된다. 아울러 플랫폼 비즈니스가 확대되고 고도화된다.

② 자동화(일의 변화)

디지털 기술이 다양한 업무 영역에 적용되면서 생산의 자동화가 가속화되고, 인간이 업무를 수행하는 방식도 변화한다. 지능화된 기계와 설비 등의 디지털 자본이 단순 반복적인 노동을 대체하고, AI는 더 많은 직업을 대체한다. 디지털 역량의 차이로 임금과 직업의 불균형이 심화될 수 있다.

③ 초개인화(맞춤화)

스마트폰 등 다양한 기기를 통해 정보를 수집해 개인별 맞춤형 서비스가 가능해지고, 상품의 추천을 넘어 의료, 교육, 금융, 법률 등의 영역으로 확장되면서 개인의 편익이 극대화된다. 개인의 선호, 성향, 습관, 신념까지 감시될 우려가 있다.

④ 가상화(융합화)

AI, IoT, 블록체인 등 디지털 기술의 혁신으로 가상세계와 현실세계의 융합이 빠르게 이루어진다. 탈중앙화가 이루어지고, VR(가상현실)이 확대된다.

'디지털 공동번영사회'는 디지털 기술이 가져오는 혁신을 추구하는 동시에 그 혁신의 혜택을 모두가 함께 누리는 사회를 의미한다. 정부에서는 디지털 심화 미래 시나리오를 구축하여 우리 사회가 함께 지향해 나갈 바람직한 미래상을 설정하고, 이를 구현하기 위한 미래 전략을 수립하였다. 시나리오의 핵심 축은 안정 추구/혁신 추구에 대한 선택, 다수의 혜택 향유/소수의 혜택 독점에 대한 선택의 두 축으로 이루어졌고, 구체적인 내용은 다음과 같다.

그림 1-4 디지털 심화 미래 시나리오

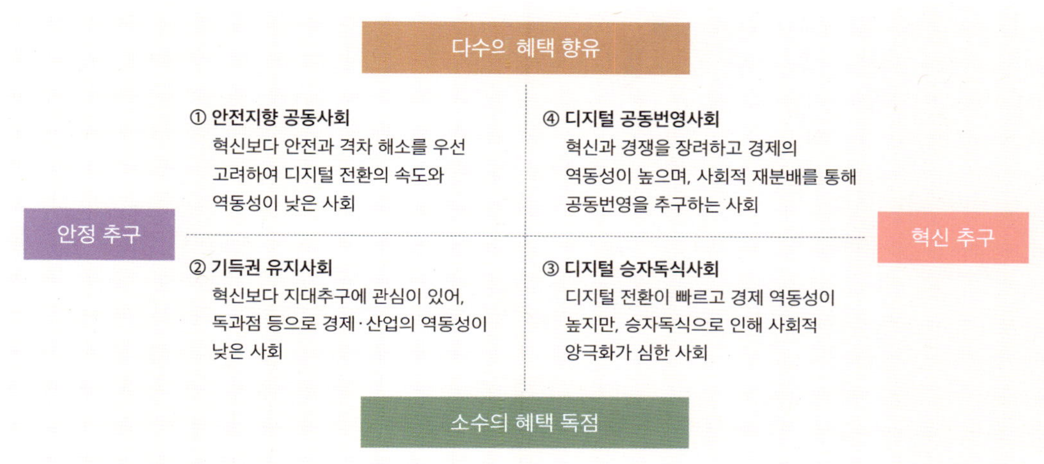

출처: 대한민국정부. (2024). 디지털 권리장전 해설서. 15.

디지털 공동번영사회는 '자유', '공정', '안전', '혁신', '연대'의 가치를 지향하며, 디지털 권리장전 제1장 제1조~제5조에서는 이를 실현하기 위한 5가지 기본 원칙으로 ① 자유와 권리의 보장, ② 공정한 접근과 기회의 균등, ③ 안전과 신뢰의 확보, ④ 디지털 혁신의 촉진, ⑤ 인류 후생의 증진을 제시하였다. 이어지는 제2장부터 제6장까지는 제1장(제1조~제5조)에서 제시한 기본 원칙을 실현하기 위한 세부적인 원칙을 기술하고 있다.

그림 1-5 디지털 공동번영사회

디지털 환경에서의 자유와 권리 보장

제6조 디지털 접근의 보장
제7조 디지털 표현의 자유
제8조 디지털 다양성 존중
제9조 개인정보의 접근·통제
제10조 디지털 대체수단 요구
제11조 디지털 근로·휴식의 보장

디지털에 대한 공정한 접근과 기회의 균등

제12조 공정경쟁의 촉진
제13조 디지털 자산의 보호
제14조 디지털 리터러시 향상
제15조 데이터 접근 보장
제16조 사회 안전망 강화

안전하고 신뢰할 수 있는 디지털 사회

제17조 디지털 기술의 윤리적 개발과 사용
제18조 디지털 위험 대응
제19조 디지털 프라이버시의 보호
제20조 건전한 디지털 환경 조성
제21조 아동·청소년의 보호

자율과 창의 기반의 디지털 혁신의 촉진

제22조 디지털 혁신활동의 자유
제23조 디지털 규제 개선
제24조 디지털 혁신 지원
제25조 디지털 전환에 따른 갈등 조정

인류 후생의 증진

제26조 지속 가능한 디지털 사회
제27조 국가 간 디지털 격차 해소
제28조 디지털 국제규범 등을 위한 협력

출처: 대한민국정부. (2024). 디지털 권리장전 해설서. 24.

정부는 '디지털 권리장전'을 통해 새로운 시대의 새로운 규범을 요구하고 있다. 다음은 디지털 권리장전의 전문이다.

디지털 공동번영사회의 가치와 원칙에 관한 헌장

디지털 권리장전

전 문

지금 인류는 디지털 기술의 무한한 가능성이 이끄는 문명사적 변혁을 마주하고 있다. 이는, 인간의 삶과 사회 모습에 근본적인 변화를 유발하면서 자유와 평등, 인간의 존엄과 같은 보편적 가치를 지키기 위한 새로운 차원의 규범을 요구하고 있다.

이에 우리는 인간의 존엄과 가치에 대한 존중을 기본으로 디지털 향유권이 인간의 보편적 권리로 보장되는 새로운 디지털 질서를 정립하여, 국제사회와 함께 디지털 혁신을 추구하면서도 그 혜택을 모두가 정의롭고 공정하게 향유하는 디지털 공동번영사회를 실현하고자 한다.

디지털 모범국가를 지향하는 대한민국은 디지털 공동번영사회를 함께 이루어나갈 것을 세계 시민 앞에 제안하며, 인류가 함께 추구해야 할 가치와 원칙을 아래와 같이 선언한다.

출처: 대한민국정부. (2024). 디지털 권리장전 해설서. 22.

2. 디지털 사회와 교육

"디지털 심화 시대'라는 표현을 들어본 적이 있는가'에 대한 조사 결과, 들어본 적이 있다고 답한 국민은 10명 중 과반이고, 디지털 기술이 심화(확산)되는 것을 체감하며 2030년이 되면 디지털 기술이 미래에 더 중요해질 것이라고 응답한 국민은 10명 중 9명인 것으로 보고되고 있다. 이는 일반 국민 대부분이 일상 영역에서 디지털 기술의 심화(확산)를 매우 많이 느끼며, 앞으로 디지털 기술의 중요성이나 변화의 체감도를 강하게 인식하고 있는 것을 보여준다. 국민 10명 중 9명은 의료(88.3%), 교육(89.8%), 교통(90.2%) 등의 일상생활 영역에서 디지털 기술이 2030년 미래에 더 중요해질 것이라고 답했다.[1]

그림 1-6 디지털 심화 시대에 대한 인식

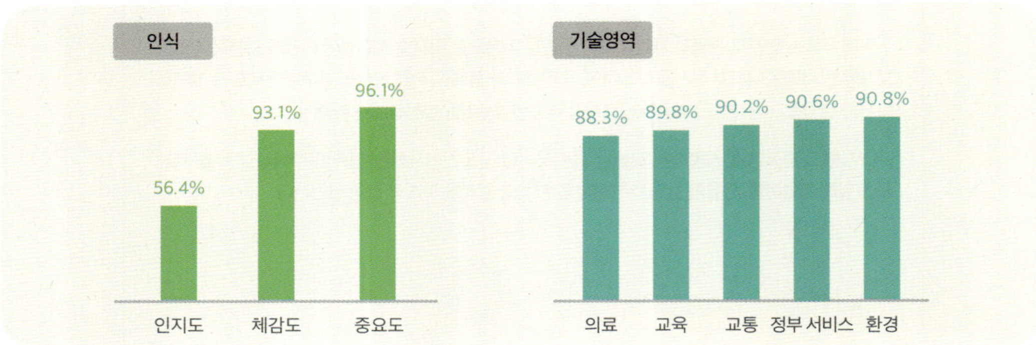

출처: 디지털 공론장. 디지털 심화대응 실태진단. https://www.beingdigital.kr/front/perception_survey.do

국민들은 디지털 심화 시대의 쟁점으로 '무인정보단말기(키오스크) 접근성 확대', '딥페이크를 활용한 가짜뉴스', '디지털 기술 활용 역량을 교육시키는 방법' 등 일상생활에 밀접한 쟁점들을 꼽았다.

표 1-2 디지털 심화 시대의 쟁점

순위	일상생활에 밀접한 쟁점	비율
1	무인정보단말기(키오스크) 접근성 확대	83.8%
2	딥페이크를 활용한 가짜뉴스	79.4%
3	디지털 기술 활용 역량을 교육시키는 방법	67.4%
4	디지털 재난, 사이버 위협에 대한 대응	66.5%
5	AI 기술을 개발하기 위한 제작물의 이용 범위	66.0%

출처: 디지털 공론장. 디지털 심화대응 실태진단. https://www.beingdigital.kr/front/perception_survey.do

교육이 이렇게 빠르게 발전하는 기술의 속도를 따라가는 것을 넘어 앞서 가야 국가적, 인류적 차원에서 성장이 이루어질 수 있다. 하버드대학교 경제학과 교수 로렌스 카츠(Lawrence Katz)와 클라우디아 골딘(Claudia Goldin)은 이를 '교육과 기술의 경주'로 비유하였다. 빠르게 변화하는 기술 발전과 이에 대응하기 위한 교육의 중요성을 논의하는 개념으로, 과학기술의 발달이 교육보다 앞서가면 사회적 고통이 발생하고, 교육이 과학기술의 발전보다 앞서가면 인류의 번영이 온다는 것이다. 교육이 기술 발전에 따라 변화하는 요구를 충족하기 위해서 교육과 기술은 대립적인 관계가 아니라 협력적인 관계여야 한다. 기술은 교육의 도구로 활용될 수 있으며, 교육은 기술을 발전시키고 기술에 대한 사회적 수용성을 높이는 역할을 할 수 있다.

그림 1-7 교육과 기술의 경주(OECD, 2019)

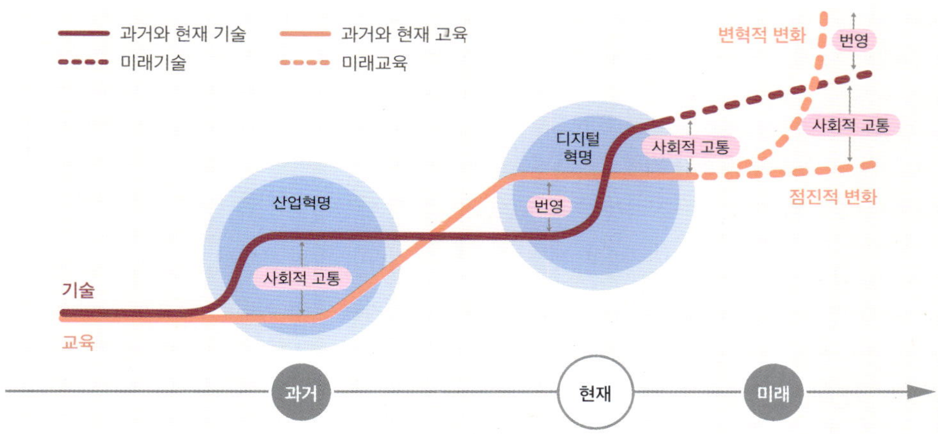

출처: 관계부처합동. (2022). 디지털 인재양성 종합방안.

4차 산업혁명으로 인한 디지털 사회의 전환과 더불어 2020년 전 세계가 유례없이 직면한 팬데믹 상황으로 인해 교육은 기술을 적극적으로 수용하는 방식으로 변화하게 되었다. 전 산업에서 비대면 시스템에 대한 전환이 빠르게 이루어지면서 교육 분야에서도 새로운 디지털 기술이 도입되고 원격 교육을 위한 인프라와 새로운 교수 학습이 나타나는 등 미래 교육 체제로의 전환이 가속화되고 있다. AI(Artificial Intelligence) 세계미래보고서 2023에 따르면 전 세계의 팬데믹으로 인한 비대면 교육, 즉 원격 교육의 확대가 디지털 기술의 발전을 더욱 가속화시켰으며, 원격 교육의 본격화를 강조하고 있다. 또한 VR(가상현실), AR(증강현실), XR(확장현실)과 같은 실감형 기술을 적용한 디지털 플랫폼은 온라인 및 원격 교육의 한계를 극복할 수 있는 방안으로 제시되고, 교수 매체와 교수 환경의 다양성을 가져온다고 하였다.[2] AI, VR/AR 등과 같은 첨단기술이 교육에 접목되면서 새로운 교육 방법, 교육 내용, 교육 환경 변화의 길을 모색하게 되었다. 교육(Education)과 기술(Technology)의 합성어인 에듀테크(EduTech) 분야가 발전하여 기존의 교육 서비스를 개선하거나 새로운 교육 서비스를 제공하는 방식으로 교육 혁신이 이루어지고 있다.

AI 기술은 전 세계의 산업 구조와 일자리를 변동시키는 핵심 기술로, 사회 변화를 가속화시키고 있어 전 세계는 AI 분야의 주도권을 선점하고 AI로 국가의 문제를 해결하고 사회 변화에 대응하기 위한 다양한 노력을 기울이고 있다. 교육 분야에서도 AI 시대의 인재 양성을 위한 적극적인 노력이 펼쳐지고 있다. 우리나라는 '2019년 인공지능 국가전략'에서 세계 최고의 AI 인재 양성 및 전 국민 AI 교육 체계 구축방안을 발표하고, AI를 가장 잘 활용하는 나라로 만들겠다는 계획을 발표하였다. 2022 개정 교육 과정에서는 AI 기초 역량 강화를 위해 초·중등 교육에서 정보 교과를 중심으로 단계적으로 AI 교육을 도입하고 타 교과와의 AI 융합 교육을 강조하고 있다.[3]

또한 전 국민을 대상으로 하는 디지털 역량 강화 사업을 통해서 AI를 포함한 디지털 역량 관련 평생교육을 확대하여 사회 전반의 AI 수용력을 높이고 있다. AI 고급 인재 양성 측면에서는 대학교에서 AI 관련 교과목을 필수로 운영하고, AI 관련 학과 체계 개편과 AI 석사·박사 인력 양성에 힘을 쏟고 있다. 더불어 AI와 타 전공과의 융합 역량을 강화하는 융합 트랙을 발굴하여 융합 인재를 확보하고, 기본 산업 인력의 재교육을 추진하는 등 다양한 형태로 AI 인재를 양성하고 있다. 보편 교육의 연장선이라고 할 수 있는 대학교의 교양 교육에서도 기초 소양 교육으로 AI 교육을 진행하고 있으며, 교육 내용 및 운영 방식에 대한 논의가 활발해지고 있다. 이렇듯 다양한 차원에서 전 국민의 AI를 포함한 디지털 역량 강화를 위한 노력은 교육 분야에서 새로운 도전이 되고 있다.

한편 새로운 디지털 기술의 도입은 전통적인 교수 학습의 모습에 변화를 가져왔다. 한 교사가 다수의 학생을 가르치는 전통적인 교실 수업에서 디지털 기술을 활용하여 교사와 학생들의 상호작용을 높이는 참여형 수업이 적극적으로 이루어지게 되었다. 또한 AI, 빅데이터 분석과 같은 새로운 디지털 기술의 도입은 학생의 자율성과 선택을 중시하는 학습을 가능하게 하고, 학생의 개인별 학습 수준과 속도를 분석하여 AI 기술을 통한 개별 맞춤형 교육, 적응형 학습(adaptive learning)의 실현 가능성을 높이고 있다.

더욱이 디지털 기술이 교육에 미치는 영향은 도구적 수단으로써 교수 매체, 교수 방법, 교육 환경에서의 혁신뿐만 아니라 교육 내용 자체를 변화시킨다는 데 큰 의미가 있다. 학생들은 변화하는 미래 산업 구조 속에서 필요한 문제를 스스로 찾고 해결할 수 있도록 디지털 기반 문제해결능력, 비판적 사고, 협력 능력 등의 미래 역량을 개발해야 한다. 더불어 프로그래밍과 데이터 분석 등 기초적인 디지털 역량을 강화하여 기술 중심의 세계에서 경쟁력을 갖추어야 한다. 또한 기술 발전 속도는 예측이 어려울 만큼 빠르게 진전되고 있으므로 학교 교육뿐만 아니라 성인 학습자를 대상으로, 지속적으로 역량을 개발할 수 있는 평생학습체계를 마련해야 할 것이다.

3. 디지털 역량과 미래 역량

디지털 대전환으로 인해 디지털 인프라가 사회경제 및 산업, 일상생활의 기본 인프라로 자리 잡게 되면서 디지털 역량은 선택이 아닌 필수가 되었다. 디지털 데이터의 개념을 이해하고, 컴퓨팅을 통해 문제를 해결하고, SW와 AI를 설계하는 능력은 시대적 요구이다. 산업시대의 읽고, 쓰고, 셈하는 기본 소양처럼 컴퓨팅 사고를 기반으로 한 SW · AI 활용 역량, 프로그래밍 능력은 디지털 시대에 창조적이고 창의적인 문제해결능력을 갖추는 데 필수이기 때문이다.

다양한 국내외 보고서에서도 미래 세대를 위한 디지털 교육과 미래 역량에 대해서 강조하고 있다. 2021년 맥킨지 보고서에서는 미래 일자리에 필요한 기본 시민 역량을 인지적 스킬, 대인관계 스킬, 자기 리더십 스킬, 디지털 스킬의 4개 영역으로 제시하고, 세부 역량을 56가지로 나누었는데, 주목할 점은 디지털 역량을 대분류로 새롭게 제시하고 있다는 점이다.[4]

그림 1-8 맥킨지 보고서(2021)에서 제시하는 기본 시민 역량

인지적 스킬

비판적 사고	계획 및 업무 방식	의사소통	정신적 유연성
구조화된 문제 해결	업무 계획 개발	스토리텔링 및 공개 발표	창의성과 상상력
논리적 추론	시간 관리 및 우선순위 설정	올바른 질문하기	지식의 다양한 맥락 적용
편향 이해	민첩한 사고	메시지 통합	관점 전환
관련 정보 찾기		적극적 경청	적응력, 학습 능력

대인관계 스킬

시스템 활성화	관계 형성	팀워크 효과성
롤모델 되기	공감	포용성 증진
윈윈 협상	신뢰 형성	다양한 성격 동기 부여
영감을 주는 비전 제시	겸손	갈등 해결
조직 인식	사교성	협업
		코칭
		역량 강화

(계속)

자기 리더십 스킬

자기 인식 및 자기 관리	기업가 정신	목표 달성
감정과 반응 이해	용기와 도전 정신	주도권과 결단력
자기 통제 및 조절	변화 주도와 혁신	성취 지향
강점 이해	에너지, 열정, 낙관주의	끈기와 인내
성실성	기존 틀 깨기	불확실성 극복
자기 동기 부여 및 웰빙		자기 개발
자기 신뢰		

디지털 스킬

디지털 유창성 및 시민의식	SW 사용 및 개발	디지털 시스템 이해
디지털 리터러시	프로그래밍 리터러시	데이터 리터러시
디지털 학습	데이터 분석 및 통계	스마트 시스템
디지털 협업	컴퓨팅 및 알고리즘 사고	사이버 보안 리터러시
디지털 윤리		기술 번역 및 적용

출처: McKinsey & Company. Defining the skills citizens will need in the future world of work. https://www.mckinsey.com/industries/public-sector/our-insights/defining-the-skills-citizens-will-need-in-the-future-world-of-work

디지털 스킬의 핵심은 '디지털 리터러시'로 고용, 양질의 일자리, 기업가 정신 등을 위해 디지털 기술로 정보를 안전하고 적절하게 접근, 관리, 이해, 통합, 소통, 평가, 생성하는 능력으로 정의한다. 세부 역량으로는 디지털 유창성 및 시민의식, SW 사용 및 개발, 디지털 시스템의 이해를 포함한다.

- **디지털 유창성 및 시민의식**: 디지털 리터러시, 디지털 학습, 디지털 협업, 디지털 윤리
- SW **사용 및 개발**: 프로그래밍 리터러시, 데이터 분석 및 통계, 컴퓨팅 및 알고리즘 사고
- **디지털 시스템 이해**: 데이터 리터러시, 스마트 시스템, 사이버 보안 리터러시, 기술 번역 및 지원

'디지털 리터러시'는 기존에는 텍스트, 이미지, 오디오 등 디지털 자원의 의미를 이해하고 이를 생산하는 데 필요한 기술적 관점에 초점을 맞춘 용어였으나, 최근에는 디지털 리터러시의 소양적 차원을 바탕으로 테크놀로지에 대한 지식, 기능, 태도를 총체적으로 포괄하는 개념인 '디지털 역량'의 관점으로 접근하고 있다. 유네스코(2018)는 '디지털 리터러시'를 취업, 양질의 일자리, 창업과 같은 목적을 가지고 디지털 기술을 활용하여 정보를 안전하고 적절하게 탐색하고, 관리하고, 이해하고, 통합하고, 소통

하고, 평가하고, 창조할 수 있는 능력으로 정의했다.[5] 유네스코의 각 역량 영역별 세부 역량을 정리하면 다음과 같다.[6]

표 1-3 유네스코의 각 역량 영역별 세부 역량(2018)

역량 영역	세부 역량
0. 하드웨어와 소프트웨어의 기초	0.1. 전원 켜기/끄기, 충전 등 하드웨어에 대한 기본 지식, 잠금장치 0.2. 사용자 계정 및 암호와 같은 소프트웨어에 대한 기본 지식, 로그인, 개인정보 설정 방법 등
1. 정보 및 데이터 리터러시	1.1. 데이터, 정보, 디지털 콘텐츠의 탐색, 검색, 필터링 1.2. 데이터, 정보, 디지털 콘텐츠의 평가 1.3. 데이터, 정보, 디지털 콘텐츠의 관리
2. 의사소통 및 협력	2.1. 디지털 기술을 통한 상호작용 2.2. 디지털 기술을 통한 공유 2.3. 디지털 기술을 통한 시민의식 참여 2.4. 디지털 기술을 통한 협업 2.5. 네티켓 2.6. 디지털 정체성 관리
3. 디지털 콘텐츠 생성	3.1. 디지털 콘텐츠 개발 3.2. 디지털 콘텐츠 통합 및 재작성 3.3. 저작권 및 라이선스 3.4. 프로그래밍
4. 안전	4.1. 보호 장치 4.2. 개인 데이터 및 개인정보 보호 4.3. 건강과 웰빙 보호 4.4. 환경 보호
5. 문제 해결	5.1. 기술적인 문제 해결 5.2. 요구 파악 및 기술적 대응 5.3. 디지털 역량 격차 파악 5.4. 컴퓨팅 사고력
6. 직업 관련 역량	6. 직무 수행에 필요한 지식과 기술, 특정 분야에 특화된 하드웨어/소프트웨어 운영, 엔지니어링 설계 소프트웨어 및 하드웨어 도구, 또는 학습의 사용, 완전한 온라인 또는 혼합 과정을 제공하는 관리 시스템

출처: UNESCO. (2018). ICT competency framework for teachers. Paris: United Nations Educational, Scientific and Cultural Organization, France. https://iite.unesco.org/pics/publications/en/files/3214694.pdf (2021. 8. 10.)

JISC(2014)는 영국의 국가 수준 연구를 통해 '디지털 리터러시'를 디지털 사회에서 개인이 삶, 학습, 직업을 영위하기 위한 필수 능력으로 정의하고, 기술의 다양성과 변화에 대응하기 위한 필수 소양을 제시하였다.[7] 유럽의 DigComp 2.0 보고서(2016)에 따르면 '디지털 역량'은 유럽연합(EU)에서 평생 학습을 위한 8대 핵심 역량으로 인정받았으며, 사회와 경제에 대한 적극적인 참여를 보장하기 위해 모든 시민이 습득해야 하는 21세기 기술과 관련 있다고 보고되었다. 또한 일, 고용 가능성, 학습, 여가, 포용, 사회 참여와 관련된 목표를 달성하기 위해 정보통신기술(ICT)을 자신감 있고 비판적이며 창의적으로 사용하는 것으로 광범위하게 정의하였다.[8] 2016년에 공개된 DigComp 2.0에서는 디지털 역량의 5가지를 정보·데이터 리터러시, 의사소통과 협업, 디지털 콘텐츠 제작, 안전, 문제 해결로 범주화하고, 개념적 참조 모델을 제시하였다. 이후 2017년에는 DigComp 2.1 버전을 발표하였으며 숙련도 레벨을 기존 3단계에서 8단계로 세분화하였고, 2022년에는 DigComp 2.2 버전을 발표하여 각 역량 영역에 지식, 기술, 태도의 구체적 예시를 추가하였다.

표 1-4 DigComp 2.1의 개념적 참조 모델(JRC, 2017)

역량 영역	세부 역량
정보·데이터 리터러시	1.1. 데이터, 정보, 디지털 콘텐츠의 탐색, 검색, 필터링 1.2. 데이터, 정보, 디지털 콘텐츠의 평가 1.3. 데이터, 정보, 디지털 콘텐츠의 관리
의사소통과 협업	2.1. 디지털 기술을 통한 상호작용 2.2. 디지털 기술을 통한 공유 2.3. 디지털 기술을 통한 시민의식 참여 2.4. 디지털 기술을 통한 협업 2.5. 네티켓 2.6. 디지털 정체성 관리
디지털 콘텐츠 제작	3.1. 디지털 콘텐츠 개발 3.2. 디지털 콘텐츠 통합 및 정교화 3.3. 저작권 및 라이선스 3.4. 프로그래밍
안전	4.1. 보호 장치 4.2. 개인 데이터 및 개인정보 보호 4.3. 건강과 웰빙 보호 4.4. 환경 보호
문제 해결	5.1. 기술적인 문제 해결 5.2. 요구 파악 및 기술적 대응 5.3. 창의적인 디지털 기술 활용 5.4. 디지털 역량 차이 정의

출처: Carretero, G. S., Vuorikari, R., & Punie, Y. (2017). DigComp 2.1: The Digital Competence Framework for Citizens with eight proficiency levels and examples of use. Publications Office of the European Union.

또한 디지털 지능 연합(CDI)은 세계경제포럼, OECD, IEEE 표준 협회, DQ 연구소의 참여를 통해 형성된 플랫폼으로, 디지털 지능(DQ)을 측정하기 위한 디지털 문해력, 기술, 준비도에 대한 글로벌 표준을 제안하였다. 이는 디지털 시민성, 디지털 창조성, 디지털 경쟁력의 영역별로 디지털 정체성, 디지털 활용, 디지털 안전, 디지털 보안, 디지털 정서 지능, 디지털 상호작용, 디지털 리터러시, 디지털 권리까지 8개의 영역으로 나누어 세부 내용을 제시하고 있다.[9]

그림 1-9 DigComp의 핵심 역량 프레임워크(JRC, 2017)

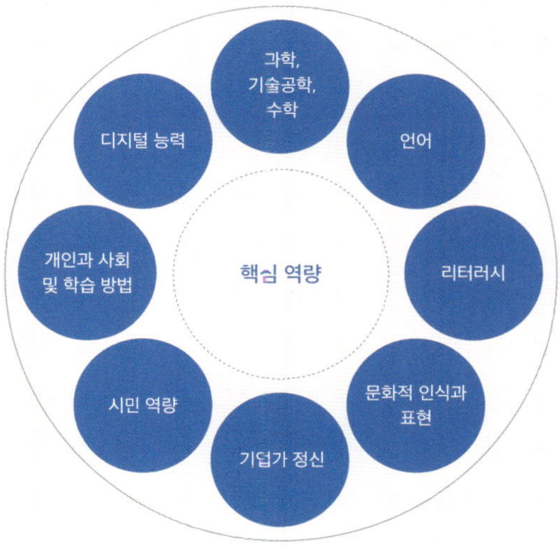

출처: Carretero, G. S., Vuorikari, R., & Punie, Y. (2017). DigComp 2.1: The Digital Competence Framework for Citizens with eight proficiency levels and examples of use. Publications Office of the European Union.

그림 1-10 디지털 지능의 글로벌 표준(DQ 연구소, 2019)

출처: Park, Y., & Gentile, D. (2019). DQ global standards report 2019: Common framework for digital literacy, skills and readiness. DQ institute.

표 1-5 디지털 지능의 프레임워크(DQ 연구소, 2019)

구분	디지털 시민성	디지털 창조성	디지털 경쟁력
1. 디지털 정체성	디지털 시민의 정체성	디지털 공동 창작자 정체성	디지털 체인지메이커 정체성
2. 디지털 활용	균형 있는 기술의 사용	건강한 기술의 사용	시민적인 기술의 사용
3. 디지털 안전	사이버 위기 관리에 대한 대처	사이버 위기 관리의 내용	상업적, 커뮤니티와 관계된 사이버 위기 관리
4. 디지털 보안	개인의 사이버 보안 관리	네트워크 보안 관리	조직적인 사이버 보안 관리
5. 디지털 정서 지능	디지털 공감	자기 인식 및 관리	관계 관리
6. 디지털 상호작용	디지털 평판 관리	온라인 커뮤니케이션과 협업	대중과 대중 의사소통
7. 디지털 리터러시	미디어, 정보 리터러시	콘텐츠 제작 및 컴퓨팅 리터러시	데이터 및 AI 리터러시
8. 디지털 권리	사생활 관리	지식 재산권 관리	참여 권한 관리

출처: Park, Y., & Gentile, D. (2019). DQ global standards report 2019: Common framework for digital literacy, skills and readiness. DQ institute.

국내에서는 한국교육학술정보원(2020)은 '디지털 역량'을 디지털 사회의 구성원으로서 자주적인 삶을 살아가기 위해 필요한 기본 소양으로, 윤리적 태도를 가지고 디지털 기술을 이해 · 활용하여 정보를 탐색 · 관리하고 창작을 통해 문제를 해결하는 실천적 역량으로 정의하였다. 이러한 미래 역량에 대한 논의에 발맞춰 우리나라도 2022 개정 교육 과정에서 기존의 언어 소양 및 수리 소양 이외에 디지털 소양의 개념을 초 · 중 · 고 학생들을 위한 기초 소양으로 제시하였다. '디지털 소양'은 디지털 지식과 기술에 대한 이해와 윤리의식을 바탕으로 정보를 수집 · 분석하고 비판적으로 이해 · 평가하여 새로운 정보와 지식을 생산 · 활용하는 능력을 말한다. 2022 개정 교육 과정에서는 디지털 소양을 디지털 기기와 소프트웨어의 활용, 디지털 윤리와 정보 보호, 디지털 정보의 활용과 생성, 디지털 의사소통과 문제 해결의 4가지 영역으로 나누고 있다. 세부 내용은 다음과 같다.[10]

그림 1-11 디지털 리터러시의 영역(2022 개정 교육 과정)

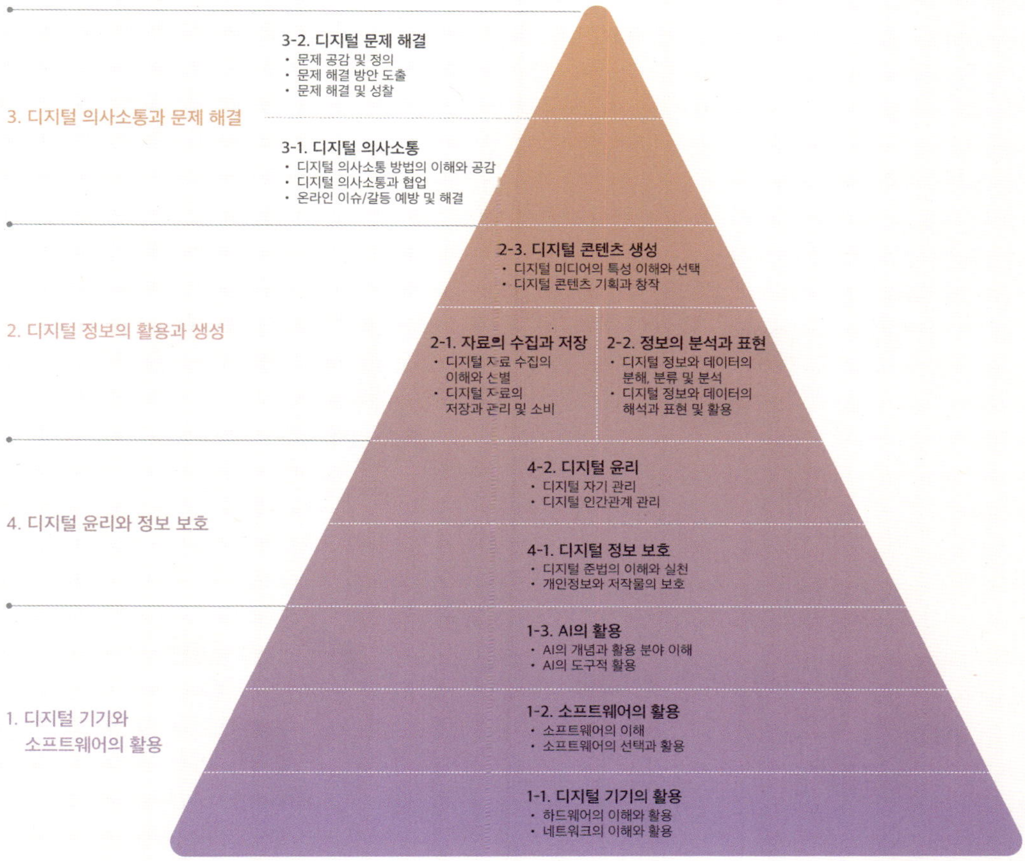

출처: 한국교육학술정보원. (2023). 디지털 리터러시 구성 체계 및 교과별 성취기준 연계. 연구보고 CR 2023-2.

정리해 보면 디지털 역량은 디지털 리터러시를 기반으로 하여 디지털 사회에서 글로벌 시민으로서 자주적인 삶을 살아가고 학습하며, 사회 구성원으로서 전문 분야에서 디지털 기술을 사용할 수 있는 능력, 디지털 기술을 비판적으로 평가할 수 있는 능력, 디지털 문화에 참여하려는 태도, 윤리적이며 책임 있는 방식의 행동, 문제 해결 전략 및 인식까지를 포함하는 포괄적이고 총체적인 개념으로 볼 수 있다.[11]

이에 더해 AI의 영향력이 커짐에 따라 AI와의 협업 역량에 대한 논의도 활발해지고 있다. 인간과 AI의 협업 유형을 살펴보면 인간을 대체하여 AI가 일을 수행하는 경우, 인간이 일을 하다가 AI에게 일을 시키는 경우, 일을 세분화하여 인간과 AI가 각각 잘하는 일을 수행하는 경우, AI의 도움으로 인간의 역량을 확장시켜 인간이 생각하지 못했던 일을 성취해 내는 경우를 들 수 있다. 이러한 AI와의 협업은 앞으로의 미래 사회에서 필수적인 역량으로 자리 잡게 될 것이다. 특히 2022년 11월 오픈 AI가 발표한 생성형 AI인 ChatGPT의 등장으로, 새로운 관점으로 AI를 이해하고 활용하는 역량이 필요해졌으며, 일반 SW와 AI 및 생성형 AI에 대한 이해뿐만 아니라 윤리적인 측면에서도 여러 가지를 고려해야 할 필요가 생겼다.

그림 1-12 인간과 AI의 협업 유형

인간을 대체하여 AI가 일을 수행함

인간이 일을 하다가 AI에게 일을 시킴

일을 세분화하여 인간과 AI가 각각 잘하는 일을 수행함

AI의 도움으로 인간이 생각하지 못했던 일을 성취함

미래 학생들에게 필요한 것은 디지털 세상을 바라보는 자신만의 관점을 갖고, 자신의 생각을 만들고 표현하고 문제를 해결하는 데 디지털을 효과적으로 활용할 수 있으며, 문제 해결을 넘어 디지털 자원을 안전하게 생산하고 창조할 수 있는 역량과 인류 공공의 이익을 생각하여 디지털 및 AI 윤리의식을 갖춘 역량이라고 할 수 있다.

이러한 학생들의 디지털 역량과 함께 교사를 위한 디지털 역량에 대한 논의도 이루어지고 있다. 박주연 외의 연구(2022)에서는 유아 교사를 위한 디지털 역량을 '디지털 사회 구성원인 유아 교사로서 디지털 교육을 위해 필요한 디지털 시민성, 디지털 사고력, 디지털 콘텐츠 제작 및 플랫폼 활용을 기본 소양으로 하여 디지털 페다고지를 실천하는 역량'으로 정의하였다. 이 연구는 유아 교사를 대상으로 하였으나 초·중·고 교사를 대상으로 디지털 역량 개념을 확장할 수 있다. 교사를 위한 디지털 역량의 세부 요소로는 **그림 1-13**과 같이 디지털 시민성, 디지털 사고력, 디지털 콘텐츠 제작 및 플랫폼 활용, 디지털 페다고지를 제안하였고, 개념을 정의하였다.[12]

그림 1-13 교사를 위한 디지털 역량의 세부 요소

출처: 박주연, 박남수, & 서희전. (2022). 미래교육을 위한 유아교사의 디지털 역량 탐색. 어린이미디어연구, 21(2), 327-360.

이 외에도 JRC(2017)는 교사의 디지털 역량 요소로 전문적 협의체, 디지털 자원, 디지털 페다고지, 평가와 피드백, 학생 권한 부여, 학생 디지털 역량 촉진을 제시하였고, 유네스코(2018)는 교육 정책에서의 ICT 이해, 교육 과정과 평가, 교수법, 디지털 기술의 적용, 조직과 관리, 교사의 전문 학습을 제안하였다. TeachHUB(2019)는 수업 툴의 기본 테크놀로지, 소셜미디어, 클라우드 컴퓨팅, 디지털 데이터베이스, 가상 협력, 지식 공유, 온라인 기반 정보의 평가, 디지털 시민성을 제시하였다.

표 1-6 교사의 디지털 역량 요소

저자	디지털 역량 요소
JRC(2017)[13]	전문적 협의체, 디지털 자원, 디지털 페다고지, 평가와 피드백, 학생 권한 부여, 학생 디지털 역량 촉진
유네스코(2018)[5]	교육 정책에서의 ICT 이해, 교육 과정과 평가, 교수법, 디지털 기술의 적용, 조직과 관리, 교사의 전문 학습
TeachHUB(2019)[14]	수업 툴의 기본 테크놀로지, 소셜미디어, 클라우드 컴퓨팅, 디지털 데이터베이스, 가상 협력, 지식 공유, 온라인 기반 정보의 평가, 디지털 시민성

출처: 박주연, 박남수, & 서희전. (2022). 미래교육을 위한 유아교사의 디지털 역량 탐색. 어린이미디어연구, 21(2), 327-360.

이렇게 교사의 디지털 역량은 단순한 기술적 기능을 넘어서 미래 교육의 질과 형평성을 결정짓는 핵심 역량으로 자리 잡고 있다. 교사는 다양한 디지털 기술을 수업에 적절히 활용하여 학생들의 디지털 격차 해소에 관심을 갖고 학생들이 디지털 시민으로 성장할 수 있도록 돕는 촉진자 역할을 적극적으로 해야 한다. 교사도 디지털 시민성을 함양하고, 포용적 교육 환경을 조성하며, 교육 혁신을 주도하기 위해서 변화하는 기술 환경에 능동적으로 적응하고, 이를 교육적 맥락에 창의적으로 통합할 수 있어야 한다. 디지털 사회에서 교사의 디지털 역량은 전문성의 일부로 간주될 수 있으며, 교육 혁신을 이끌 수 있는 원동력이 될 수 있다.

CHAPTER 2

디지털 교육의 이해

1. 디지털 교육의 개념

교육부는 디지털 교육을 디지털 기술을 활용하여 디지털 시대에 필요한 역량을 키우는 교육으로 정의한다. 즉, 디지털 기술과 도구를 활용하여 학습 경험을 제공하거나 교육 과정을 개선하는 형태의 교육을 의미한다. 이는 학생들의 학습 효과를 극대화하고, 교육 접근성을 향상시키며, 21세기 사회에서 요구되는 디지털 역량을 개발하는 것을 목표로 한다. 디지털 교육에서 디지털 기기는 컴퓨터, 태블릿, 스마트폰 등이 있으며 소프트웨어, 인터넷 및 다양한 디지털 학습 자원을 활용하여 교육 과정을 설계하고 실행한다. 디지털 교육은 전통적인 교육에 비해 학습의 접근성이 좋고, 학습의 유연성이 있으며, 학생 중심의 개인화된 교육이라는 장점이 있다.

① 학습의 접근성

- 학습의 접근성은 물리적, 시간적 제약을 최소화하여 어디서든 누구나 학습에 접근할 수 있도록 하는 것을 말한다. 시간적 접근성, 공간적 접근성, 경제적 접근성을 포함한다.
- **시간적 접근성**: 디지털 교육은 녹화된 강의, 전자책, 학습 자료를 언제든지 이용할 수 있도록 제공한다. 학생은 자신의 일정에 맞춰 원하는 시간에 학습할 수 있어, 학습시기를 자유롭게 조절할 수 있다.
- **공간적 접근성**: 온라인 학습을 통해 전 세계 어디에서나 동일한 교육 콘텐츠를 이용할 수 있다. 물리적으로 학교에 접근하기 어려운 농촌, 도서 지역 또는 해외에서도 고품질 교육에 참여할 수 있다.
- **경제적 접근성**: 디지털 콘텐츠는 한 번 제작되면 다수의 사용자가 비용 부담 없이 반복적으로 사용할 수 있다. 기존 교육 방식에 비해 부대 비용이 줄어든다.

② 학습의 유연성

- 학습의 유연성은 디지털 교육을 통해 학생들에게 다양한 방식으로 교육을 진행할 수 있는 자유로운 환경을 제공하는 것을 말한다. 학습 방식의 다양성, 자기 주도 학습, 동시 학습 가능성을 포함한다.
- **학습 방식의 다양성**: 학생이 원하는 학습 방식(텍스트, 비디오, 오디오 등)을 선택할 수 있다. 멀티미디어를 활용한 콘텐츠는 학생의 이해도를 높이고 몰입감을 제공한다.
- **자기 주도 학습**: 학생이 학습 속도를 자유롭게 조절할 수 있어 자신의 이해도와 수준에 맞춰 학습이 가능하다. 필요시 특정 개념이나 강의를 반복하여 학습할 수 있다.
- **동시 학습 가능성**: 대규모 오픈 온라인 강의(MOOCs) 플랫폼을 통해 전 세계 학생들이 동시에 학습할 수 있으며, 토론과 협업이 가능하다. 교사와 실시간 또는 비동기식으로 상호작용할 수 있어 학습

환경에 대한 유연성이 높다.

③ 학생 중심의 개인화된 교육

- 학생 중심의 개인화된 교육은 디지털 교육을 통해 학생의 요구와 능력에 따라 맞춤형 학습 경험을 제공하는 것을 말한다. AI 기반 맞춤형 학습, 실시간 피드백을 포함한다.
- **AI 기반 맞춤형 학습**: AI 기술은 학생의 학습 데이터를 분석하여 개인의 학습 스타일, 성과, 필요에 따라 최적의 학습 콘텐츠를 추천한다. 예를 들어 특정 개념에서 어려움을 겪는 학생에게는 추가 자료나 보충 설명을 제공할 수 있다. 또한 학생의 흥미를 유발하고 지속적인 동기를 부여하며, 학습 과정에서의 성취감을 제공하여 학습 동기를 강화한다.
- **실시간 피드백**: 학습관리시스템(LMS)은 학습의 진행 상황과 성과를 실시간으로 추적하여 개인별 맞춤형 피드백을 제공한다. 이는 학생이 자신의 약점을 파악하고 이를 보완할 수 있도록 돕는다. 또한 장애가 있는 학생을 위해 화면 읽기 도구, 자막 지원, 음성 입력 등 다양한 디지털 도구를 제공하고, 개인의 학습 능력에 맞춘 학습 환경을 제공한다.

표 2-1 디지털 교육의 장점

주제	세부 내용
학습의 접근성	• 물리적, 시간적, 경제적 제약을 최소화하여 어디서든 누구나 학습에 접근 가능
시간적 접근성	• 녹화된 강의와 자료를 언제든지 이용 가능 • 개인 일정에 맞춰 학습할 수 있어 학습시기 조절 가능
공간적 접근성	• 온라인 학습으로 전 세계 어디서나 동일한 콘텐츠 이용 가능 • 농촌, 도서 지역, 해외에서도 고품질 교육 참여 가능
경제적 접근성	• 디지털 콘텐츠는 다수가 비용 부담 없이 반복 사용 가능 • 기존 교육 대비 부대 비용 감소
학습의 유연성	• 다양한 방식으로 자유로운 교육 환경 제공
학습 방식의 다양성	• 텍스트, 비디오, 오디오 등 원하는 방식 선택 가능 • 멀티미디어 활용으로 이해도와 몰입감 증가
자기 주도 학습	• 학습 속도 조절 가능 • 반복 학습으로 개인의 이해도와 수준에 맞는 학습 가능
동시 학습 가능성	• MOOCs를 통해 전 세계 학생들이 동시 학습 가능 • 실시간/비동기식 상호작용 가능
학생 중심의 개인화된 교육	• 학생의 요구와 능력에 따라 맞춤형 학습 제공
AI 기반 맞춤형 학습	• AI가 학습 데이터를 분석해 개인별 최적 콘텐츠 추천 • 보충 자료 제공 및 동기 부여
실시간 피드백	• 학습관리시스템(LMS)으로 학습 진행 상황 추적 및 맞춤 피드백 제공 • 장애 학생을 위한 디지털 도구와 환경 제공 가능

또한, 디지털 교육은 도구적 차원에서 디지털에 대한 활용뿐만 아니라 AI 교육 내용 요소를 포함하는 개념으로 확장되고 있다. 이는 학생들의 디지털 기술 역량을 강화하는 동시에 AI 기술에 대한 기초적인 원리의 이해와 활용 능력을 길러 이를 통해 문제를 해결하는 역량을 기르는 것을 목표로 한다. AI 교육의 내용 요소를 크게 살펴보면 AI의 원리에 대한 이해, AI 활용 능력, AI 윤리로 나눌 수 있다.

① AI의 원리에 대한 이해

- AI의 원리에 대한 이해는 AI의 개념과 주요 원리(머신러닝, 신경망 등)에 대해 이해하는 것이다. 일상에서 사용되는 AI와 산업에서의 활용 사례를 학습하고, AI 기술 자체의 주요 원리를 다루는 것을 포함한다.
- **AI의 정의와 역사**: AI가 무엇인지에 대한 개념과 발전 과정을 학습한다. 튜링 테스트(turing test)와 머신러닝의 개념, 신경망(neural network), 딥러닝(deep learning)의 원리 소개를 포함한다.
- **AI의 핵심 기술**: 데이터를 통해 패턴을 학습하고 이를 기반으로 예측하는 기술인 머신러닝(machine learning)과, 언어 데이터를 분석하고 생성하는 자연어 처리(Natural Language Processing, NLP), 그리고 이미지와 비디오를 이해하고 처리하는 기술인 컴퓨터 비전(computer vision)의 핵심 원리를 다룬다.

② AI 활용 능력

- AI 활용 능력은 AI 기술을 활용하여 학생들이 실제 문제를 해결할 수 있도록 돕는 데 중점을 둔다.
- **AI 응용 사례 학습**: 일상생활에서 사용되는 AI 기술(음성 인식, 추천 알고리즘, 자율주행차 등)과 산업 현장에서의 AI 활용(스마트 팩토리, 의료 진단, 금융 분석 등)에 대해 다룬다.
- **코딩과 데이터 처리 능력**: 프로그래밍 언어 학습을 위해 파이썬 등 AI 개발에 주로 사용되는 언어를 학습한다. 데이터 분석과 전처리를 위해 학습 데이터의 준비 과정, 데이터 정리 및 시각화 기술을 학습한다. AI 모델 구현을 위해 간단한 머신러닝 모델 구축과 학습 과정을 실습한다.

③ AI 윤리

- AI 윤리에서 AI는 기술적 측면뿐만 아니라 윤리적 · 사회적 관점에서도 깊이 있는 논의가 필요함을 인식하고 AI의 윤리적 이슈, 개인정보 보호, 사회적 영향 등에 대해 다룬다.
- **AI의 윤리적 이슈**: 데이터와 알고리즘에서 발생하는 공정성 문제인 알고리즘 편향(bias)과 AI의 의사결정 결과에 대한 책임 문제인 책임과 신뢰성 등에 대해 학습한다.
- **개인정보 보호**: 데이터 수집 및 활용 시 개인정보를 보호하기 위한 법적 · 윤리적 원칙을 학습한다.
- **사회적 영향 탐구**: AI가 노동 시장, 교육, 사회적 불평등에 미치는 영향을 분석하고 토론한다.

표 2-2 AI 교육의 내용 요소

주제	세부 내용
AI의 원리에 대한 이해	• AI의 개념과 주요 원리 학습 • 일상과 산업에서의 활용 사례 포함
AI의 정의와 역사	• AI의 개념과 발전 과정 학습 • 튜링 테스트, 머신러닝, 신경망, 딥러닝의 원리 소개
AI의 핵심 기술	• 머신러닝(패턴 학습 및 예측), 자연어 처리(언어 데이터 분석 및 생성), 컴퓨터 비전(이미지 및 비디오 처리) 등의 기술 이해
AI 활용 능력	• AI 기술을 활용하여 실제 문제해결능력 배양
AI 응용 사례 학습	• 음성 인식, 추천 알고리즘, 자율주행차량 등의 일상 사례와 스마트 팩토리, 의료 진단, 금융 분석 등의 산업 사례 학습
코딩과 데이터 처리 능력	• 파이썬 등 AI 개발 언어 학습 • 데이터 정리 및 시각화 • 간단한 머신러닝 모델 구현 실습
AI 윤리	• 기술적 측면 외 윤리적·사회적 관점 인식 • 공정성, 개인정보 보호, 사회적 영향 논의
AI의 윤리적 이슈	• 알고리즘 편향(공정성 문제), 책임과 신뢰성(AI의 의사결정 결과에 대한 책임 문제) 학습
개인정보 보호	• 데이터 수집 및 활용 시 개인정보 보호를 위한 법적·윤리적 원칙 학습
사회적 영향 탐구	• AI가 노동 시장, 교육, 사회적 불평등에 미치는 영향 분석 및 토론

AI 교육은 단순히 기술적 지식을 습득하는 데 그치지 않고, 학생들이 AI를 이해하고 창의적으로 활용하며 윤리적 책임감을 바탕으로 사회적 가치를 창출할 수 있도록 돕는 것을 목표로 한다. AI 교육 내용 요소의 체계적 설계와 효과적인 실행은 21세기 디지털 사회를 선도할 인재 양성의 핵심 과제로 자리 잡고 있다.

2. 기존 교육과의 차이점

디지털 교육은 기존의 전통적인 교실에서의 교육 방식과 여러 측면에서 차이를 보인다. 기술의 발전과 교육 환경의 변화에 따라 차이를 보이는 양상은 더욱 달라질 것이다. 디지털 교육과 기존의 전통적인 교실에서의 교육의 차이점을 몇 가지 살펴보자.

① 접근성

기존 교육은 대부분 물리적인 공간이 필요하였다. 일부 온라인을 통해 원격 교육이 가능하기도 하였으나 대부분은 학교에서 수업이 이루어졌고, 학생들은 정해진 시간에 지정된 장소에 모여서 수업에 참여하였다. 반면 디지털 교육에서는 인터넷과 디지털 기기를 통해 언제 어디서나 학습이 가능하므로 시간과 공간의 제약이 훨씬 적다. 어디서나 같은 콘텐츠를 접할 수 있으며, 더 나아가 인터넷과 화상 기기를 통해 전 세계를 연결하는 수업도 가능하다.

② 학습 방법의 다양화

기존 교육은 주로 교사 중심의 강의식 교육이 많고, 교과서와 보조 자료를 사용하였다. 디지털 교육을 통해 다양한 에듀테크 도구들을 적극적으로 활용한다면 텍스트뿐만 아니라 비디오, 애니메이션, 시뮬레이션, VR 등 다양한 멀티미디어 자료를 활용할 수 있다. 이에 따라 학생들은 자신의 학습 스타일에 맞는 방법으로 콘텐츠를 소비할 수 있으며, 자기 주도 학습이 더욱 용이해진다.

③ 상호작용과 피드백

기존 교육에서는 교사와 학생 간의 상호작용이 수업 시간 내로 제한되고, 피드백도 주로 과제나 시험을 통해 이루어졌다. 디지털 교육에서는 다양한 디지털 도구를 활용하여 실시간 채팅, 토론 게시판, AI 기반 평가 시스템 등을 통해 즉각적인 피드백과 질의응답이 가능하고, 학생이 학습 과정에서 더 많은 참여를 하고 피드백을 받을 수 있다. 특히 참여를 높이는 상호작용 툴, 협업 도구, e-퀴즈, 설문 등을 효과적으로 활용한다면 학생들의 참여를 더욱 높일 수 있다.

④ 개인화된 학습 경험

전통적인 교실에서는 모든 학생에게 동일한 내용이 동일한 속도로 전달되었다. 하지만 디지털 교육은 학생의 수준, 관심사, 학습 속도에 따라 맞춤형 학습 콘텐츠를 제공할 수 있다. 예를 들어 AI 기반의 학습 플랫폼은 학생의 축적된 학습 데이터를 분석하여 개인 맞춤형 학습 경로를 설계하고 필요한 부분을 보완해 줄 수 있다.

⑤ 평가 방식의 변화

기존 교육에서는 주로 과제와 시험을 통해 학생들의 성취도를 평가하였으며, 수행형 과제를 통해서 과정 중심 평가를 실행하였으나 학생들의 과제 수행 과정에서 데이터를 수집하거나 분석하는 것이 쉽지는 않았다. 디지털 교육에서는 학습 과정에서의 참여도, 퀴즈, 프로젝트 기반 평가 등 다양한 방식으로 학생들의 학습 효과를 손쉽게 측정할 수 있다. 또한 자동화된 평가 시스템을 통해 빠르고 효율적인 평가가 가능하고, 학습 데이터 분석이 용이하다.

⑥ 교사의 역할 변화

전통적인 교육에서 대부분 교사는 지식을 전달하는 데 중심적인 역할을 했다. 그러나 디지털 교육에서는 교사의 역할이 지식 전달자에서 학습 코치, 조언자, 학습 경험 디자이너로 변화하고 있다. 교사는 디지털 도구를 활용하여 학생들의 학습을 지원하고, 문제 해결을 돕는 데 중점을 두며, 데이터를 분석하고 그에 근거하여 학생들의 학습 과정과 학습 성과를 판단한다.

표 2-3 기존 교육과 디지털 교육의 비교

구분	기존 교육	디지털 교육
접근성	• 물리적인 공간(학교, 교실)에서 정해진 시간에만 학습 가능	• 인터넷과 디지털 기기를 통해 언제 어디서나 학습 가능 • 전 세계를 연결하는 수업도 가능
학습 방법	• 교사 중심의 강의식 교육 • 교과서와 보조 자료 중심	• 비디오, 애니메이션, 시뮬레이션, VR 등 다양한 멀티미디어 자료 활용 • 자기 주도 학습 가능
상호작용과 피드백	• 수업 시간 내 상호작용 • 과제와 시험을 통해 피드백 제공	• 실시간 채팅, 토론 게시판, AI 기반 평가 시스템 등으로 즉각적인 피드백 가능 • 협업 도구 및 e-퀴즈 활용으로 참여도 증가
학습 경험	• 동일한 내용과 속도로 진행 • 개인의 수준이나 학습 스타일 고려 어려움	• AI와 데이터를 활용해 학생의 수준, 관심사, 학습 속도에 맞춘 맞춤형 학습 콘텐츠 제공 • 필요한 부분만 집중적으로 학습 가능
평가 방식	• 과제와 시험 중심 • 과정 평가 시 데이터 수집과 분석이 제한적	• 참여도, 퀴즈, 프로젝트 등 다양한 평가 방식 활용 • 자동화된 평가 시스템으로 즉각적인 평가와 학습 데이터 분석 가능
교사의 역할	• 지식을 전달하는 중심적인 역할	• 학습 코치, 조언자, 학습 경험 디자이너로 역할 변화 • 데이터를 분석해 학생들의 학습을 지원하고 문제 해결을 돕는 역할

3. 디지털 교육 규범

디지털 기술의 무한한 가능성이 인간의 삶과 사회 전반에 걸친 변혁을 이끌어감에 따라 디지털과 인간이 공존하는 디지털 심화 시대로의 진입은 교육 내용과 방식에 변화를 가져왔다. 그러나 인간의 성장과 발전을 돕고 사회 공동체의 기반을 조성해야 한다는 교육의 본질은 어떤 디지털 기술이 개발되더라도 변함없이 지켜져야 한다. 이러한 관점에서 디지털 기술이 교육의 본질을 실현하면서도 안전하고 효과적으로 활용될 수 있도록 디지털 교육이 추구해야 하는 핵심 가치와 주요 쟁점에 대한 기본 원칙을 제시한 것이 바로「디지털 교육 규범」이다.[15]

①「디지털 교육 규범」의 개요

- **내용**: 디지털 심화 시대의 교육이 지향하는 가치와 원칙, 교육 당사자 및 관계자가 준수하여야 하는 기본적인 행동 원리
- **성격**: 디지털 교육 체제 정립의 기본 방향을 담은 '헌장(憲章)'

  ※ 법적 구속력은 없으나 교육 분야 구성원이 자율적으로 준수하는 도덕적 규범의 성격
- **구성**: 배경 · 목적을 담은 전문과 본문(총 6장, 27개조)으로 구성
- **적용 대상**: 교육 당사자 및 관계자

  ※ 교육 당사자: 교수자, 학습자 등

  ※ 교육 관계자: 보호자, 교육기관, 국가·지자체, 민간기업(기술 개발자), 관련 기관·단체 등
- **적용 영역**: 유아교육부터 평생교육까지, 교수 · 학습에서 교육 행정 및 민간의 활동까지 교육의 모든 분야와 활동을 포괄
- **적용 방식**: 교육 당사자 및 관계자가 규범을 내재화하고 정책 수립, 교육 활동, 기업 활동 등 전반에서 규범의 내용 준수

  ※ 각각의 구성원을 위한 해설서 발간, 규범의 세부 쟁점별 정책 과제 발굴 및 적용 추진
- **운영 기간**: 디지털 기술의 발전, 교육 현장의 변화 양상, 관련된 논의의 성숙 등을 반영하여 규범 내용을 주기적으로 점검 · 보완

②「디지털 교육 규범」의 상세 내용

- **전문**: 디지털 심화 시대의 진입에 따른 교육 분야의 변화 방향과 대원칙을 제시하고,「디지털 교육 규범」의 수립 의의 안내

「디지털 교육 규범」 전문 주요 내용

- 디지털 심화 시대, 교육의 변화는 인간의 성장과 발전을 돕고 사회 공동체의 기반을 조성하는 교육의 본질 위에서 이루어져야 함
- 디지털 기술이 교육의 본질을 실현하면서 안전하고 효과적으로 활용될 수 있도록 디지털 교육이 추구하는 가치와 기본 원칙을 제시함

- **본문**: 디지털 시대의 교육이 지향하는 5개 핵심 가치*와 각각의 가치별로 파생되는 세부 쟁점에 대한 기본적인 원칙 제시

※ '자유와 권리 보장', '공공성 확보와 격차 완화', '안전과 신뢰', '혁신 촉진', '인류 연대 강화' 등 「디지털 권리장전(2023. 9.)」이 제시하는 핵심 가치를 교육 분야에 맞게 재해석

③ 「디지털 교육 규범」 본문

제1장 총칙

- **제1조(정의)**
  디지털 심화 시대의 교육(이하 "디지털 교육"이라 한다)은 학습자가 디지털 시대에 필요한 역량을 갖출 수 있도록 교육의 내용과 방식이 변화하고, 그 과정에서 디지털 기술이 효과적으로 활용되는 교육을 의미한다.
- **제2조(적용 영역)**
  본 선언은 유아교육부터 평생교육에 걸친 교육의 전 분야에서 이루어지는 교수·학습, 교육 행정, 정책 수립 및 디지털 교육 기술 개발 등의 제반 활동에 적용한다.
- **제3조(적용 대상)**
  본 선언은 교수자, 학습자, 보호자, 교육 기관, 국가 및 지자체, 민간 기업(기술 개발자), 관련 기관·단체 등을 포함하는 모든 교육 당사자와 관계자에게 적용한다.

제2장 교수자와 학습자의 자유와 권리 보장

디지털 교육은 인간의 존엄성에 대한 존중에 기반하여야 하며, 국민 누구나 전 생애에 걸쳐 디지털 교육에 참여하고 능력과 적성에 따라 교육받을 권리를 보장받아야 한다.

- **제4조(모든 인간의 잠재력 실현)**
  디지털 교육을 통해 학습자 개인의 특성에 맞는 맞춤 교육을 제공함으로써, 모든 사람이 자신의 잠재력을 실현할 수 있도록 하여야 한다.
- **제5조(교수자의 전문성 존중)**
  교수자는 디지털 기술과 콘텐츠를 자유롭게 활용하여 교육 활동을 수행할 수 있으며, 이 과정에서 교수자의 전문성과 교육 활동의 다양성이 존중받아야 한다.
- **제6조(학습자의 주도성 존중)**
  학습자는 디지털 교육에 주도적으로 참여하여 학습할 수 있어야 하며, 디지털 교육 기술은 학습자의 주도성을 보장하는 방향으로 개발·활용되어야 한다.
- **제7조(디지털 시대의 역량 함양)**
  디지털 교육의 내용과 방식은 디지털 시대에 필요한 역량을 키울 수 있는 방향으로 설계되고 운영되어야 한다.
- **제8조(전 생애 디지털 교육 지원)**
  모든 사람이 전 생애에 걸쳐 디지털 시대에 필요한 역량을 향상시킬 수 있도록 누구나 쉽게 디지털 교육에 참여할 수 있는 환경이 마련되어야 한다.
- **제9조(디지털 리터러시 교육)**
  디지털 교육에 참여하는 모든 사람이 디지털 기술을 책임감 있고 생산적으로 활용할 수 있도록, 디지털 시대의 기반을 이루는 가치, 지식, 기술, 태도, 윤리 등에 대한 디지털 리터러시 교육 기회가 제공되어야 한다.

제3장 디지털 교육의 공공성 확보와 격차 완화

디지털 교육은 개인적·사회적인 격차를 완화하는 데 기여해야 하며, 디지털 교육 기술의 개발·활용은 사회 공공성 증진에 기여해야 한다.

- **제10조(디지털 접근의 보장)**
  모든 교수자와 학습자는 안정적인 디지털 인프라 환경에서 다양한 디지털 교육 서비스에 차별 없이 접근하여 이용할 수 있어야 한다.

- **제11조(디지털 교육 격차 완화)**
  국가는 디지털 교육의 격차를 해소하고, 언어, 장애, 연령, 지역, 계층에 관계없이 모든 학습자가 적절한 디지털 교육을 받을 수 있도록 노력하여야 한다.
- **제12조(디지털 교육 기술의 공공성 확보)**
  디지털 교육 기술은 편향되지 않게, 그리고 사회 공동체 전체의 이익에 기여하는 방향으로 개발·활용되어야 한다.
- **제13조(교육 데이터의 공익적 활용)**
  국가가 보유한 공교육 데이터의 개방은 촉진되어야 하며, 국가는 누구에게나 공정한 데이터 활용 기회를 보장하되, 공익에 기여하는 방향으로 데이터가 활용될 수 있도록 필요한 조치를 하여야 한다.

제4장 디지털 교육의 안전성과 신뢰 확보

모든 교수자와 학습자는 안전하고 신뢰할 수 있는 디지털 교육 환경에서 활동할 수 있어야 한다.

- **제14조(안전한 디지털 교육 환경 조성)**
  디지털 교육에서 디지털 기술·콘텐츠가 유해하게 활용되지 않아야 하며, 학습자는 디지털 환경에서 발생하는 폭력, 범죄, 차별 등으로부터 보호되어야 한다.
- **제15조(디지털 위험 예방)**
  디지털 교육 환경에서 발생 가능한 위험은 사전에 예방·관리되어야 하며, 위험 발생 시 신속하게 대응할 수 있는 체계가 마련되어야 한다.
- **제16조(연령대에 맞는 디지털 기술 활용)**
  디지털 기술은 학습자의 연령과 발달 단계에 맞게 적정한 방식으로 활용되어야 한다.
- **제17조(디지털 교육의 신뢰 확보)**
  디지털 교육 환경에서 신뢰할 수 있는 콘텐츠와 정보가 제공되어야 하며, 교수자와 학습자는 이를 올바르게 해석하고 비판적으로 활용할 수 있어야 한다.
- **제18조(디지털 프라이버시 보호)**
  디지털 교육 환경에서 모든 개인의 프라이버시는 불법적인 식별과 추적으로부터 보호되어야 하며, 교수자와 학습자는 자신의 개인정보에 대해 접근하고 통제할 수 있어야 한다. 특히, 아동·청소년의 경우 개인정보 처리에 대해 명확하게 인지할 수 있도록 알려야 한다.
- **제19조(학습 데이터의 안전한 활용)**
  학습자의 학습 데이터는 교육의 질을 높이기 위한 목적으로만 수집되어야 하며, 이때 학습자의 개인정보가 목적에 필요한 범위에서 최소한으로 수집되고 안전하게 관리될 수 있는 체계가 마련되어야 한다.

제5장 교육과 디지털 기술의 결합을 통한 혁신 촉진

디지털 기술은 창의적이고 융합적인 교육 활동에 도움이 되어야 하며, 교육과 디지털 기술이 서로 상생하며 발전할 수 있는 토대가 마련되어야 한다.

- **제20조(교수자의 교육 혁신 역량 강화 지원)**
  교수자가 디지털 기술을 활용한 교육 혁신 역량을 강화할 수 있도록 지원하는 체계가 마련되어야 한다.
- **제21조(디지털 친화적 교육 제도)**
  디지털 기술을 활용한 교육 혁신이 촉진될 수 있는 교육 제도와 환경이 조성되어야 하며, 이를 위해 불합리한 규제는 개선되어야 한다.
- **제22조(디지털 교육 기술의 혁신)**
  민간은 교육 현장의 수요에 맞는 다양한 디지털 교육 기술을 개발하여 교육 혁신에 기여할 수 있도록 노력하여야 한다.
- **제23조(교육과 디지털 기술의 상생)**
  교육과 디지털 기술이 상생하며 발전할 수 있도록 교수자와 학습자, 민간, 정부가 긴밀하게 교류·협력할 수 있는 거버넌스가 조성되어야 한다.

제6장 인류의 연대 강화

디지털 교육은 디지털 환경에서 책임 있게 행동하고 다양한 구성원과 협력·소통하는 디지털 시민을 양성함으로써 사회적 연대를 강화하고, 국가 간의 교육 격차를 완화하는 데 기여해야 한다.

- **제24조(교수자-학습자 간 연대 강화)**
  디지털 기술은 교수자와 학습자, 학습자와 학습자 간의 소통과 협력을 강화하는 방향으로 활용되어야 하며, 디지털 교육 환경에서 교수자와 학습자는 서로 존중하여야 한다.
- **제25조(세계 시민 양성)**
  디지털 교육은 학습자가 국제사회의 구성원으로 성장할 수 있는 기회를 제공하여, 인류 공동의 문제를 함께 해결해 나가는 데 기여하여야 한다.
- **제26조(국가 간 디지털 교육 격차 완화)**
  국가는 디지털 교육 체제가 국제사회로 확산되어 국가 간 교육 격차가 완화될 수 있도록 국제협력·교류를 확대하여야 한다.
- **제27조(보편적 규범 형성 촉진)**
  국가는 디지털 교육이 인류의 번영과 발전에 기여할 수 있도록, 디지털 교육의 가치와 원칙을 국제사회와 공유하여 보편적 규범 체계가 형성될 수 있도록 노력하여야 한다.

4. 디지털 교육의 영역

'디지털 교육'은 디지털 기술을 활용하여 디지털 시대에 필요한 역량을 키우는 교육으로 정의한다. 디지털 교육의 영역을 명확하게 구분 지어 설명하기는 어려우나, 크게 3가지 정도로 나누어볼 수 있다. 첫 번째는 디지털을 도구적인 관점에서 교육 목적에 적절하게 활용하는 교육인 '디지털 활용 교육'이다. 두 번째는 디지털의 내용 체계를 각 교과와 융합하는 교육인 '디지털 교과 융합 교육'이다. 세 번째는 디지털 가치에 대한 교육인 '디지털 윤리 교육'으로, 디지털 기술과 AI 기술이 사회적으로 가지는 영향력과 파급력에 민감하게 반응하고 AI 윤리를 바로 세우는 교육을 말한다. 최근 생성형 AI의 등장으로 윤리에 대한 중요성이 더욱 높아지고 있다.

1) 디지털 활용 교육

'디지털 활용 교육'은 AI 기술을 포함하여 디지털 기술을 도구적 차원에서 사용하는 교육을 총칭한다. 물론 진정한 디지털 활용 교육은 디지털 기술에 대한 깊이 있는 이해를 바탕으로 할 때 가능하다. AI를 포함하여 디지털 기술에 대한 이해가 없이는 디지털 기술을 잘 활용하여 보다 나은 교육을 하기 어렵다. 디지털 기술 및 AI 기술의 장단점을 충분히 숙지한 후에 이를 교육 과정, 교육 실천, 또는 교육 서비스를 설계할 때 제대로 사용해야 한다. AI 기술을 포함한 디지털 기술에 대한 깊은 이해를 바탕으로 디지털 기술을 교수 매체로써 적극 활용할 수 있다.

디지털 기술을 교육에 활용한다는 것을 좀 더 구체적으로 살펴보면, 첫 번째로 디지털 기술을 적용한 다양한 에듀테크 기술을 각 수업의 교육 목표에 적합하게 도구로 선정하여 디지털 기술을 적극적으로 활용하는 것이다. 예를 들어 음악의 영역에서 작곡을 더 잘하기 위해서, 미술의 영역에서 작품을 더 잘 만들기 위해서, 수학의 영역에서 수학 문제를 더 잘 풀기 위해서 등과 같이 디지털 기술을 활용할 수 있다. 학생들이 더 수월하게 학습 목표에 도달할 수 있도록, 흥미를 유지하면서 학습 과정에 참여할 수 있도록, 학업 성취도를 높일 수 있도록 지원하는 것이다. 다양한 교과 영역에서 디지털 기술을 활용하는 예를 살펴보면 다음과 같다.

- **창의적 사고의 도구**로써 음악, 미술, 비디오, 기사문 등의 창작에 활용할 수 있다.
- **인지적 이해와 설명의 도구**로써 암기와 설명을 더 잘하기 위해 활용할 수 있다.
- **표현 및 시각화의 도구**로써 비판적 · 논리적 분석을 더 잘하기 위해 활용할 수 있다.
- **기능 숙련의 도구**로써 특정한 기능을 강화하기 위해 AI 시뮬레이션 등을 활용할 수 있다.
- **협업의 도구**로써 사람 간의 협업을 강화하거나, 사람과 컴퓨팅의 협업을 강화하는 데 활용할 수 있다.
- **소통 지원의 도구**로써 챗봇을 통해 대화를 강화하고, 의사결정을 지원하고, 기계 간 소통하는 등의 도구로 활용할 수 있다.

두 번째는 교사와 학생의 교수 학습에 활용되어 지능적 교육과 학습을 지원하고, 상호작용을 강화하는 도구로 활용할 수 있다. 교사가 학습을 안내하고 과제를 지원할 때, 또는 설명과 예시를 제공할 때 보다 효과적으로 AI 기술을 사용할 수 있다. 교사는 Google Workspace, Microsoft Teams와 같은 협업 도구를 통해 학생들 간의 실시간 협력을 지원할 수 있고, 온라인 포럼과 소셜 미디어를 통해 문제에 대한 토론과 아이디어 공유를 활성화시킬 수도 있다. 또한 AI 기반 튜터링 시스템을 교사의 에이전트이자 학생의 에이전트로 사용할 수 있다. 교사의 에이전트로는 전문가, 상담사, 비서 등의 역할을 할 수 있으며, 학생의 에이전트로는 가상의 학생, 경쟁자, 협력자, 친구 등의 역할을 할 수 있다. 또한 AI 기반 튜터링 시스템은 학습 추적 및 학생 분석 도구로 활용되며, 학생들의 학업 상태를 진단하고, 학습 경로를 제시하며, 학습 평가를 분석하기도 한다. 이 시스템이 인터페이스 지원 도구로 사용된다면 학생과 대화하고, 상담을 통해 조언하고, 추천 및 제안 등의 기능을 할 수도 있다. 혹은 학습 콘텐츠를 관리하고 지원하는 도구로 사용된다면 콘텐츠를 생성하고, 수집하고, 수정하고, 재구성하는 데 효과적으로 사용될 수 있다. 따라서 무엇보다 교수 학습의 영역에서 AI의 활용을 가장 잘 보여주는 키워드는 바로 '맞춤형 교육'의 제공이다. 다음은 학교 현장에서 유용하게 많이 사용하는 디지털 도구의 예이다.

- **협력 및 의사소통 도구:** Google Docs, Zoom, Microsoft Teams
- **창의적 표현 도구:** Canva, Scratch, Minecraft Education
- **데이터 분석 및 시각화 도구:** Excel, Tableau, Geogebra
- **몰입형 학습 도구:** CoSpaces, Merge Cube(VR/AR)

세 번째는 교육에서 산출되는 데이터와 지식을 바탕으로 교육 업무 전반에서 활용, 행정 업무 지원, 교육 정책을 결정하는 데 사용할 수 있다. 학교 교육 현장에서는 학생들의 데이터를 교육 업무 플랫폼을 통해서 누적해 가고 있다. 그러나 이러한 데이터가 여전히 자동화되지 못하고 있어 학생 개개인의 학습 특성을 분석하고 지원하는 데는 역부족이다. 코로나 시기에 원격 교육이 전면적으로 도입되면서 우리는 많은 부분을 해외 플랫폼에 의지했다. 그러나 국가적으로 학생 데이터의 중요성과 디지털화에 대한 중요성이 인식되면서 우리나라의 교육 업무 시스템에 AI 기술을 탑재시키고 학생들의 데이터를 분석하여 학생 관리를 보다 체계적으로 해야 한다는 목소리가 높아지고 있다.

교육부(2023)는 대한민국 디지털 교육 비전 선포식에서 디지털 시대의 맞춤 교육은 AI의 도움으로 구현될 수 있다고 보고, 교사와 AI가 협업하는 교실을 꿈꾸며, 교육 현장에서 다양한 AI 기술을 사용할 것을 제안하였다. 교육부는 지능형 튜터링 학습(ITS), 인터랙티브, 챗봇, 자동 진단 평가(AWE), 맞춤형 코스웨어, AI 기반 언어 학습(음성 인식) 등과 같이 교육 분야에 AI 기술을 적용하여 맞춤 교육이 실현되기를 기대하고 있다.

그림 2-1 디지털 시대의 맞춤 교육(교육부, 2023)

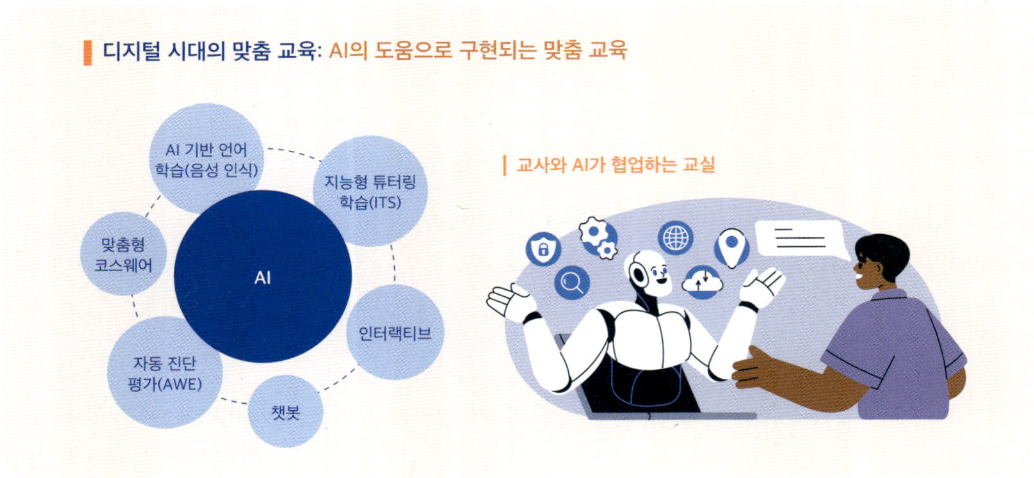

출처: 교육부. (2023). 대한민국 디지털 교육 비전 선포식 자료집.

이에 교육부는 '하이터치 하이테크(HTHT)' 교육을 제안하면서 디지털 시대의 맞춤 교육을 실현하고자 하였다. '하이터치(High Touch)'는 교사의 손길을 의미하며 학습 설계자, 사회 정서적 지도자의 역할을 강조한다. '하이테크(High Tech)'는 디지털 기술을 활용하여 학생들에게 맞춤형 교육을 제공하는 것을 의미한다. 즉, '하이터치 하이테크'란 교사가 디지털 기술을 활용해 수업을 혁신하고, 하이터치 역량을 강화하는 것이 핵심이라 할 수 있다.

그림 2-2 하이터치 하이테크(교육부, 2023)

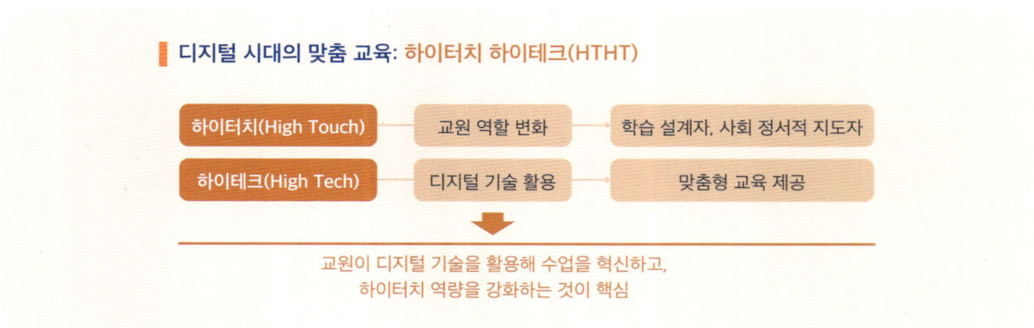

출처: 교육부. (2023). 대한민국 디지털 교육 비전 선포식 자료집.

이에 모두를 위한 맞춤 교육이라는 비전을 가지고 AI 디지털 교과서가 개발되고 있다. AI 디지털 교과서의 추진 방향은 AIDT(Artificial, Intelligence, Digital, Textbook)로 맞춤 학습, 흥미와 몰입, 다양성과 데이터 기반, 첨단기술 적용이다. 맞춤 학습은 학생의 특성(수준, 속도 등)을 고려한 맞춤 학습 경험을 제공하는 것을 의미하며, 흥미와 몰입은 학생이 학습에 흥미를 가지고 몰입할 수 있는 학습 경험을 제공하는 것을 의미한다. 다양성과 데이터 기반은 다양한 학생들을 고려하며 데이터에 기반한 학습 경험을 제공하는 것을 의미하고, 첨단기술 적용은 생성형 AI, VR, AR, MR, 메타버스 등 첨단기술을 접목한 학습 환경을 제공하는 것을 의미한다.

그림 2-3 AI 디지털 교과서의 추진 방향(AIDT)

출처: 한국교육학술정보원. (2023). AI 디지털교과서 개발 가이드라인. 13.

AI 디지털 교과서가 교사와 학생에게 AI 보조 교사와 AI 튜터로서 수업 설계와 학습을 돕고, 교사와 학생은 자기 주도 학습, 협력 학습, 사회 정서 학습, 코칭 등 인간적으로 연결되어 하이터치를 구현할 수 있다. AI 보조 교사는 교사가 AI 디지털 교과서를 활용하여 학생별 맞춤 학습을 효과적으로 운영할 수 있도록 지원하는 서비스로 수업 설계, 피드백, 평가, 학생 모니터링 등의 기능을 지원한다. AI 튜터는 AI를 이용해 학생의 학습 상태를 분석하여 부족한 부분의 원인을 찾아 이를 개선할 수 있는 전략을 조언해 주는 서비스를 말한다.

그림 2-4 AI 디지털 교과서 추진 내용

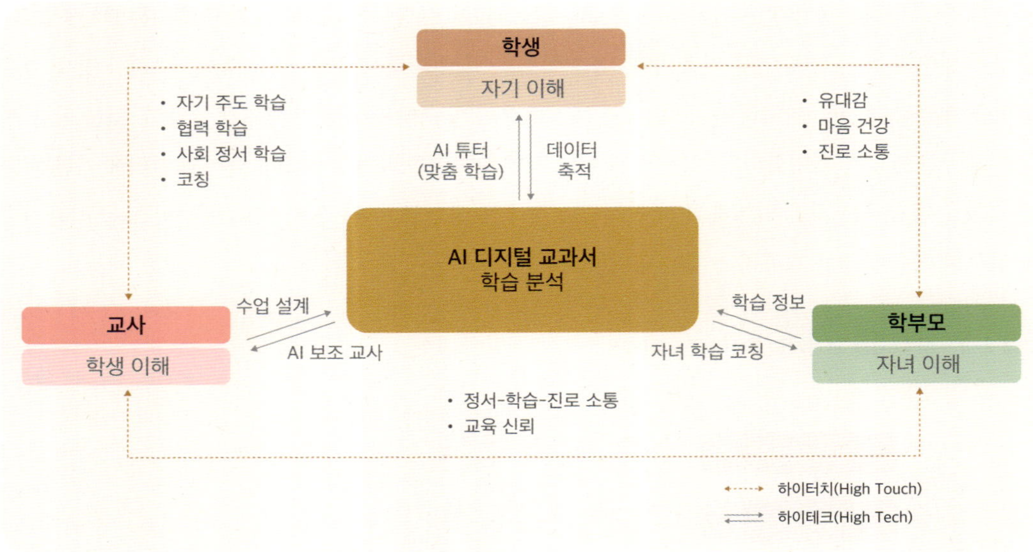

출처: 한국교육학술정보원. (2023). AI 디지털교과서 개발 가이드라인. 13.

2) 디지털 교과 융합 교육

'디지털 교과 융합 교육'은 디지털 기술과 교과가 융합되는 형태의 교육을 일컫는다. 디지털 교과 융합 교육은 교과 수업에서 디지털에 대한 이해 자체를 수업 활동의 목적으로 하는 접근과 교과 수업에서 디지털을 활용함으로써 수업 활동의 질을 높여 결과적으로 학습 효과를 높이려는 접근이 적용될 수 있다. 디지털 리터러시 구성 체계의 모든 요소(영역, 학습 요소, 세부 학습 요소 등)는 모두 교과 교육 안에서 녹아드는 교육 활동으로 통합되어야 하며, 나선형 교육 과정과 같은 방식으로 학습 활동의 수준을 점차 높여가면서 반복 · 심화 · 누적해 나갈 수 있도록 해야 한다. 교과 연계 디지털 리터러시 교육을 시행하기 위해서는 디지털 리터러시 학습 요소의 위계에 맞추어 교과 내용의 학습 순서를 변경하거나, 보충 자료 등으로 내용을 추가하거나, 오프라인 활동을 온라인 활동으로 대체하는 방향으로 교육 과정을 재구성할 수 있다. 또한 학생들의 디지털 활용 능력 격차를 해소하기 위해 교과 수업 이외에 별도의 기초 교육이 이루어져야 하며, 교사는 디지털 교육에 필요한 도구로 학습 편의성, 접근 용이성, 수업 목적 적합성, 학습 효율, 흥미 제고 가능성을 고려하여 선정해야 한다.

디지털 교과 융합 교육은 복잡한 문제를 해결할 수 있는 중요한 역량인 융합적 사고를 기르는 데 효과적이다. 오늘날 복잡한 문제들은 단일 교과의 지식만으로는 해결하기 어렵기 때문에, 디지털 교과 융합 교육은 학생들이 다양한 관점을 조합하여 문제를 해결할 수 있도록 돕는다는 데 장점이 있다. 더욱이 디지털 도구와 플랫폼을 활용하여 정보를 탐색하고 협력하며 창작하는 디지털 리터러시를 강화하는 것이 필수적이다. 여러 교과 내용을 융합하거나 디지털 기기를 융합하면 학생들은 더 창의적으로 생각할 수 있고, 친구들과 협력하여 새로운 아이디어를 만들어낼 수 있다.

디지털 교과 융합 교육을 실행하기 위해서는 먼저 단계별 수업 설계가 중요한데, 주제 선정에서는 교과목 간 연계가 가능한 주제 또는 실생활 문제를 선택한다. 학습 목표 달성에서는 각 교과의 학습 목표와 디지털 기술 활용 목표를 명확히 정의한다. 활동 설계에서는 디지털 도구를 활용한 협력 활동을 통해 문제 해결 과정을 설계하며, 평가 계획 수립에서는 학습 과정을 중심으로 형성 평가와 결과 중심의 총괄 평가를 결합한다.

표 2-4는 2022 개정 교육 과정에서 제시하는 디지털 리터러시 구성 체계이다. 대영역을 살펴보면 디지털 기기와 소프트웨어의 활용, 디지털 정보의 활용과 생성, 디지털 의사소통과 문제 해결, 디지털 윤리와 정보 보호로 설정되었다. 대영역 4개의 세부 요소는 모두 10개이고, 학습 요소는 22개, 세부 학습 요소는 55개이다.[16]

표 2-4 디지털 리터러시 구성 체계

대영역 (4개 영역)	세부 요소 (10개 요소)	세부 요소 설명	학습 요소 (22개 요소)	세부 학습 요소 (55개 요소)
1. 디지털 기기와 소프트웨어의 활용	1-1. 디지털 기기의 활용	디지털 기기를 조작하는 데 필요한 기본 원리와 기능을 이해하고 활용한다.	하드웨어의 이해와 활용	1-1-1. 하드웨어의 구조와 기능 1-1-2. 정보 입출력 및 저장
			네트워크의 이해와 활용	1-1-3. 네트워크 연결 및 인터넷 사용 1-1-4. 기타 통신의 이해와 사용
	1-2. 소프트웨어의 활용	소프트웨어의 기본 원리와 기능을 이해하고 다양한 작업에서 소프트웨어를 활용한다.	소프트웨어의 이해	1-2-1. 소프트웨어의 구조 1-2-2. 소프트웨어의 종류에 따른 기능
			소프트웨어의 선택과 활용	1-2-3. 소프트웨어의 탐색과 선택 1-2-4. 소프트웨어의 관리 1-2-5. 소프트웨어의 융합적 활용
	1-3. AI의 활용	다양한 문제 해결 과정에 AI 기술이 탑재된 도구를 활용한다.	AI의 개념과 활용 분야 이해	1-3-1. AI의 개념과 원리 1-3-2. AI 활용 분야
			AI의 도구적 활용	1-3-3. AI 도구의 특성 1-3-4. AI 도구 활용
2. 디지털 정보의 활용과 생성	2-1. 자료의 수집과 저장	사용 목적을 고려하여 자료를 수집하고, 비판적 시각으로 정확성을 평가하여 효율적으로 저장/관리한다.	디지털 자료의 수집 이해와 선별	2-1-1. 디지털 자료 수집 방법의 이해 2-1-2. 디지털 자료의 수집 2-1-3. 수집한 디지털 자료의 신뢰성 파악 2-1-4. 목적에 필요한 디지털 자료와 정보 선별
			디지털 자료의 저장과 관리 및 소비	2-1-5. 디지털 자료의 저장과 분류 2-1-6. 디지털 자료의 관리 2-1-7. 디지털 자료와 정보, 콘텐츠의 소비

(계속)

대영역 (4개 영역)	세부 요소 (10개 요소)	세부 요소 설명	학습 요소 (22개 요소)	세부 학습 요소 (55개 요소)
2. 디지털 정보의 활용과 생성	2-2. 정보의 분석과 표현	정보와 데이터를 효과적으로 전달하기 위해 데이터를 분석, 종합, 시각화한다.	디지털 정보와 데이터의 분해, 분류 및 분석	2-2-1. 디지털 정보와 데이터의 분해 2-2-2. 디지털 정보와 데이터의 분류 2-2-3. 디지털 정보와 데이터의 분석
			디지털 정보와 데이터의 해석과 표현 및 활용	2-2-4. 디지털 정보와 데이터의 종합과 해석 2-2-5. 디지털 정보와 데이터의 시각적 표현 2-2-6. 디지털 정보와 데이터의 판단
	2-3. 디지털 콘텐츠 생성	디지털 미디어를 통해 제공될 수 있는 다양한 유형의 콘텐츠를 생성한다.	디지털 미디어의 특성 이해와 선택	2-3-1. 디지털 미디어의 이해 2-3-2. 디지털 미디어의 선택
			디지털 콘텐츠 기획과 창작	2-3-3. 디지털 콘텐츠의 기획 2-3-4. 디지털 콘텐츠의 편집과 창작
3. 디지털 의사소통과 문제 해결	3-1. 디지털 의사소통	디지털 환경에서 정보를 비판적으로 분석하고, 정보 공유, 의사결정 참여, 협업을 수행한다.	디지털 의사소통 방법의 이해와 공감	3-1-1. 디지털 의사소통을 위한 방법의 이해 3-1-2. 디지털 정보 공유 방법 선택 3-1-3. 디지털 의사소통을 위한 공감
			디지털 의사소통과 협업	3-1-4. 디지털 의사소통과 협업 3-1-5. 사회적 의사결정 활동 참여
			온라인 이슈/갈등 예방 및 해결	3-1-6. 온라인상 부정적 이슈 예방 3-1-7. 온라인상 이슈 발생 시 대처 3-1-8. 온라인 갈등 감지 및 예측 3-1-9. 온라인 갈등 원인 파악 및 해결
	3-2. 디지털 문제·해결	문제 해결 방안을 구안하고, 디지털 도구를 활용하여 실행한다.	문제 공감 및 정의	3-2-1. 문제 파악 및 공감 3-2-2. 디지털 도구를 활용한 문제 정의
			문제 해결 방안 도출	3-2-3. 문제 해결 아이디어 공유 3-2-4. 문제 해결 방안 수립
			문제 해결 및 성찰	3-2-5. 디지털 도구 활용 문제 해결 실천 3-2-6. 문제 해결 결과와 과정의 성찰
4. 디지털 윤리와 정보 보호	4-1. 디지털 윤리	디지털 사회의 성숙한 시민으로서 타인을 배려하고, 예절과 윤리를 실천한다.	디지털 자기 관리	4-1-1. 디지털 기기 이용 시 건강 관리 4-1-2. 디지털 기기 이용 시 자기절제 4-1-3. 디지털 자기정체성 관리 4-1-4. 디지털 평판 관리
			디지털 인간관계 관리	4-1-5. 디지털 예절의 실천 4-1-6. 사이버 폭력 예방 및 대처
	4-2. 디지털 정보 보호	자신과 타인의 정보를 보호하기 위한 방법을 실천한다.	디지털 준법의 이해와 실천	4-2-1. 디지털 준법의 이해 4-2-2. 사이버 범죄 예방 및 대처
			개인정보와 저작물의 보호	4-2-3. 개인정보 보호 4-2-4. 디지털 저작물의 보호

출처: 한국교육학술정보원. (2023). 교육과정 연계 디지털 리터러시 교육 가이드라인 개발 연구. 연구보고 CR 2023-1.

국어부터 예체능 교과까지 디지털 교과 융합 교육에서 필요한 성취 기준의 특성을 자료 수집의 이해와 선별이라는 학습 요소를 기초로 정리하면 표 2-5와 같다.[16]

표 2-5 디지털 리터러시 학습 요소별 교과 성취 기준 특성 분석

학습 요소	교과	성취 기준 특성
자료 수집의 이해와 선별	국어	• 글을 찾아 읽어야 하는 성취 기준 • 어떤 주제에 대해 말하거나 쓰거나 이해하기 위해 자료를 활용해야 하는 성취 기준
	도덕	• 도덕과 관련된 내용에 대해 알아야 하거나 탐구해야 하는 성취 기준
	사회	• 사회의 여러 영역(우리가 살아가는 곳, 우리가 살아가는 모습, 우리 지역의 어제와 오늘, 다양한 삶의 모습과 변화, 국토와 우리 생활, 인권 존중과 정의로운 사회, 옛사람들의 삶과 문화, 사회의 새로운 변화와 오늘날의 우리, 우리나라의 정치 발전, 우리나라의 경제 발전, 세계의 여러 나라, 통일 한국의 미래와 지구촌의 평화)에 대한 내용이나 사례를 조사하거나 탐구해야 하는 성취 기준
	수학	• 수학의 특정 영역(수와 연산, 도형, 측정, 규칙성, 자료와 가능성)을 탐색하거나 이해하거나 표현하거나 그래프로 도식화해야 하는 성취 기준
	과학	• 과학의 여러 현상(물질, 자석, 동물, 지표, 식물, 지층, 화석, 소리, 무게, 화산, 지진, 혼합물, 물, 그림자, 지구, 온도, 열, 태양계, 용해 등)의 예를 조사하거나 그 특징을 조사해야 하는 성취 기준
	실과	• 실과와 관련한 여러 주제(인간 발달과 가족, 가정생활과 안전, 자원 관리와 자립, 기술 시스템, 기술 활용)에 대해 이해하고 탐색해야 하는 성취 기준
	음악	• 음악 또는 음악 관련 주제에 대한 자료를 수집하여 저장 또는 감상해야 하는 성취 기준 • 음악 또는 음악 관련 주제에 대한 자료를 정리하여 다른 사람에게 알려주어야 하는 성취 기준
	미술	• 미술과 관련된 주제(생활 속 미술, 조형 요소, 미술가, 표현 소재, 조형 원리, 국내·미술, 감상법)에 대해 탐색하거나 비교하거나 설명해야 하는 성취 기준
	바슬즐	• 여러 주제(봄, 여름, 가을, 겨울, 학교, 가족, 나라, 마을)에 대해 조사하거나 탐구해야 하는 성취 기준

출처: 한국교육학술정보원. (2023). 교육과정 연계 디지털 리터러시 교육 가이드라인 개발 연구. 연구보고 CR 2023-1.

이러한 디지털 리터러시 세부 내용을 바탕으로 하되, 각 교과에서 추구하는 성취 기준을 살펴보고 디지털 융합이 반드시 필요한 주제를 선정하는 것은 교사의 몫이다. 예를 들어 환경 오염 문제 해결 프로젝트를 한다면 과학에서는 공기와 물의 오염 원인 조사, 기술/공학에서는 오염 감지 센서 설계, 수학에서는 오염 데이터 분석 및 시각화, 예술에서는 인포그래픽 제작 및 발표 자료 디자인을 할 수 있다. 또한 디지털 스토리텔링을 주제로 디지털 교과 융합 프로젝트를 한다면 국어에서는 이야기 구성과 대본 작성, 사회에서는 역사적 배경 조사, IT에서는 애니메이션 제작 소프트웨어 활용, 음악에서는 배경 음악 작곡 및 편집을 할 수 있다.

이와 같은 디지털 교과 융합 교육 내용이 정해지면 효과적인 교수법을 찾게 되는데, 디자인 사고와 메이커 교육 등을 토대로 한국교육학술정보원에서는 교과 연계 디지털 리터러시 교육을 위한 3CR 모델을 개발하였다. 3CR은 문제 맥락 파악(Context), 문제 정의(Clarification), 해결안 창안

(Creation), 학습 성찰(Reflection)의 4단계를 말한다. 백워드 디자인 원리를 토대로 3CR 모델을 적용한 수업을 설계하기 위한 절차를 살펴보면 **그림 2-5**와 같다.

그림 2-5 디지털 리터러시 교수 학습 모델(3CR)

출처: 한국교육학술정보원. (2023). 교육과정 연계 디지털 리터러시 교육 가이드라인 개발 연구. 연구보고 CR 2023-1.

디지털 교과 융합 교육의 사례를 간단히 살펴보면 다음과 같이 중등 수준에서 스마트 농업 프로젝트, 초/중등 수준에서 가상 박물관 설계를 해볼 수 있다.

- 학습 주제: 스마트 농업 프로젝트(중등 수준)
- 학습 목표: 스마트 기술을 활용한 지속 가능한 농업 방안을 설계할 수 있다.
- 융합 교과
  - 과학: 식물 성장 조건 실험
  - 수학: 데이터 분석 및 수확량 예측
  - 기술: IoT 센서 프로그래밍 및 농업용 앱 설계
  - 예술: 농업 혁신 아이디어의 시각적 프레젠테이션 제작

- 학습 주제: 가상 박물관 설계(초/중등 수준)
- 학습 목표: 역사와 예술 작품을 디지털화하고, 가상 공간을 전시할 수 있다.
- 융합 교과
  - 사회: 특정 시대의 역사적 배경 조사
  - 정보: VR 기술을 활용한 가상 박물관 구축
  - 예술: 역사적 장면의 디지털 그림 제작

디지털 교과 융합 교육은 미래 지향적이고 실천적인 학습 환경을 제공하며, 학생들에게 21세기 핵심 역량을 기를 수 있는 강력한 도구로 활용될 것이다.

3) 디지털 윤리 교육

'디지털 윤리 교육'은 디지털 환경에서 책임감 있고 윤리적으로 행동하는 방법을 배우고 실천하도록 돕는 교육이다. 이는 기술의 발전이 가져온 긍정적인 가능성을 최대한 활용하면서도 기술의 남용, 개인정보 침해, 온라인 폭력과 같은 부정적인 결과를 예방하기 위한 교육이다. 디지털 기술이 우리의 일상과 사회 전반에 깊숙이 스며들면서 이를 올바르게 사용하기 위한 지침과 가치관을 이해하는 것이 점점 더 중요해지고 있다.

디지털 윤리 교육이 중요한 첫 번째 이유로 디지털 환경의 확대를 들 수 있다. 인터넷, 소셜 미디어, 디지털 기기의 사용이 보편화되면서 디지털 공간에서의 행동이 우리의 삶에 큰 영향을 미치고 있다. 특히 어린 학생부터 성인까지 모두가 디지털 시민으로 살아가는 데 필요한 기준을 배워야 한다. 디지털 윤리 교육이 중요한 두 번째 이유는 사이버 폭력, 허위 정보 유포, 사생활 침해, 저작권 침해 같은 문제가 점점 증가하고 있기 때문이다. 이에 따라 디지털 윤리 교육을 통해 문제를 사전에 예방할 수 있고, 문제 발생 시 올바르게 대처하는 방법을 배울 수 있다. 세 번째 이유는 단순히 기술을 사용하는 능력을 넘어, 기술을 책임감 있게 사용하고 비판적으로 사고하는 디지털 리터러시를 길러야 하기 때문이다. 넷째는 사회적 책임과 윤리의식 함양이다. 디지털 세계는 실제 세계와 연결되어 있으며, 디지털 환경에서의 행동도 타인과 사회에 영향을 미친다. 이에 따라 개인의 행동이 가져올 결과에 대해 책임감을 갖도록 가르쳐야 한다.

디지털 윤리 교육에서 다루는 주요 주제는 ① 개인정보 보호, ② 저작권과 지식 재산권, ③ 사이버 폭력 예방, ④ 허위 정보와 가짜 뉴스 판별, ⑤ 디지털 발자국 관리, ⑥ 디지털 균형과 건강 등이다. 구체적인 내용을 살펴보면, 개인정보 보호와 보안은 자신의 개인정보를 안전하게 관리하는 방법을 배우는 것으로, 비밀번호를 안전하게 설정하고 보안 소프트웨어를 사용하는 등의 기술적 지식을 포함한다. 또한 피싱 공격을 방지하는 방법을 배우고, 개인정보를 타인에게 공유할 때의 책임과 위험성을 이해한다. 저작권과 지식 재산권은 인터넷에서 콘텐츠를 사용하는 데 따른 저작권법을 이해하고, 창작자의 권리를 존중하며, 합법적으로 자료를 사용하는 방법을 배우는 것이다. 창작물을 재사용하거나 공유할 때 저작권 표시의 중요성을 인식해야 한다.

사이버 폭력 예방은 언어폭력, 따돌림, 혐오 발언 등 온라인에서 발생할 수 있는 부정적인 행동을 인식하고, 타인을 존중하는 디지털 커뮤니케이션의 중요성을 배우는 것이다. 또한 사이버 폭력을 당했거나 목격했을 때 대처하는 방법을 익혀야 한다. 허위 정보와 가짜 뉴스 판별은 인터넷에서 만나는 정보가 모두 신뢰할 수 있는 것은 아니라는 사실을 이해하고, 정보의 출처를 확인하며, 비판적으로 사고하는 법을 배우는 것이다. 이를 통해 허위 정보를 유포하거나 공유하지 않도록 하는 윤리적 책임감을 갖출 수 있다.

디지털 발자국 관리는 온라인 활동으로 남는 검색 기록, 게시물, 댓글 등 디지털 발자국의 의미를 이해하고, 디지털 발자국이 미래의 평판과 기회에 미치는 영향을 인식하는 것이다. 또한 이를 바탕으로 신중하고 책임감 있는 온라인 행동을 실천해야 한다. 디지털 균형과 건강은 과도한 디지털 기기의 사용이 신체적 · 정신적 건강에 미치는 영향을 이해하고, 디지털 기기를 사용하는 시간과 방법을 균형 있게 조절하는 방법을 배우는 것을 목표로 한다. 또한 디지털 디톡스의 필요성과 실천법을 익혀 건강한 디지털 생활을 유지하는 것이 중요하다.

디지털 윤리 교육의 핵심 원칙인 존중, 책임, 정직, 안전은 디지털 환경에서 올바른 행동을 실천할 수 있도록 돕는 중요한 지침이다. 우리 삶에서 디지털 기술이 중요해지면서 그 사용에 대한 윤리적인 기준을 확립하는 것은 필수가 되었다. 이러한 원칙들은 학생들이 책임감을 가지고 서로 존중하는 방식으로 디지털 환경을 활용하도록 돕는 데 중요한 역할을 한다.

① 존중

존중은 디지털 환경에서 타인의 권리와 의견, 그리고 개인정보를 존중하는 것이다. 온라인상에서 다른 사람들의 개인적인 정보와 의견을 존중하는 태도는 중요한 윤리적 기준이다. 이는 불필요한 충돌을 예방하고, 사람들 간의 신뢰와 협력을 촉진하는 데 기여한다. 예를 들어 타인의 개인정보를 무단으로 유출하거나 악의적인 댓글을 남기는 행동은 존중이 부족하다는 것을 드러내는 것이다. 따라서 학생들에게 타인의 권리와 개인적인 공간을 보호하는 방법을 가르쳐야 한다.

② 책임

책임은 자신의 행동이 타인에게 미칠 영향을 고려하여 책임감을 가지고 행동하는 것을 의미한다. 디지털 환경에서 우리의 말과 행동은 많은 사람들에게 영향을 미칠 수 있기 때문에 온라인상에서의 발언이나 행동은 그 결과를 신중하게 고려해야 한다. 예를 들어 부정확한 정보를 무책임하게 유포하거나, 타인을 괴롭히는 행동은 심각한 결과를 초래할 수 있다. 학생들에게 자신의 온라인 행동에 대해 책임감을 갖고 행동하도록 가르치는 것은 매우 중요하다.

③ 정직

정직은 온라인에서의 행동이 실제 생활처럼 정직하게 이루어져야 한다는 원칙이다. 이는 허위 사실을 유포하거나, 거짓된 정보를 제공하지 않도록 하는 것을 포함한다. 예를 들어 가짜 뉴스나 허위 정보를 온라인에서 퍼뜨리면 사회적 혼란을 초래할 수 있다. 학생들에게 정보의 정확성을 확인하고, 신뢰할 수 있는 출처에서만 정보를 얻으며, 온라인에서도 정직하게 행동하는 방법을 가르쳐야 한다.

④ 안전

안전은 자신과 타인의 개인정보와 안전을 보호하는 것과 관련이 있다. 디지털 공간에서도 개인정보를 안전하게 보호하는 것이 매우 중요하다. 의심스러운 링크나 메시지를 클릭하지 않고, 보안이 취약한 사이트를 피하며, 안전한 인터넷 사용 습관을 기르는 것은 개인의 온라인 안전을 지키는 기본적인 방법이다. 또한 개인정보를 공유할 때 그에 따른 위험성과 책임을 이해하고, 이를 보호하는 방법을 배우는 것도 필요하다.

마지막으로 디지털 윤리 교육을 잘 실행할 수 있는 교육 방법 몇 가지를 살펴보자. 학생들에게 디지털 윤리의 중요성을 인식시키고, 이를 실제로 적용할 수 있도록 돕는 다양한 교육 방법이 필요하다. 여러 가지 교육적 접근 방식을 잘 사용한다면, 학생들은 이를 통해 실생활에서 디지털 윤리의 원칙을 실천할 수 있는 능력을 기를 수 있다.

① 실생활 사례 활용

실생활 사례 활용은 학생들이 디지털 윤리 문제를 실제로 이해할 수 있도록 돕는 교육 방법이다. 학생들에게 가짜 뉴스나 사이버 폭력과 같은 실제 사례와 이러한 상황이 발생했을 때 어떤 문제들이 발생할 수 있는지를 설명한다. 예를 들어 가짜 뉴스를 믿고 공유했을 때 발생할 수 있는 피해나 사이버 폭력의 피해 사례를 통해 학생들이 실질적인 문제의 심각성을 깨닫게 할 수 있다.

② 토론과 시뮬레이션

토론과 시뮬레이션은 학생들이 다양한 디지털 윤리 상황에 대해 논의하고 대처 방법을 연습하는 활동이다. 예를 들어 온라인에서 부적절한 댓글을 발견했을 때 어떻게 대처해야 하는지에 대해 토론하거나, 피싱 이메일을 받았을 때의 대처 방법을 시뮬레이션하면서 실제 상황에서 어떻게 행동해야 할지를 배울 수 있다. 이 방법은 디지털 환경에서 발생할 수 있는 다양한 상황에 대한 대처 능력을 키우는 데 도움이 된다.

③ 디지털 도구 활용

디지털 도구 활용은 디지털 윤리 교육에 적합한 온라인 자료와 플랫폼을 사용하는 방법이다. 예를 들어 교육용 퀴즈 앱 등을 활용하여 디지털 윤리에 대해 배우고 실습하는 활동을 진행할 수 있다. 이러한 도구들은 학생들이 디지털 윤리에 대한 지식을 재미있고 참여적으로 배울 수 있도록 도와준다.

④ 규칙 만들기

규칙 만들기는 학생들과 함께 디지털 윤리를 실천하기 위한 학급 규칙을 설정하고 이를 지키도록 유도하는 방법이다. 예를 들어 학생들이 타인의 사진을 허락 없이 게시하지 않도록 하고, 온라인 활동에서 존중을 우선으로 하기 위해 함께 규칙을 만들고 이를 실천하도록 하는 것이다. 이러한 규칙은 학생들이 디지털 환경에서의 올바른 행동 기준을 명확하게 이해하고 실천하는 데 도움을 준다.

⑤ 지속적인 대화와 피드백

지속적인 대화와 피드백은 디지털 윤리가 한 번의 교육으로 끝나는 것이 아니라 지속적으로 다루어져야 한다는 점을 강조한다. 학생들과 계속해서 대화를 나누고 피드백을 제공하면서 윤리적 습관을 형성할 수 있도록 돕는 것이 중요하다. 디지털 윤리 교육을 위한 반복적이고 지속적인 노력이 필요하며, 학생들이 디지털 환경에서 책임감을 가지고 행동할 수 있도록 유도해야 한다.

디지털 윤리 교육은 학생들이 디지털 환경에서 올바르게 행동할 수 있는 기준을 제공하고, 그들이 디지털 시민으로서 책임감 있고 윤리적으로 행동할 수 있도록 돕는 중요한 과정이다. 이 교육은 학생들이 미래의 디지털 사회에서 건강하고 긍정적인 영향을 미칠 수 있도록 준비시켜 줄 것이다.

5. 교사의 역량 변화

디지털 교육과 교육 혁신이 성공하려면 수업의 중심에 있는 교사의 역할이 매우 중요하다. 교사는 학생의 성장을 지원하는 전문가로서, 변화하는 교육 환경에서 자율적이고 주도적인 수업 혁신을 이끌어야 한다. 공교육 혁신은 특정 교사나 학교급에 국한되지 않고, 전체 교육 현장에서 이루어지는 변화이므로 모든 교사의 역량을 중요하게 다뤄야 한다. 이를 위해 교원의 역량을 체계적으로 정의하고, 그에 맞춘 역량 강화를 지원하는 교원 역량 체계가 필요하다.

2024년 4월 교육부는 교실 혁명과 디지털 기반 교육 혁신을 체계적으로 지원하기 위해 '디지털 기반 교육 혁신 역량 강화 지원 방안'을 발표했다.[17] 이 방안은 인간의 존엄성을 위한 교육, 모두를 위한 맞춤 학습 기회 보장, 아이의 강점을 끌어내는 교사의 전문성 존중 이렇게 3가지 핵심 가치를 중심으로 구성되어 있다. 이 가치를 달성하기 위해 교육부는 교원이 갖추어야 할 7가지 필수 역량을 제시하며, 향후 교사들을 위한 체계적인 지원과 연수에 이 교원 역량 체계가 중요한 기반이 될 것임을 강조했다. 이것이 교실 혁명을 위한 교원 역량 체계(Classroom Revolution Competency Framework, CRCF)이다.

교실 혁명을 위한 교원 역량 체계는 기본, 교육 실천, 발전의 3가지 주요 영역으로 구성되어 있으며, 교실 혁명의 3가지 핵심 가치와 밀접하게 연관되어 있다. '기본' 영역의 역량은 인간의 존엄성을 위한 교육 가치와, '교육 실천' 영역의 역량은 모두를 위한 맞춤 학습 기회 보장의 가치와, '발전' 영역의 역량은 아이의 강점을 끌어내는 교사의 전문성 존중 가치와 연결된다.

표 2-6 교실 혁명을 위한 교원 역량 체계(교육부, 2024)

핵심 가치	영역(3)	역량(7)	행동 지표(21)		
			이해	활용	성찰(개선)
인간의 존엄성을 위한 교육	기본	사람 중심의 하이터치 하이테크 교육	하이터치 하이테크 교육 이해	학생 이해, 수업 개선에 AIDT 활용	교사의 주도성을 살려 AIDT를 활용하는지 성찰
		윤리적 실천	AIDT 활용에 대한 윤리적 쟁점 이해	학습 데이터·활동 결과물을 안전하게 관리·활용	수업에 활용한 기술이 학생의 삶에 미치는 영향을 성찰
모두를 위한 맞춤 학습 기회 보장	교육 실천	교육 맥락 분석(AIDT 활용)	AIDT의 학습 진단, 분석, 이력 관리 기능 이해	학습 내용, 학생 특성 분석에 AIDT를 활용하고, 성장 지원 방안 도출	학생의 개별 특성을 고려한 성장 지원 방안인지 성찰
		수업·평가 설계 및 자료 개발(AIDT 활용)	교육 과정-수업-평가 설계 자료 개발에 유용한 AIDT 기능 이해	학생 참여 수업(개별/협력/교과융합)을 설계하고, 콘텐츠 재구성	수업 설계·자료의 효과성을 분석하고, 개선점 도출
		수업 실행(AIDT 활용)	학생 참여 수업(개별/협력), 평가 지원하는 AIDT 기능 이해	학생 참여 수업(개별/협력), 평가에 적합한 기능 선택·활용	수업의 하이터치(역량 함양, 사회·정서적 지원)를 성찰하고, 개선점 도출
		교육 평가·성찰(AIDT 활용)	과정 중심 평가·성찰을 지원하는 기능 이해	학습 과정·결과 평가와 성찰에 적합한 AIDT 기능 활용	학습 평가·성찰에 활용한 AIDT 기능의 효과를 분석하고, 개선점 도출
아이의 강점을 끌어내는 교사의 전문성 존중	발전	전문성 개발	교원 역량 체계 이해	역량 진단으로 자신의 강점과 필요한 역량 확인 지속	데이터 기반의 현장 연구 참여

출처: 교육부. (2024). 디지털 기반 교육혁신 역량 강화 지원방안.

교실 혁명을 위한 교원 역량 체계는 교사가 변화하는 교육 환경에 효과적으로 대응하고, 교실 혁명의 핵심 가치를 실현할 수 있도록 구체적인 기준을 제공한다. 각 역량은 이해, 활용, 성찰(개선)의 3단계 구조로 설계되어 교사가 점진적으로 실천하고 성찰할 수 있도록 돕는다.

① 기본 영역

- 이 영역은 교사가 교실 혁명의 첫걸음을 내딛는 데 필요한 기본적인 역량을 다룬다. 여기서는 인간 중심의 교육과 윤리적 실천을 중시한다.
- **하이터치 하이테크 교육**: 기술을 학생 중심으로 활용하여 학습 경험을 개선하는 역량으로 이해, 활용, 성찰의 3단계로 진행된다.
- **윤리적 실천**: 기술 사용에서 발생할 수 있는 윤리적 문제를 다루며, 안전하고 윤리적으로 교육을 실천하는 능력을 배양한다.

② 교육 실천 영역

- 이 영역은 교수 · 학습 과정 전반에 걸친 실천적 역량을 다룬다. 교실 혁명을 실현하기 위한 분석, 설계, 개발, 실행, 평가 단계로 나누어져 있다.
- **교육 맥락 분석**: 학생의 특성과 환경을 분석하여 맞춤형 학습을 지원하는 역량이다.
- **수업 · 평가 설계 및 자료 개발**: 분석한 교육 맥락을 바탕으로 디지털 기술을 활용한 수업과 평가를 설계하는 역량이다.
- **수업 실행**: 설계한 수업을 실제로 실행하고, 디지털 기술을 적절히 활용하여 수업의 질을 향상시키는 역량이다.
- **교육 평가 · 성찰**: 수업을 평가하고 성찰하여 개선점을 도출하는 역량으로, 이를 통해 지속적으로 수업을 개선한다.

③ 발전 영역

- 교사가 교실 혁명의 실천을 통해 지속적으로 전문성을 개발하고 성장하는 역량을 다룬다. 교사의 자기 주도적 성장을 강조하며, 현장 연구와 교육 데이터를 활용한 연구 활동을 통해 교육 역량을 강화한다.
- **전문성 개발**: 교원 역량 체계를 이해하고 자신의 강점과 개선점을 진단하여, 교육 실천에서 부족한 부분을 보완하고 성장하는 역량이다.

CHAPTER
3

디지털 교육 방법

1. 디지털 교육을 위한 교육 과정 설계

교육 과정을 설계한다는 것은 교육 내용과 방법을 체계적이고 계열적으로 조직하는 것을 말한다. 교육 과정은 일정한 기준에 따라 교육 내용과 경험을 취사하고 선택하여 교육 활동의 기준을 제시해야 한다. 따라서 교육 내용과 교육 활동에 '엄선하기'와 '풍성한 학습 기회 제공하기'를 염두에 두어야 한다. 디지털 교육을 위한 교육 과정 설계도 크게 다르지 않다. 디지털 교육은 디지털 기술을 활용하여 디지털 시대에 필요한 역량을 키우는 교육으로 폭넓게 정의하고 있으므로, 디지털 교육을 위한 교육 과정 설계 역시 교육 과정 설계 이론에 근간을 두고 디지털 기술을 효과적으로 활용할 수 있도록 해야 한다.

교육은 학생들이 살고 있는 시대적 · 공간적 특성을 반영할 수밖에 없다. 현재 학생들이 살고 있는 일반사회환경 안에 교육생태환경이 존재하기 때문이다. 교육 활동은 교육의 주체인 교사와 학생이 교육 목표를 가지고 수업을 하면서 그 달성 정도를 평가하며, 교육 활동은 교육 과정을 기초로 교과서, 학습 교재, 학습 자료를 통해서 구현된다. 교사와 학생은 교육 목표, 교육 평가, 교육 과정, 교재는 모두 수업이라고 하는 교육 활동을 통해서 유기적이고 긴밀하게 구현된다. 교육의 핵심은 이러한 교육 활동이 교사와 학생의 적극적인 상호작용을 통해서 이루어진다는 데 있으며, 디지털 기술은 이러한 유기적인 교육생태환경을 보다 더 적극적으로 활성화시키는 데 기여한다.

그림 3-1 교육생태환경의 구성 요소

디지털 기술을 통해 이루어지는 디지털 교육은 학생들의 교육 활동에 있어 다양한 방식으로 그 교육적 경험을 풍부하게 한다. 따라서 디지털 교육을 위한 교육 과정의 설계에서도 교육 과정이 가지는 기본 질문을 그대로 활용할 수 있다. 교사는 왜 그것을 가르치고 학생은 왜 배워야 하는가에 대한 '디지털 교육 목표', 교사는 무엇을 가르치고 학생은 무엇을 배우는가에 대한 '디지털 교육 과정', 교사는 어떻게 가르치고 학생은 어떻게 배우는가에 대한 '디지털 교수 학습', 교사는 제대로 가르치고 학생은 제대로 배우는가에 대한 '디지털 교육 평가'는 디지털 교육 과정 설계를 위한 가장 기초가 되는 질문이다. 2022 개정 교육 과정에서 제시하고 있는 디지털 리터러시 구성 체계는 디지털 교육을 다양한 교과에서 어떻게 설계할 것인가에 대한 기초적 정보로 활용할 수 있다.

그림 3-2 교육 과정 설계의 핵심 질문

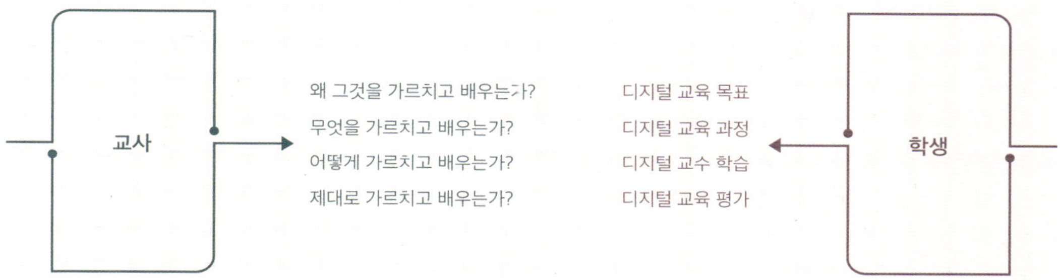

디지털 교육 과정 개발을 위해서 몇 가지 대표적인 교육 과정 개발 모형을 소개하고자 한다. 교육 과정 개발 모형의 전통적인 방식인 타일러(Tyler)의 합리적 교육 과정 개발 모형에서는 학습 경험의 계속성, 계열성, 통합성을 강조한다. 합리적 교육 과정 모형은 ① 학교에서 달성하고자 하는 교육 목표는 무엇인가?, ② 교육 목표를 달성하는 데 유용한 교육 경험은 어떻게 선정하는가?, ③ 효과적인 수업을 위해 교육 경험은 어떻게 조직할 수 있는가?, ④ 학습 경험의 효과성, 즉 교육 목표 달성 여부는 어떻게 판단할 수 있는가?의 주요한 질문을 기초로 한다. 타일러(Tyler)의 교육 과정 개발 모형에서는 교육 목표를 우선적으로 선정하고 교육 과정을 설계한다. 교육 목표는 학생에 대한 연구, 사회에 대한 연구, 교과 전문가의 제언을 바탕으로 한 잠정적 교육 목표를 설정한 후에 교육철학과 학습심리학을 반영하여 명세적 교육 목표를 수립한다. 교육 목표는 행동 목표, 문제 해결 목표, 표출적 성과 목표의 3가지 형태로 제시할 수 있다.

표 3-1 교육 목표의 유형과 특징

목표 유형	특징	평가 방법
행동 목표	• 문제와 정답이 있음 • 학생이 행위의 주체 • 행동 동사로 진술 • 결과 측정 가능 • 양적 평가 가능	• 양적 평가 • 결과 평가 • 객관적 평가
문제 해결 목표	• 일정 조건 내 다양한 해결책 모색 • 열린 대답 가능 • 최선의 답을 찾음	• 질적 평가 • 계획-과정-결과의 총체적 평가
표출적 성과 목표	• 조건과 정답이 없음 • 학습 중 자연스럽게 도출 • 창의적이고 개방적 활동 강조	• 질적 평가 • 총체적 평가 • 만족도 평가

행동 목표는 문제와 정답이 있고, 학생이 행위의 주체이므로 행동 동사로 진술한다. 결과를 측정할 수 있는 형태의 목표이기 때문에 결과 측정 평가가 가능하고, 순위 매김이 가능하다는 특징이 있다. 따라서 평가 방법도 양적 평가, 결과 평가, 객관적 평가 방법을 사용할 수 있다. 디지털 교육에서 행동 목표를 설정한다면 다음과 같은 예를 들 수 있다. 각 목표는 행동 동사를 포함하고, 결과를 양적으로 측정할 수 있도록 제시하였다.

디지털 교육의 행동 목표 예시

디지털 도구 활용 능력
학생은 문서 작성 소프트웨어(MS Word, Google Docs)를 사용하여 30분 안에 최소 200단어의 보고서를 작성할 수 있다.

코딩 기초 이해
학생은 주어진 문제를 해결하기 위해 파이썬 언어를 사용하여 5줄 이상의 코드로 간단한 계산 프로그램을 작성할 수 있다.

온라인 정보 검색 능력
학생은 10분 이내에 특정 주제에 대해 신뢰할 수 있는 온라인 자료 3개를 찾아 목록화할 수 있다.

문제 해결 목표는 일정한 조건이 주어지고, 그에 대한 다양한 문제 해결책을 만들어내는 것을 목표로 한다. 문제 해결 목표는 열린 해답을 가질 수 있기 때문에 정답이 있다기보다는 최선의 답, 최선의 해결책을 찾는 것을 목표로 한다. 따라서 평가 방법도 질적 평가, 계획-과정-결과의 총체적 평가 방법을 사용할 수 있다.

디지털 교육의 문제 해결 목표 예시

디지털 협업을 활용한 프로젝트 해결
학생은 팀원들과 협력하여 주어진 환경 문제(플라스틱 폐기물 문제)에 대한 디지털 캠페인 전략을 기획하고, 그 실행 계획을 프레젠테이션으로 발표할 수 있다.

데이터 분석을 통한 문제 해결 방안 도출
학생은 주어진 데이터 세트를 분석하여 특정 지역의 교통 혼잡 문제를 진단하고, 데이터를 기반으로 2가지 이상의 해결 방안을 제안할 수 있다.

웹 리소스 평가와 보고서 작성
학생은 인터넷 검색을 통해 신뢰할 수 있는 자료를 찾아, 주어진 사회적 이슈(사이버 보안 문제)에 대한 연구 결과를 보고서 형식으로 작성할 수 있다.

표출적 성과 목표는 조건이 없고, 문제도 답도 사전에 주어지지 않는다는 특징이 있으며, 학습 활동 도중이나 종결 후에 형성 평가가 가능하다. 질적 평가, 총체적 평가, 만족도 평가 방법 등을 사용할 수 있다.

디지털 교육의 표출적 성과 목표 예시

창의적인 콘텐츠 제작
학생은 자신만의 아이디어를 바탕으로 디지털 디자인 도구를 사용해 독창적인 포스터 또는 비디오를 제작할 수 있다.

자유 탐구를 통한 코딩 프로젝트 완성
학생은 새로운 코딩 언어 또는 도구를 탐구하여 자신만의 간단한 애플리케이션이나 프로그램을 설계하고 개발할 수 있다.

디지털 윤리에 대한 자기표현
학생은 디지털 환경에서의 윤리적 이슈(개인정보 보호)에 대해 자신의 독창적인 생각과 경험을 기반으로 발표를 하거나 에세이를 작성할 수 있다.

두 번째로 소개할 교육 과정 설계 이론은 위긴스(Wiggins)와 맥타이(McTighe)의 백워드 디자인이다. 교육 과정 설계에서는 교육 목표 달성을 위한 체계적인 접근이 필요한데, 전통적인 설계 방식에서는 교사의 강의와 활동 중심으로 계획이 이루어졌기 때문에 학생이 무엇을 배우고 어떤 성취를 이루는지에 대한 파악이 명확하지 않았다. 이에 위긴스(Wiggins)와 맥타이(McTighe)(1998)는 학생의 깊은 이해를 중심으로 백워드 디자인 모델을 제안하였다. 이 모델은 결과 중심의 접근으로, '무엇을 가르칠 것인가?'보다는 '학생들이 무엇을 이해하고 할 수 있어야 하는가?'를 강조하며, 이를 통해 학습의 의미와 학생의 참여를 높이는 데 기여한다. 백워드 디자인은 3단계 접근법으로 구성되며, 각 단계는 체계적으로 연결되어 있다.

그림 3-3 백워드 디자인의 3단계

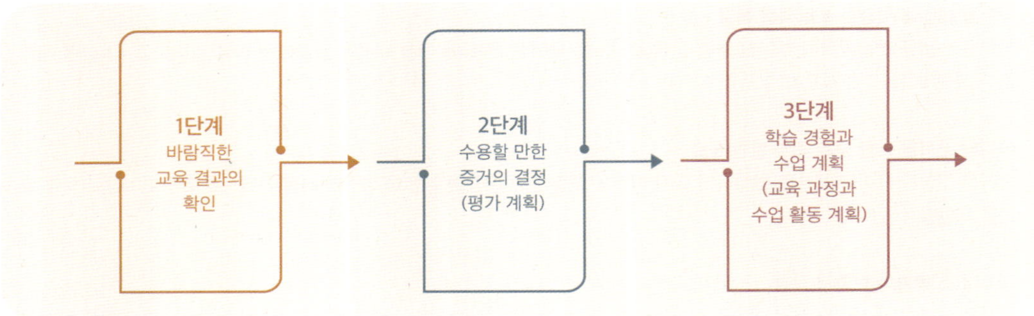

1단계는 '바람직한 교육 결과의 확인'으로, 학습 목표와 기대 성과를 명확히 설정하는 것이다. 교사는 다음과 같은 질문을 통해 목표를 정의하며, 이 단계에서 목표는 국가 교육 과정, 학교 교육 과정, 교과별 지식체계에 근거하여 설정한다.

- 학생이 학습 후 반드시 이해해야 할 핵심 개념은 무엇인가?
- 학생에게 기대되는 최종 성취는 무엇인가?
- 교육적 우선순위는 무엇인가?

2단계는 '수용할 만한 증거의 결정'으로, 학습 목표를 성취했는지 확인할 수 있는 평가 방법을 계획하는 것이다. 평가 방법은 학생이 학습 목표를 얼마나 충족했는지를 판단할 수 있어야 하며, 주요 평가 방법은 다음과 같다.

- **성취 과제**(performance task): 학생의 깊은 이해와 사고력을 평가한다.
- **형성 평가**(formative assessment): 학습 과정에서 학생의 이해 정도를 파악한다.
- **총괄 평가**(summative assessment): 학습 종료 시점에서 목표 성취 여부를 확인한다.

3단계는 '학습 경험과 수업 계획'으로, 목표와 평가를 바탕으로 교육 과정과 수업 활동 계획을 설계하는 것이다. 학습 활동은 평가 기준에 부합해야 하며, 학생이 능동적으로 참여할 수 있도록 해야 하고, 학생에게 의미 있는 경험을 제공해야 한다. 위긴스(Wiggins)와 맥타이(McTighe)는 학생 중심의 수행 과제를 설계할 때 고려할 요소들을 목표(Goal), 역할(Role), 청중(Audience), 상황(Situation), 산출물(Product), 기준(Standard)의 6가지로 제안하였고, 이는 앞 글자를 따서 GRASPS라고 하며, GRASPS를 사용하여 학생들의 풍부한 학습 경험을 설계할 것을 권장하였다.

- 목표(Goal): 학생이 과제를 통해 달성해야 할 학습 목표를 정의한다.
- 역할(Role): 학생이 수행할 과제에서 맡게 될 역할을 설정한다.
- 청중(Audience): 학생이 작업한 결과물을 발표하거나 제안할 대상(청중)을 설정한다.
- 상황(Situation): 학생이 과제를 수행하게 되는 맥락과 문제 상황을 설정한다.
- 산출물(Product): 학생이 과제를 통해 완성해야 할 산출물과 수행 형태를 정의하고, 이를 통해 달성할 목적을 명확히 한다.
- 기준(Standard): 학생의 과제 수행 결과를 평가할 기준과 성공의 척도를 설정한다.

디지털 교육에서 GRASPS를 사용한 교수 설계의 예를 들어보자.

디지털 교육의 GRASPS 적용 예시

목표(Goal)
학생이 디지털 도구를 사용하여 자기 주도 학습이 가능한 온라인 학습 모듈을 설계해, 자기 주도 학습을 촉진하는 방법을 이해하고 실행할 수 있도록 한다.

역할(Role)
학생이 디지털 콘텐츠 개발자 역할을 맡아, 주어진 주제에 대해 온라인 학습 모듈을 설계하고, 상호작용할 수 있는 온라인 학습 자료나 인터랙티브 퀴즈를 만든다.

청중(Audience)
이렇게 만든 학습 콘텐츠는 다른 학생들이나 교사를 위해 직관적이고 유용한 자료를 제공하는 것이 목적이며, 교사에게 피드백을 받을 수 있다.

상황(Situation)
디지털 학습 환경에서 온라인 교육의 질을 높이기 위해, 학생들이 자기 주도적으로 학습할 수 있도록 돕는 콘텐츠를 설계해야 한다. 특히 학생들의 자기 주도 학습 능력을 증진시키는 것이 중요하다.

산출물(Product)
학생이 학습 주제에 맞는 온라인 학습 모듈을 개발해야 하며, 그 안에는 학습 자료, 인터랙티브 요소(퀴즈, 토론 등), 참고 자료 등이 포함된다.

성공의 기준(Standard)
성공적인 학습 모듈은 사용자의 참여도, 학습 효과성, 인터랙티브한 요소가 잘 구현되어야 한다. 평가 기준은 모듈의 직관성, 사용자 피드백, 참여도, 학습 결과 등이다. 예를 들어 학생들이 실제로 개념을 잘 이해했는지 퀴즈나 활동을 통해 평가할 수 있다.

이러한 백워드 디자인의 교육적인 의미를 살펴보면 첫째, 교사와 학생 모두 학습의 목표와 방향성을 명확하게 이해할 수 있으며, 평가와 학습 활동이 목표에 부합하도록 설계된다. 둘째, 학생 중심의 접근법으로써 학생들에게 실질적이고 맥락적인 학습 경험을 제공하여 문제해결능력, 창의성, 비판적 사고를 함양하는 데 도움을 준다는 것이다. 또한 학생들이 단순히 지식을 습득하는 것을 넘어서 이를 실제 문제에 적용할 수 있도록 돕는다. 그러나 설계 과정에서의 시간적 · 기술적 한계를 극복하기 위한 노력이 병행되어야 한다. 백워드 디자인은 교육 과정 설계와 학생 성취 간의 긴밀한 연결성을 제공하며, 이를 통해 교육의 질적 향상을 추구할 수 있는 강력한 도구이다. 이는 교사가 교육 과정을 설계하고 평가 방법을 마련하는 과정에서 전문성을 더욱 강화할 수 있도록 돕는 접근법이라 할 수 있다.

2. 디지털 교육을 위한 교수 학습 방법

1) 프로젝트 학습(Project-Based Learning, PBL)

프로젝트 학습은 학생이 실질적이고 복잡한 문제나 도전을 해결하기 위해 팀이나 개인 단위로 학습의 전 과정에 능동적으로 참여하여 프로젝트를 계획하고 수행하면서 학습 목표를 달성하는 교수 학습 방법이다. 전통적인 수업 방식인 강의 중심 수업과는 달리 학생 중심으로 학습이 진행되며, 탐구와 문제 해결 과정을 통해 실질적이고 응용 가능한 지식을 습득하는 것을 목표로 한다. 프로젝트 학습에서 학생은 먼저 과제의 특성을 분석하여 과제 해결을 위한 계획을 스스로 세우고, 그 계획을 실행해 가면서 해결책을 만들어내고, 실행한 결과를 평가하고 반성한다. 이러한 일련의 과정에서 학생은 능동적인 지식의 탐구자로서 깊이 있는 사고를 함양할 수 있다. 오늘날 인터넷과 정보통신기술이 발달하면서 학생들이 지식을 탐구할 수 있는 학습 환경이 확장되었다. 학습 공간이 시공간을 초월하여 확장되고 있으며, 개개인의 학습 과정에 대한 공유가 자유로워지면서 프로젝트 학습의 확장력도 높아지고 있다.

프로젝트 학습은 다음과 같은 특징이 있다. 첫째, 학생은 학습 목표와 관련된 실질적인 문제나 도전 과제를 해결해야 한다. 도전 과제는 과제나 시나리오 형태로 제시되고, 현실적이며 복합적이고 학생들의 관심을 끌 수 있는 과제로 설계되어야 한다. 둘째, 프로젝트 학습은 학생 중심으로 설계된다. 교사는 기획자이자 평가자 역할을 하고, 학생이 주도적으로 프로젝트를 이끌어 가면서 학습이 이루어진다. 따라서 학생의 자기 주도 학습 능력이 중요하게 작용하며, 이를 강화할 수 있다. 셋째, 프로젝트 학습은 대부분 팀 활동으로 구성되어 협력적 활동이 강조되고, 학생들 간의 상호작용과 팀워크가 중요한 요소로 작용한다. 협업을 통해 주어진 과제를 다양한 관점에서 다루고, 팀 내 갈등을 극복하고, 집단 지성을 발휘할 수 있는 의사소통능력을 개발할 수 있다. 넷째, 프로젝트 학습은 통합적 학습이 가능하다. 하나의 프로젝트를 수행하기 위해서는 주어진 과제와 관련된 다양한 학문 분야의 지식과 기술을 통합적으로 활용해야 하기 때문에 학문 간 연계성을 탐구하고, 융합적 사고 능력을 강화할 수 있다. 예를 들어 환경 문제를 데이터에 근거하여 분석하고 해결책을 찾는 프로젝트라면 정보, 과학, 수학, 사회, 기술 등 관련 교과의 지식과 기능을 통합적으로 활용해야 한다. 다섯째, 프로젝트 학습에서는 학습의 결과물로 구체적인 최종 산출물을 만들어내야 한다. 구체적인 산출물은 보고서, 프로토타입, 모형, 프레젠테이션 등과 같은 다양한 형태가 될 수 있다. 학생은 다양한 자원으로부터 정보를 수집하고, 팀원들과의 비평적 논의를 거쳐 학습한 내용을 바탕으로 직접 산출물을 제작한다. 여섯째, 프로젝트 학습에서는 결과물을 중심으로 프로젝트의 전 과정에 걸친 학습 과정을 지속적인 피드백과 수정을 통해 평가한다. 이에 프로젝트 학습에서는 관찰, 포트폴리오, 발표 및 피드백, 자기 평가, 동료 평가 등과 같은 다양한 형태의 평가 방법을 사용한다. 학습 과정에서의 참여와 노력, 팀 내 의사소통과 협업 능력, 지식과 기술의 성장까지 평가하는 것을 목표로 하기 때문이다.

프로젝트 학습의 주요 단계를 정리하면 **표 3-2**와 같다. 각 단계는 순환적이며, 학습 과정에서 초기 단계 혹은 이전 단계로 돌아가서 문제를 개선하거나 새로운 시도를 할 수 있다. 또한 디지털 교육에서 프로젝트 학습 과제로 '지역 사회의 쓰레기 배출 데이터를 분석하여 재활용률을 높일 수 있는 방안 제시하기'와 같은 주제를 다룰 수 있다. **표 3-2**는 이 주제로 프로젝트 학습의 단계별 활동을 정리한 것이다.

표 3-2 프로젝트 학습의 학습 단계

단계	주요 활동	활동 예시: 환경 문제 해결
1. 문제 정의 및 목표 설정	프로젝트에서 해결해야 할 문제 정의 및 목표 설정	• 지역 사회의 쓰레기 배출 데이터를 분석하여 재활용률을 높일 수 있는 방안 제시
2. 계획 수립	수행할 활동, 역할 분담, 필요한 데이터, 일정 등 문제 해결을 위한 계획 수립	• 팀원별 역할 분담 • 지역 쓰레기 배출 데이터 수집 계획 수립 • 설문조사 일정 작성
3. 조사와 탐구	문제 해결에 필요한 정보 수집 및 분석	• 공공 데이터 플랫폼에서 쓰레기 배출 관련 데이터 수집 • 설문조사 시행 • 데이터 시각화 및 분석
4. 프로젝트 실행	계획한 활동 실행	• 분석 결과를 기반으로 재활용 캠페인 아이디어 설계 • 캠페인 시뮬레이션 실행
5. 산출물 제작	조사와 실행 결과를 바탕으로 최종 결과물 제작	• 데이터 분석 결과와 캠페인 아이디어를 정리한 보고서 작성 • 시각 자료(인포그래픽, 프레젠테이션 등) 제작
6. 발표 및 공유	결과물을 청중에게 발표하고 공유하며 피드백 수집	• 데이터 분석 결과와 캠페인 아이디어 발표 • 청중의 피드백 수집
7. 평가 및 반성	프로젝트 과정과 결과를 평가하고 개선점과 배운 점 성찰	• 학습 일지를 작성하여 배운 점 정리 • 팀원 간 상호 피드백 • 교사의 평가와 개선점 논의

프로젝트 학습이 성공적으로 이루어지기 위해서는 학생들 간의 활발한 상호작용과 협력뿐만 아니라 교사의 역할도 중요하다. 교사는 학생이 방향을 잡고 학습 활동을 적극적으로 해나갈 수 있도록 모니터링하고 관리하며 촉진하는 기획자이자 평가자가 되어야 한다. 프로젝트 학습 활동의 핵심 구성 요소로는 스캐폴딩, 코칭, 기획 및 자원의 풍부성, 지식 표현, 커뮤니케이션과 협력, 성찰 등을 들 수 있다.[18]

표 3-3 프로젝트 학습의 핵심 요소

핵심 요소	설명
스캐폴딩	경험이 부족한 학생이 어려운 과제를 수행해야 할 때 지원하는 도구
코칭	전문가 수준에 부합하는 학생의 행동을 유도하기 위해 상황에 따른 반응 제공
기획 및 자원의 풍부성	실질적인 연구 프로젝트가 되도록 학생의 계획 수립을 지원하는 도구
지식 표현	학생의 지식과 아이디어를 생성하는 데 도움이 되는 도구
커뮤니케이션과 협력	학생들 사이의 토론, 아이디어 교환, 피드백 등을 지원하는 도구
성찰	수행 과제에 대한 평가 및 물리적·인지적 수정, 아이디어, 가정, 표상을 재구성하도록 학생 개인이나 팀 활동에 대한 평가

출처: 임정훈, 임병노, 최성희, & 김세리. (2004). 초·중등학교에서 교실수업과 웹기반 학습을 연계한 커뮤니티 기반 프로젝트 학습모형 개발 연구. 교육공학연구, 20(3), 103-135.

2) 문제 중심 학습(Problem-Based Learning, PBL)

문제 중심 학습은 1968년 캐나다 맥마스터 의과대학교에서 시작된 교육 방법으로, 전통적 학습의 비효율성을 해결하고자 개발되었다. 이 학습법은 실생활과 밀접한 연관이 있는 문제를 출발점으로 하여, 학생이 스스로 문제를 해결하는 과정을 통해 지식을 탐구하고 구성하는 학습 방법이다. 이 방법은 디지털 기술과 도구를 결합하여 학습 경험을 풍부하게 하고, 협력적으로 문제를 해결하며, 비판적 사고를 기를 수 있는 강력한 교육 접근법으로 주목받고 있다.

문제 중심 학습은 다음과 같은 특징이 있다. 첫째, 문제 중심 학습은 문제로부터 학습이 시작된다. 문제는 교육 과정을 바탕으로, 실생활에서 흔히 접할 수 있지만 복잡하고 정답이 명확하지 않으며 학생들에게 매력적인 비구조화된 문제로 설계되어야 한다. 교사는 수업 이전에 교육 과정을 바탕으로 비구조화된 문제를 개발하는 데 많은 노력을 기울이게 되며, 학생은 스스로 문제에서 요구하는 것들을 파악하고 필요한 지식과 기술을 탐구하게 된다. 둘째, 문제 중심 학습은 학생 중심의 접근법이다. 학생은 학습의 주체가 되어 능동적으로 문제를 해결하고, 자기 주도적인 학습을 통해 새로운 지식을 탐구한다. 교사는 학습의 가이드이자 퍼실리테이터 역할을 하며, 학생에게 풍부한 자원을 탐구할 수 있는 학습 환경을 제공해 주는 역할을 한다. 셋째, 문제 중심 학습은 팀 활동을 통한 협력적 학습을 중심으로 이루어진다. 학생은 다양한 관점에서 문제를 바라보고 해결책을 제시하는 과정을 통해 의사소통과 협업 능력을 개발할 수 있다. 넷째, 문제 중심 학습은 학생의 역량을 개발하는 것을 목표로 한다. 비구조화된 문제에서 문제가 무엇인지를 찾는 문제정의능력, 팀 활동을 통해 여러 사람과 의사소통하며 문제의 해결책을 찾는 탐구 과정에서 문제를 분석하고 최적의 해결책을 찾는 비판적 사고, 다양한 관점에서 문제에 접근하고 효과적인 해결책을 찾는 문제해결능력, 새로운 관점에서 문제를 해결하고 이를 표현하는 데서 창의적 사고와 표현 등의 역량이 길러진다.

문제 중심 학습의 주요 단계를 정리하면 **표 3-4**와 같다.[19]

표 3-4 문제 중심 학습의 학습 단계

단계	주요 활동	설명
1. 문제 정의 및 목표 설정	문제를 제시하고 학습 목표를 설정하며 주제의 핵심 이해	• 학습과 연관된 실생활 기반의 복잡하고 비구조화된 문제 제시 • 문제를 분석하며 학습 동기 자극
2. 계획 수립	탐구 질문 도출, 활용 가능한 자원 탐색, 역할 분담 등 문제 해결을 위한 계획 수립	• 문제를 해결하기 위해 필요한 정보와 탐구 질문 정리 • 학생들 간 역할을 분담하며, 학습 자원과 자료 출처 결정
3. 탐색 및 재탐색	스스로 탐구 질문에 대한 정보를 탐색하고 분석하며 문제 해결에 필요한 지식 학습	• 자기 주도적 학습을 통해 탐구 질문에 대한 정보 탐색 • 탐색 과정에서 새로운 질문이 생기면 이를 반영하여 추가 탐색 수행
4. 해결책 제시	수집한 정보를 바탕으로 해결 방안 도출	• 팀 내 협업을 통해 문제를 해결하고 실질적 해결책 개발 • 다양한 대안을 검토하면서 논리적이고 창의적인 해결책 구성
5. 발표 및 평가	학습 결과와 해결책을 발표하고 학습 고정 및 결과 성찰	• 해결책을 발표하고 동료 및 교사로부터 피드백 수집 • 학습 과정을 돌아보며 개선점을 찾고, 성과와 한계 평가

출처: 조연순. (2005). 문제중심학습의 이론과 실제. 서울:학지사.

이러한 문제 중심 학습은 앞서 살펴본 프로젝트 학습과 함께 학생 중심의 자기 주도성을 증진하는 데 효과적인 교수법으로 알려져 있으며, 실생활과 연관된 과제를 해결하면서 학습이 이루어진다는 데 공통점이 있다.

그러나 두 접근법은 학습 목적, 학습 과정, 문제의 성격 등에 차이가 있다. 먼저 학습 목적에서 프로젝트 학습은 학생이 완성된 산출물을 만드는 것을 목표로 한다면, 문제 중심 학습은 문제를 해결하는 과정에서 비판적 사고와 문제해결능력을 개발하는 것이 목표이므로 완성된 결과물이 필수는 아니다. 학습 과정에서 프로젝트 학습은 그 과정이 장기적이고 산출물을 중심으로 진행되는 반면, 문제 중심 학습은 단기적이고 문제 해결 과정 자체에 초점을 맞춘다. 문제의 성격에서 프로젝트 학습은 비교적 구조화된 문제를 다루고 문제 자체가 구체적이고 실현 가능한 작업으로 정의되는 반면, 문제 중심 학습은 비구조화된 문제를 다루기 때문에 문제가 복잡하고 명확한 해결책이 없을 수도 있다. 따라서 학생은 문제를 정의하고 분석하여 필요한 지식을 탐색해 가면서 다양한 해결 방안을 모색한다. 또한 프로젝트 학습은 교사에게 기획자이자 평가자의 역할이 강조되어 교사가 프로젝트의 방향성과 산출물의 기준을 설정하고 학습을 관리하는 반면, 문제 중심 학습은 교사에게 촉진자이자 안내자로서의 역할이 강조되어 교사가 문제를 설계하고 학생의 문제를 해결하도록 지원하는 역할에 중점을 둔다. 즉, 프로젝트 학습에서는 프로젝트의 결과물 완성을 위한 가이드를 제공하는 교사의 역할이 중요하고, 문제 중심 학습에서 교사는 학생이 스스로 필요한 지식을 탐구하도록 도우며 직접적인 해결 방법을 제공하지 않는다. 각 학습이 효과적으로 활용되는 학습 맥락을 비교해 보면, 프로젝트 학습은 비교적 구체적이고 결과물이 중요한 학습 상황에 적합한 반면, 문제 중심 학습은 복잡하고 추상적인 문제 중심이기에 사고력과 학습 방법을 키우는 데 적합하다. 예를 들면 프로젝트 학습은 제품 디자인, 영화 제작, 앱 개발 등과 같은 구체적인 산출물을 제작할 수 있는 주제에 유용하고, 문제 중심 학습은 사회 문제 해결, 의학적 진단, 법적 갈등 분석 등과 같은 사고력과 탐구가 중요한 문제에 더 유용하다.

표 3-5 프로젝트 학습과 문제 중심 학습 비교

구분	프로젝트 학습	문제 중심 학습
학습 목적	결과물 제작 및 통합적 학습	사고력 및 문제해결능력 개발
학습 과정	장기적, 결과물 중심	단기적, 과정 중심
문제의 성격	구조화된 문제	비구조화된 복잡한 문제
교사의 역할	기획자 및 평가자	촉진자 및 안내자
적용 상황	결과물이 중요한 실습적 과제	사고력과 탐구가 중요한 복잡한 문제

디지털 교육에서 문제 중심 학습을 활용할 만한 주제를 살펴보면 **표 3-6**과 같다.

표 3-6 디지털 교육에서 문제 중심 학습의 주제 예시

분야	사례 및 주제	활용 방안 및 목표
1. 환경 문제	• 기후 변화와 지속 가능한 에너지 • 디지털 기술로 물 부족 문제 해결	• 데이터를 활용해 문제를 분석하고 실질적인 해결책 설계 • 에너지 절약 기술 및 물 관리 시스템 탐구
2. 건강과 웰빙	• 소셜 미디어가 정신 건강에 미치는 영향 • 디지털 기술을 활용한 운동 프로그램 설계	• 디지털 기술과 건강 문제를 결합하여 창의적 해결책 제안 • 기술적 접근과 심리적 요소 고려
3. 사회 문제	• 가짜 뉴스 판별 기술 개발 • 사이버 괴롭힘 예방 방안	• 비판적 사고와 디지털 리터러시 교육 병행 • 기술적 접근과 교육적 대안 제안
4. 기술과 혁신	• 스마트 도시 설계 • AI 기반 학습 도구 개발	• IoT와 AI 기술을 활용한 문제 해결 방안 모색 • 기술이 사회와 환경에 미치는 영향 고려

3) 디자인 사고(Design Thinking, DT)

디자인 사고는 학생들에게 창의적인 문제 해결 과정과 협력적인 학습 환경을 제공할 수 있는 교육 방법이며, 인간 중심적인 문제해결방법론으로써 인간의 전반적인 삶의 문제를 통합적이고 종합적으로 해결하는 창의적 사고 방식이다. 디자인 사고는 디자인 분야에서 시작되어 공감과 협력을 통해 문제를 해결해 가는 방법으로 알려져 있으며, 해결하고자 하는 문제에 대한 접근을 '공감하기'에서부터 시작하고, 문제 해결보다는 과정에 중점을 둔다는 것이 중요한 특징이다. 이에 디자이너가 활용하는 창의적 전략을 넘어서 혁신과 창조를 가능하게 하여 교육 분야에서도 활용되고 있다. 디자인 사고는 다학제적인 접근을 강조하고 팀 기반의 활동을 하므로 교육 현장에 통합된다면 학생들의 실제 문제 해결에 필요한 사고 능력을 기르는 데 도움을 줄 수 있다.

교육 분야에서 잘 알려진 대표적인 디자인 사고 과정은 미국 스탠퍼드대학교의 디스쿨(D.School) 모델로, 디자인과 공학에 근간을 둔 다학제적 특성을 보인다. 디스쿨의 디자인 사고 과정은 공감하기(empathize), 정의하기(define), 아이디어 창출하기(ideate), 프로토타입(prototype), 테스트(test)의 5단계로 구성되어 있다.[20]

그림 3-4 디스쿨의 디자인 사고 과정

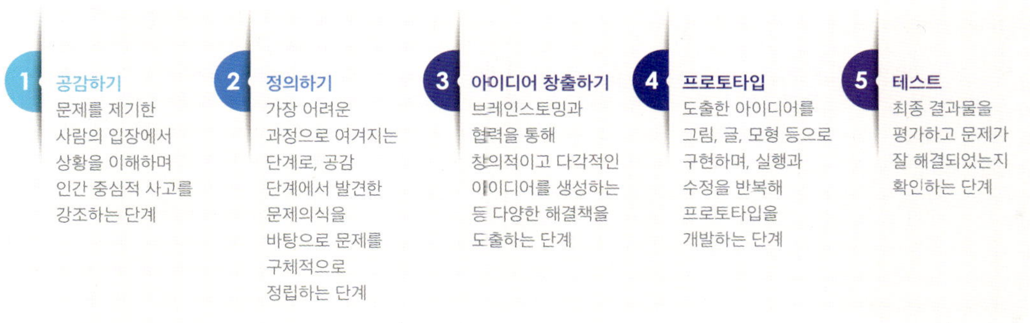

출처: Stanford D.School. (2011). Bootcamp Bootleg.

각 단계는 서로 중첩되거나 반복적으로 순환하며, 과정 중심적 접근을 통해 문제를 해결하게 된다. 디스쿨의 디자인 사고 5단계 이외에도 IDEO의 6단계 모델(시작, 발견, 해석, 아이디어 생성, 실험, 발전), Carroll 등이 제시한 6단계 모델(이해, 관찰, 시각화, 아이디어 생성, 프로토타입, 테스트), Tim Brown이 제시한 3단계 모델(영감, 아이디어화, 실행)이 있다. 이러한 여러 디자인 사고의 주요 단계는 '공감하기 → 문제 정의하기 → 아이디어 생성하기 → 프로토타입 제작 → 테스트' 단계라고 할 수 있다. 이러한 디자인 사고는 디지털 기술과 결합하여 학생의 요구를 중심으로 한 맞춤형 교육, 창의적 문제 해결, 협업 중심의 학습 환경을 조정하는 데 효과적으로 사용될 수 있어 디지털 교육에서 프로젝트형 수업을 할 때 많이 활용되고 있다.

디자인 사고가 디지털 교육에 효과적인 이유는 첫째, '공감하기' 단계에서 디지털 도구를 활용해 사용자의 경험을 분석하고 피드백을 제공할 때 디지털 자원을 효과적으로 사용할 수 있기 때문이다. 인간 중심적 접근이 중요한 디자인 사고는 문제 해결을 위한 사용자의 필요와 관심사를 깊게 이해하는 '공감하기' 단계가 중요한데, 이때 다양한 디지털 자원을 효과적으로 활용할 수 있다. 둘째, 창의적 문제 해결 과정에서 '아이디어 창출하기' 단계는 브레인스토밍과 팀원들과의 협력을 통해 이루어지는데, 이때 다양한 디지털 기기와 정보를 효과적으로 활용할 수 있기 때문이다. 학생은 창의적 콘텐츠 제작, 맞춤형 학습 환경 개발, 인터랙티브 학습 자료 디자인 등의 주제에 효과적으로 디지털 자원을 활용할 수 있다. 또한 온라인 협업 도구와 플랫폼을 활용하여 실시간으로 아이디어를 공유하고 협업을 강화할 수 있다. 셋째, 디자인 사고에서 중요한 요소 중 하나는 최종 문제 해결책을 개발하기 위해 반복적인 개선과 피드백 과정을 가진다는 것인데, 이러한 과정은 디지털 콘텐츠나 플랫폼을 개발하는 프로토타입 및 테스트 단계와 유사하다. 학습 자료나 디지털 도구를 테스트하고 사용자의 피드백을 통해 최종 해결책을 개선하는 반복적 과정은 디지털 교육과 맞닿아 있다.

디지털 교육에서 디자인 사고를 활용하는 방안을 예로 들어보면 다음과 같다.

디지털 교육의 디자인 사고 활용 방법 예시

공감하기(empathize) 단계

- 온라인 설문조사와 인터뷰: 대상자가 겪고 있는 문제나 궁금증을 파악하기 위해 설문조사나 인터뷰를 온라인으로 시행한다. 예를 들어 현재 어려움을 겪는 부분에 대한 질문을 온라인 설문으로 시행하고, 학생들의 실제 경험을 바탕으로 문제를 정의한다.
- 디지털 포럼 및 피드백: 학생들이 자유롭게 의견을 나눌 수 있는 온라인 포럼을 만들고, 그들의 경험을 바탕으로 문제를 이해한다. 학생들이 겪고 있는 감정, 도전 과제, 원하는 변화 등을 탐색한다.

정의하기(define) 단계

- 디지털 도구를 활용한 문제 분석: 디자인 사고 과정에서 정의해야 할 문제를 디지털 도구를 통해 분석하고 시각화할 수 있다. 예를 들어 마인드맵 도구나 디지털 화이트보드를 활용해 문제를 체계적으로 정리하고, 여러 학생들이 협업하여 의견을 모을 수 있다.
- 데이터 기반 분석: 학습관리시스템(LMS)을 통해 학생들의 성과와 피드백 데이터를 분석하여 학습의 문제점을 파악한다. 예를 들어 학생들의 진도, 성적, 참여도 등을 기반으로 문제를 정의한다.

아이디어 창출하기(ideate) 단계

- 디지털 브레인스토밍: 온라인 회의 플랫폼(Zoom, Google Meet 등)을 활용하여 실시간으로 아이디어를 공유하고, 디지털 화이트보드(Miro 등)를 통해 아이디어를 시각적으로 정리하고 다듬을 수 있다.
- 학생 주도형 아이디어 세션: 학생들에게 문제 해결을 위한 아이디어를 자유롭게 제시하도록 한다. 이 과정에서는 학생들이 문제를 해결하는 방법을 스스로 선택하고, 다양한 대안을 생각해 볼 수 있도록 격려한다. 온라인 협업 도구를 사용하

여 여러 사람이 동시에 아이디어를 제시할 수 있다.

프로토타입(prototype) 단계

- 디지털 프로토타입 도구 활용: 학생들이 만든 아이디어를 디지털 도구(Figma, Canva, Sketch 등)를 통해 프로토타입으로 구현할 수 있다. 예를 들어 교육용 앱이나 웹사이트의 디자인을 만들거나, 가상 환경에서 사용할 수 있는 모델을 시뮬레이션할 수 있다.
- 소프트웨어 개발 및 시뮬레이션: 코딩 수업에서는 실제로 앱이나 웹사이트를 만드는 프로토타입을 만들 수 있다. 예를 들어 학생들은 엔트리, 스크래치, 앱 인벤터, 파이썬 등을 사용해 앱을 개발하는 활동을 할 수 있다.

테스트(test) 단계

- 디지털 테스트 및 피드백: 학생들이 만든 프로토타입을 실제 환경에서 사용해 보고, 디지털 플랫폼을 통해 피드백을 수집한다. 예를 들어 온라인 퀴즈, 학습 앱, 또는 시뮬레이터를 통해 학생들이 만든 해결책을 시험해 볼 수 있다.
- 온라인 피어 리뷰: 학생들끼리 서로의 프로토타입을 평가하고 피드백을 주고받을 수 있는 시스템을 구축하여, 동료 평가를 통해 학습하고 개선한다.

4) 게임 기반 학습(Game-Based Learning, GBL)

게임 기반 학습은 게임의 원리를 적용한 교수 학습 방법으로 게이미피케이션(gamification), 교육용 게임, 기능성 게임 등의 용어와 혼용해 사용하고 있다. 게임 기반 학습은 교육적 목표를 달성하기 위해 게임을 동기 유발 전략으로 활용하며, 교육 콘텐츠와 디지털 게임의 결합을 통해 효과적인 학습 결과를 제공하는 모든 교육용 게임을 포함한다. 최근에 디지털 게임의 다양한 장점이 강조되면서, 이를 혁신적인 교육 방법으로 활용하려는 시도가 늘어나고 있다. 게임 기반 학습은 게임의 재미 요소인 도전, 보상, 경쟁을 활용해 학생의 몰입과 동기를 높일 수 있고, 게임의 점수, 보상, 알림 등을 통해 학생이 자신의 학습 진행 상황을 바로 알 수 있으며, 즉각적인 피드백이 가능하다. 또한 명확한 목표와 규칙이 설정되어 있어 학생이 이를 달성하기 위해 학습 내용을 습득하게 되므로 목표 지향적이다. 시뮬레이션 게임이나 퍼즐을 통해 실생활 문제를 해결하는 능력을 개발할 수 있으며, 멀티플레이어 게임이나 협동 과제를 통해 학생들 간의 협력과 의사소통능력을 촉진할 수 있다.

게임 기반 학습에서는 다음 4가지 형태의 학습 과정을 경험한다. 첫째는 연습과 피드백을 통한 학습이다. 학생은 게임에서 반복적인 연습을 통해 지식이나 기술을 익힐 수 있다. 이 과정에서 학생은 피드백을 받아 현재 수준을 이해하고, 필요한 개선 방향을 알 수 있다. 둘째는 지식과 기술의 습득을 통한 경험 학습이다. 이러한 학습은 실습 중심으로, 학생이 실제와 유사한 게임 환경에서 문제를 해결하거나 작업을 수행하는 과정에서 이루어진다. 학생은 게임 내에서 특정 상황에 몰입하며, 직접적인 경험을 통해 지식과 기술을 습득한다. 셋째는 실수를 통해 배우는 시행착오 학습이다. 학생은 게임 속에서 여러 번의 실패와 실수를 경험하며 문제 해결 방법을 탐구하고, 최적의 해결책을 찾는다. 시행착오 학습은 실수로부터 배우는 과정을 강조하며, 학생이 문제를 다양한 시각에서 접근할 수 있도록 장려한다. 넷째는 문제와 해결 방안을 탐구하는 발견 학습이다. 학생이 문제를 스스로 탐구하고 해결책을 찾아가는 과정에서 학습이 이루어진다. 게임은 탐구할 수 있는 자유를 제공하고, 학생은 게임 환경에서 제공된 단서를 통해 스스로 학습의 방향을 설정한다. 이러한 게임 기반 학습은 인지적 측면에서는 기억력, 문제해결능력, 비판적 사고 등을 향상시킬 수 있고, 정서적 측면에서는 학업 스트레스를 줄이고, 자기효능감과 성취감을 높일 수 있으며, 사회적 측면에서는 협력, 의사소통, 리더십 등의 사회적 기술을 강화시킬 수 있다.

코딩 교육, 외국어 학습, 수학 학습, 과학 학습, 역사 학습 등 다양한 교과에서 게임 기반 학습이 활용되고 있다. 마인크래프트 에듀케이션 에디션(Minecraft: Education Edition)은 게임 기반 학습이 적용된 디지털 교육 사례로, 학생은 역사적 건축물을 재현하거나 가상의 도시에서 에너지 효율성을 높이는 방법을 설계하면서 실제 도시 계획의 기본 원리를 배우는 등 가상의 생태계를 구축하며 팀워크, 문제해결, 창의적 사고를 경험할 수 있다. 코딩 교육용 게임인 코드컴뱃(CodeCombat)은 학생이 게임 속 캐릭터를 조작하며 파이썬(Python), 자바스크립트(JavaScript)와 같은 프로그래밍 언어를 배울 수 있고, 점차 난이도가 높아지는 게임 퀘스트를 통해 문제해결능력과 프로그래밍 기술을 동시에 배울 수 있다.[21]

그림 3-5 코드컴뱃

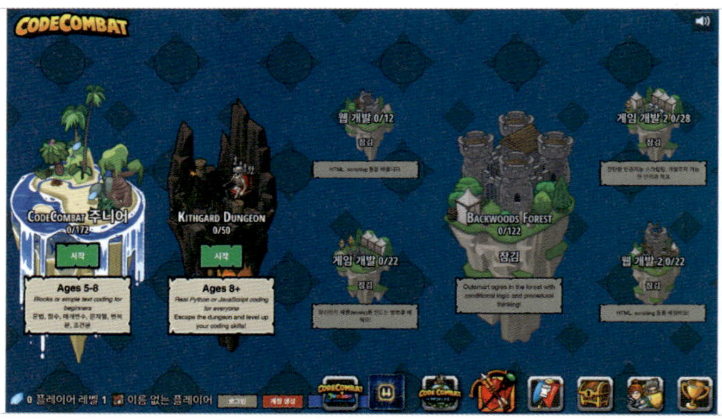

출처: CodeCombat. https://codecombat.com/play

듀오링고(Duolingo)는 언어 학습에 초점을 맞춘 무료 디지털 플랫폼으로, 앱 및 웹사이트 형태로 제공되며, 반복적으로 단어와 문법을 연습할 수 있고, 학생에게 즉각적인 피드백을 제공한다. 예를 들어 정답일 경우에는 축하 메시지가 나오고, 오답일 경우에는 틀린 이유와 정답이 나온다. 이를 통해 학생은 실수를 교정하고, 언어 능력을 강화할 수 있다. 수학 학습을 위한 프로디지(Prodigy Math Game)는

RPG(롤플레잉 게임) 방식으로 수학 문제를 해결하면서 캐릭터를 성장시키는 게임이다.[22] 학생은 프로디지(Prodigy Math Game) 세계를 탐험하면서 자신에게 적합한 수준의 문제를 풀며 수학적 사고력을 향상시킬 수 있다.

그림 3-6 프로디지(Prodigy Math Game)

출처: Prodigy. https://www.prodigygame.com

지금까지 살펴본 교수 학습 방법 외에도 디지털 교육에서 효과적으로 활용할 수 있는 교수 학습 방법은 많다. 전통적인 대면 수업과 디지털 학습 도구를 혼합하여 학습 효율을 높이는 방법인 블렌디드 러닝(Blended Learning), 학습 내용을 사전에 온라인으로 제공하고, 수업 시간에는 심화 학습 활동(토론, 문제 해결 등)을 진행하는 방식인 플립 러닝(Flipped Learning), 디지털 도구를 통해 학생들 간 협업을 유도하여 상호작용 능력과 집단문제 해결능력을 강화하는 방법인 협력적 학습(Collaborative Learning), 학생의 수준, 속도, 관심사에 맞춘 학습 콘텐츠와 활동을 제공하는 방식인 맞춤형 학습(Personalized Learning) 등 다양한 교수 학습 방법이 있다. 이러한 교수 학습 방법은 학생의 수준과 관심사, 학습 목표와 학습 내용의 특성, 사용 가능한 디지털 도구와 자원, 평가 방식 등에 따라 상황에 맞게 사용하는 것이 중요하다.

참고문헌

1. 디지털 공론장. https://beingdigital.kr/front/digital_deepening_new.do
2. 박영숙, Jerome Glenn, & David Hanson. (2022). AI 세계미래보고서 2023. 더블북.
3. 교육부. (2022). 2022 개정교육과정 총론. https://ncic.go.kr/dwn/ogf/inventory.cs
4. Marco Dondi, Julia Klier, Frédéric Panier, & Jörg Schubert. (2021). Defining the skills citizens will need in the future world of work. McKinsey & Company. https://www.mckinsey.com/industries/public-sector/our-insights/defining-the-skills-citizens-will-need-in-the-future-world-of-work
5. UNESCO. (2018). ICT competency framework for teachers. Paris: United Nations Educational, Scientific and Cultural Organization, France. https://iite.unesco.org/pics/publications/en/files/3214694.pdf (2021. 8. 10.)
6. OECD. (2019). Concept note: Transformative competencies for 2030. https://www.oecd.org/en/about/projects/future-of-education-and-skills-2030.html (2022. 4. 30.)
7. JISC. (2014). Developing digital literacies: Provides ideas and resources to inspire the strategic development of digital literacies-those capabilities which support living, learning and working in a digital society. https://www.jisc.ac.uk/guides/developing-digital-literacies
8. Carretero, G. S., Vuorikari, R., & Punie, Y. (2017). DigComp 2.1: The Digital Competence Framework for Citizens with eight proficiency levels and examples of use. Publications Office of the European Union.
9. Park, Y. & Gentile, D. (2019). DQ global standards report 2019: Common framework for digital literacy, skills and readiness. DQ institute.
10. 한국교육학술정보원. (2023). 디지털 리터러시 구성 체계 및 교과별 성취기준 연계. 연구보고 CR 2023-2.
11. 윤민아, 한유진, & 김호. (2021). 디지털 활용 교육 경험을 통한 유치원 교사의 디지털 역량 탐색. 열린유아교육연구, 26(4), 53-86. http://dx.doi.org/10.20437/KOAECE26-4-03
12. 박주연, 박남수, & 서희전. (2022). 미래교육을 위한 유아교사의 디지털 역량 탐색. 어린이미디어연구, 21(2), 327-360.
13. JRC. (2017). Digital Competence Framework for Educators (DigCompEdu). https://ec.europa.eu/jrc/en/digcompedu
14. TeachHUB. (2019). Technology in the Classroom: What is Digital Literacy?. https://www.teachhub.com/technology-in-the-classroom/2019/10/technology-in-the-classroom-what-is-digital-literacy
15. 교육부. (2024). 디지털 심화 시대의 교육 규범.

16. 한국교육학술정보원. (2023). 교육과정 연계 디지털 리터러시 교육 가이드라인 개발 연구. 연구보고 CR 2023-1.

17. 교육부. (2024). 디지털 기반 교육혁신 역량 강화 지원방안.

18. 임정훈, 임병노, 최성희, & 김세리. (2004). 초·중등학교에서 교실수업과 웹기반 학습을 연계한 커뮤니티 기반 프로젝트 학습모형 개발 연구. 교육공학연구, 20(3), 103-135.

19. 조연순. (2005). 문제중심학습의 이론과 실제. 서울:학지사.

20. 박주연, 정혜영, 김성희, 이영미, 이유경, 윤혜선, 표지은, 이재호, 조수빈, 이원경, 이정아, & 김은비. (2020). 디자인 사고 과정에 기반한 초등 해커톤의 개발 및 적용. 교육과학연구, 51(1), 159-185.

21. CodeCombat. https://codecombat.com/play

22. Prodigy. https://www.prodigygame.com/parent/my-children/291826101/math/dashboard

PART 2

디지털 활용 교육

CHAPTER

4

에듀테크의 이해

1. 에듀테크의 이해

'에듀테크(EduTech)'는 교육(Education)과 기술(Technology)의 합성어로 AI(인공지능), VR(가상현실), AR(증강현실), 빅데이터 등 최신 기술을 활용한 교육 서비스, 소프트웨어, 앱 등을 총칭한 용어이다.[1] 에듀테크는 기존의 이러닝(E-Learning)과 스마트 러닝(Smart Learning)의 개념을 넘어, 보다 혁신적인 교육 환경과 개인화된 학습 경험을 제공하는 데 도움을 주는 것을 목표로 한다.

에듀테크의 발전 과정을 살펴보면,[2, 3] 1990년대 후반 인터넷의 보급과 함께 시작된 이러닝(E-Learning)에서부터 그 흐름을 찾을 수 있다. 초기의 이러닝이 단순히 오프라인 콘텐츠를 디지털화하는 수준이었다면, 2000년대에 들어서면서 웹 기반 학습관리시스템(LMS)과 실시간 온라인 강의 등 보다 진화된 형태의 디지털 학습이 등장했다.

2010년대는 스마트폰과 태블릿PC의 광범위한 보급으로 스마트 러닝(Smart Learning)이 부상했다. 학생은 시간과 장소에 구애받지 않고 다양한 디지털 기기를 활용하여 교육 콘텐츠에 접근할 수 있게 되었으며, 이는 학습의 유연성과 접근성을 크게 향상시켰다. 특히 이 시기에는 고도화된 알고리즘과 데이터 분석을 통해 각 학생들의 필요와 선호도에 맞춘 맞춤형 교육 콘텐츠를 제공하는 '개인화 학습'이라는 개념이 주목받기 시작했다.

최근에는 AI와 빅데이터가 에듀테크의 핵심 동력으로 부상했다. AI 기술은 학생의 수준과 성향을 분석하여 개인화된 학습 경로를 제시하고, 자동화된 피드백을 제공한다. 빅데이터는 학생의 행동 패턴과 학습 성과를 종합적으로 분석하여 교육의 질을 개선하는 데 활용된다. VR/AR 기술은 실감형 콘텐츠를 통해 추상적인 개념을 직관적으로 이해할 수 있게 하며, 위험하거나 비용이 많이 드는 실험 또는 시뮬레이션도 안전하게 수행할 수 있게 한다.

표 4-1 에듀테크의 정의 및 유사 개념 비교

시기	1990년대 후반	2010년대	현재
구분	이러닝(E-Learning)	스마트 러닝(Smart Learning)	에듀테크(EduTech)
개념 정의	전자적 수단과 정보통신 및 전파·방송기술을 활용하여 이루어지는 교육	스마트폰, 태블릿PC, E-Book 단말기 등 디지털 기기와 이러닝 신기술을 융합한 교육	교육에 ICT를 접목해 기존 서비스를 개선하거나 새로운 서비스를 제공하는 교육
특징	인터넷과 컴퓨터에 교육을 접목한 온라인 교육 중심	디지털 기기를 활용한 교육	데이터와 소프트웨어 기술 기반 교육

출처: 삼일PwC경영연구원. (2024). 초개인화 학습의 혁명이 시작된다: 에듀테크. 24.

최근 한 연구에 따르면[4] 2022년 기준 글로벌 에듀테크 시장 규모는 교육 시장의 4.3%인 2,950억 달러로 추정하고 있는데, 그 비중이 낮은 이유로 교육 부문의 디지털 전환이 다른 주요 부문과 비교하여 상대적으로 더디게 진행되고 있다는 분석이 나왔다. 한편 최근 생성형 AI의 등장으로 전 세계 에듀테크 시장 규모가 2025년 4,040억 달러에서 2030년 8,000억 달러에 이를 것으로 전망하고 있다(연평균 성장률 14.64%).

그림 4-1 글로벌 에듀테크 시장 전망

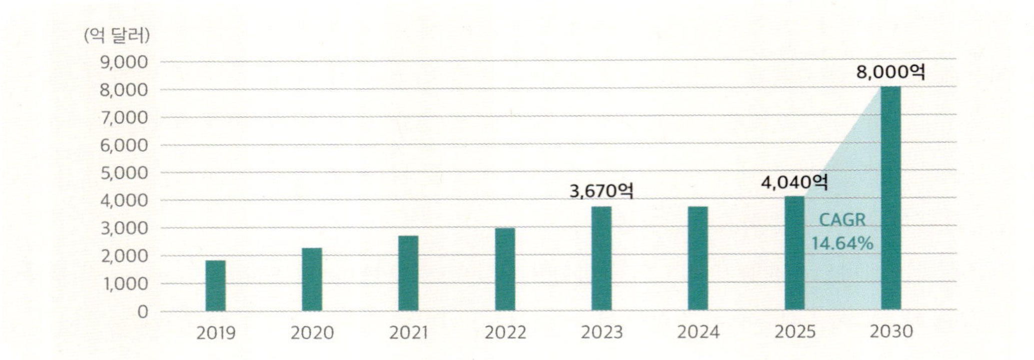

출처: 삼일PwC경영연구원. (2024). 초개인화 학습의 혁명이 시작된다: 에듀테크. 32.

2. 에듀테크의 특징

에듀테크의 특징은 크게 4가지로 구분할 수 있다. 첫째, 데이터 기반의 개인화된 학습이 가능하다. AI와 빅데이터 기술 등을 활용하여 학생의 학습 패턴, 성취도, 흥미 등을 분석하고, 이를 기반으로 최적화된 학습 경로와 콘텐츠를 제공할 수 있다. 둘째, 상호 협력적인 학습 환경을 제공할 수 있다.[5] 최근 에듀테크 도구들은 클라우드 기반의 실시간 협업을 지원하여 학생들이 활발하게 소통할 수 있으며, 이에 따라 시공간의 제약 없이 서로 상호작용하고 지식을 공유할 수 있다. 셋째, 몰입형 학습 경험을 제공할 수 있다.[6] VR이나 AR 등의 실감형 콘텐츠를 통해 학생들에게 현실감 넘치는 학습 경험을 제공할 수 있으며, 게이미피케이션 요소를 활용하여 몰입감 넘치는 학습도 얼마든지 가능하다. 마지막으로, 실시간 상호작용과 피드백이 가능하다.[7] 학생들은 본인의 진도에 맞게 학습을 진행할 수 있으며, 교사는 그에 맞는 적절한 피드백을 제공할 수 있다. 이에 따라 학습 과정에서 발생하는 문제점들을 실시간으로 진단하고 해결 방안을 제시할 수 있다.

3. 에듀테크의 유형

에듀테크를 분류하는 다양한 유형이 있겠지만, 에듀테크 수업 활용 가이드북(교육부 & 한국교육학술정보원)에서 분류한 유형이 있어 이를 기반으로 소개한다. 이 자료에 따르면 에듀테크는 크게 '학습 콘텐츠', '소통', '창작', '관리'의 유형으로 분류된다.

① 학습 콘텐츠

학습 콘텐츠 유형은 주로 학생의 교과 내용 습득에 다양한 역할을 하는 유형의 에듀테크이다. 이 유형은 학생이 '교과 내용' 또는 '교과 지식'을 습득하기 위해 필요한 '학습 요소'를 담고 있는 디지털 도구들로 구성되어 있다. 전통적인 교과서와 참고서의 역할을 디지털 환경으로 확장하여, 보다 상호작용적이고 개인화된 학습 경험을 제공하는 것이 특징이다.

② 소통

소통 유형은 교사가 내용을 전달하거나 교사-학생 또는 학생 간 내용을 주고받기 위한 에듀테크 도구이다. 이 유형은 전통적인 일방향적 지식 전달 방식을 벗어나 양방향적인 커뮤니케이션을 가능하게 한다. 특히 디지털 네이티브 세대의 소통 방식과 학습 선호도를 반영하여, 보다 자연스럽고 효과적인 교육적 상호작용을 지원하는 것이 핵심이다.

③ 창작

창작 유형은 수업 자료나 영상을 제작하기 위한 에듀테크 도구로, 교사와 학생이 능동적으로 콘텐츠를 생산하고 표현할 수 있도록 지원한다. 이 유형은 전통적인 지식 소비자의 역할에서 벗어나 지식 생산자로서의 역할을 경험할 수 있게 하며, 특히 교사와 학생의 다양한 형태의 콘텐츠 제작 능력을 체계적으로 개발할 수 있도록 돕는 것이 특징이다.

④ 관리

관리 유형은 학급을 운영하거나 학생의 성취도를 판단하고 피드백하기 위한 에듀테크 도구이다. 이 유형은 교육의 효율성과 효과성을 높이기 위해 체계적인 학습 관리, 평가, 피드백 시스템을 디지털화한 도구들로 구성되어 있다. 교사의 행정 업무를 간소화하고, 학습자의 학습 과정을 체계적으로 추적·분석하여 개인별 맞춤형 교육을 가능하게 하는 것이 특징이다.

표 4-2 에듀테크의 유형

<table>
<tr><th>대분류</th><th>중분류</th><th>소분류</th><th>에듀테크</th></tr>
<tr><td rowspan="5">학습 콘텐츠</td><td rowspan="2">교수학습 지원자료</td><td>수업 지원</td><td>디지털 교과서, 똑똑! 수학탐험대, 브루, 잇다, 지식샘터, NOTESHELF, ChatGPT, 클로바노트, Classroomscreen, I'm a puzzle, 비토미AI, i보다, 매쓰홀릭, 퀴즈릭스, 클래스툴, 꾸럼e, 유어메이트, 루디벨, 유클래스, 라포라포, 티박스</td></tr>
<tr><td>학습 지원</td><td>LiveWorksheets, Seesaw, 띵커벨, 콴다, Google Art and Culture, AI펭톡, Khan Academy, 토도수학, 토도한글, Fraction Challenge, 이지데이터사이언스, 아숙업, 신통방통미술관, 레서, 오딩가 잉글리시</td></tr>
<tr><td rowspan="3">자기 주도 학습</td><td>실감형 콘텐츠</td><td>Street View, Google Earth, 디지털 교과서 실감형 콘텐츠, 사이언스올 실감형 콘텐츠, CoSpacesEdu, Stellarium, UniteAR, Quiver, 서커스AR, 알공, 홀로매직</td></tr>
<tr><td>SW 교육</td><td>Scratch, 야미코딩, 어메이징드론, 엔트리, Orange 3, 이솝, Hour of Code, 누리 VR코딩, SketchUp, Arduino, 카미블록, python, 코드위즈, 에듀코딩, 네오씽카, 직관적코딩, 핑퐁로봇</td></tr>
<tr><td>AI 교육</td><td>Google Doodle-Bach, Blob Opera, Deep Dream, Scroobly, AutoDraw, AI for oceans, AI 코디니, QuickDraw, TensorFlow, TeacherbleMachine, Machine Learning for Kids, Affectiva, AI Duet, Power BI, Colaboratory, 모디, 텔리엇, 로보미 앱, Huskylens</td></tr>
<tr><td rowspan="3">소통</td><td>영상 활용</td><td>화상수업</td><td>웨일온, 온에어 스튜디오, EBS 온라인클래스, 이프랜드, e학습터, Microsoft Teams, ZOOM, StreamYard, 미더스, 카카오워크</td></tr>
<tr><td rowspan="2">텍스트 활용</td><td>마인드맵</td><td>마인드마이스터, 엑스마인드</td></tr>
<tr><td>실시간 협업</td><td>Jamboard, Nearpot, Mentimeter, Allo, Wordwall, Padlet, Whiteboard.fi, 와우아이디어스</td></tr>
<tr><td rowspan="2">창작</td><td>자료</td><td>저작 도구</td><td>Number Pieces, 클로바더빙, 망고보드, 미리캔버스, BookCreator, 스마트메이커, 알지오매스, Explain Everything, Kids Paint, PENUP, Google Slides, Microsoft Sway, Dall-e-2, Microsoft Powerpoint, Prezi, 투닝, 비토미 ON, 셀프, 타다크래프트, 아폭, Tinkercad</td></tr>
<tr><td>영상</td><td>영상 제작</td><td>Youtube Studio, 키네마스터, Flip, OBS, 프리즘 라이브 스튜디오, AI스튜디오스, 아이캔노트, 아이캔스크린</td></tr>
<tr><td rowspan="5">관리</td><td rowspan="3">학급 운영</td><td>과제 관리</td><td>Google Classroom, 다했니? 다했어요!, 스터디라이브, 콘티, 원아워, 닥줌</td></tr>
<tr><td>일정 관리</td><td>Notion, 원노트</td></tr>
<tr><td>구성원 관리</td><td>클래스팅, 위두랑</td></tr>
<tr><td rowspan="2">평가</td><td>교사 피드백</td><td>Socrative, Kahoot, 퀴즈앤, 클래스카드, Google Forms, Microsoft Forms, Plickers, 탭강</td></tr>
<tr><td>AI 피드백</td><td>클래스팅 AI, 노리 AI스쿨 수학, 매쓰플랫, EBS단추, 바이브온, 체리팟, 키즈다이어리</td></tr>
</table>

출처: 교육부 & 한국교육학술정보원. (2023). 에듀테크 수업 활용 가이드북.

CHAPTER

5

디지털 활용 교육 사례

1. 생성형 AI의 이해

'생성형 AI'는 텍스트, 이미지, 오디오, 비디오 등 다양한 형태의 새로운 콘텐츠를 생성할 수 있는 AI 기술의 한 분야로, 기존의 데이터를 학습하여 유사하지만 완전히 새로운 콘텐츠를 만들어낸다. 일반적으로 생성형 AI는 대규모 데이터 세트를 기반으로 학습하며, 이 과정에서 여러 데이터의 패턴을 인식하고 새로운 콘텐츠를 생성하는 능력을 갖게 된다.

생성형 AI는 특히 콘텐츠 창작과 교육 분야에서 활발히 활용되고 있으며, 여러 종류의 아이디어를 제안하여 창작 과정을 돕기도 한다. 예를 들어 작가가 소설 구성의 초안을 작업하거나, 기자가 기사의 초안을 작성할 때 도움을 줄 수 있다. 또한 이미지나 그림을 창작하기도 하는데, 입력한 텍스트 프롬프트를 바탕으로 자신만의 맞춤형 이미지를 생성하거나, 스케치를 완성된 그림으로 변환하는 등 예술가의 작업에도 도움을 줄 수 있다. 교육 분야에서도 생성형 AI는 개인화된 학습 경험을 제공하는 데 큰 역할을 한다. 학생 개개인의 학습 스타일과 진도에 맞춘 교육 자료를 제작할 수 있어 학습 효율성을 크게 높일 수 있고, 지능형 튜터링 시스템을 통해 복잡한 개념을 쉽게 설명하거나, 다양한 예시를 자동으로 생성할 수 있다.

생성형 AI의 학습 데이터는 주로 웹에서 수집되는데, 이때 인터넷상의 공개된 데이터나 특정 분야의 전문 데이터베이스를 활용한다. 그러나 이 과정에서 저작권 문제가 발생할 수 있어 데이터 수집과 사용에 윤리적 · 법적 고려가 필요하다. 또한 생성된 콘텐츠의 정확성 문제와 콘텐츠 활용에 따른 윤리적 문제 부분도 해결해야 할 과제 중 하나이다.

1) 생성형 AI의 종류

(1) 대화형 / 텍스트 생성형 AI

'대화형/텍스트 생성형 AI'는 자연어 처리와 머신러닝 기술을 활용하여 인간과 유사한 텍스트를 생성하는 AI 기술이다. 이 기술은 대규모 언어 모델(Large Language Model, LLM)을 기반으로 작동하며, 매우 방대한 텍스트 데이터로 학습된다. 사용자의 프롬프트 입력에 따라 다양한 종류의 텍스트를 생성할 수 있으며, 다양한 문맥과 스타일을 이해하고 이에 맞는 텍스트를 만들어낼 수 있다. 이를 활용하면 긴 문서의 요약, 해외 문헌의 번역, 잘 모르는 개념에 대한 질의응답, 일상 대화 등을 자연스럽게 수행할 수 있다.

이처럼 대화형/텍스트 생성형 AI는 콘텐츠 제작, 교육, 소프트웨어 개발 등 다양한 분야에서 활용되며, 생산성을 향상시키고, 여러 종류의 작업을 효과적으로 수행할 수 있다.

대표적인 대화형/텍스트 생성형 AI 서비스를 소개하면 **표 5-1**과 같다.

표 5-1 대표적인 대화형/텍스트 생성형 AI 서비스

서비스(모델)명	특징
ChatGPT (챗GPT)	• OpenAI(오픈AI)에서 개발한 대화형 AI 서비스 • 텍스트 및 이미지 생성, 복잡한 데이터 분석, GPT(나만의 GPT) 개발
Claude (클로드)	• Anthropic(앤트로픽)에서 개발한 대화형 AI 서비스 • 텍스트 생성, 긴 문서 처리, 코드 분석 및 생성 등에 강력한 성능
Gemini (제미나이)	• Google(구글)에서 개발한 대화형 AI 서비스 • 긴 문서 처리, 이미지/영상 생성, 구글 서비스(드라이브, 지메일, 문서 도구 등)와 연동 가능
Perplexity (퍼플렉시티)	• ChatGPT, Claude 등 다양한 LLM을 활용한 AI 기반 고급 검색 도구 • 웹 검색 결과를 종합하여 맞춤형 답변 생성 및 최신 정보 제공
Wrtn (뤼튼)	• Wrtn Technologies(뤼튼테크놀로지스)에서 개발한 대화형 AI 서비스 • 검색, 이미지 생성, 일상생활에서 쓸 수 있는 다양한 도구 제공

(2) 이미지 생성형 AI

'이미지 생성형 AI'는 텍스트 프롬프트나 다른 이미지를 입력해 새로운 이미지를 생성하는 기술이다. 핵심 기술로는 생성적 적대 신경망(Generative Adversarial Network, GAN)과 확산 모델(Diffusion Model)이 사용되며, 이를 통해 고품질의 이미지를 생성할 수 있다.

이미지 생성형 AI의 주요 기능으로는 텍스트 프롬프트를 통한 자동 이미지 생성, 기존 이미지와 유사한 이미지 생성, 기존 이미지 편집 및 변형 등이 있다. 이러한 이미지 생성형 AI 모델들은 대규모 이미지 데이터로 학습되어 있어 매우 창의적인 표현과 다양한 종류의 이미지 제작이 가능하다. 또한 사용자 친화적인 인터페이스를 제공하여 전문가가 아니더라도 누구나 쉽게 사용할 수 있다는 것이 큰 장점이다.

이미지 생성형 AI는 예술 작품 창작, 제품 디자인, 광고 이미지 제작, 게임 개발, 건축 설계 등 매우 광범위한 분야에서 사용되고 있다. 이 기술을 활용하면 패션 디자이너는 빠르게 새로운 의상을 디자인할 수 있고, 마케터는 회사 맞춤형 광고 이미지를 생성하는 데 도움을 받을 수 있다. 교육 분야에서는 학생이 원하는 종류의 이미지를 빠르게 생성하고, 창의적으로 수정할 수 있어 교육의 효과를 높일 수 있다. 이처럼 이미지 생성형 AI는 창의적 작업의 효율성을 크게 향상시키고, 사람의 생각을 넘어서 무한한 가능성을 제공한다는 점에서 매우 유용하다.

대표적인 이미지 생성형 AI 서비스를 소개하면 **표 5-2**와 같다.

표 5-2 대표적인 이미지 생성형 AI 서비스

서비스(모델)명	특징
DALL·E (달리)	• OpenAI(오픈AI)에서 개발한 텍스트 기반 이미지 생성 AI 모델 • 현실적이고 독창적인 이미지 생성, 폭력적이거나 성인 콘텐츠를 생성하지 않도록 안전 조치 적용
Midjourney (미드저니)	• Midjourney(미드저니)에서 개발한 텍스트 기반 이미지 생성 AI 모델 • 텍스트 입력 기반 이미지 생성, 고해상도 이미지 생성, 배경 제거 가능, 주로 Discord 서버에서 운영
Stable Diffusion (스테이블 디퓨전)	• Stability AI(스테빌리티 AI)에서 개발한 텍스트 기반 이미지 생성 AI 모델 • 고품질 이미지 생성, 비주얼 데이터 분석, 게임·영화·애니메이션 등 엔터테인먼트 콘텐츠 제작
Adobe Firefly (어도비 파이어플라이)	• Adobe(어도비)에서 개발한 텍스트 기반 이미지 생성 AI 모델 • 텍스트 입력 기반 이미지 생성, 이미지에 텍스트 추가 및 편집 가능
Playground AI (플레이그라운드 AI)	• Playground AI(플레이그라운드 AI)에서 개발한 텍스트 기반 이미지 생성 AI 모델 • 텍스트 생성, 이미지 생성, 편집 및 직관적 인터페이스 제공
Microsoft Designer (마이크로소프트 디자이너)	• Microsoft(마이크로소프트)에서 개발한 텍스트 기반 이미지 생성 AI 모델 • 디자인 도구, AI 지원 디자인, Office 통합, 템플릿 제공, 클라우드 기반

(3) 음악 생성형 AI

'음악 생성형 AI'는 AI 기술을 활용하여 새로운 음악을 자동으로 작곡하는 기술이다. 이 기술은 대규모 음악 데이터 세트로 학습된 딥러닝 모델을 기반으로 작동하며, 멜로디나 리듬 등 음악의 다양한 요소를 분석하고 생성할 수 있는 능력을 갖추고 있다. 핵심 기술로는 순환 신경망(RNN), 트랜스포머 모델 등이 사용되며, 이를 통해 다양한 스타일의 음악을 만들어낼 수 있다.

음악 생성형 AI의 주요 기능으로는 텍스트 프롬프트나 사용자 입력에 맞는 음악 생성, 다양한 스타일의 음악 생성, 기존 음악의 편곡 및 변형 등이 있다. 이러한 음악 생성형 AI 모델들은 클래식, 재즈, 팝, 일렉트로닉 등 다양한 장르의 음악 데이터로 학습되어 있어 클릭 몇 번이면 여러 장르의 음악을 손쉽게 만들 수 있다. 또한 음악 전문가가 아니더라도 프롬프트 입력만으로 누구나 쉽게 음악을 만들 수 있다는 것이 큰 장점이다.

음악 생성형 AI의 활용 범위는 매우 다양하다. 배경 음악 자동 생성을 통해 비디오나 게임 등을 제작할 때 도움을 받을 수 있고, 작곡가는 AI를 작곡 보조 도구로 활용하여 새로운 아이디어를 얻거나 편곡 작업 등을 할 수 있다. 교육 분야에서는 작곡 학습을 위한 도구로 활용될 수 있으며, 학생들이 생각하는 여러 주제와 관련된 노래를 제작하여 학습의 흥미를 향상시킬 수도 있다. 이처럼 음악 생성형 AI는 음악 분야 전문가부터 학생까지 쉽게 여러 장르의 곡을 제작할 수 있어 작곡이라는 어려운 영역에 일반인도 쉽게 다가갈 수 있는 기술이다.

대표적인 음악 생성형 AI 서비스를 소개하면 **표 5-3**과 같다.

표 5-3 대표적인 음악 생성형 AI 서비스

서비스(모델)명	특징
AIVA (아이바)	• AIVA Technologies(아이바 테크놀로지)에서 개발한 AI 음악 생성 서비스 • 다양한 스타일의 음악 생성, 영화·게임·광고 등의 배경 음악 자동 작곡
Suno (수노)	• Suno AI(수노 AI)에서 개발한 AI 음악 생성 서비스 • 텍스트를 자연스럽고 감정이 담긴 목소리로 변환, 다양한 언어 지원, 팟캐스트·오디오북·고객 서비스에 활용
MusicLM (뮤직엘엠)	• Google(구글)에서 개발한 AI 음악 생성 서비스 • 다양한 스타일의 음악 생성, 텍스트 프롬프트를 바탕으로 고품질 음악 생성
Jukebox (주크박스)	• OpenAI(오픈AI)에서 개발한 AI 음악 생성 서비스 • 다양한 스타일의 음악 생성, 가사를 포함한 음악 생성 가능
Soundraw (사운드로우)	• Soundraw(사운드로우)에서 개발한 AI 음악 생성 서비스 • 원하는 분위기·장르·길이의 음악 생성, 생성된 음악의 추가 편집 기능 제공

(4) 영상 생성형 AI

'영상 생성형 AI'는 AI 기술을 활용하여 새로운 영상 콘텐츠를 자동으로 생성하는 기술이다. 이 기술을 통해 텍스트 프롬프트를 입력해 관련 영상을 만들 수 있으며, 이미지나 영상 등 여러 형태의 입력으로 다양한 종류의 영상을 만들어낼 수 있다.

영상 생성형 AI의 주요 기능으로는 다양한 스타일의 영상 제작, 기존 영상의 편집 및 변형 등이 있다. 이러한 서비스는 영화, 애니메이션, 다큐멘터리, 광고 등 다양한 종류의 영상 데이터로 학습되어 만들고자 하는 영상을 비교적 손쉽게 제작할 수 있다는 특징이 있다. 더불어 영상 생성 기술이 발전하면서 점점 더 사실적이고 복잡한 영상 제작이 가능해지고 있다. 하지만 영상 생성에 비교적 오랜 시간이 걸리고, 결과물의 환각 현상 등은 아직 해결해야 하는 문제이다.

영상 생성형 AI의 활용 범위는 매우 다양하다. 마케팅 및 광고 분야에서는 맞춤형 홍보 영상을 제작하는 데 사용되며, 교육 분야에서는 맞춤형 학습 영상 자료와 교육 콘텐츠를 생성하는 데 활용된다. 엔터테인먼트 산업에서는 영화나 게임의 다양한 효과 및 애니메이션 제작에 사용된다. 또한 제품 시연을 위한 가상 제품 데모 영상 생성, 사용자 맞춤형 개인화 콘텐츠 제작, 다국어 버전의 영상 자동 생성 등에 활용할 수 있다.

대표적인 영상 생성형 AI 서비스를 소개하면 **표 5-4**와 같다.

표 5-4 대표적인 영상 생성형 AI 서비스

서비스(모델)명	특징
Sora (소라)	• OpenAI(오픈AI)에서 개발한 영상 성성 AI 서비스 • 텍스트 프롬프트를 기반으로 사실적인 영상 생성, 노이즈 제거 및 시간 확장 기능 제공

(계속)

서비스(모델)명	특징
Kling (클링)	• Kuaishou(콰이쇼우)에서 개발한 영상 생성 AI 서비스 • 텍스트 또는 이미지를 기반으로 영상 생성, 복잡한 시공간적 움직임 시뮬레이션 가능
Gen-3 Alpha (젠-3 알파)	• Runway ML(런웨이 ML)에서 개발한 영상 생성 AI 서비스 • 고품질 영상 생성, 사실적인 인간 캐릭터와 감정 표현·행동 등의 세밀한 표현 가능
Vrew (브루)	• VoyagerX(보이저엑스)에서 개발한 영상 생성 AI 서비스 • 텍스트를 입력해 쇼츠나 유튜브 등 한 편의 완성된 영상 제작
Heygen (헤이젠)	• Heygen(헤이젠)에서 개발한 아바타 생성 AI 서비스 • 사용자가 가진 영상과 음성을 활용하여 나만의 아바타 생성

(5) 특화 기능 생성형 AI

'특화 기능 생성형 AI'는 특정 분야나 작업에 전문화된 AI 서비스로, 특정 영역에서 고품질의 결과물을 생성하는 데 특화되어 있다. 이러한 AI는 앞서 소개한 AI 서비스들과 달리 특정 분야에서 더욱 정교하고 전문적인 결과물을 만들어낼 수 있다는 특징이 있다. 또한 일반 사용자들도 쉽게 전문가 수준의 결과물을 얻을 수 있도록 설계되어 있다는 것이 큰 장점이다.

이러한 AI는 교수-학습 과정에서 필요한 자료를 제작하고 학습 효율을 높이는 서비스를 제공할 수 있어, 교사와 학생 모두 효과적으로 활용할 수 있다. 예를 들어 프레젠테이션 제작에 특화된 AI를 활용하면 수업 자료를 만들 때 많은 시간과 노력을 들이지 않고도 높은 품질의 결과물을 얻을 수 있으며, 시각화 자료 제작에 특화된 AI를 활용하면 멋진 수업용 그래픽을 순식간에 제작할 수 있다.

교육 현장에서 특화 기능 생성형 AI를 활용하면 다양한 이점을 얻을 수 있다. 교사는 수업 자료 제작, 평가 문항 개발 등에 AI를 활용하여 업무 효율성을 높일 수 있으며, 학생은 발표 자료 제작, 수업 결과물 제작, 프로젝트 수행 등에 AI를 활용하여 더 창의적이고 효과적인 학습 결과물을 만들어 낼 수 있다. 또한 개별 학생의 요구에 맞는 맞춤형 학습 자료 제작에도 AI가 큰 도움을 줄 수 있다.

대표적인 특화 기능 생성형 AI 서비스를 소개하면 **표 5-5**와 같다.

표 5-5 대표적인 특화 기능 생성형 AI 서비스

서비스(모델)명	특징
Gamma (감마)	• Gamma(감마)에서 개발한 AI 기반 프레젠테이션 생성 서비스 • 프레젠테이션 제작 경험이 많지 않은 사람도 간단한 텍스트 입력만으로 손쉽게 제작 가능
Lilys (릴리스)	• Lilys AI(릴리스 AI)에서 개발한 AI 기반 요약 서비스 • 비디오(유튜브 등), 웹사이트, PDF, 음성 등 요약
다글로	• 액션파워에서 개발한 AI 기반 음성 요약 서비스 • 비디오나 음성 파일을 텍스트로 자동 변환
브랜드마크	• 브랜드마크에서 개발한 AI 기반 로고 생성 서비스 • 간단한 입력과 조작으로 나만의 로고 제작 및 수정 가능
냅킨 AI	• 냅킨테크놀로지스에서 개발한 AI 기반 시각화 생성 서비스 • 텍스트만 입력하면 멋진 그래프, 인포그래픽, 흐름도 등 제작 가능

2) 생성형 AI를 활용한 디지털 교육 사례

앞서 살펴본 것처럼 생성형 AI는 텍스트, 이미지, 음악, 비디오 등 다양한 형태의 콘텐츠를 생성할 수 있는 강력한 도구이다. 이러한 다양성은 국어, 수학, 사회, 과학 등 여러 교과를 창의적이고 효과적으로 학습하는 데 활용될 수 있다. 예를 들어 대화형 AI는 글쓰기 지도와 토론 연습에, 이미지 생성형 AI는 미술 수업과 과학적 개념의 시각화에, 음악 생성형 AI는 음악 교육 등에 활용될 수 있다.

그러나 교육 현장에서 생성형 AI를 활용할 때는 몇 가지 중요한 사항을 고려해야 한다. 첫째, AI가 생성한 내용의 정확성을 교사가 반드시 검증해야 한다. 둘째, AI는 보조 도구로 활용되어야 하며, 학생들의 창의성과 비판적 사고력 발달을 저해하지 않도록 주의해야 한다. 셋째, 학생들의 연령과 발달 단계에 적합한 방식으로 AI를 활용해야 하며, 디지털 리터러시 교육도 함께 이루어져야 한다.

이러한 점들을 고려하면서 대표 교과별로 생성형 AI를 효과적으로 활용할 수 있는 구체적인 교육 사례들을 살펴보고자 한다.

(1) 기술

AI를 활용한 나만의 발명품 제작 프로젝트

1. 교수·학습 활동 개요		
학년	중학생	
교과	기술	
디지털 교육 유형	디지털 활용 교육, 디지털 융합 교육	
관련 교육 과정		
핵심 아이디어	인간은 기술적 문제 해결 과정을 통하 발명 문제를 창의적으로 해결하며, 지식 재산에 대한 보호 및 발명과 혁신은 기술의 가치를 높인다.	
내용 요소	지식·이해	발명과 문제 해결에 대한 개념 이해
	과정·기능	발명 문제 해결 과정
	가치·태도	발명 활동에 대한 자신감과 책임감 형성
성취 기준	[9기가03-05] 발명의 개념을 이해하고, 발명 문제 해결 과정을 바탕으로 발명 활동을 체험하여 창조에 대한 자신감을 갖고, 발명이 사회에 디친 영향과 가치를 인식한다.	
교수·학습 활동 안내		
수업 활동 개요	여러 종류의 생성형 AI를 활용하여 발명품을 구상하고 스케치하며 가상의 시제품을 제작하는 활동을 수행한다.	
수업 흐름 (주요 활동)	1~2차시	• 생활 속 문제 발견하기 • Wrtn과 함께하는 아이디어 발상
	3차시	• Microsoft Designer 활용법 학습 • 발명품 디자인 시각화

(계속)

수업 흐름 (주요 활동)	4~5차시	• Vizcom 활용법 학습 • 최종 발명품 디자인 완성 및 발표
교수·학습 방법	강의법, 실습	
평가 방법	관찰 평가	
지도 및 평가상의 유의점	• AI 활용은 창의성을 보조하는 도구임을 강조하여, 학생들이 AI에 과도하게 의존하지 않고 자신의 아이디어를 발전시키는 데 도움을 받는 수준으로 활용할 수 있도록 지도한다. • 발명이라고 하면 학생들이 완전히 새로운 것을 만들어야 한다고 부담감을 느끼기 쉽다. 하지만 발명은 일상의 작은 불편함을 개선하는 것부터 시작될 수 있다는 점을 이해할 수 있도록 지도한다. • 학생들이 자신의 일상생활에서 실제로 경험한 불편함이나 문제점을 중심으로 발명 아이디어를 도출할 수 있도록 독려한다. • AI 도구 활용이 처음에는 어색하고 어려울 수 있지만, 반복적인 실습을 통해 더 나은 프롬프트를 작성하고 결과물을 얻을 수 있다는 점을 강조하여 지속적인 도전을 격려한다. • 본 수업은 AI 도구를 활용한 실습이 주가 되는 만큼, 교사가 순회 지도하며 학생들의 도구 활용 과정을 꼼꼼히 관찰하고 적절한 피드백을 제공한다. • 평가 시에는 최종 산출물의 완성도뿐만 아니라 문제 발견 과정, AI 도구 활용의 적절성, 아이디어 발전 과정 등을 종합적으로 고려한다. • 학생들이 서로의 아이디어를 공유하고 피드백할 때, 건설적인 의견을 주고받을 수 있도록 분위기를 조성하며, 다른 학생들의 아이디어를 존중하는 태도를 기를 수 있도록 지도한다. • AI 도구 사용 시 저작권 및 윤리적 측면을 고려하도록 하며, 생성된 결과물을 바탕으로 자신만의 독창적인 아이디어를 추가하도록 지도한다.	

2. 교수·학습 활동 과정안

학습 주제	AI를 활용한 나만의 발명품 제작 프로젝트	차시	5차시
학습 목표	• 일상생활의 불편함을 AI 도구를 활용하여 해결할 수 있다. • AI 도구를 활용하여 발명 아이디어를 구체화할 수 있다. • 자신이 제작한 발명품의 기능과 특징을 설명할 수 있다.		

수업 흐름		교수·학습 활동	자료
단계	차시		
도입	1	**생활 속 문제 발견하기** • 발명이 단순히 새로운 것을 만드는 것이 아니라, 우리 생활의 불편함을 해결하는 창의적 활동임을 설명한다. • 학생들이 일상생활에서 겪는 불편함이나 문제점을 자유롭게 발표하도록 한다. **AI 도구 활용의 필요성** • 발명 과정에서 아이디어 발상, 디자인, 시각화 등 다양한 단계에서 AI가 도움을 줄 수 있음을 설명한다.	

(계속)

활동 1	2	**Wrtn 소개 및 활용법 안내** • 대화형 AI인 Wrtn의 특징과 장점을 소개한다. • 효과적인 프롬프트 작성 방법과 AI와의 대화 요령을 설명한다. • 발명 아이디어 도출을 위한 구체적인 질문 방법을 안내한다. **Wrtn과 함께하는 아이디어 발상** • 발견한 문제점을 AI에게 설명하고 해결 방안을 탐색하는 방법을 실습한다. • AI의 제안을 비판적으로 분석하고 발전시키는 방법을 익힌다. • 다양한 관점에서 아이디어를 발전시키는 프롬프트 작성을 연습한다.	<자료 1> 프롬프트 작성 예시 활동지
활동 2	3	**Microsoft Designer 활용법 학습** • 이미지 생성 AI의 특징과 가능성을 소개한다. • 효과적인 이미지 생성을 위한 프롬그트 작성 방법을 설명한다. • 생성된 이미지의 수정 및 보완 방법을 안내한다. **발명품 디자인 시각화** • 발명 아이디어를 구체적인 이미지로 표현하는 방법을 실습한다. • 다양한 각도와 스타일로 발명품을 시각화해 본다. • 생성된 이미지를 참고하여 자신만의 스케치를 진행한다.	<자료 2> 스케치 활동지
활동 3	4~5	**Vizcom 활용법 학습** • 스케치를 전문적인 디자인으로 변환하는 Vizcom의 기능을 소개한다. • 효과적인 스케치 업로드 및 변환 방법을 설명한다. • 디자인 수정 및 보완 기능 활용법을 안내한다. **최종 발명품 디자인 완성 및 발표** • 자신의 스케치를 업로드하여 전문적인 디자인으로 변환한다. • 생성된 디자인을 검토하고 필요한 수정사항을 반영한다. • 최종 발명품에 대한 결과물을 발표한다.	
정리		**프로젝트 성찰 및 평가** • 발명 과정에서 사용된 AI 기술의 장·단점을 정리하고 공유한다. • 우리 생활 속에서 발견할 수 있는 다양한 문제와, AI를 활용하여 이를 개선 및 해결할 수 있는 추가적인 방안을 탐색한다.	

수업 예시

자료 1 ▶ 프롬프트 작성 예시 활동지

① 생활 속 불편한 점 찾기

내가 일상에서 겪은 불편한 점은 무엇인가요? (2가지 이상)

② 문제 해결 아이디어 발상하기

위 불편을 해결할 수 있는 발명 아이디어를 생각해 보고, 아래 활동지에 적어 보세요. (예: 냄새를 감지하는 신발 등)

③ 프롬프트 작성하기

아래 문장을 완성해서 Wrtn에 넣어볼 수 있는 프롬프트로 만들어 보세요.

"나의 발명 아이디어는 ○○인데, 이 아이디어를 활용해서 만들 수 있는 발명품 예시를 알려줘."

④ 생성된 답변 평가 및 수정하기

AI가 생성한 답변 중 인상 깊었던 부분을 적고, 더 추가하고 싶은 기능이나 내용을 생각해 보세요.

자료 2 ▶ 스케치 활동지

① 나의 발명 아이디어 이름은 무엇인가요?

② 발명 아이디어의 주요 기능을 3가지 이상 적어 보세요.

번호	기능 이름	설명
1		
2		
3		

③ 기능과 구조가 잘 드러날 수 있도록 다음 빈칸에 아이디어를 스케치로 나타내 보세요.

(2) 사회

AI로 만드는 나만의 공익광고 프로젝트

1. 교수·학습 활동 개요

학년	중학생	
교과	사회	
디지털 교육 유형	디지털 활용 교육, 디지털 융합 교육	
관련 교육 과정		
핵심 아이디어	인간은 사회 속에서 성장하면서 사회적 지위를 가지고 역할을 수행하며, 다양한 갈등과 차별을 인식한다.	
내용 요소	지식·이해	• 사회적 갈등과 차별에 대한 이해
	과정·기능	• AI 도구를 활용한 자료 조사 및 콘텐츠 생성
	가치·태도	• 사회 문제 해결을 위한 공감적 태도
성취 기준	[9사(일사)01-03] 우리 사회에 나타나는 다양한 갈등과 차별의 사례를 조사하고, 이에 대처하는 시민의 자질에 대해 토의한다.	
교수·학습 활동 안내		
수업 활동 개요	여러 종류의 생성형 AI를 활용하여 우리 사회에 나타나는 갈등과 차별적인 사례를 조사하고, 관련된 공익광고를 제작하여 학생들의 인식을 개선한다.	
수업 흐름 (주요 활동)	1~2차시	• 프로젝트 소개 및 AI 도구의 이해 • Wrtn을 활용하여 사례 조사 및 토론 자료 작성하기
	3차시	• Suno 활용법 학습 • 캠페인 송 제작 및 수정
	4~5차시	• Vrew 활용법 학습 • 최종 공익광고 제작 및 발표
교수·학습 방법	강의법, 실습	
평가 방법	관찰 평가	
지도 및 평가상의 유의점	• AI 활용은 사회 문제 해결을 돕는 보조 도구임을 강조하여, 학생들이 AI에 과도하게 의존하지 않고 자신의 생각과 의견을 발전시키는 데 도움을 받는 수준으로 활용할 수 있도록 지도한다. • 차별과 갈등 문제를 다룰 때 특정 개인이나 집단에 대한 편견이나 부정적 인식이 반영되지 않도록 주의하며, 상호 이해와 존중의 관점에서 접근할 수 있도록 지도한다. • 학생들이 자신의 주변에서 실제로 경험하거나 목격한 차별과 갈등 사례를 중심으로 문제의식을 갖고 해결 방안을 모색할 수 있도록 독려한다. • AI 도구 활용이 처음에는 어색하고 어려울 수 있지만, 반복적인 실습을 통해 더 나은 결과물을 얻을 수 있다는 점을 강조하여 지속적인 도전을 격려한다. • 모둠 활동 시 일부 학생들에게 과중한 역할이 부과되지 않도록 하며, 모든 학생들이 프로젝트에 고르게 참여할 수 있도록 지도한다. • 평가 시에는 최종 산출물인 공익광고의 완성도뿐만 아니라 문제 인식 과정, AI 도구 활용의 적절성, 협업 과정 등을 종합적으로 고려한다 • 공익광고 제작 과정에서 저작권 및 초상권을 고려하도록 하며, 윤리적 기준에 맞는 내용을 제작할 수 있도록 지도한다. • 학생들이 서로의 아이디어를 공유하고 피드백할 때, 건설적인 의견을 주고받을 수 있도록 분위기를 조성하며, 다른 모둠의 작품을 존중하고 배우는 태도를 기를 수 있도록 지도한다.	

2. 교수·학습 활동 과정안

<table>
<tr><th colspan="2">학습 주제</th><td>AI로 만드는 나만의 공익광고 프로젝트</td><th>차시</th><td>5차시</td></tr>
<tr><th colspan="2">학습 목표</th><td colspan="3">• 우리 사회의 차별과 갈등 문제를 AI 도구를 활용하여 조사하고 분석할 수 있다.
• AI 도구를 활용하여 차별과 갈등 문제의 해결을 위한 창의적인 공익광고를 제작할 수 있다.
• 자신이 제작한 공익광고에 담긴 메시지를 효과적으로 설명할 수 있다.</td></tr>
<tr><th colspan="2">수업 흐름</th><th rowspan="2" colspan="2">교수·학습 활동</th><th rowspan="2">자료</th></tr>
<tr><th>단계</th><th>차시</th></tr>
<tr><td>도입</td><td>1</td><td colspan="2">프로젝트 소개 및 AI 도구의 이해
• 차별과 갈등이 발생하는 다양한 상황과 해결의 필요성을 설명한다.
• 각 AI 도구의 특징과 활용 방법을 단계별로 안내한다.
• 최종 산출물인 공익광고의 예시를 보여주며 프로젝트의 방향을 제시한다.</td><td></td></tr>
<tr><td>활동 1</td><td>2</td><td colspan="2">Wrtn을 활용하여 사례 조사하기
• Wrtn을 활용한 효과적인 정보 수집 및 정리 방법을 설명한다.
• 프롬프트 작성 방법과 검색 결과 활용 방법을 안내한다.
• 실제 다양한 사례를 제공하고, 이를 기반으로 여러 차별과 갈등 상황에 대해서 정리한다.
토론 자료 작성하기
• 수집한 사례를 바탕으로 토론 주제를 선정한다.
• Wrtn을 활용하여 논리적인 토론 자료를 구성한다.
• 모둠별 토론을 통해 해결 방안을 구체화한다.</td><td><자료 1>
차별 및 갈등 사례 토론 활동지</td></tr>
<tr><td>활동 2</td><td>3</td><td colspan="2">Suno 활용법 학습
• Suno의 음악 생성 기능과 설정 방법을 소개한다.
• 효과적인 프롬프트 작성 방법을 설명하고 나만의 프롬프트를 제작해 본다.
• 차별·갈등 관련 음악 예시를 다양하게 제시하여 학생들이 도움을 받을 수 있도록 한다.
캠페인 송 제작 및 수정
• 차별·갈등 해결 메시지를 담은 가사를 작성한다.
• AI를 활용하여 다양한 스타일의 음악을 생성한다.
• 모둠원 간 피드백을 통해 최종 캠페인 송을 완성한다.</td><td><자료 2>
음악 생성 프롬프트 활동지</td></tr>
<tr><td>활동 3</td><td rowspan="2">4~5</td><td colspan="2">Vrew 활용법 학습
• 텍스트로 영상을 생성하고 편집하는 Vrew의 기능을 소개한다.
• 스토리보드 작성 방법과 영상 구성 방법을 안내한다.
• 기본적인 편집 기능 실습을 진행한다.
최종 공익광고 제작 및 발표
• 스토리보드에 따라 영상을 차례대로 제작한다.
• 캠페인 송과 영상을 효과적으로 결합한다.
• 완성된 공익광고를 발표하고 피드백을 주고받는다.</td><td><자료 3>
스토리보드 제작 활동지</td></tr>
<tr><td>정리</td><td colspan="2">프로젝트 성찰 및 평가
• 각 모둠의 작품을 감상하고 효과성을 평가한다.
• AI 도구 활용에 대한 경험과 느낀 점을 공유한다.
• 차별과 갈등 해결을 위한 실천 방안을 모색한다.</td><td></td></tr>
</table>

수업 예시

자료 1 ▶ 차별 및 갈등 사례 토론 활동지

① 차별 및 갈등 사례 조사하기

다음 항목을 참고하여 스스로 인터넷이나 뉴스 등을 통해 사례를 조사해 보세요.

사례명	어떤 차별/갈등인가요?	누가 어떤 상황에서 차별을 받았나요?	사회적 배경 및 원인은 무엇인가요?

② 내가 선택한 핵심 사례 의견 제시하기

내가 특히 관심을 가진 사례는 무엇인가요? 그 이유는 무엇인가요?

③ 친구들과 토론하기

다음 질문을 중심으로 팀원들과 토론하고, 주요 의견을 정리해 보세요.

- 이 문제는 왜 중요한가요?

- 사회가 바뀌기 위해 필요한 점은 무엇인가요?

- 우리가 만들 광고에 담으면 좋을 메시지는 무엇인가요?

자료 2 ▶ 음악 생성 프롬프트 활동지

① 공익광고 주제 및 메시지 정리하기

광고 주제	
핵심 메시지(한 문장)	
광고의 분위기	

② 프롬프트 작성하기

다음 형식을 참고해서 Suno에 넣어볼 수 있는 자신만의 음악 생성 프롬프트를 만들어 보세요.

"감성적인 분위기의 느린 템포 피아노 음악을 만들어줘. '사람들의 차별을 멈추자'는 메시지를 담은 광고에 어울리는 음악이었으면 좋겠어."

③ 생성 결과 평가하기

음악이 광고 메시지와 어울리는지 평가하고, 추가하거나 바꾸고 싶은 부분을 생각해 보세요.

자료 3 ▶ 스토리보드 제작 활동지

① 광고 제목:

② 핵심 메시지:

③ 장면별 구성 기획

장면	장면 설명	화면 구성(인물, 배경 등)	자막/내레이션 문구

2. 교육용 프로그래밍 언어(EPL)와 AI

1) 교육용 프로그래밍 언어(EPL)의 이해

'교육용 프로그래밍 언어(Educational Programming Language, EPL)'는 프로그래밍 학습의 도구로써 개발된 프로그래밍 언어이다. 이는 범용 프로그래밍 언어인 C나 자바(Java), 파이썬(Python) 등에서 사용하는 프로그래밍의 개념과 원리를 학습하여 컴퓨팅 사고력을 증진하기 위해 만들어졌다.[8] 교육용 프로그래밍 언어는 범용 프로그래밍 언어와는 다르게 직관적이고 문법이 단순하여 이를 이용해 초·중학생 및 비전공자 등 모두가 쉽게 프로그램을 작성할 수 있다.

'컴퓨팅 사고력(computational thinking)'은 1980년 시모어 페퍼트(Seymour Papert) 교수가 《마인드스톰(Mind Storms)》이라는 저서에서 처음 논의하였고, 2006년 지넷 윙(Jeannette Wing) 교수가 재논의하면서 현재까지 교육 분야에서 중요하게 다루어지고 있다. 2022 개정 정보과 교육 과정에서 '컴퓨팅 사고력'은 컴퓨팅을 활용한 문제 해결을 전제로, 문제를 발견 및 분석하여 실생활과 다양한 학문 분야의 문제를 해결하기 위한 새로운 방법론을 제시할 수 있는 능력으로 정의하고 있다.

그림 5-1 컴퓨팅 사고력의 핵심 개념

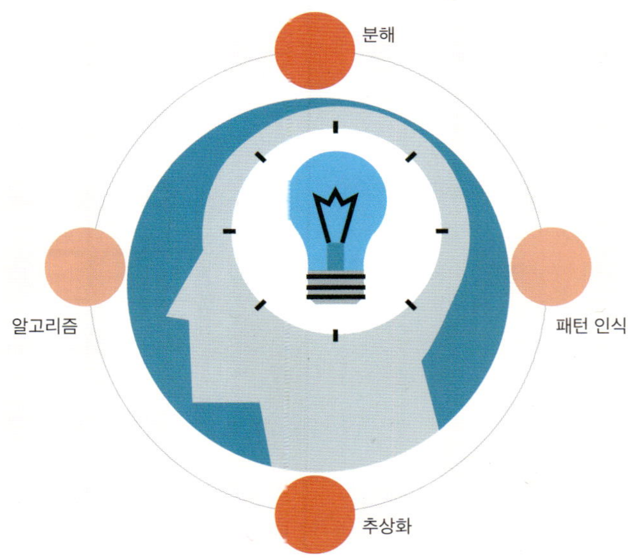

출처: 한국정보통신기술협회. 컴퓨팅 사고. TTA정보통신용어 사전. https://terms.tta.or.kr/dictionary/dictionaryView.do?word_seq=166866-10

컴퓨팅 사고력과 다양한 디지털 융합 역량을 함양하기 위해 현재 여러 교육용 프로그래밍 언어가 활용되고 있다. 교육용 프로그래밍 언어의 종류에는 크게 명령어 블록을 마우스로 드래그 앤드 드롭하여 코드를 작성하는 '블록 기반 프로그래밍 언어(block-based programming language)'와 텍스트를 입력하여 코드를 작성하는 '텍스트 기반 프로그래밍 언어(text-based programming language)'가 있다. 이 밖에 명령어 카드를 조합하여 코드를 작성하는 등의 방식을 취하는 '비주얼 기반 프로그래밍 언어(visual-based programming language)'가 있다.

표 5-6 교육용 프로그래밍 언어의 종류

분류	정의	프로그래밍 언어
블록 기반	블록을 조립하듯 코드 작성	스크래치(Scratch), 엔트리(Entry)
텍스트 기반	텍스트를 입력하여 코드 작성	로고(LOGO), 두리틀(Dolittle)
비주얼 기반	명령어 카드 등의 그래픽 객체를 조합하여 코드 작성	코듀(KODU)

그림 5-2 교육용 프로그래밍 언어의 실행 화면

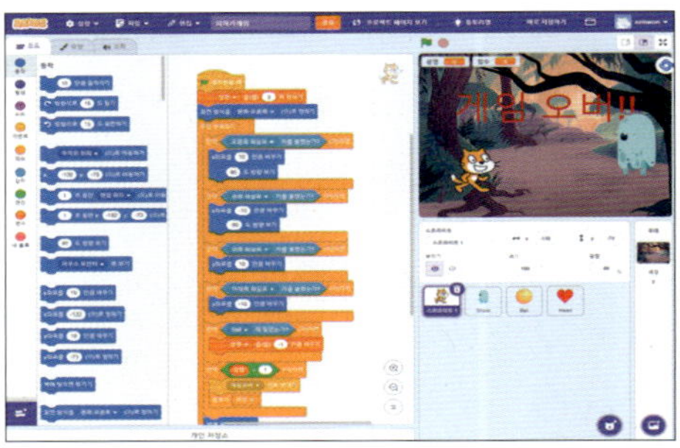

스크래치(scratch.mit.edu)

엔트리(playentry.org)

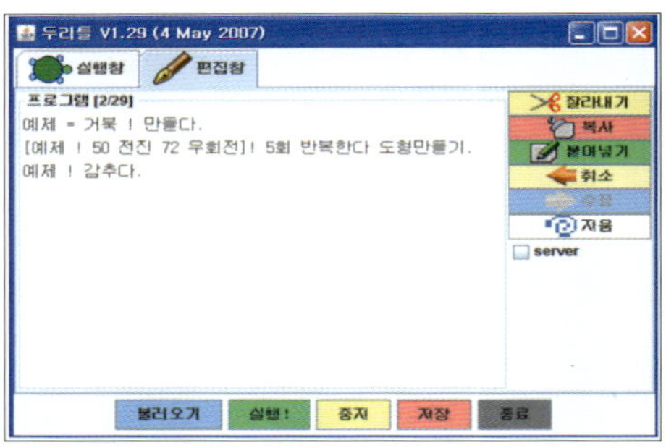

두리틀[9]

코듀

2) AI의 이해

'AI(Artificial Intelligence, 인공지능)'란 인간의 지능을 모방한 시스템을 의미한다. 전문가 시스템(expert system)이나 규칙 기반 시스템(rule-based system)과 같이 정교하게 짜여진 명령어를 기반으로 인간의 지능을 흉내 낸 프로그램도 초창기 AI 연구 분야 중 하나였다. 하지만 근래의 AI는 짜여진 대로 작동하는 것이 아닌, '학습(learning)' 과정이 포함되어 있어야 AI라고 보는 측면이 있다. 컴퓨터가 학습한다는 의미인 '머신러닝(machine learning)'이나 머신러닝의 일부로서 다층 뉴럴 네트워크를 사용하는 '딥러닝(deep learning)'이 그것이다.

그림 5-3 AI의 포함 관계 및 등장 시기

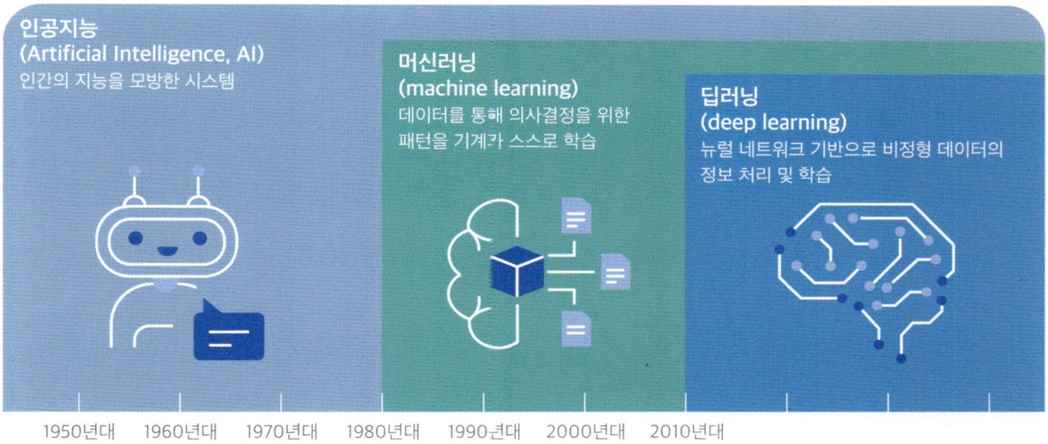

출처: MBL. (2019). [MBL] 인공지능, 머신러닝, 딥러닝 그리고 GPU 클라우드. steemit. https://steemit.com/mbl/@mbl/mbl-gpu

머신러닝의 학습 방법에는 대표적으로 3가지가 있다. 첫 번째는 '지도학습(supervised learning)'이다. 지도학습의 원리를 간단히 말하자면, 교사가 학생에게 여러 문제를 주면서 정답까지 알려주는 방식이다. 예를 들어 다양한 모양과 크기의 젓가락을 학생에게 보여주면서 '이것은 젓가락이다'라고 알려주고, 마찬가지로 다양한 모양과 크기의 포크를 보여주면서 '이것은 포크다'라고 알려주고, 다양한 모양과 크기의 숟가락을 보여주면서 '이것은 숟가락이다'라고 알려주는 '학습의 과정'을 거친다고 생각해 보자. 이후 학생에게 어떤 포크 하나를 보여주었을 때 그 학생은 '포크'라고 답하는 '결과'를 보여줄 것이다. 그러나 만일 숟가락 끝에 뾰족한 돌기가 있는 '포카락'을 학생에게 보여준다면 어떻게 될까? 학생은 뾰족한 돌기가 크다면 '포크'라고 대답할 것이고, 돌기가 작다면 '숟가락'이라고 대답할 것이다. 포카락은 학생이 배운 내용이 아니기 때문에 대답에 확신이 적을 것이다.

그림 5-4 지도학습의 원리

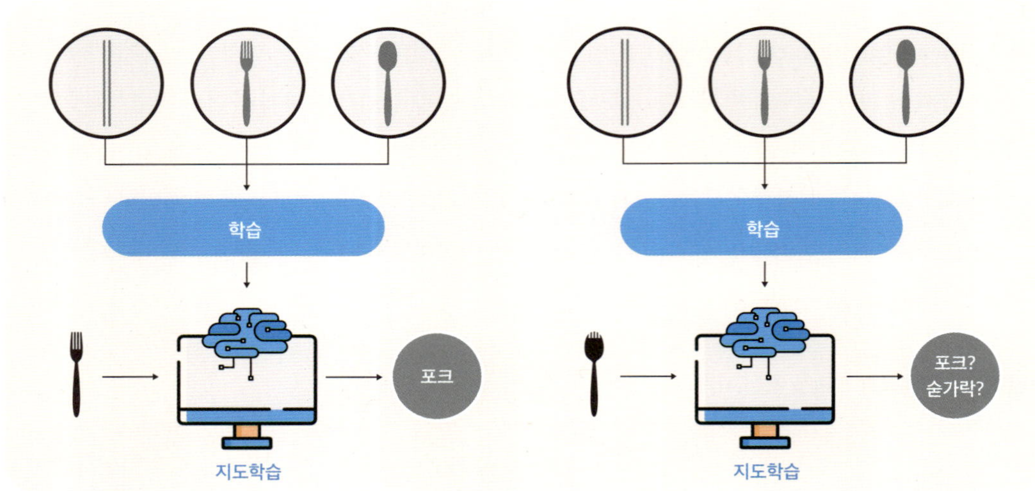

이 비유에서 학생은 '지도학습 모델(AI)'을 의미하고, 교사가 여러 가지 식기를 보여주며 정답을 알려주는 과정은 '데이터 훈련'이며, 정답으로 제시한 젓가락, 포크, 숟가락은 '레이블(label)'이라고 한다. '어떤 포크 하나를 보여준 것'은 테스트 과정이자 모델의 결과를 확인한 것이다. '포카락'의 경우도 지도학습 모델의 결과를 보여주는 것이다.

지도학습을 위한 모델에는 크게 '분류 모델'과 '예측 모델'이 있다. 분류(classification) 모델은 말 그대로 어떤 데이터가 어느 그룹에 속하는지 분류해 주는 것이다. 앞서 예시로 나타낸 젓가락, 포크, 숟가락이 분류 문제에 해당한다. 예측(prediction) 모델도 레이블이 존재하는 데이터로 학습하게 되는데, 주로 상관관계를 함수식으로 표현하며, 일반적으로 연속적인 범위 내의 값에서 결괏값을 예측하는 문제에 활용된다. 예를 들면 겨울과 봄 기온에 따른 여름 기온 예측, 아버지의 신장(키)에 따른 아들의 신장 예측, 위치 · 대중교통 · 집 크기에 따른 부동산 가격 예측 등이 있다.

머신러닝 학습 방법의 두 번째는 '비지도학습(unsupervised learning)'이다. 비지도학습은 문제는 알려주되 정답까지는 알려주지 않는 학습 방법이다. 예를 들어 교사가 젓가락, 포크, 숟가락 여러 개를 학생에게 주고 '이것을 종류별로 알아서 나눠봐라'라고 했을 때, 학생은 나름대로 각 식기의 패턴과 구조를 파악하여 일정한 규칙대로 나눌 것이다.

그림 5-5 비지도학습의 원리

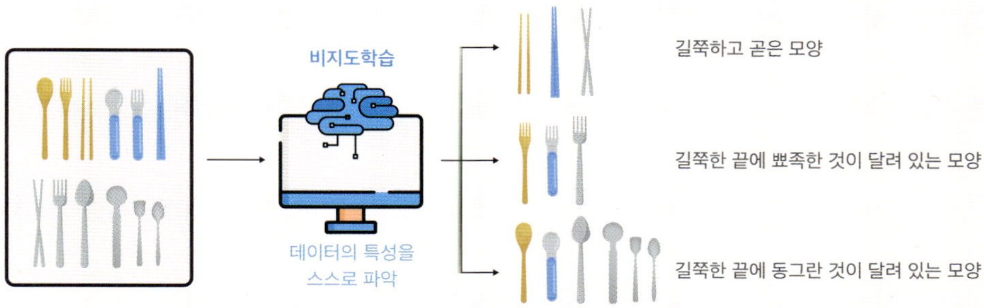

비지도학습의 모델은 군집화, 즉 '클러스터링(clustering)'이 대표적이다. 비지도학습에 사용되는 데이터는 레이블이 명시되지 않기 때문에 입력된 데이터의 특징(feature)을 분석하여 서로 동일하거나 유사한 특징을 가진 데이터끼리 그룹화한다. 그 후 새로운 데이터가 입력되면 지도학습의 분류 모델처럼 학습된 군집을 기반으로 어느 군집에 속하는지를 분석한다.

머신러닝 학습 방법의 세 번째는 '강화학습(reinforcement learning)'이다. 강화학습은 행동심리학에서 영감을 받은 이론이다. 어떤 환경(environment) 안에서 정의된 주체(agent)가 현재의 상태(state)를 살펴보고 선택할 수 있는 행동(action) 중에서 가장 최대의 보상(reward)을 받을 수 있을지 시행착오(trial and error)를 통해 학습하는 것이다. 이러한 문제는 매우 포괄적이기 때문에 게임이론, 제어이론, 정보이론, 통계학, 운용 과학, 시뮬레이션 기반 최적화, 다중 에이전트 시스템, 유전 알고리즘 등의 분야에서도 연구된다.

그림 5-6 강화학습의 원리

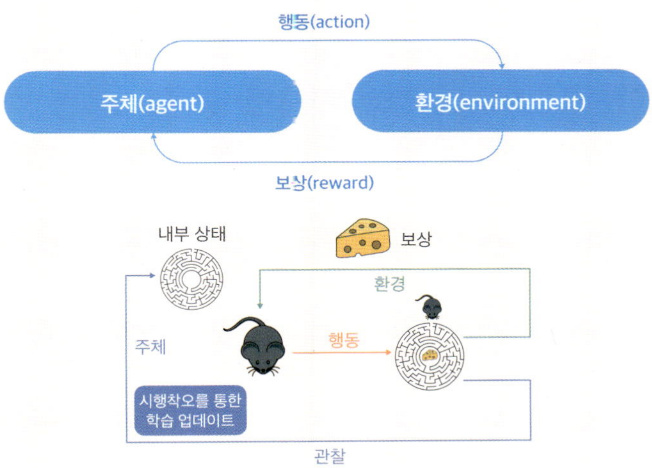

현재는 AI 시대라고 볼 수 있다. ChatGPT와 같은 AI 기술이라든지, 스마트홈 시스템, 자율주행차, 식당의 서빙 로봇 등을 주변에서 쉽게 접할 수 있다. 그래서 현재 태어나서 자라는 세대를 디지털 네이티브(Digital Native)에 빗대어 '인공지능 네이티브(AI Native)'라고 부르기도 한다. 이들은 다양한 AI 기술을 더욱 유연하고 익숙하게 사용할 것이다. 지금 시대에서는 AI 및 빅데이터와 같은 디지털 기술을 잘 이해하고 활용할 수 있는 인재를 중요시하고 있다.

3) 교육용 프로그래밍 언어(EPL)를 활용한 디지털 교육 사례

'엔트리(Entry)'는 복잡한 코드 대신 블록을 끌어다 놓는 블록 기반 프로그래밍 언어로, 초보자도 코드의 흐름을 직관적으로 이해할 수 있다. 모든 내용이 한글로 제공되며, 학생이 쉽게 따라할 수 있도록 각 블록의 기능을 설명해 준다. 이를 통해 프로그래밍에 대한 두려움을 줄이고 흥미를 높일 수 있다. 또한 엔트리 사용자는 자신이 만든 프로젝트를 커뮤니티에 공유할 수 있고, 다른 사용자의 프로젝트를 보고 배우거나 수정해 볼 수 있다. 이를 통해 창의적이고 협력적인 학습이 가능하다.

(1) 국어

나만의 특별한 순간을 디지털 스토리텔링으로 표현하기

1. 교수·학습 활동 개요		
학년	중학생	
교과	국어	
디지털 교육 유형	디지털 활용 교육, 디지털 융합 교육	
관련 교육 과정		
핵심 아이디어	• 쓰기는 언어를 비롯한 다양한 기호나 매체를 활용하여 인간의 생각과 감정을 글로 표현함으로써 의미를 구성하는 행위이다. • 문학은 인간의 삶을 언어로 형상화한 작품을 통해 즐거움과 깨달음을 얻고 타자와 소통하는 행위이다.	
내용 요소	지식·이해	• 자신의 정서를 표현하는 글 • 사회·문화적 맥락
	과정·기능	• 다양하게 표현하기 • 개성적 발상과 표현으로 형상화하기
	가치·태도	• 쓰기에 대한 성찰 • 문학을 통한 타자 이해
성취 기준	• [9국03-05] 자신의 삶과 경험을 바탕으로 정서를 진솔하게 표현하는 글을 쓴다. • [9국05-06] 자신의 경험을 개성적인 발상과 표현으로 형상화한다.	

(계속)

<table>
<tr><th colspan="3">교수·학습 활동 안내</th></tr>
<tr><td>수업 활동 개요</td><td colspan="2">학생들이 자신의 경험을 바탕으로 창의적인 이야기를 구성하고, 엔트리를 활용하여 디지털 스토리텔링으로 시각화한 후, 발표와 피드백을 통해 서로의 개성과 창의적 표현을 공유하며 발전시켜 나가는 과정을 통해 창의적 의사소통능력을 기를 수 있도록 한다.</td></tr>
<tr><td rowspan="2">수업 흐름
(주요 활동)</td><td>1차시</td><td>• 주제 소개 및 동기 부여
• 창의적인 발상으로 이야기 구조(발단, 전개, 절정, 결말) 구상하기</td></tr>
<tr><td>2차시</td><td>• 구상한 이야기를 엔트리를 사용해 디지털 스토리로 시각화하기
• 발표 및 상호 피드백을 통해 창의적 표현과 개성 공유하기</td></tr>
<tr><td rowspan="2">교수·학습 방법</td><td>1차시</td><td>강의법, 개별 활동</td></tr>
<tr><td>2차시</td><td>실습, 발표 및 피드백</td></tr>
<tr><td>평가 방법</td><td colspan="2">관찰 평가</td></tr>
<tr><td>지도 및
평가상의 유의점</td><td colspan="2">• 개별 표현 존중하기: 학생들이 자신의 경험과 창의적 아이디어를 자유롭게 표현할 수 있도록 격려하며, 개성과 창의성을 존중하는 분위기를 조성한다.
• 기술 활용 지원하기: 엔트리 프로그램 사용에 어려움을 겪는 학생이 있을 수 있으므로, 기초적인 사용법을 미리 설명하고 필요시 개별적으로 도움을 제공한다.
• 긍정적 피드백 강조하기: 발표 및 피드백 시간에는 학생들이 서로의 작품을 존중하고, 창의적이고 독특한 부분에 대해 긍정적이고 발전 가능성을 강조하는 피드백을 주고받을 수 있도록 지도한다.
• 평가 기준 명확화하기: 창의적 발상, 이야기 구성의 완성도, 디지털 표현력 등을 중심으로 평가하되, 학생들이 평가 기준을 미리 이해할 수 있도록 안내한다.
• 자가 평가 기회 제공하기: 수업 후 자신이 구성한 이야기와 디지털 표현 과정에 대해 스스로 평가할 수 있는 기회를 줌으로써 창의적 사고와 자기 성찰 능력을 기를 수 있도록 돕는다.</td></tr>
</table>

2. 교수·학습 활동 과정안

<table>
<tr><td colspan="2">학습 주제</td><td>나만의 특별한 순간을 디지털 스토리텔링으로 표현하기</td><td>차시</td><td>2차시</td></tr>
<tr><td colspan="2">학습 목표</td><td colspan="3">• 자신의 경험을 바탕으로 독창적인 이야기를 구성하고, 이를 개성적인 발상과 표현으로 형상화한다.
• 엔트리를 활용하여 이야기의 구조를 디지털로 시각화하고, 표현력을 향상시킨다.
• 창의적 글쓰기와 시각적 표현을 결합하여 의사소통능력을 기른다.</td></tr>
<tr><th colspan="2">수업 흐름</th><th colspan="2" rowspan="2">교수·학습 활동</th><th rowspan="2">자료</th></tr>
<tr><th>단계</th><th>차시</th></tr>
<tr><td>도입</td><td>1</td><td colspan="2">주제 소개 및 동기 부여
• 자신의 개인적인 경험(여행, 친구와의 추억, 특별한 날 등)을 바탕으로 이야기를 만들고 이를 창의적인 발상으로 표현할 것임을 설명한다.
예 "가장 기억에 남는 순간은 언제였나요? 그때의 감정과 상황을 다시 떠올려 보세요.", "이 이야기를 재미있고 독특하게 꾸며보세요."
창의적인 발상으로 이야기 구조(발단, 전개, 절정, 결말) 구상하기
• 이야기 구성의 기본 요소(발단, 전개, 절정, 결말)를 설명하고, 이를 창의적으로 변형할 수 있도록 예시를 제시한다.</td><td></td></tr>
</table>

(계속)

<table>
<tr><td>활동 1</td><td rowspan="2">1</td><td>개인 경험 스토리 구상하기
• 자신이 경험한 기억을 한 가지 떠올리고, 이를 바탕으로 독창적인 이야기를 구성한다. 이야기를 전개할 때, 다음의 질문을 통해 창의성을 자극한다.
예 “이 이야기를 다른 사람에게 어떻게 재미있게 들려줄 수 있을까요?”, “주인공에게 어떤 독특한 특징을 줄 수 있을까요?”, “결말을 예상 밖의 방식으로 바꿀 수 있을까요?”</td><td><자료 1>
개인 경험 스토리 구상하기</td></tr>
<tr><td>활동 2</td><td>창의적인 발상 적용하기
• 자신의 경험을 단순히 나열하지 않고, 상상력을 동원해 개성적인 표현으로 이야기 속 인물이나 사건을 꾸민다.
예 여행에서 본 바다를 마법의 바다로 바꾸기, 친구와의 추억을 판타지 세계로 변형하기</td><td><자료 2>
개인 경험을 창의적으로 발상하고 구조화하기</td></tr>
<tr><td>활동 3</td><td rowspan="3">2</td><td>구상한 이야기를 엔트리를 사용해 디지털 스토리로 시각화하기
• 구상한 이야기를 엔트리 프로그램을 사용해 디지털 스토리로 구현한다.
• 캐릭터 만들기: 이야기 속 주인공과 등장인물을 블록 코딩을 통해 시각적으로 구현한다. 캐릭터의 외모와 행동을 창의적으로 설정하고, 개성적인 움직임과 대사를 추가한다.
• 배경 설정: 자신의 경험을 기반으로 이야기의 배경을 엔트리에서 설정한다. 여행지나 일상적 공간을 독특하게 변형하여 표현한다.
• 스토리 전개: 이야기를 단계별로 전개하면서 블록을 사용해 캐릭터의 대사, 행동, 사건 전개를 구현한다. 각 단계에서 창의적인 발상을 반영한다.</td><td><자료 3>
엔트리를 활용한 디지털 스토리텔링</td></tr>
<tr><td>활동 4</td><td>발표 및 상호 피드백을 통해 창의적 표현과 개성 공유하기
• 자신이 만든 이야기를 디지털 스토리로 발표한다. 발표 시 이야기의 창의적 발상과 개성적인 표현을 강조하여 설명한다.
• 발표 후 서로의 작품을 감상하고, 이야기의 창의적 요소와 개성적인 표현에 대해 피드백을 나눈다. 긍정적인 피드백과 발전 가능한 부분을 함께 언급하도록 한다.</td><td></td></tr>
<tr><td>정리</td><td>수업 마무리
• 이야기의 발상과 표현의 중요성을 다시 한번 강조하며, 단순한 경험을 창의적으로 형상화하는 방법을 배우는 과정에서 얻은 교훈을 되짚는다.
자가 평가 및 교사 평가
• 자신의 작업 과정을 돌아보며 창의적 발상을 얼마나 반영했는지 자가 평가를 하고, 개성적인 발상과 표현력을 중심으로 평가한다.</td><td></td></tr>
</table>

수업 예시

자료 1 ▶ 개인 경험 스토리 구상하기

개인적인 경험	우주에 관한 흥미로운 유튜브를 보았다.
창의적으로 변형하기	우주에 관한 흥미로운 유튜브의 이야기가 SF 영화처럼 내 앞에 펼쳐진다.

자료 2 ▶ 개인 경험을 창의적으로 발상하고 구조화하기

등장인물: 나, 우주인		
장면 1	나의 방	*나*: (유튜브를 보며) 정말 우주의 세계란 신기하군. (갑자기 스마트폰 화면에서 빛이 나기 시작한다. 빛 속에서 우주인이 나타난다.)
		우주인: 오잉? 여기는 어디지? 지구인가? *나*: (놀라며) 으악! 누구세요? *우주인*: 나는 우주를 탐험하는 우주인이야. 네가 날 불렀구나! *나*: 딱히 부른 적은 없지만 나타나셨네요! 근데 저 지금 꿈꾸고 있는 것 같아요. *우주인*: 이것은 꿈이 아니야. 현실이야. 날 불렀으니 넌 굉장히 특별한 존재인게 분명해. 나와 함께 우주를 탐험하러 떠나자! *나*: 우와, 너무 흥미진진하네요!!
장면 2	우주	*나*: (둥실둥실 떠다니며) 무중력에 산소도 없을 텐데 숨을 쉬고 있네요! *우주인*: 너의 특별한 능력과 내 덕분이지! 우주의 비밀을 풀기 위해 이제 여러 행성을 돌아다녀야 해. 준비 됐니? *나*: 네!! *우주인*: 다음 이야기가 궁금하다면 이 작품에 좋아요를 눌러줘! (끝)

자료 3 ▶ 엔트리를 활용한 디지털 스토리텔링

① [장면 1] 오브젝트 목록

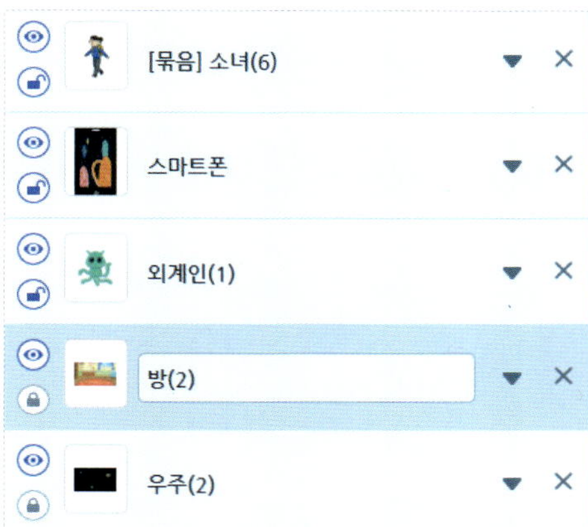

※ 스마트폰 오브젝트는 추가 후 **[모양]** 탭에서 스마트폰의 화면이 우주인 것처럼 수정한다.

② [장면 1: 나의 방] 오브젝트 - 나

③ [장면 1: 나의 방] 오브젝트 - 우주인

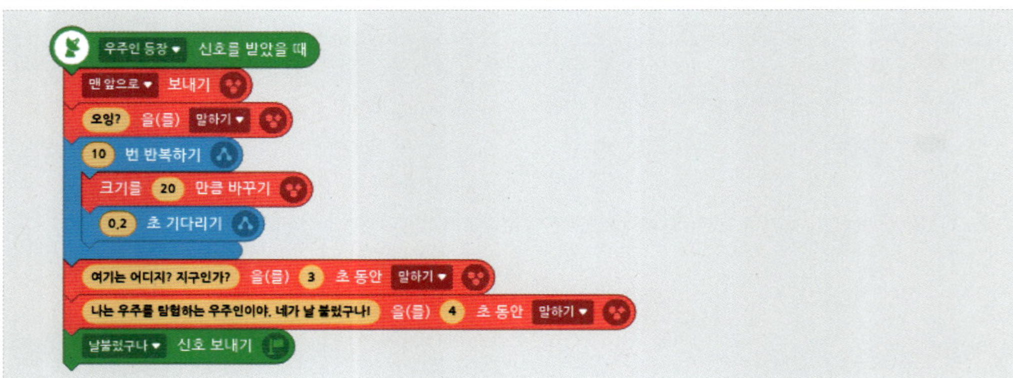

④ [장면 1: 나의 방] 오브젝트 - 스마트폰

⑤ [장면 2] 오브젝트 목록

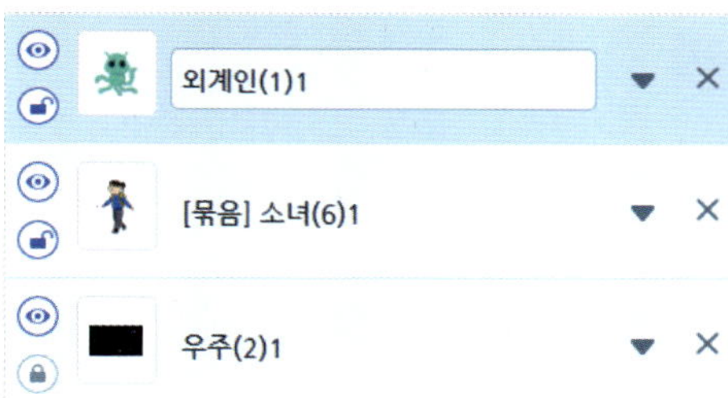

⑥ [장면 2: 우주] 오브젝트 - 우주인

⑦ [장면 2: 우주] 오브젝트 - 나

(2) 미술

블링블링 내 모습 꾸미기

1. 교수·학습 활동 개요

<table>
<tr><td>학년</td><td colspan="2">초등학생</td></tr>
<tr><td>교과</td><td colspan="2">미술</td></tr>
<tr><td>디지털 교육 유형</td><td colspan="2">디지털 활용 교육, 디지털 융합 교육</td></tr>
<tr><td colspan="3">관련 교육 과정</td></tr>
<tr><td>핵심 아이디어</td><td colspan="2">• 미적 체험은 감각을 깨워 미적 감수성을 풍부하게 하며 미적 가치를 발견하게 해준다.
• 표현은 자신의 생각과 느낌을 시각화하는 창의적 사고와 성찰의 순환 과정으로 이루어진다.
• 다양한 발상은 아이디어와 주제를 발전시키고 표현의 토대가 된다.</td></tr>
<tr><td rowspan="3">내용 요소</td><td>지식·이해</td><td>• 감각과 매체의 역할
• 표현 재료와 용구, 디지털 매체</td></tr>
<tr><td>과정·기능</td><td>• 감각과 매체를 활용하여 탐색하기
• 타 교과와 융합하기</td></tr>
<tr><td>가치·태도</td><td>• 자유롭게 시도하는 태도</td></tr>
<tr><td>성취 기준</td><td colspan="2">• [6미01-01] 다양한 감각과 매체를 활용하여 자신과 대상을 탐색할 수 있다.
• [6미02-01] 다양한 방법으로 아이디어를 연결하여 확장된 표현 주제로 발전시킬 수 있다.
• [6미02-02] 디지털 매체 등 다양한 표현 재료와 용구를 탐색하여 작품 제작에 활용할 수 있다.</td></tr>
<tr><td colspan="3">교수·학습 활동 안내</td></tr>
<tr><td>수업 활동 개요</td><td colspan="2">이 수업 활동은 초등학생을 대상으로 하며, AR 기술을 활용해 창의적인 시각적 표현과 자기표현 능력을 기르는 것을 목표로 한다.</td></tr>
<tr><td rowspan="2">수업 흐름
(주요 활동)</td><td>1차시</td><td>• AR 기술의 개념 학습하기
• 얼굴 인식 기능을 사용하여 자신의 얼굴에 다양한 오브젝트를 추가하고 꾸미기</td></tr>
<tr><td>2차시</td><td>• 창의적인 얼굴 꾸미기와 감정 읽어주기 기능을 활용하여 독특한 표현 완성하기
• 발표 및 상호 피드백을 통해 창의적 표현과 개성 공유하기</td></tr>
<tr><td rowspan="2">교수·학습 방법</td><td>1차시</td><td>강의법, 실습</td></tr>
<tr><td>2차시</td><td>개별 활동, 발표 및 피드백</td></tr>
<tr><td>평가 방법</td><td colspan="2">관찰 평가</td></tr>
<tr><td>지도 및
평가상의 유의점</td><td colspan="2">• 개별 표현 존중하기: 학생들이 창의적 아이디어를 자유롭게 표현할 수 있도록 격려하며, 개성과 창의성을 존중하는 분위기를 조성한다
• 기술 활용 지원하기: AR 기술과 얼굴 인식 기능 사용에 어려움을 겪는 학생이 있을 수 있으므로, 기초적인 사용법을 미리 설명하고 필요시 개별적으로 도움을 제공한다.
• 긍정적 피드백 강조하기: 발표 및 피드백 시간에는 학생들이 서로의 작품을 존중하고, 창의적이고 독특한 부분에 대해 긍정적이고 발전 가능성을 강조하는 피드백을 주고받을 수 있도록 지도한다.
• 평가 기준 명확화하기: 창의적 표현, 기술 활용 능력, 자기표현력 등을 중심으로 평가하되, 학생들이 평가 기준을 미리 이해할 수 있도록 안내한다.
• 자가 평가 기회 제공하기: 수업 후 학생들이 자신의 작업 과정을 돌아보며 창의성과 표현력을 얼마나 반영했는지 스스로 평가할 수 있는 기회를 줌으로써 창의적 사고와 자기 성찰 능력을 기를 수 있도록 돕는다.</td></tr>
</table>

2. 교수·학습 활동 과정안

<table>
<tr><th>학습 주제</th><td colspan="2">블링블링 내 모습 꾸미기</td><th>차시</th><td>2차시</td></tr>
<tr><th>학습 목표</th><td colspan="4">• AR 기술을 이해하고, 이를 통해 창의적이고 독창적인 시각적 표현을 실습한다.
• 다양한 감정을 시각적으로 표현하고 공유함으로써 자기표현 능력을 향상시킨다.</td></tr>
<tr><th colspan="2">수업 흐름</th><th rowspan="2">교수·학습 활동</th><th rowspan="2" colspan="2">자료</th></tr>
<tr><th>단계</th><th>차시</th></tr>
<tr><td>도입</td><td rowspan="3">1</td><td>주제 소개 및 동기 부여(5분)
• SNOW 등의 AR 필터 앱을 활용해 본 경험을 이야기한다.
예 “자신의 모습을 꾸며주는 앱을 활용해 본 적이 있나요?”, “어떤 기능이 재미있었나요?”</td><td colspan="2"></td></tr>
<tr><td>활동 1</td><td>AR 기술의 개념 학습하기(10분)
• AR 기술의 개념, 얼굴 인식, 그 응용 사례에 대해 간단히 설명한다. 예를 들어 일상생활에서의 AR 활용 예시(스마트폰 앱, AR 필터 앱 등)를 소개하고, 학생들이 경험한 사례를 공유하도록 유도한다.</td><td colspan="2"><자료 1>
AR 기술
<자료 2>
AI 얼굴 인식 기술</td></tr>
<tr><td>활동 2</td><td>얼굴 꾸미기 기본 실습(25분)
• 컴퓨터나 태블릿PC를 사용해서 AR 필터 앱을 실행한다.
• 얼굴 인식 기능을 사용하여 자신의 얼굴에 콧수염, 왕관, 모자 등 다양한 오브젝트를 추가하고, 이 오브젝트의 크기, 위치를 조절하여 얼굴에 적합하게 배치하는 방법을 실습한다.</td><td colspan="2">준비물: 웹캠
<자료 3>
얼굴 꾸미기 기본 실습 과정</td></tr>
<tr><td>활동 3</td><td rowspan="3">2</td><td>창의적 얼굴 꾸미기와 감정 읽어주기(25분)
• 창의적 표현: 학생들이 앞서 익힌 기술을 토대로 다양한 오브젝트를 실험해 보면서 자신만의 독특한 얼굴 꾸미기 스타일을 만들어보도록 한다.
• 감정 읽어주기 실습: 오브젝트를 추가하고, 추가된 오브젝트가 현재 얼굴을 인식하여 감정을 읽어주는 기능을 구현한다.
• 결과 저장: 완성된 작품은 학급에 공유하고, 발표할 준비를 한다.</td><td colspan="2"><자료 4>
창의적 얼굴 꾸미기와 감정 읽어주기</td></tr>
<tr><td>활동 4</td><td>발표 및 상호 피드백을 통해 창의적 표현과 개성 공유하기(10분)
• 자신이 완성한 창의적 얼굴 꾸미기와 감정 읽어주기 작품을 친구들에게 발표한다.
• 다른 학생들은 발표된 작품을 감상하고, 창의적이고 독특한 표현에 대해 피드백을 주고받는다.</td><td colspan="2"></td></tr>
<tr><td>정리</td><td>수업 마무리(5분)
• 수업에서 배운 AR 기술의 활용 방법과 자기표현의 중요성에 대해 간단히 정리하고, 학생들의 활동에 대해 칭찬하고 격려한다.</td><td colspan="2"></td></tr>
</table>

수업 예시

자료 1 ▶ AR 기술

AR(Augmented Reality, 증강현실)은 현실 세계의 환경에 가상 정보를 겹쳐서 보여주는 기술이다. AR은 사용자가 실제 환경을 보는 동시에 그 위에 컴퓨터로 생성된 그래픽, 소리, 비디오, GPS 데이터를 추가하여 현실을 증강한다. 예를 들어 스마트폰의 카메라를 통해 주변을 비추면 그 위에 가상의 정보나 이미지가 추가되어 화면에 나타난다. AR의 특징은 다음과 같다.

- 현실 세계와의 통합: 사용자가 실제 현실 환경을 보고 느끼면서 그 위에 가상의 객체나 정보를 추가로 볼 수 있게 한다. 이를 통해 현실감은 유지하면서도 추가 정보를 제공할 수 있다.
- 실시간 상호작용: AR은 사용자의 동작이나 위치 변화에 따라 실시간으로 반응한다. 예를 들어 사용자가 스마트폰을 움직이면 AR 콘텐츠도 그에 맞춰 변화한다.
- 공간 인식: AR은 주변 환경을 인식하여 가상의 객체를 적절히 배치한다. 예를 들어 가상의 객체를 현실 세계의 특정 위치에 고정시키거나 실제 물체를 가상의 도구로 조작할 수 있다.

AR은 교육, 게임, 의료, 마케팅 등 다양한 분야에서 활용된다 특히 교육 분야에서는 학생들이 직접 교육 내용을 체험하면서 학습할 수 있도록 돕는다. 예를 들어 이번 수업에서처럼 AR을 활용하여 자신의 얼굴을 꾸미고 창의적인 활동을 함으로써 디지털 매체와의 상호작용을 통해 학습 경험을 확장시킬 수 있다.

자료 2 ▶ AI 얼굴 인식 기술

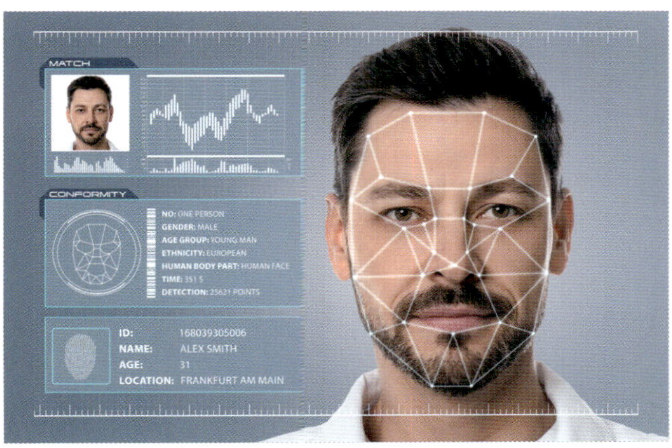

AI 얼굴 인식 기술은 컴퓨터가 사람의 얼굴을 인식하고 식별하는 기술을 의미한다. 이 기술은 이미지나 비디오에서 사람의 얼굴을 감지하고, 각 얼굴의 고유한 특징을 분석하여 그 사람을 식별하거나 분류하는 과정을 포함한다. 얼굴 인식 기술은 주로 다음과 같은 단계를 거친다.

① 얼굴 감지: 입력된 이미지나 비디오에서 사람의 얼굴을 찾아내는 과정이다. 비디오에서는 카메라로 캡처된 영상에서 얼굴이 포함된 영역을 식별한다.
② 특징 추출: 감지된 얼굴에서 눈, 코, 입과 같은 얼굴의 주요 특징을 추출한다. 이 과정에서 얼굴의 고유한 패턴, 형태, 거리 비율 등을 분석하여 얼굴을 디지털 정보로 변환한다.
③ 비교 및 식별: 추출된 특징 정보를 기존 데이터베이스에 저장된 얼굴 정보와 비교하여 해당 얼굴이 누구인지 식별한다. 이를 통해 이와 동일한 얼굴이 이전에 저장된 데이터와 일치하는지를 확인한다.
④ 결과 제공: 얼굴이 성공적으로 인식되면 그에 따라 필요한 정보를 제공하거나 특정 작업을 수행할 수 있다. 예를 들어 보안 시스템에서는 얼굴 인식을 통해 사용자의 신원을 확인하고 접근을 허가할 수 있다.

이 기술은 보안, 인증, 감시, 스마트폰의 얼굴 잠금 해제, 소셜 미디어의 얼굴 태그 등 다양한 응용 분야에서 사용된다. 최근에는 딥러닝 기술의 발전으로 얼굴 인식의 정확도와 신뢰도가 크게 향상되고 있다. 얼굴 인식 기술은 개인정보 보호와 관련된 이슈도 동반하므로, 윤리적이고 신중하게 사용해야 한다.

자료 3 ▶ 얼굴 꾸미기 기본 실습 과정

① 콧수염 오브젝트 추가하기

② 얼굴 인식 기능 추가하기

[인공지능] - [인공지능 블록 불러오기] - [비디오 감지] - [얼굴 인식]

③ 콧수염에 코드 작성하기

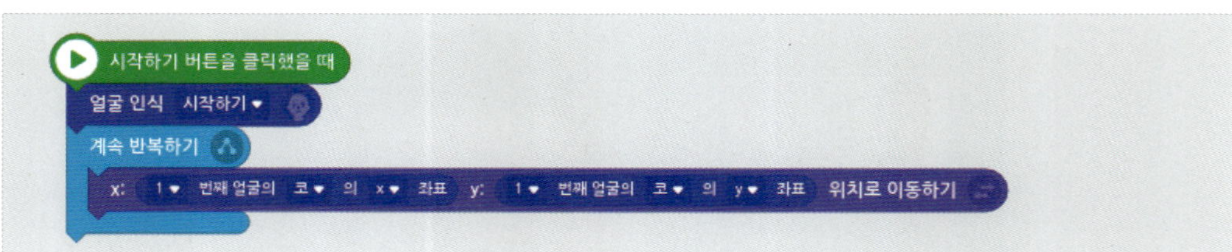

④ 콧수염 크기 조정하기

위의 코드를 실행해 보면 얼굴보다 콧수염이 지나치게 크거나 작은 걸 확인할 수 있다. 따라서 콧수염 오브젝트의 크기를 얼굴의 크기에 맞춰 줄인다.

⑤ 콧수염 위치 조정하기

- 콧수염이 코와 입술 사이에 위치할 수 있도록 코보다 아래쪽으로 배치해야 한다.

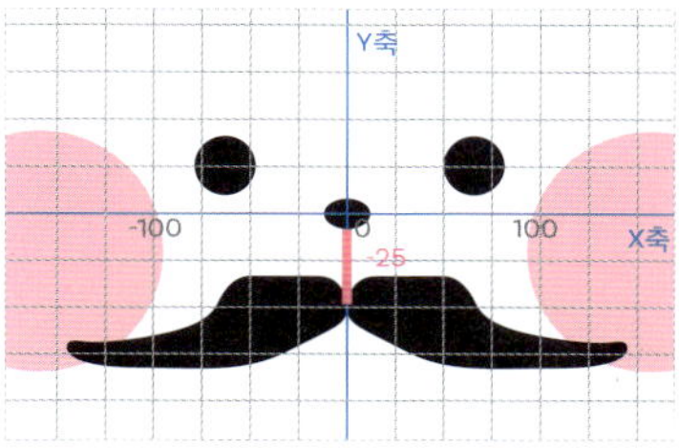

- '코의 y 좌푯값'에서 적당한 값을 빼준다. (계산 - '빼기' 블록 활용)

자료 4 ▶ 창의적 얼굴 꾸미기와 감정 읽어주기

① 자기 얼굴의 여러 위치 정보를 활용하여 창의적으로 꾸미기

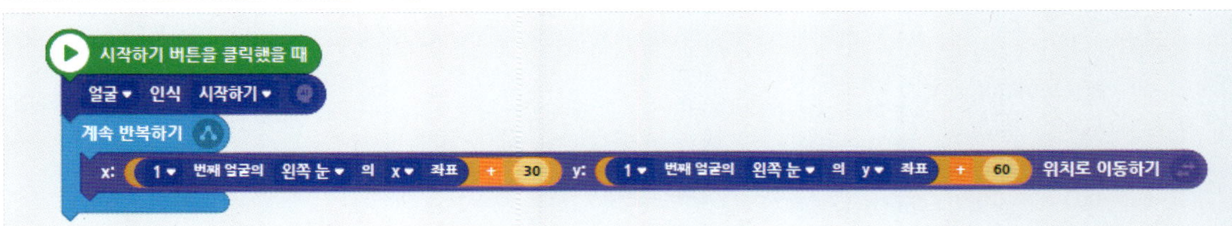

② 오브젝트(얼굴 스티커)를 추가해서 화면에 보이는 사람의 감정 읽어주기

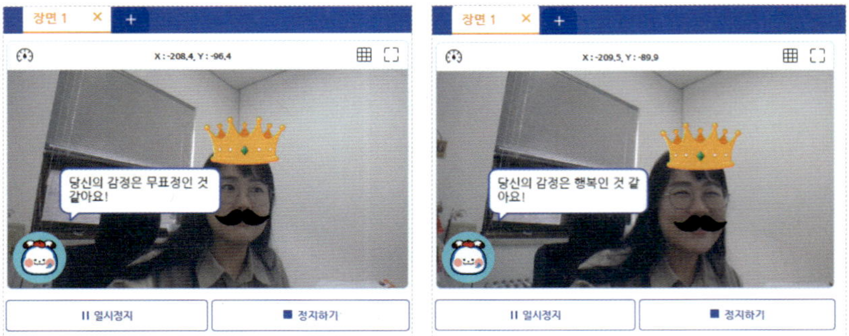

(3) 수학

똑똑한 나만의 스마트 자판기 만들기

1. 교수·학습 활동 개요

학년	중학생	
교과	수학	
디지털 교육 유형	디지털 활용 교육, 디지털 융합 교육	
관련 교육 과정		
핵심 아이디어	• 수와 사칙계산은 수학 학습의 기본이 되며, 실생활 문제를 포함한 다양한 문제를 해결하는 데 유용하게 활용된다. • 변화하는 현상에 반복적인 요소로 들어 있는 규칙은 수나 식으로 표현할 수 있으며, 규칙을 탐구하는 것은 수학적으로 추측하고 일반화하는 데 기반이 된다.	
내용 요소	지식·이해	• 정수와 유리수 • 문자의 사용과 식
	과정·기능	• 정수, 유리수, 실수의 대소 관계 판단하기 • 식의 값과 함숫값 구하기
	가치·태도	• 실생활에서 사칙계산의 유용성 인식 • 실생활, 사회 및 자연 현상과 관련된 문제를 수학적 모델링을 통해 해결하려는 도전적인 태도

(계속)

<table>
<tr><td>성취 기준</td><td colspan="2">• [9수01-05] 정수와 유리수의 사칙계산 원리를 이해하고, 그 계산을 할 수 있다.
• [9수02-03] 등호를 사용하여 크기가 같은 두 양의 관계를 식으로 나타낼 수 있다.</td></tr>
<tr><td colspan="3">교수·학습 활동 안내</td></tr>
<tr><td>수업 활동 개요</td><td colspan="2">이 수업 활동은 중학생을 대상으로 하며, 스마트 자판기의 작동 원리를 이해하고 수학적 개념(변수, 조건문, 데이터 분류)을 활용하여 스마트 키오스크 프로그램을 개발하는 것을 목표로 한다.</td></tr>
<tr><td rowspan="2">수업 흐름
(주요 활동)</td><td>1차시</td><td>• 키오스크 및 자판기의 개념과 작동 원리 이해하기
• 엔트리를 사용하여 지폐 이미지 분류 모델 구축하기
• 변수를 정의하고 조건문을 설정하여 자판기 프로그램 구현하기</td></tr>
<tr><td>2차시</td><td>• 만든 프로그램에 나만의 특별한 기능 추가하기
• 발표 및 상호 피드백을 통해 창의적 문제해결능력 함양하기</td></tr>
<tr><td rowspan="2">교수·학습 방법</td><td>1차시</td><td>강의법, 개별 활동</td></tr>
<tr><td>2차시</td><td>실습, 발표 및 피드백</td></tr>
<tr><td>평가 방법</td><td colspan="2">관찰 평가</td></tr>
<tr><td>지도 및
평가상의 유의점</td><td colspan="2">• 기초 개념 이해 돕기: 스마트 자판기의 작동 원리와 수학적 개념(변수, 조건문, 데이터 분류)이 생소한 학생들에게 개념을 쉽게 이해할 수 있도록 설명하고 예시를 제공한다.
• 기술 활용 지원하기: 엔트리 프로그램 사용이나 이미지 분류 모델 구축에 어려움을 겪는 학생이 있을 수 있으므로, 기초적인 사용법을 미리 설명하고 필요시 개별적으로 도움을 제공한다.
• 창의적 시도 격려하기: 학생들이 자신의 아이디어를 반영하여 특별한 기능을 추가하는 과정에서 창의적으로 시도할 수 있도록 장려하고, 그 과정에서 발생하는 실수를 학습 기회로 삼도록 유도한다.
• 긍정적 피드백 강조하기: 발표 및 피드백 시간에는 학생들이 서로의 작품을 존중하고, 창의적이고 독특한 부분에 대해 긍정적이고 발전 가능성을 강조하는 피드백을 주고받을 수 있도록 지도한다.
• 자가 평가 기회 제공하기: 수업 후 학생들이 자신의 프로그램을 돌아보며 창의성과 수학적 사고를 얼마나 반영했는지 스스로 평가할 수 있는 기회를 줌으로써 창의적 사고와 자기 성찰 능력을 기를 수 있도록 돕는다.</td></tr>
</table>

2. 교수·학습 활동 과정안

<table>
<tr><td colspan="2">학습 주제</td><td>똑똑한 나만의 스마트 자판기 만들기</td><td>차시</td><td>2차시</td></tr>
<tr><td colspan="2">학습 목표</td><td colspan="3">• 스마트 자판기의 작동 원리를 이해하고, 이를 바탕으로 수학적 개념(변수, 조건문, 데이터 분류)을 적용할 수 있다.
• AI 모델 학습하기 중 지도학습 방법을 이해하고 이미지 분류 모델을 구축할 수 있다.
• 배운 내용을 토대로 새로운 요소를 추가하여 자신만의 창의적인 프로그램을 완성할 수 있다.</td></tr>
<tr><td colspan="2">수업 흐름</td><td colspan="2" rowspan="2">교수·학습 활동</td><td rowspan="2">자료</td></tr>
<tr><td>단계</td><td>차시</td></tr>
<tr><td>도입</td><td>1</td><td colspan="2">키오스크 및 자판기의 개념과 작동 원리 이해하기(5분)
• 키오스크나 자판기를 사용해 본 경험에 대해 이야기한다.
• 키오스크나 자판기의 기본 개념과 작동 원리에 대해 생각해 본다.</td><td><자료 1>
여러 가지 키오스크와 작동 원리 생각하기</td></tr>
</table>

(계속)

<table>
<tr><td>활동 1</td><td>1</td><td>엔트리를 사용하여 지폐 이미지 분류 모델 구축하기(20분)
• 천 원, 오천 원, 만 원, 오만 원권 모형 지폐를 활용하여 엔트리에서 AI 이미지 분류 모델을 구축한다.
변수를 정의하고 조건문을 설정하여 자판기 프로그램 구현하기(20분)
• 자신이 팔고 싶은 물건을 4가지 선정하고, 가격을 결정한다.
• 자판기에서 필요한 변수(투입 금액, 합계 금액, 거스름돈)를 설정하고, 각 변수의 역할을 이해한다.
• 물건을 선택할 때 합계 금액과 수량을 업데이트해 주는 부분을 작성한다.
• 지폐 인식 결과에 따라 투입 금액을 업데이트하는 등의 조건문을 작성한다.</td><td>준비물: 웹캠
<자료 2>
이미지 분류 모델 활용 스마트 자판기 개발하기</td></tr>
<tr><td>활동 2</td><td rowspan="3">2</td><td>만든 프로그램에 나만의 특별한 기능 추가하기(20분)
• 앞서 만든 프로그램이 잘 작동하는지 확인한다. 이때 오류가 발생하면 수정한다.
• 나만의 특별한 기능을 추가하고, 테스트하여 잘 작동하는지 확인한다.
• 우리 학급에 공유하고, 발표 준비를 한다.</td><td><자료 3>
나만의 자판기 완성하기 활동지</td></tr>
<tr><td>활동 3</td><td>발표 및 상호 피드백을 통해 창의적 문제해결능력 함양하기(15분)
• 자신이 완성한 작품을 친구들에게 발표한다. 발표 시, 어떤 기능을 추가했는지, 남들과 다른 특별한 점은 무엇인지, 그것을 구현하기 위해 어떤 방법을 사용했는지 이야기한다.
• 다른 학생들은 발표된 작품을 감상하고, 창의적이고 독특한 부분에 대해 피드백을 주고받는다.</td><td></td></tr>
<tr><td>정리</td><td>수업 마무리(10분)
• 스마트 자판기 프로젝트를 통해 학습한 수학적 개념(변수, 조건문, 데이터 분류)을 정리하고, 실생활에서의 응용 가능성에 대해 이야기한다.</td><td></td></tr>
</table>

수업 예시

자료 1 ▶ 여러 가지 키오스크와 작동 원리 생각하기

① 키오스크나 자판기를 사용해 본 경험에 대해 이야기하기

② 키오스크나 자판기의 기본 개념과 작동 원리에 대해 생각해 보기

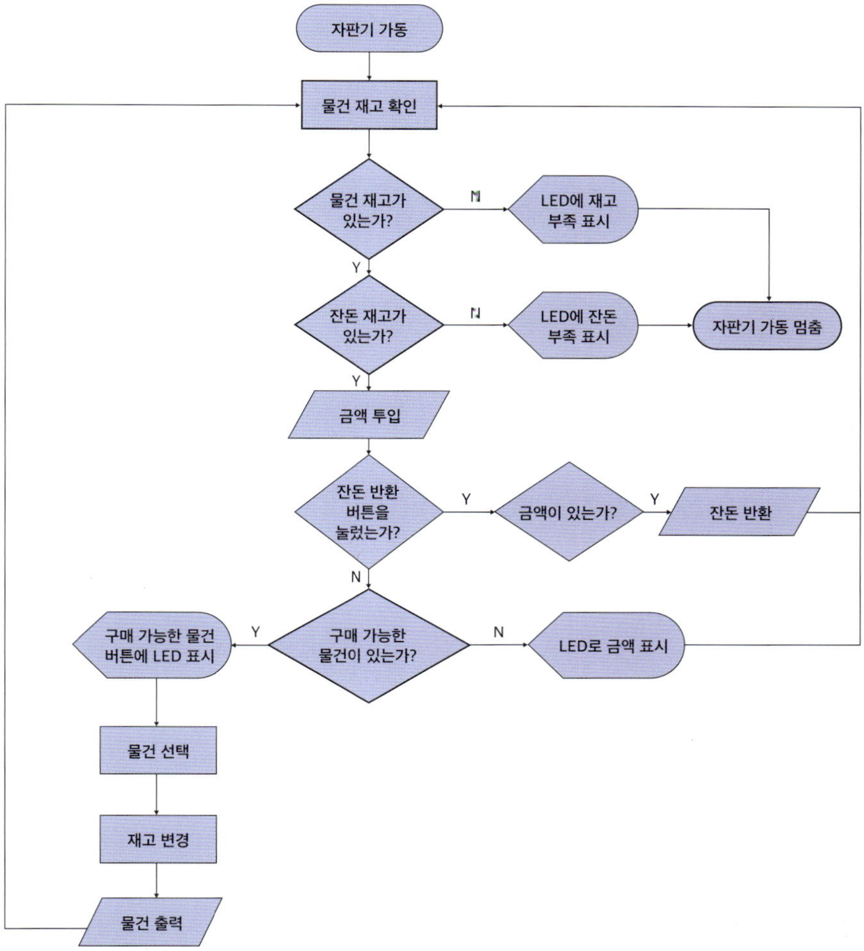

자료 2 ▶ 이미지 분류 모델 활용 스마트 자판기 개발하기

① 미리보기

② 오브젝트, 배경 등 추가하기

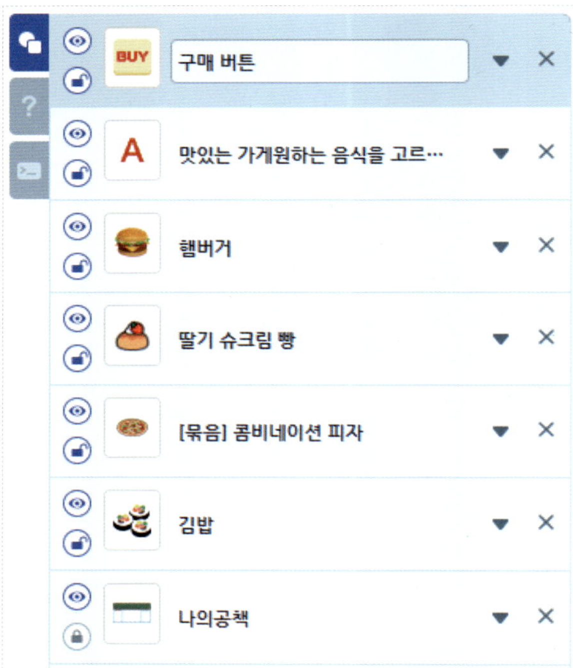

- 구매 버튼으로 쓸 아이콘, 배경이 될 부분, 안내 문구가 나올 글상자는 공통으로 설정하고, 나머지 오브젝트 4개는 자신이 팔고 싶은 것으로 추가한다.
- 각 오브젝트는 화면에 적절한 크기로 들어갈 수 있도록 크기를 조절한다.
- 글상자는 **[글상자]** 탭에서 여러 줄 쓰기로 수정하거나 배경색 변경 등을 할 수 있다.
- 합계 금액, 투입 금액, 거스름돈, 물건들은 **[변수 추가하기]**로 생성할 수 있다.

③ 지폐 이미지 분류 모델 만들기

[인공지능] - [인공지능 모델 학습하기] - [분류: 이미지]에서 적절한 모델명을 설정하고, 클래스의 이름을 '천 원권', '오천 원권', '만 원권', '오만 원권' 등으로 입력한 후, 각각에 해당하는 이미지를 입력한다. 모두 입력했으면 [모델 학습하기]를 누른다. 각 클래스에 최소 10개 이상의 데이터를 추가한다.

④ 모델 확인하기

학습이 완료되면 결과에 각 지폐를 비추어보며 모델이 잘 만들어졌는지 확인해 본다. 학습이 제대로 되지 않은 경우, 각 클래스에 데이터를 추가하거나 삭제하고, 모델을 다시 학습하여 테스트하고 [적용하기]를 누른다.

⑤ '읽어주기 블록' 가져오기

음성으로 안내해 주기 위해 [인공지능] - [인공지능 모델 불러오기] - [읽어주기]에서 '읽어주기 블록'을 가져온다.

⑥ 변수 추가하기

'변수'란 변할 수 있는 어떤 값으로 하나의 값을 쓰고 읽을 수 있는 이름을 가진 공간이다. 변수는 추가하거나, 값을 저장하거나, 저장된 값을 가져올 수 있다. 여기에서도 만들어야 할 변수와 그 역할을 생각해 보고, [자료] - [변수 만들기] - [변수 이름] - [변수 추가]를 이용해 변수를 만들어 화면에 적절히 배치한다.

변수 이름	설명
합계 금액	주문한 전체 합계 금액을 저장
투입 금액	투입 금액(지폐 인식)을 저장
거스름돈	투입 금액이 합계 금액보다 클 경우, 그 차이를 계산하여 저장
햄버거	햄버거의 개수를 저장
딸기 슈크림 빵	딸기 슈크림 빵의 개수를 저장
콤비네이션 피자	콤비네이션 피자의 개수를 저장
김밥	김밥의 개수를 저장

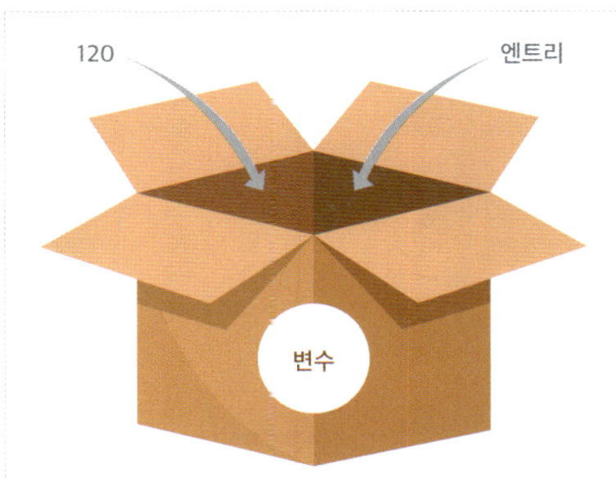

⑦ '글상자' 오브젝트에서 안내 메시지가 음성과 함께 나오게 하기

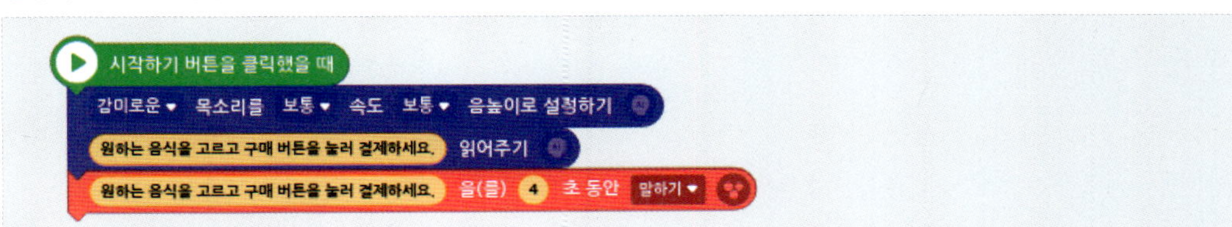

⑧ '판매하는 물품' 오브젝트를 클릭하면 개수를 증가시키고, 합계 금액에 더하기

⑨ '구매 버튼'을 누를 때 결제 금액(합계 금액) 알려주기

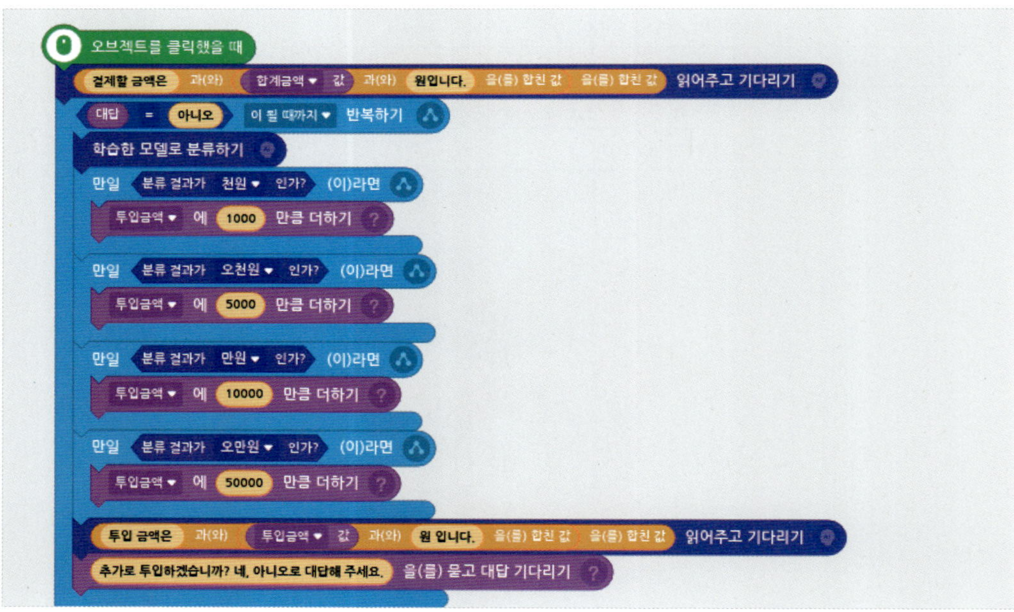

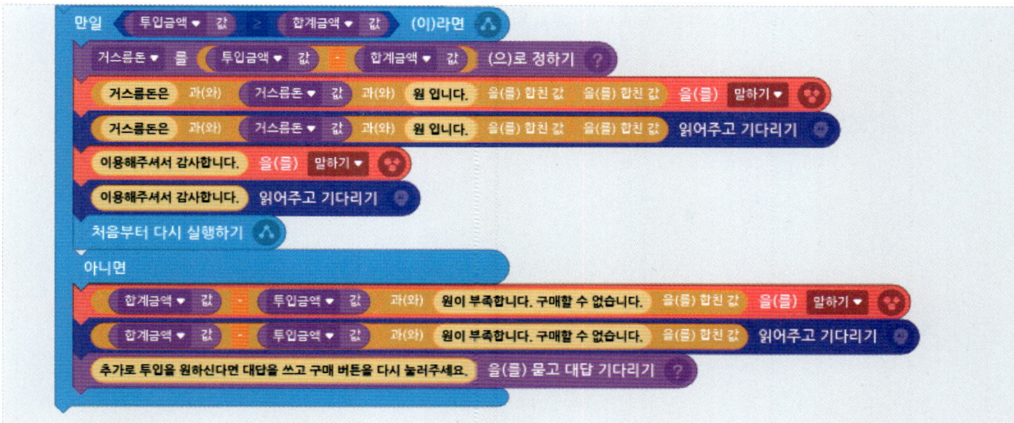

자료 3 ▶ 나만의 자판기 완성하기 활동지

① 현재 개발한 프로그램에서 잘 작동되지 않아 수정하고 싶은 부분 생각해 보기

② 현재 개발한 프로그램을 개선하여 조금 더 편리하게 만들 수 있는 부분 생각해 보기

③ 남들과는 다른 특별한 자판기로 만들기 위한 부분 생각해 보기

④ 나만의 프로그램 개발 계획을 세우고 완성하기

3. 에듀테크 툴과 활용

에듀테크(EduTech)는 기술을 활용하여 교육의 질을 향상시키고 학생과 교사의 경험을 개선하는 데 중점을 둔다. 이는 다양한 디지털 도구와 플랫폼을 통해 이루어지며, 학생과 교사 모두에게 학습과 협력을 위한 새로운 기회를 제공한다. 에듀테크 툴을 활용하면 단순히 정보를 전달하는 수업을 넘어서 학생들이 직접 참여하고 창의적으로 문제를 해결하는 학습 환경을 만들 수 있다. 에듀테크 도구는 수업의 질을 높이는 데 중요한 자원이자, 교사에게 강력한 도구가 된다. 현재 교육 현장에서는 여러 가지 다양한 에듀테크 툴이 활용되고 있다. 그중 몇 가지 주요한 도구를 살펴보기로 한다.

1) 공유 및 협업 - 패들렛(Padlet)

문서와 본격적인 웹사이트 빌더의 중간 정도에 해당하는 패들렛(Padlet)은 빠른 게시판, 블로그, 포트폴리오 등 누구나 원하는 콘텐츠를 만들 수 있도록 지원하며, 다음과 같은 몇 가지 장점이 있다. 첫째, 모바일 환경에서도 협업이 가능하다. 패들렛은 PC뿐만 아니라 모바일 환경도 지원하여 시간과 장소에 구애받지 않고 사용할 수 있다. 특히 앱스토어에서 높은 평점을 받은 만큼 모바일 사용자에게도 높은 만족도를 제공한다. 컴퓨터를 사용할 수 없는 환경에서도 QR 코드를 통해 모바일로 빠르게 접속하여 조별 활동에 참여할 수 있다.

둘째, 실시간 공동 편집이 가능하다. 패들렛은 편집한 내용이 즉시 반영되어 실시간으로 의견을 교환할 수 있다. QR 코드, 이메일, 링크 등을 통해 간편하게 접속할 수 있으며, 로그인 없이도 게시글과 댓글 작성이 가능해 빠르게 작업을 진행할 수 있다. 게시글의 공개 여부와 편집 권한은 작성자가 설정할 수 있다.

셋째, 다양한 파일 형식과 유튜브(YouTube) 연결을 지원한다. 패들렛은 게시글에 이미지와 비디오를 포함해 다양한 형식의 파일을 첨부할 수 있으며, 앱과 웹에서 수집한 콘텐츠도 손쉽게 삽입할 수 있다. 첨부한 링크와 파일은 미리보기 형태로 제공되어 내용을 쉽게 확인할 수 있으며, 유튜브 영상을 페이지 이동 없이 바로 재생할 수 있는 임베드 기능도 제공한다.

넷째, 웹 검색 기능이 탁월하다. 예를 들어 게시글에 넣을 이미지가 필요하다면 웹 검색 기능을 사용하여 바로 첨부할 수 있다.

(1) 담벼락 템플릿: 토의·토론하기, 글 게시하기, 자료 공유하기, 과제 제출하기

그림 5-7 패들렛 담벼락 템플릿 활용 수업 예시

패들렛의 템플릿 중 하나인 '담벼락'은 콘텐츠가 빈 공간 없이 정렬되는 방식으로, 사용자가 시각적으로 일목요연하게 정보를 확인할 수 있도록 돕는다. 이 템플릿에서는 각 게시글을 클릭하여 댓글을 달거나, 첨부된 파일을 다운로드 받거나, URL을 통해 외부 링크로 접속하는 등 다양한 상호작용이 가능하

다. 또한 학생들은 과제를 제출할 때도 해당 담벼락에 직접 게시할 수 있으며, 교사는 이를 통해 학생들의 참여 상황을 실시간으로 확인할 수 있다.

담벼락 템플릿은 토의 · 토론 수업에서 특히 유용하게 활용된다. 학생들은 자신의 의견을 게시글 형태로 담벼락에 게재하고, 다른 학생들의 게시글에 댓글을 달아 의견을 주고받을 수 있다. 이를 통해 실시간으로 활발한 토론과 의견 교환이 이루어지며, 학생들은 더욱 능동적으로 수업에 참여하게 된다. 또한 조사 학습을 할 때는 각 조가 조사한 결과를 담벼락에 정리하여 공유하거나, 발표 자료를 미리 올려 다른 학생들과 공유할 수 있어 자료의 시각적 구성과 접근성을 높일 수 있다.

국어나 영어와 같은 교과 수업에서는 '이야기 이어 꾸미기'나 '뒷이야기 상상하기'와 같은 창의적인 활동도 가능하다. 학생들은 담벼락에 각자 이야기를 작성하거나, 다른 학생들이 작성한 내용을 이어가는 방식으로 협동학습을 진행할 수 있다. 이 외에도 수업 종료 후 학생들이 수업에 대한 소감이나 피드백을 작성하도록 하여, 배운 내용을 정리하고 되새기게 하는 공간으로도 활용할 수 있다.

패들렛은 파일 내보내기 기능을 통해 수업에서 생성된 자료를 이미지, PDF, 스프레드시트 파일로 저장할 수 있어 수업 기록과 자료 관리를 효율적으로 할 수 있다. 또한 그리드라는 템플릿도 있는데, 이 템플릿은 담벼락과 사용법은 비슷하지만 콘텐츠가 가로로 정렬되어 있어 일관된 시각적 구성을 유지한다는 차이점이 있다.

(2) 타임라인 템플릿: 게시물을 가로로 정렬하기

그림 5-8 패들렛 타임라인 템플릿 활용 수업 예시

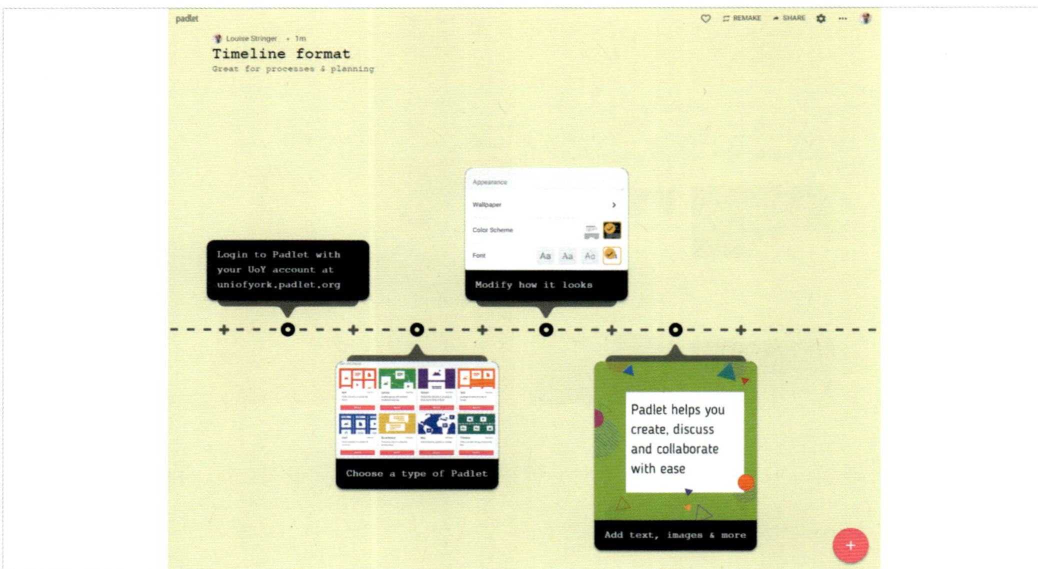

패들렛의 타임라인 템플릿은 프로젝트를 계획하거나 과정을 시각적으로 나타내는 데 매우 유용하다. 이 템플릿을 사용하면 수업 자료를 체계적이고 순차적으로 관리할 수 있다. 예를 들어 해당 차시의 수업 자료를 첨부하고 수업 내용에 대한 요약 글을 작성하면 학생들이 수업 전반의 흐름과 배우게 될 내용을 한눈에 파악할 수 있다. 또한 첨부된 자료를 다운로드 받아서 활용할 수 있어 학습의 편의성을 높일 수 있다.

이 템플릿은 역사 수업에서 활용도가 높다. 역사의 흐름에 따른 주요 사건들을 타임라인에 정리하면 학생들이 시간의 흐름과 사건의 연관성을 명확히 이해할 수 있다. 이러한 방식으로 학생들은 시각적으로 역사적 사건을 정리하고, 그 과정을 체계적으로 학습할 수 있다.

(3) 캔버스 템플릿: 게시글을 자유롭게 배치하고 연결하기

그림 5-9 패들렛 캔버스 템플릿 활용 수업 예시

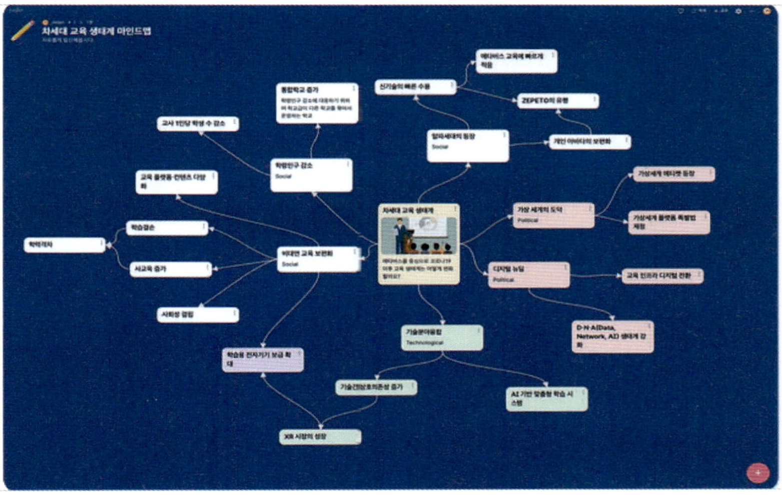

패들렛의 캔버스 템플릿은 게시글을 자유롭게 배치하고 서로 연결할 수 있어 마인드맵을 만들 때 유용하게 활용된다. 교사가 먼저 큰 주제를 설정하면, 학생들은 브레인스토밍이나 브레인라이팅을 통해 자유롭게 의견을 나눌 수 있다. 게시글을 서로 연결하거나 연결을 끊어가며 아이디어의 흐름을 시각적으로 표현할 수 있다. 마인드맵 만들기뿐만 아니라 과학 수업에서 동식물 분류하기 등의 활동을 하거나, 수학에서 관련 개념 및 원리 연결하기, 국어에서 인물의 마음 살피기 또는 인물에게 전할 말 작성하기와 같은 활동을 할 때 캔버스 템플릿을 효과적으로 사용할 수 있다. 이를 통해 학생들은 창의적으로 사고하고 협업하여 다양한 아이디어를 시각적으로 구조화하는 경험을 할 수 있다.

(4) 지도 템플릿: 지도에 표시하고 설명 쓰기, 관련 지역 연결하기

그림 5-10 패들렛 지도 템플릿 활용 수업 예시

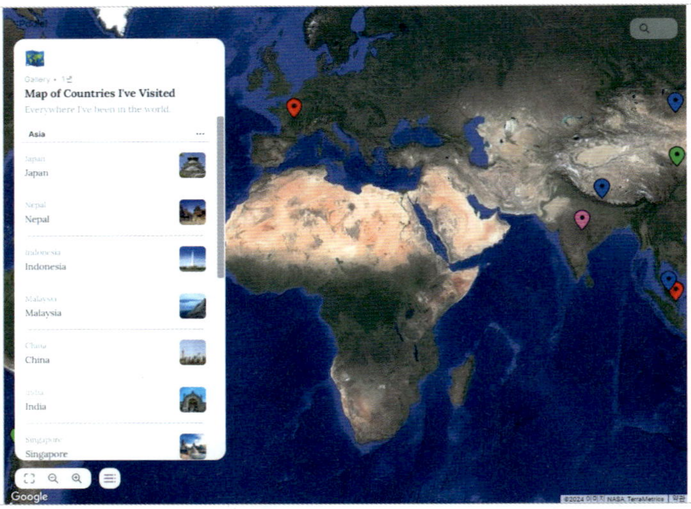

패들렛의 지도 템플릿은 역사 수업에서 효과적으로 사용할 수 있다. 예를 들어 모둠별로 근대 시민혁명이 일어난 지역을 지도에서 찾아 표시하고, 관련 내용을 조사하여 기록한 후 발표하도록 할 수 있다. 또한 유럽의 세계문화유산 위치를 지도에 핀으로 표시하면서 수업을 진행할 수 있으며, 각 핀마다 연결선을 이어서 경로를 시각적으로 표현할 수 있다.

패들렛의 지도 템플릿은 구글 지도와 연동되어 있어 한국뿐만 아니라 전 세계의 지도를 자유롭게 활용할 수 있으며, 학생들은 이를 이용해 다양한 역사적 · 지리적 지식을 체계적으로 탐구하고 표현할 수 있다.

2) 콘텐츠 제작 및 프레젠테이션 - 미리캔버스(MiriCanvas)

미리캔버스(MiriCanvas)는 교육적으로 매우 유용하게 활용할 수 있는 디자인 플랫폼으로, 교사와 학생 모두가 쉽게 접근하고 다양한 수업 자료를 제작할 수 있다. 이 플랫폼은 직관적인 인터페이스와 다양한 템플릿을 제공하여 학습지, 포스터, 프레젠테이션, 카드 뉴스 등 교육 자료를 쉽게 제작할 수 있도록 도와준다. 또한 이메일 계정만으로 간편하게 가입할 수 있으며, 학교 단위로도 쉽게 계정을 발급하

여 교사와 학생들이 손쉽게 이용할 수 있어, 쉽고 빠른 접근성을 제공한다. 미리캔버스 에듀 서비스를 통해 다양한 디자인 리소스도 저작권 걱정 없이 사용할 수 있어 수업 자료를 준비하는 시간도 절약할 수 있다.

이 외에도 미리캔버스는 직관적인 사용법과 풍부한 리소스 덕분에 디지털 리터러시를 교육하고 창의적 사고력을 기르는 데 유용한 도구가 된다. 학생들은 미리캔버스를 통해 창의적인 활동을 하며 디지털 도구 사용법을 익히고, 협업 활동을 통해 실질적인 경험을 쌓을 수 있다.

(1) 교사 수업 자료 제작 및 학생 발표 자료 협업하기

그림 5-11 미리캔버스의 수업 자료 프레젠테이션 템플릿

미리캔버스에서는 교육용 템플릿을 제공하여 고사들이 필요한 자료를 시간과 장소에 구애받지 않고 쉽게 만들 수 있도록 도와준다. 이를 통해 교사는 수업에 필요한 자료를 신속하게 준비하고, 학생들에게 시각적으로 효과적인 학습 경험을 제공할 수 있다. 또한 '공유하기' 기능을 이용해서 학생들과 공유할 수 있어, 학생들은 공유 링크를 통해 언제든지 수업 자료를 확인할 수 있고, 이를 자신의 계정에 복제하여 수정할 수 있다. 복제한 자료는 수정하거나 파일로 다운로드하고 인쇄할 수 있다.

학생들은 미리캔버스를 활용하여 직접 자료를 제작하여 발표할 수도 있다. 예를 들어 학생들은 미리캔버스를 이용해 프로젝트 학습에서 협업하여 발표 자료를 만들거나, 조사한 내용을 시각적으로 정리할 수 있다.

(2) 교과 수업과 융합하기

그림 5-12 미리캔버스의 교과별 템플릿 활용 예시

미리캔버스는 진로, 수학, 사회, 미술, 디지털 리터러시 등 다양한 교과의 수업에 활용할 수 있는 강력한 도구이다. 학생들은 미리캔버스를 통해 과제를 시각적으로 제작하고 제출할 수 있으며, 창의적이고 체계적으로 자료를 제작할 수 있다. 예를 들어 수학 수업에서는 그래프나 도표를 디자인하고, 사회 수업에서는 지도나 역사적 사건의 타임라인을 시각적으로 표현하는 자료를 만들 수 있다. 미술 수업에서는 포스터나 일러스트레이션을 제작하며 창의력을 발휘할 수 있다.

또한 미리캔버스의 '공유뷰어' 기능을 통해 학생들은 제작한 자료를 서로 공유하고 댓글을 통해 의견을 나누며 협업 학습을 진행할 수 있다. 이를 통해 학생들은 단순히 자료를 제출하는 것에서 나아가, 다른 학생들과 상호작용하며 피드백을 주고받음으로써 학습 효과를 높일 수 있다.

(3) 동영상 편집하기

그림 5-13 미리캔버스의 동영상 편집 기능

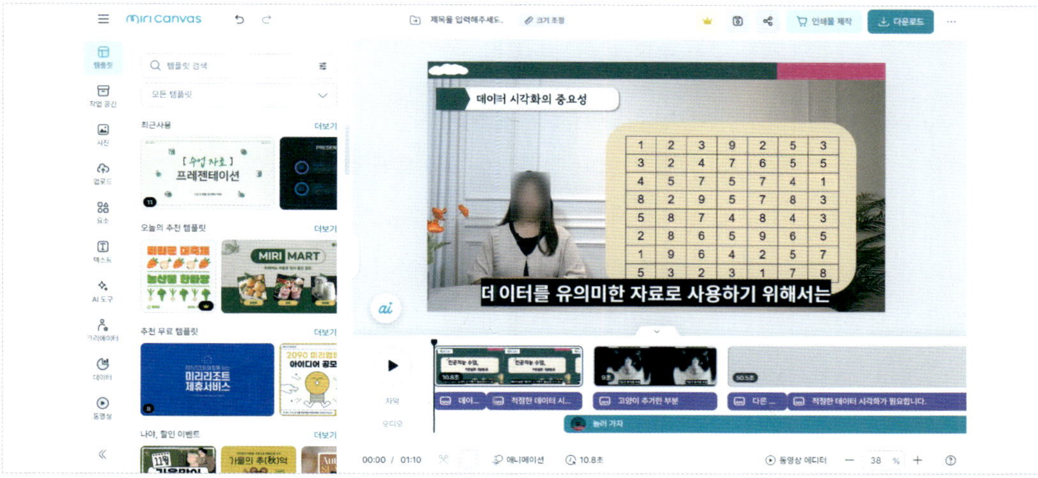

미리캔버스의 동영상 편집 기능은 간단하고 직관적인 인터페이스를 통해 사용자가 손쉽게 동영상을 제작하고 편집할 수 있게 한다. 이 기능은 특히 교육 현장에서 유용하게 활용될 수 있다. 미리캔버스에서는 동영상 클립을 불러와 타임라인에 배치하고, 자르고, 텍스트나 이미지, 배경 음악을 추가할 수 있는 기능을 제공한다. 이러한 요소들은 드래그 앤드 드롭 방식으로 손쉽게 조작할 수 있어 초보자도 쉽게 접근하고 사용할 수 있다.

또한 미리캔버스는 다양한 애니메이션 효과와 전환 효과를 제공하여 동영상에 전문적인 느낌을 더할 수 있다. 사용자는 템플릿을 활용해 짧은 동영상 광고나 설명 영상을 제작할 수 있으며, 이를 통해 학습 자료나 발표 자료를 더욱 효과적으로 시각화할 수 있다. 특히 텍스트 애니메이션이나 스티커와 같은 기능을 통해 창의적으로 영상 콘텐츠를 제작할 수 있다.

이 외에도 동영상 작업이 완료되면 다양한 형식으로 저장하거나 공유 링크를 생성해 다른 사람과 쉽게 공유할 수 있어 교육용 콘텐츠 제작 및 배포가 간편하다. 이를 통해 교사와 학생은 프로젝트 학습(PBL)이나 디지털 리터러시 수업에서 효과적으로 미리캔버스를 활용할 수 있다.

3) 수업 설계 및 자료 준비 - 니어팟(Nearpod)

니어팟(Nearpod)은 콘텐츠와 액티비티를 결합하여 몰입형 학습 환경을 제공하는 온라인 수업 플랫폼이다. 교사는 다양한 멀티미디어 자료와 인터랙티브 도구를 통해 학습 활동을 효과적으로 계획하고, 실시간 수업과 학생 주도 모드를 통해 학생들의 자율적인 학습을 지원할 수 있다. 또한 활동 결과가 온라인에 남아 평가 자료로 활용하기 매우 용이하다. 교사는 학생의 태블릿 화면을 제어할 수 있어 원활하게 학습을 진행할 수 있고, 학생은 교사에게 자신의 학습 내용을 공유할 수 있다. 이와 같이 교사와 학생의 상호작용이 실시간으로 이루어진다는 점은 니어팟의 장점 중 하나이다.

그림 5-14 니어팟 수업 화면

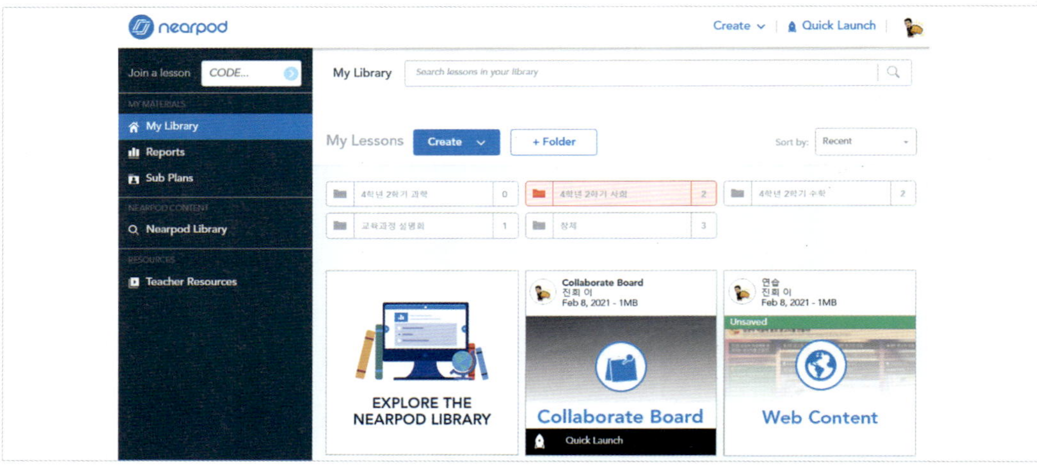

(1) 슬라이드(Slide)

쌍방향 슬라이드를 추가하여 수업을 진행할 수 있다. 슬라이드 상단에는 텍스트, 이미지, 비디오, 활동 등 다양한 콘텐츠를 추가할 수 있는 기본 메뉴 바가 있다.

그림 5-15 니어팟 슬라이드 메뉴 바

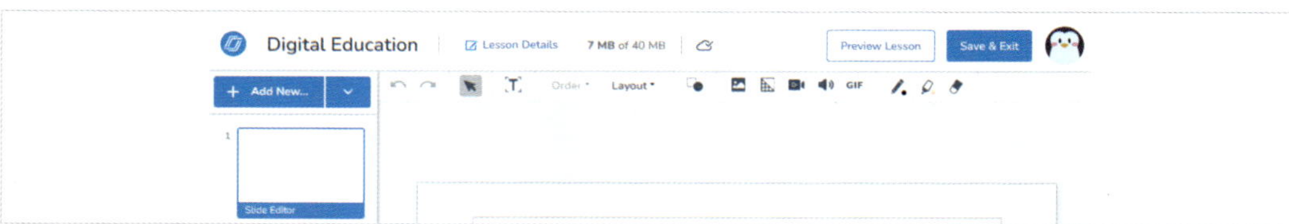

(2) 인터랙티브(Interactive)

그림 5-16 니어팟 인터랙티브 메뉴 화면

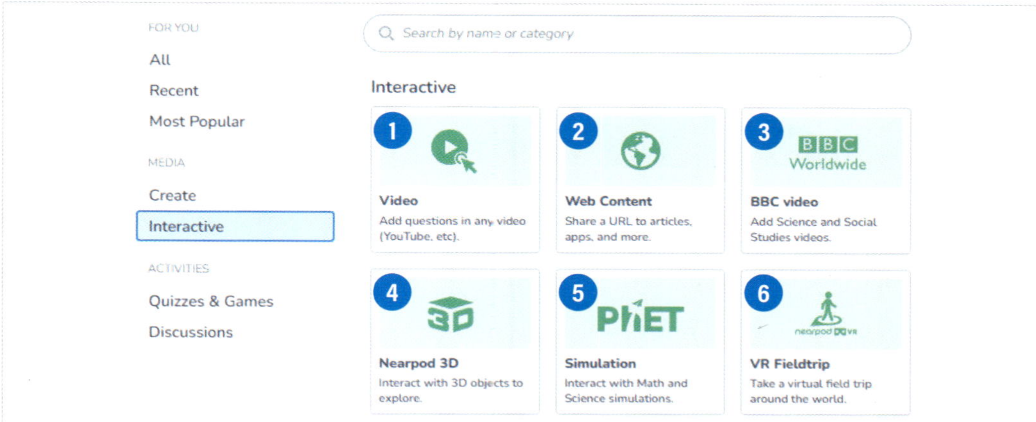

① Video: 유튜브에 있는 영상을 검색하거나 파일을 직접 업로드하여 수업에 사용할 영상을 첨부할 수 있다. 또한 유튜브 영상의 길이를 조절하거나 동영상에 퀴즈 기능을 추가할 수 있다.

② Web Content: 수업 중 웹사이트 URL을 제공해야 할 때 활용할 수 있다.

③ BBC video: BBC에서 제공하는 다양한 분야의 양질의 영상을 바로 활용할 수 있다.

④ Nearpod 3D: 과학 교과에서 활용할 수 있는 천체, 인체, 공룡, 현미경으로 본 세포 조직 등의 3D 모델이 있고, 건축물, 랜드마크 등의 다양한 자료가 있다.

그림 5-17 니어팟 3D 자료 화면

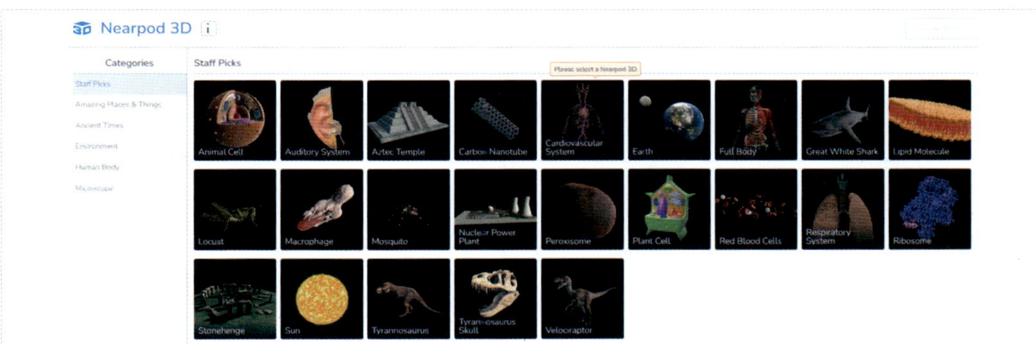

⑤ Simulation: PhET에서 제공하는 물리학, 화학, 생물학, 지구과학, 수학에 대한 시뮬레이션 자료를 활용할 수 있다. 학생들이 직접 시뮬레이션을 경험함으로써 개념을 이해하고 적용할 수 있도록 도와준다.

그림 5-18 니어팟 시뮬레이션 자료 화면

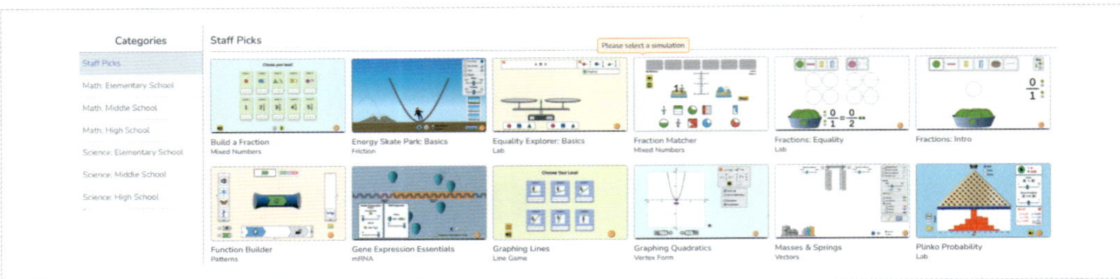

⑥ VR Fieldtrip: VR 기술을 활용하여 실제 공간을 방문한 것과 같은 경험을 제공한다. 박물관, 역사 유적지, 극지 등의 자료를 360도 화면으로 경험할 수 있다.

그림 5-19 니어팟 VR 학습 자료 화면

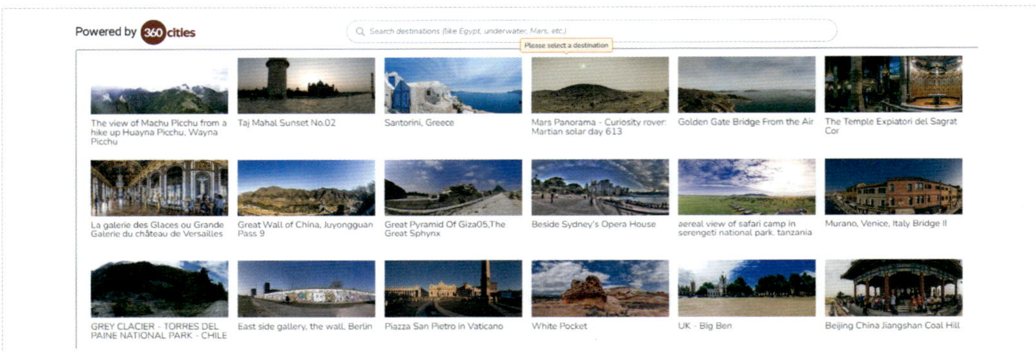

(3) 퀴즈와 게임(Quizzes & Games)

그림 5-20 니어팟 퀴즈와 게임 메뉴 화면

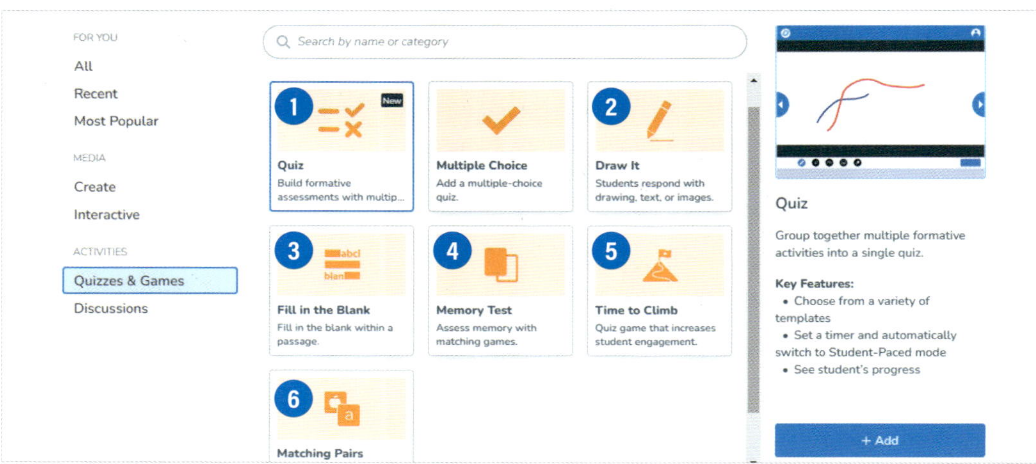

① Quiz: 교사가 만든 간단한 객관식 문제에 학생들이 답하는 형식이다.
② Draw It: 주어진 주제 또는 개념에 대해 학생들이 필기로 답하는 형식의 퀴즈 게임이다. 예를 들면 수학에서 도표 그리기, 지리나 사회에서 지도 위에 표시하기 등이 있다.
③ Fill in the Blank: 주어진 문장에서 빈칸을 채우는 형식의 퀴즈 게임이다.
④ Memory Test: 특정 주제나 개념에 대한 정보를 짝으로 제시하고, 학생들이 해당 짝을 기억해서 맞추는 형식의 퀴즈 게임이다.
⑤ Time to Climb: 학습 주제와 관련된 객관식 문제 세트에 학생들이 가능한 한 빠른 시간 내에 올바른 답을 선택하도록 경쟁하는 형식의 퀴즈 게임이다.
⑥ Matching Pairs: 짝이 되는 질문과 정답을 연결하는 형식의 퀴즈 게임이다.

4) 평가 및 피드백 - 카훗(Kahoot!)

카훗(Kahoot!)은 쉽고 빠르게 학습 내용을 확인하고 학생들의 참여를 극대화할 수 있는 훌륭한 도구로, 특히 교사가 수업을 유연하고 즐겁게 운영하는 데 유용한 디지털 학습 도구라 할 수 있다. 카훗은 퀴즈 형식의 학습 활동을 제공하여 학생들이 실시간으로 참여하고 피드백을 받으며 수업에 흥미를 느낄 수 있게 한다. 특히 학생들은 스마트폰이나 컴퓨터와 같은 디지털 기기를 활용해 쉽게 퀴즈에 참여할 수 있어 교실 안팎에서 모두 활용할 수 있다는 것이 카훗의 큰 장점이다.

그 밖에도 카훗의 장점으로는 첫째, 높은 학습 몰입도를 꼽을 수 있다. 카훗의 게임 기반 학습 방식은 학생들의 호기심을 자극하고 흥미를 유지시킨다. 학생들은 문제를 풀고 점수를 실시간으로 확인하면서 경쟁심과 성취감을 느끼며, 자연스럽게 수업에 몰입하게 된다. 둘째, 즉각적인 피드백을 제공한다. 교사는 학생들의 응답을 실시간으로 확인할 수 있어 수업 중 즉각적으로 피드백을 줄 수 있으며, 학생들이 어떤 개념을 이해하지 못했는지 파악하여 보충 설명을 할 수 있다. 셋째, 비대면 수업에서도 효과적으로 활용할 수 있다. 카훗은 온라인 수업에서도 쉽게 활용할 수 있어 원격 교육 상황에서도 학생들의 집중력과 참여도를 유지할 수 있고, QR 코드나 핀 코드만 있으면 누구나 쉽게 접속할 수 있어 접근성도 뛰어나다. 넷째, 다양한 유형의 문제를 제공한다. 카훗은 선택형 문제 외에도 주관식, 설문조사 등 여러 가지 유형의 문제를 제공하며, 이를 통해 학습 목표에 맞는 다양한 질문을 구성하고 학생들의 깊이 있는 사고를 유도할 수 있다.

그림 5-21 카훗 메인 화면 및 회원 가입

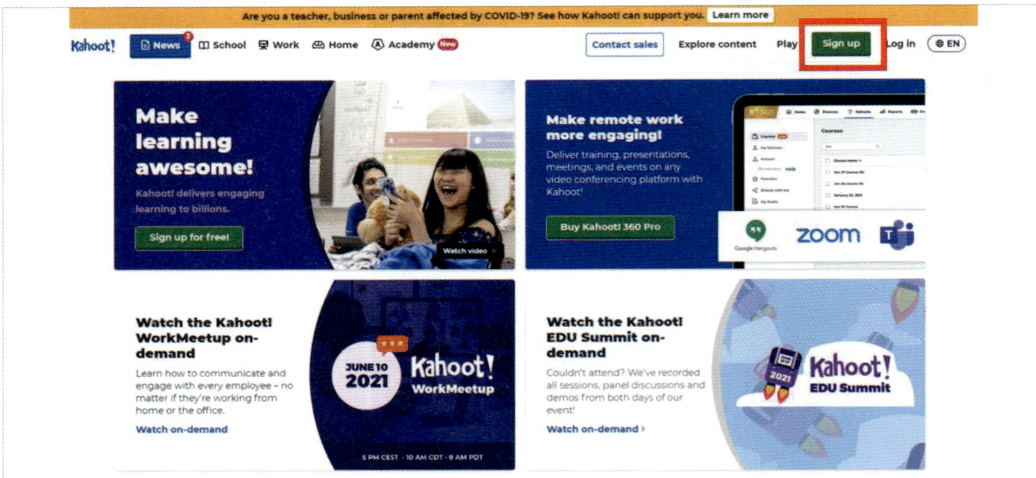

카훗의 수업 활용 방법으로는 첫째, 단원 마무리 평가가 있다. 학습한 내용을 카훗 퀴즈로 정리하고 복습하여 학생들의 이해도를 점검할 수 있으며, 중요한 개념을 다시 한번 상기시킬 수 있어 단원 마무리에 효과적이다. 둘째, 학습 전 사전 지식 확인을 위해 사용할 수 있다. 새로운 단원을 시작할 때 학생들의 사전 지식을 확인하기 위해 간단한 퀴즈를 진행할 수 있으며, 이를 통해 학생들이 알고 있는 개념과 부족한 부분을 파악하여 수업 방향을 조정할 수 있다. 셋째, 협동학습 활동으로 활용할 수 있다. 카훗의 팀 모드 기능을 활용해 학생들이 팀을 이루어 문제를 풀도록 함으로써 협동학습을 유도할 수 있으며, 학생들이 협력하여 답을 찾는 과정에서 학습 효과를 높일 수 있다. 넷째, 비대면 토론 및 발표 준비에 활용할 수 있다. 온라인 수업에서 카훗을 활용해 사전 설문이나 주제에 대한 질문을 던져 토론이나 발표 준비를 활성화할 수 있으며, 학생들이 카훗을 통해 답변을 공유하면 교사는 이를 바탕으로 토론을 유도할 수 있다.

카훗에서 교사가 퀴즈를 만드는 과정은 다음과 같으며, 퀴즈를 만들고 나면 학생들에게 핀 번호를 알려주어 진행한 후 결과를 확인할 수 있다.

그림 5-22 카훗 퀴즈 만들기 화면

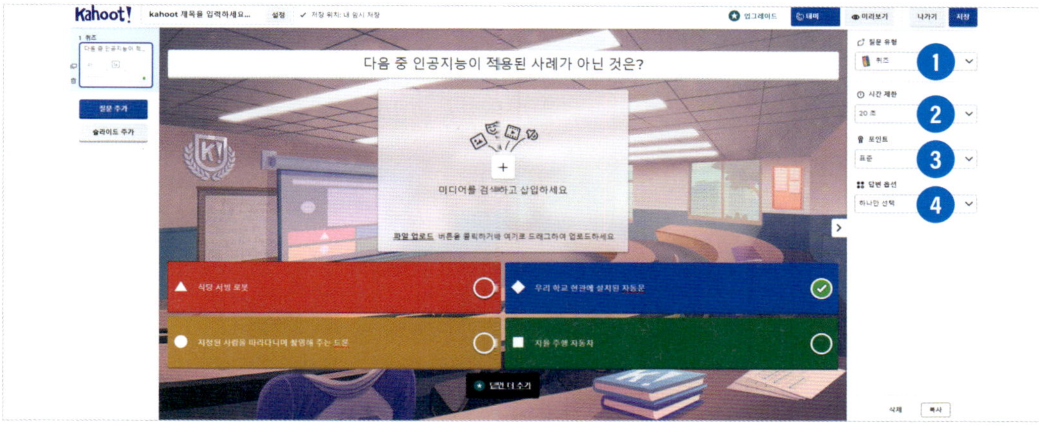

① 질문 유형: 퀴즈, 진실 혹은 거짓 등(답변 입력, 슬라이더 등은 유료 기능)이 있다.

② 시간 제한: 응답 시간을 제한할 수 있으며, 기본 시간은 20초이다.

③ 포인트: 문제에 대한 점수 부여 방식으로 표준, 더블포인트, 없음이 있다.

④ 답변 옵션: 하나만 선택, 여러 개 선택이 있으며, 여러 개 선택은 유료 기능이다.

5) 학생 관리 - 다했니, 다했어요

'다했니'는 학생 관리와 과제 제출 여부를 효율적으로 추적할 수 있는 디지털 도구로, 교사가 학생의 학습 진척도를 쉽게 관리할 수 있도록 돕는다. 교사는 이 플랫폼을 통해 학생들에게 과제를 할당하고, 학생들은 완료 여부를 체크하며 교사와 소통할 수 있다. 또한 학습 진행 상황을 한눈에 파악할 수 있어, 교사 입장에서 개별 학생의 학습 이해도와 참여도를 관리하는 데 유용하다.

교사가 PC로 '다했니'에서 학급 및 학생 정보를 입력하면, 학생들은 태블릿PC 등의 디지털 기기로 '다했어요'로 로그인하여 사용을 준비한다.

그림 5-23 다했니(교사) 메인 화면

① 쿠키지급 및 누가기록: 쿠키지급 메뉴에서는 목표 및 보상을 설정하고, 학급 화폐나 포인트 등의 보상을 학생별로 기록할 수 있다. 또한 학생 개별 및 학생 간 사건에 대해 누가기록을 지원한다. 해당 학생을 선택하고, 일시 및 있었던 일, 분류(갈등, 칭찬, 선행 등) 등을 기록하고 확인할 수 있다. 학생 화면에서 누가기록은 확인할 수 없다.

② 과제별 보기: 교사가 학생에게 과제를 할당하면 학생이 과제함에 들어가 제출할 수 있다. 제출 결과는 교사가 한눈에 확인할 수 있게 제공된다. 일부 학생에게만 과제를 제공하는 기능도 있어 보충 및 심화 학습이 필요한 학생에게 추가 과제를 제공할 때도 유용하다. 과제를 제출한 학생에게는 쿠키를 0~3개 지급할 수 있고, 성적 및 과제 코멘트 등도 개별로 입력할 수 있다. 학생 앱에서는 푸시 알람으로 과제에 대한 교사의 피드백을 확인할 수 있다.

③ 알림장: 학생에게 안내사항, 사진, 링크 등 다양한 콘텐츠를 바로 전송할 수 있다. 사진첩이나 게시판의 용도로도 활용할 수 있다.

④ 체크리스트: 학부모 상담 일지나 학생에게 전송할 필요가 없는 각종 기록은 체크리스트에 기록할 수 있다. 모든 학생들의 상태와 성적 등을 기록한 내용을 한눈에 확인할 수 있고, 이러한 학생별 리포트는 나이스 생활 기록부 작성 시에도 참고할 수 있다.

그림 5-24 다했어요(학생) 메인 화면

4. AI 코스웨어의 이해와 활용

1) AI 코스웨어와 AI 디지털 교과서의 이해

'코스웨어(courseware)'란 교육 과정을 의미하는 코스(course)와 소프트웨어(software)의 합성어로 교육 내용, 절차, 방법 등이 포함된 소프트웨어 및 서비스를 뜻한다. 코스웨어에는 특정 주제나 교과에 따른 학습 내용을 중심으로, 학습 방법과 전략에 따른 일련의 학습 절차가 포함되어 있다. 또한 학생들에게 학습 자료를 제공하며 학습 환경을 지원하고, 평가를 수행하며 진도를 관리할 수 있도록 도와준다.

'AI 코스웨어'는 AI 기술이 코스웨어에 결합된 새로운 형태의 교육 도구라고 볼 수 있다. AI 코스웨어에서는 학생 개별 맞춤형 학습을 제공하고, 학생의 학습 데이터를 분석하여 수준과 특성을 진단해 준다. 또한 진단 결과에 따라 적합한 교육 내용을 추천하고, 피드백을 제공하며, 학생의 학습 진도와 성취도를 실시간으로 추적하고 분석한다. 이러한 점은 학생들이 자기 주도적으로 학습할 수 있도록 도와주며, 학습 격차를 해소해 주고, 개인화된 교육을 실현시켜 준다. 또한 교사는 업무 부담을 줄이고, 학생 지도에 더 집중할 수 있게 된다.

AI 코스웨어는 기존의 학습관리시스템(Learning Management System, LMS)과 일부는 동일한 기능을 한다. 다만 AI 코스웨어는 기존의 학습관리시스템(LMS) 및 코스웨어 기능에 추가로 최신의 AI 기술을 활용함으로써 학생 데이터 분석 기능을 강화하고, 실시간 모니터링과 학생 수준 진단 등을 제공하는 대시보드 기능 및 AI 튜터 기능 등을 통해 학생 맞춤형 학습을 제공하여 교육의 개인화 및 효율성

향상에 기여할 수 있다.

AI 코스웨어는 2025년부터 수학, 영어, 정보 등의 교과에 AI 디지털 교과서 형태로 도입될 예정인 교육 기술이다. 'AI 디지털 교과서'는 학생 개인의 능력과 수준에 맞는 다양한 맞춤형 학습 기회를 지원하고자 AI를 포함한 지능정보기술을 활용하여 다양한 학습 자료 및 학습 지원 기능 등을 탑재한 소프트웨어라고 정의한다.

그림 5-25 AI 디지털 교과서의 핵심 서비스

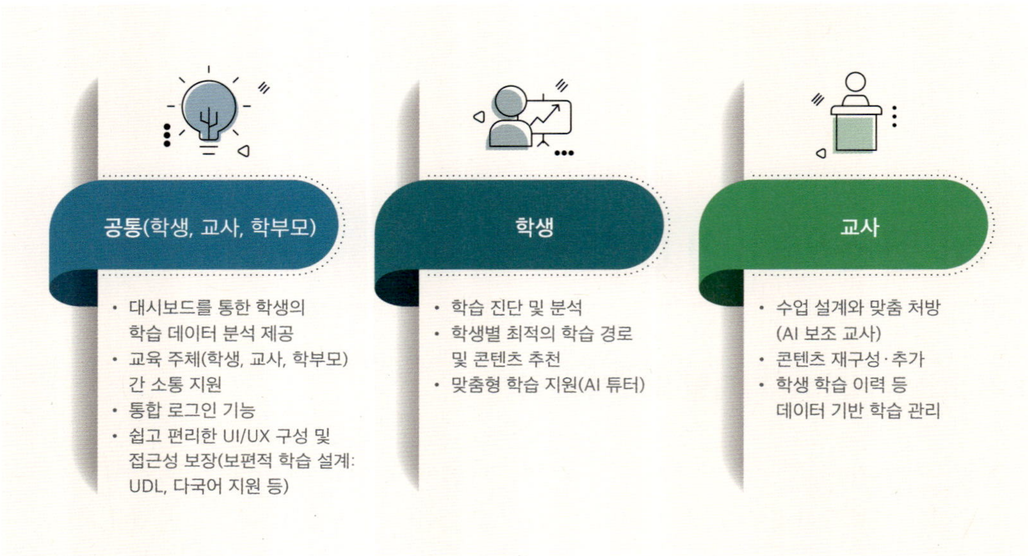

출처: 한국교육학술정보원. (2023). AI 디지털교과서 개발 가이드라인. https://www.keris.or.kr/main/ad/pblcte/selectPblcteETCInfo.do?mi=1142&pblcteSeq=13722

2) AI 디지털 교과서 탐색

2025년 1월 기준 AI 디지털 교과서의 검정 결과 **표 5-7**과 같이 총 76종의 도서가 발표되었다.

표 5-7 2025년 기준 AI 디지털 교과서 검정 결과

학교급	과목	주출원사 수	종수
초등학교(3~4학년군)	영어	5	14
	수학	2	12
중학교(1~3학년군)	영어 1	7	10
	수학 1	3	4
	정보	2	2
고등학교(1~3학년군)	공통영어 1, 2	7	20
	공통수학 1, 2	5	12
	정보	3	2

출처: 교육부. (2024). 2025년, 교실에서 마주할 인공지능(AI) 디지털교과서, 모두를 위한 맞춤 교육을 실현. https://www.moe.go.kr/boardCnts/viewRenew.do?boardID=294&lev=0&statusYN=W&s=moe&m=020402&opType=N&boardSeq=101774

표 5-8 AI 디지털 교과서 도입 로드맵

구분		2025	변경 전			변경 후		
			2026	2027	2028	2026	2027	2028
검정 도서	초	수학 3, 4	수학 5, 6			수학 5, 6		
		영어 3, 4	영어 5, 6			영어 5, 6		
		정보 3, 4	정보 5, 6			정보 5, 6		
			국어 3, 4	국어 5, 6		적용 제외		
			사회 3, 4	사회 5, 6	-		사회 3, 4	사회 5, 6
			과학 3, 4	과학 5, 6	-		과학 3, 4	과학 5, 6
			실과 5, 6			적용 제외		
	중	수학 1	수학 2	수학 3		수학 2	수학 3	
		영어 1	영어 2	영어 3		영어 2	영어 3	
		정보						
			국어 1	국어 2	국어 3	적용 제외		
				사회 ①, ②			사회 ①, ②	
				역사 ①, ②			역사 ①, ②	
			과학 1	과학 2	과학 3		과학 1, 2	과학 3
			기술·가정 ①, ②			적용 제외		
	고	공통수학 1, 2						
		공통영어 1, 2						
		정보						
			기술·가정			적용 제외		
					공통국어 1, 2	적용 제외		
					통합사회 1, 2			통합사회 1, 2

(계속)

구분		2025	변경 전			변경 후		
			2026	2027	2028	2026	2027	2028
검정 도서	고				한국사 1, 2			한국사 1, 2
					통합과학 1, 2			통합과학 1, 2
국정 특수	초	국어 ③, ④	국어 ⑤, ⑥			국어 ⑤, ⑥		
			수학 ③, ④	수학 ⑤, ⑥		수학 ③, ④	수학 ⑤, ⑥	
	중			생활영어			적용 제외	
					정보통신활용		적용 제외	
							신규국어	
							신규수학	
	고			생활영어			적용 제외	
					정보통신활용		적용 제외	
								신규국어
								신규수학
합계		18책	34책	25책	13책	14책	22책	17책
				72책			53책	

출처: 교육부. (2024). 2025년, 교실에서 마주할 인공지능(AI) 디지털교과서, 모두를 위한 맞춤 교육을 실현. https://www.moe.go.kr/boardCnts/viewRenew.do?boardID=294&lev=0&statusYN=W&s=moe&m=020402&opType=N&boardSeq=101774

교육부는 2023년 6월에 「인공지능(AI) 디지털 교과서 추진 방안」에서 AI 디지털 교과서를 2025년 수학, 영어, 정보, 국어(특수교육) 교과에 우선 도입하고, 2028년까지 국어, 사회, 역사, 과학, 기술·가정 등으로 확대하겠다고 발표했다.

그러나 2024년 11월 AI 디지털 교과서 검정 결과를 발표하면서 교육 현장 및 전문가 의견과 시도교육청의 정책적 여건 등을 종합적으로 고려하여, 2025년 1월에 **표 5-8**과 같이 AI 디지털 교과서 도입 로드맵을 조정하였다. 국어와 기술·가정(실과)은 AI 디지털 교과서 적용 교과에서 제외되었고, 사회와 과학은 2027년부터 적용할 예정이며, 국정 도서로 개발하는 특수 교육 기본 교육 과정에서 국어와 수학은 초·중·고까지 개발할 예정이고, 생활영어와 정보통신활용은 적용 교과에서 제외되었다.

2024년 12월, 교육부는 국회 본회의에서 AI 디지털 교과서를 교육 자료로 규정하는 초·중등교육법 개정안 등 9개 교육부 소관 일부개정법률안과 학생맞춤통합지원법 등 2개 제정안이 의결됐다고 발표하였다. 초·중등교육법 개정안에는 교과서의 정의와 범위를 법률에 직접 명시하면서 도서 및 전자책으로 제한하고, AI 교과서를 교육 자료로 규정하는 내용이 담겨있다. 여기에서의 전자책은 교과서의 내용을 음반, 비디오 또는 전자적 매체에 실어 학생이 컴퓨터 등 정보처리장치를 이용해 읽거나 보고 들을 수 있게 발행한 것으로, AI 교과서는 해당되지 않는다고 해석된다.

AI 디지털 교과서가 '교과서' 또는 '교육 자료' 여부와 관계없이 변화하는 교육 환경에서 서책형 교과서와 함께 활용될 것임은 자명하다. 그러므로 예비 교사로서 학교급별 AI 디지털 교과서의 구성을 살펴보는 것은 의미 있는 일이 될 것이다.

(1) 초등학교 영어 4 - C 출판사

① 최근 진행할 단원의 차시 정보를 확인할 수 있으며, 클릭하면 우리 반 수업 메뉴로 이동한다.

② 원 클릭 학습 설정 메뉴로 이동한다.

③ 교과서 공부, 차시 평가를 각각 시작할 수 있다.

④ 우리 반 학생의 평가 응시 이력과 과제 제출 이력을 확인할 수 있다.

⑤ 평가 또는 과제 이력을 클릭하면 각 화면으로 이동하여 상세 내용을 확인할 수 있다.

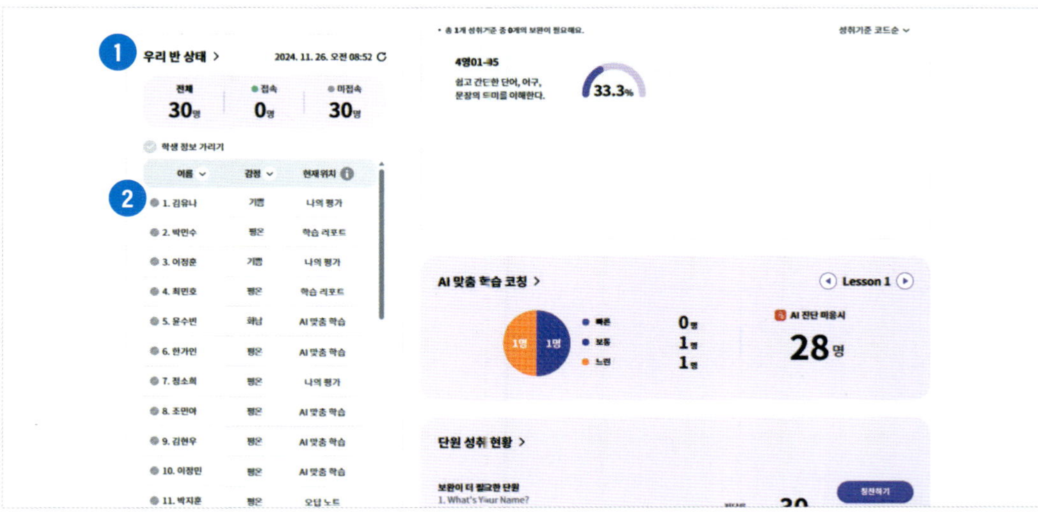

① 우리 반 학생의 접속 상태, 감정, 현재 접속 위치를 확인할 수 있다. 우리 반 상태 타이틀을 클릭하면 실시간 모니터링 화면으로 이동하여 상세 현황을 확인할 수 있다.

② 학생 이름을 클릭하면 학생의 학습 리포트로 이동한다.

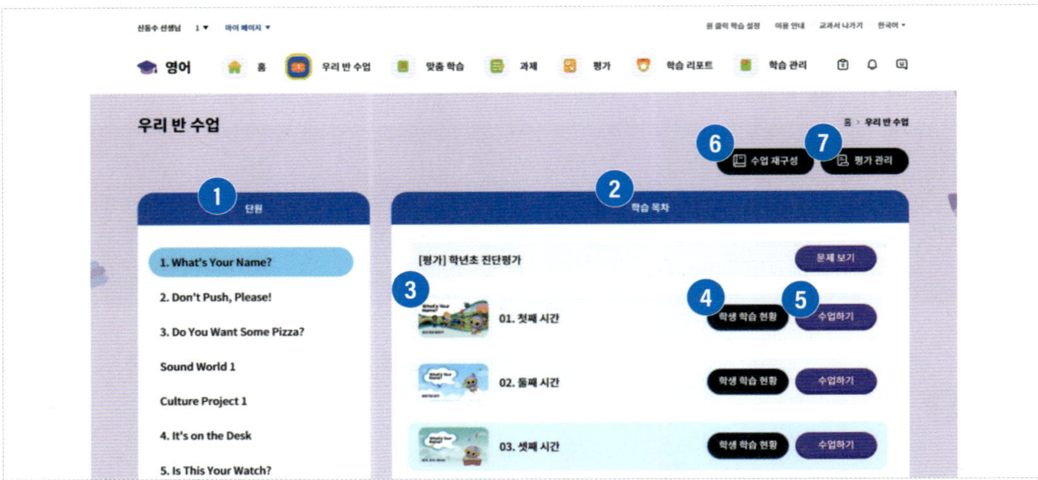

① 전체 단원 및 차시 목록과 단원별로 구성된 평가 내역을 확인할 수 있다.

② 선택한 단원의 차시 목록을 확인할 수 있다.

③ 해당 차시의 상세 페이지로 이동한다.

④ 학생 학습 현황 페이지로 이동한다.

⑤ 해당 차시의 교과서 수업을 할 수 있는 학습창이 열린다.

⑥ 원 클릭 학습 설정 메뉴로 이동한다.

⑦ 평가 관리 메뉴로 이동한다.

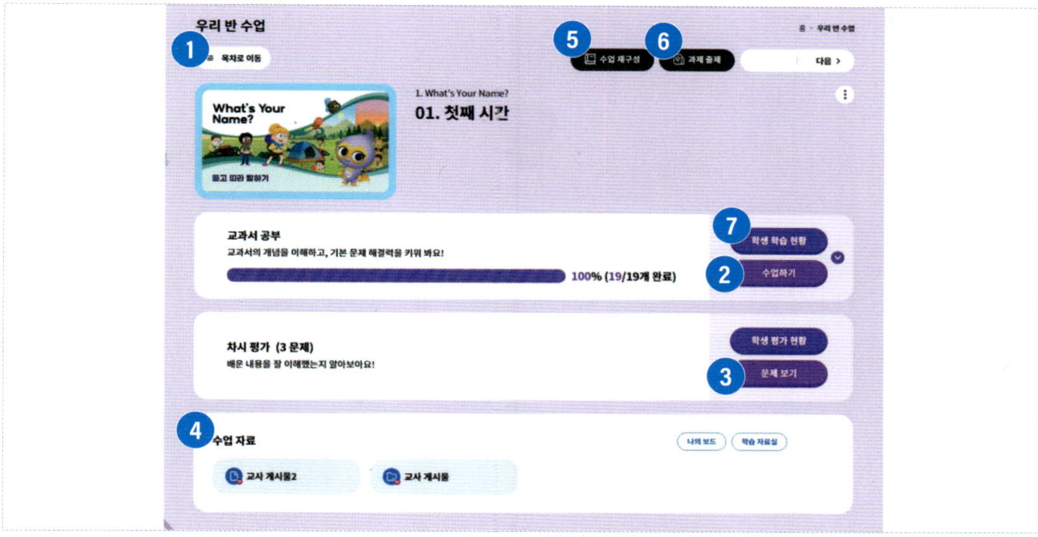

① 단원/학습 목차로 이동한다.

② 교과서 수업을 할 수 있는 학습창이 열린다.

③ 차시 평가 학습창이 열린다.

④ 해당 차시의 수업 자료를 확인할 수 있다.

* [원 클릭 학습 설정] - [수업 재구성] - [차시별 수업 자료에 등록한 콘텐츠]

⑤ 원 클릭 학습 설정 메뉴로 이동한다.

⑥ 과제 출제 페이지로 이동한다.

⑦ 학생별 학습 및 평가 현황을 확인할 수 있다.

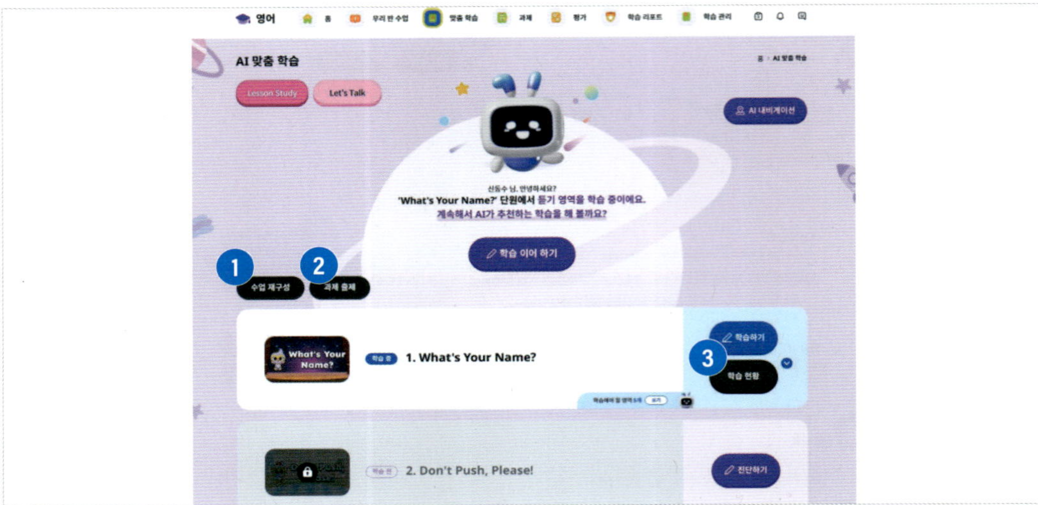

① AI 맞춤 학습을 재구성할 수 있도록 원 클릭 학습 설정 메뉴로 이동한다.

② 단원별로 과제 출제를 할 수 있는 페이지로 이동한다.

③ 학생의 AI 맞춤 학습 현황을 볼 수 있는 페이지로 이동한다.

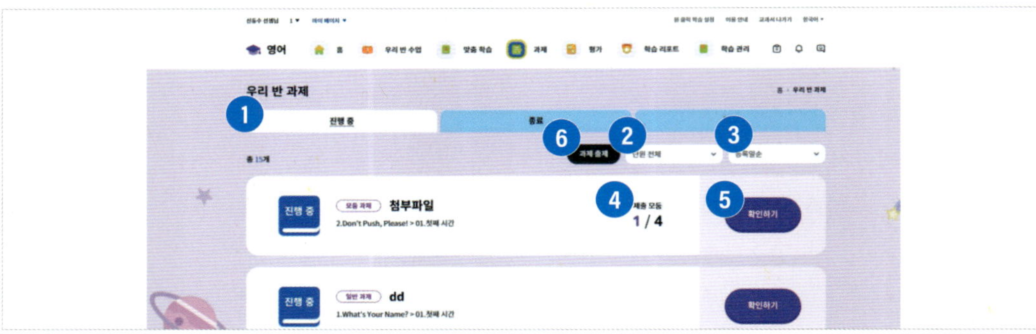

① 진행 상태에 따른 과제 목록을 확인할 수 있다.

② 단원을 선택할 수 있다.

③ 정렬 조건을 선택할 수 있다.

④ 과제 제출 현황을 확인할 수 있다.

⑤ 과제 제출 상세 내역을 확인할 수 있다.

⑥ 과제를 출제할 수 있다.

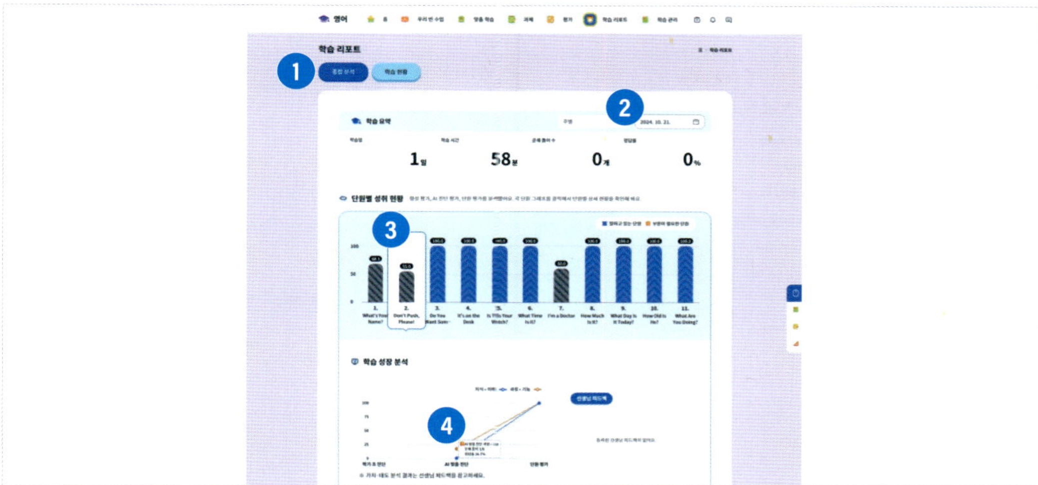

① 종합 분석과 학습 현황을 확인할 수 있다.

② 기간별로 선택하여 조회할 수 있다.

③ 각 단원 그래프를 클릭해서 단원별 상세 현황을 조회할 수 있다.

④ 그래프의 점을 선택하면 말풍선을 통해 문제 풀이 결과와 정답률을 확인할 수 있다.

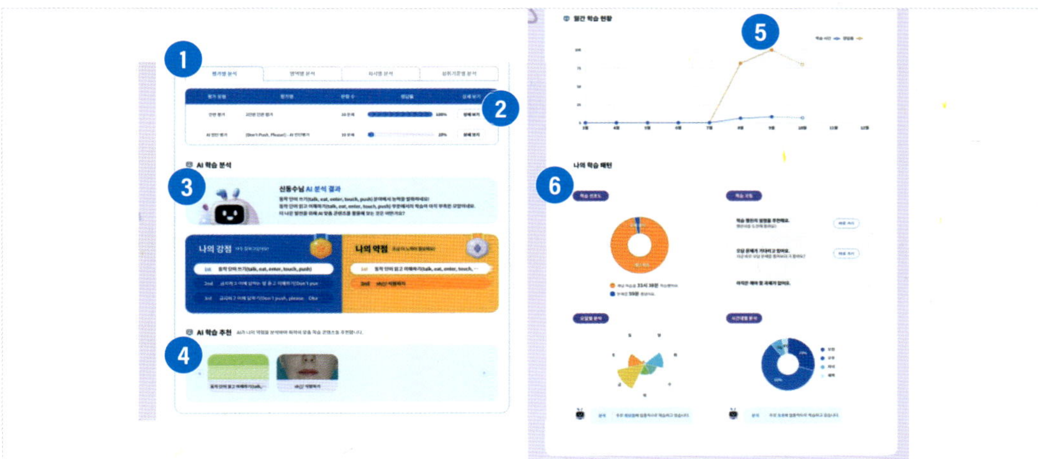

① 평가별, 차시별, 성취 기준별 상세 내역을 조회할 수 있다.

② 평가 리포트 페이지로 이동한다.

③ AI가 분석한 결과를 확인할 수 있다.

④ AI 추천 개념 학습창으로 이동한다.

⑤ 그래프의 점을 선택하면 말풍선을 통해 학습 시간과 정답률을 확인할 수 있다.

⑥ 학습 선호도, 학습 코칭, 요일별 분석, 시간다 별 분석 데이터를 확인할 수 있다.

(2) 중학교 정보 - M 출판사

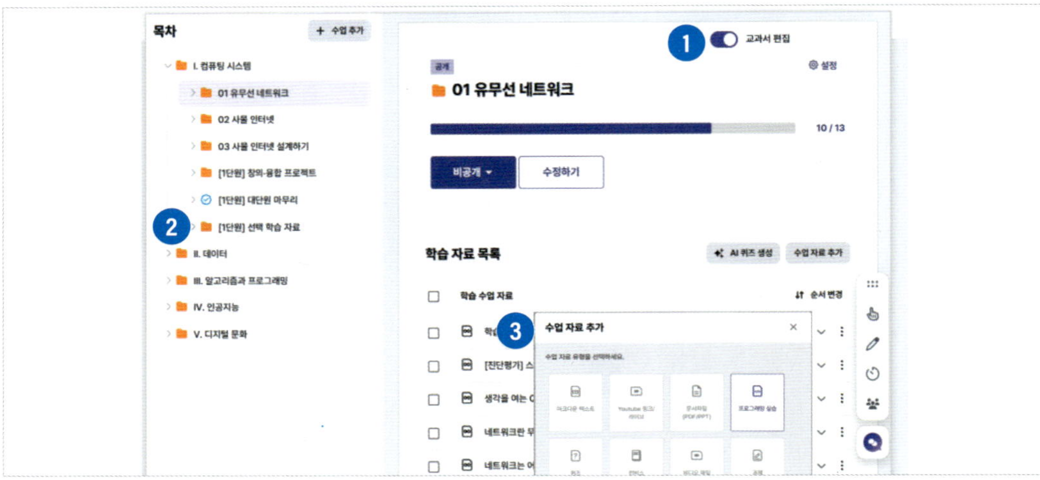

① 교과서 편집 모드를 활성화시켜 교과서 자료를 편집할 수 있다.

② 나만의 수업안을 설계할 때 선택 학습 자료를 추가할 수 있다.

③ 다양한 수업 자료 유형을 선택한 후에 자료의 제목과 내용을 작성하여 수업 자료를 생성할 수 있다.

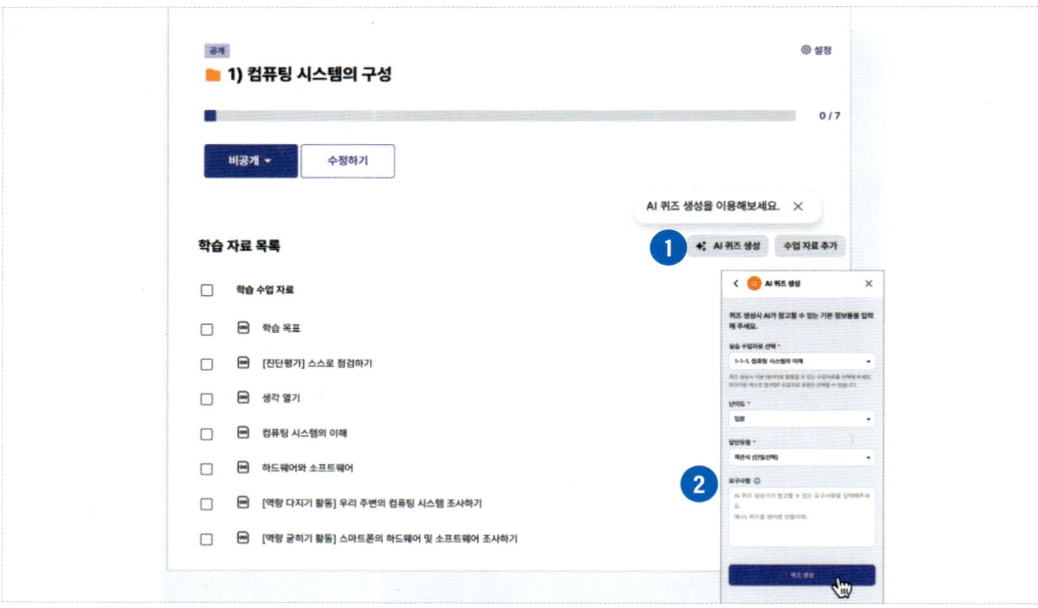

① 퀴즈 생성에 필요한 수업 자료 선택, 난이도와 답안 유형을 입력한다. 답안 유형은 객관식 단일, 객관식 다중, 주관식으로 구성되어 있다.

② 첨부한 자료의 퀴즈 생성 범위, 영어 번역 등의 내용을 입력할 수 있다.

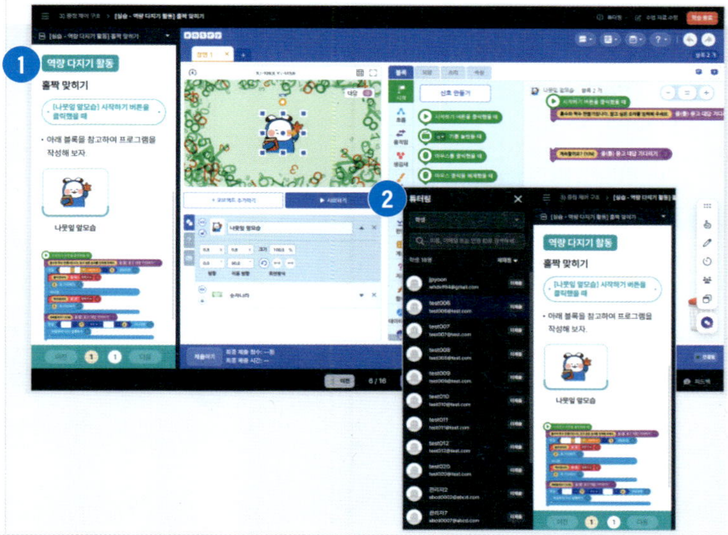

① 엔트리, 파이썬 등 프로그래밍 실습을 교과서 예제와 연계하여 사용할 수 있도록 화면 왼쪽에 가이드 자료를 제공한다. 별도의 환경 세팅 없이 학생들이 직접 코드를 작성하고 실행할 수 있다.

② 학생 진도를 모니터링하고 피드백 자료를 제공하면서 학습 진행 사항을 관리할 수 있다.

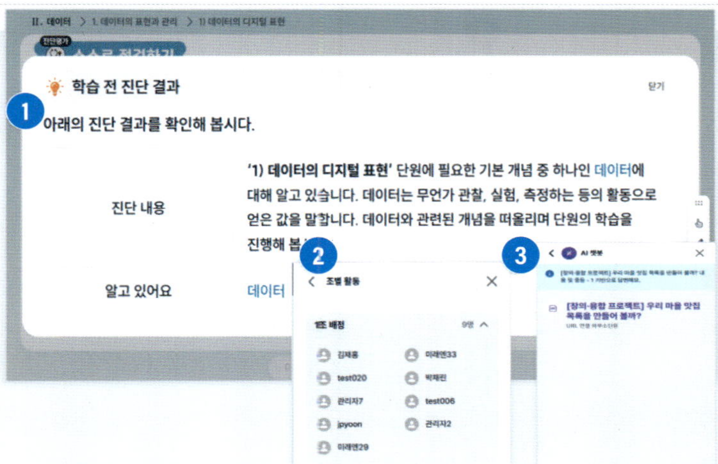

① 학습 전 진단 평가를 통해서 학습에 관련된 내용을 어느 정도 알고 있는지 확인할 수 있다.

② 수업 중에 원하는 수만큼 랜덤으로 학생들을 그룹화하여 정해진 그룹대로 활동을 진행하고 공유할 수 있다.

③ AI 챗봇을 통해 학습 진행 중에 학습 자료에 대해 궁금한 점이나 코드에 대해 질문하고 답변을 받을 수 있다.

① AI 학습 분석 결과로 학생의 학습 현황을 파악하고 관리할 수 있다.

② 점수와 점수 분포도를 통해 학생들의 점수와 대단원별, 학생별 학습 현황을 확인할 수 있다.

③ 오답 노트 기능으로 학습 대시보드에서 형성 평가, 총괄 평가 결과를 다시 확인할 수 있다.

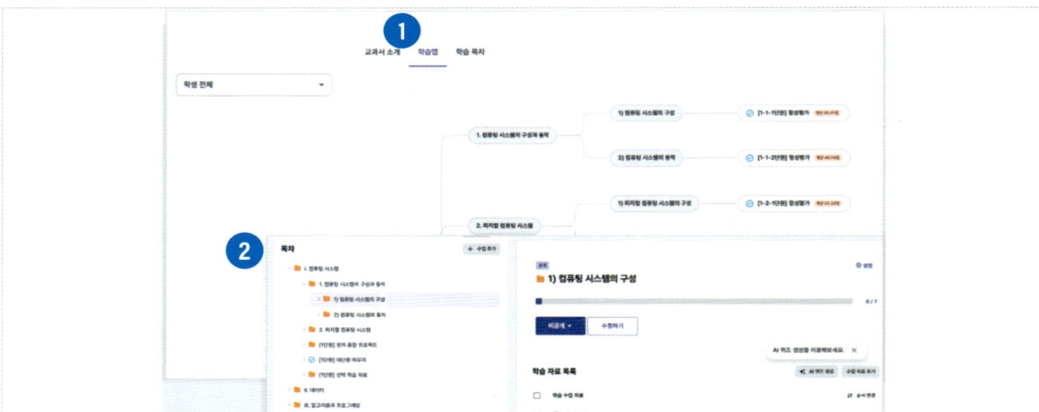

① 학습맵을 통해 각 단원의 개요를 파악하고, 학생들이 교과 내용에 대해 얼마만큼의 이해도가 있는지 단원별, 학생별 지표를 확인할 수 있다.

② 학습맵에서 단원 정보를 눌러 해당 단원으로 바로 이동하여 사용할 수 있다.

(3) 고등학교 수학 - C 출판사

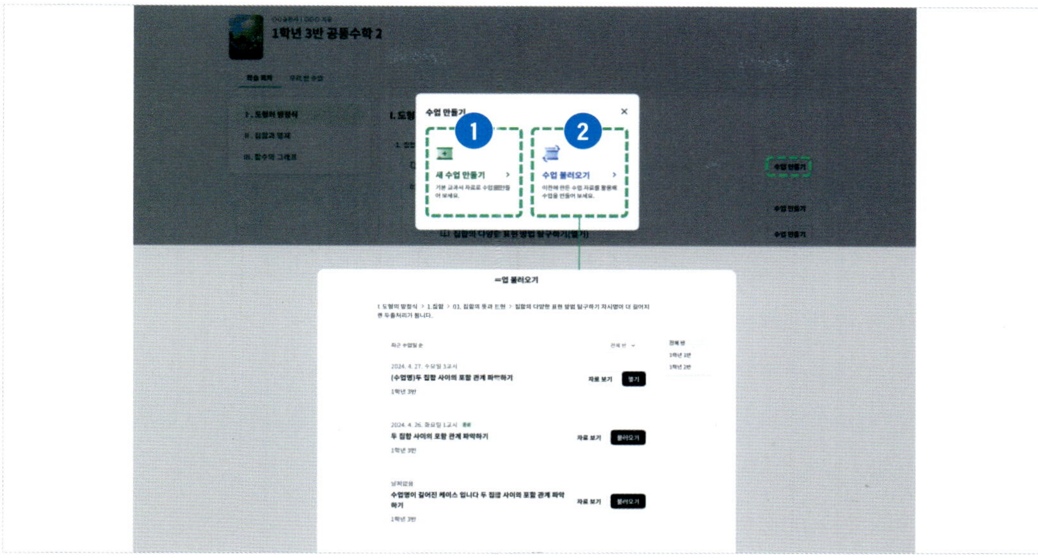

① 새 수업 만들기에서는 다른 수업을 불러오는 대신 새 수업을 만들고, 수업 만들기 페이지를 열 수 있다.

② 수업 만들기를 할 차시에서 같은 반 또는 다른 반에서 만든 수업이 있다면 해당 수업을 불러와 복제한 자료로 수업을 만들 수 있다.

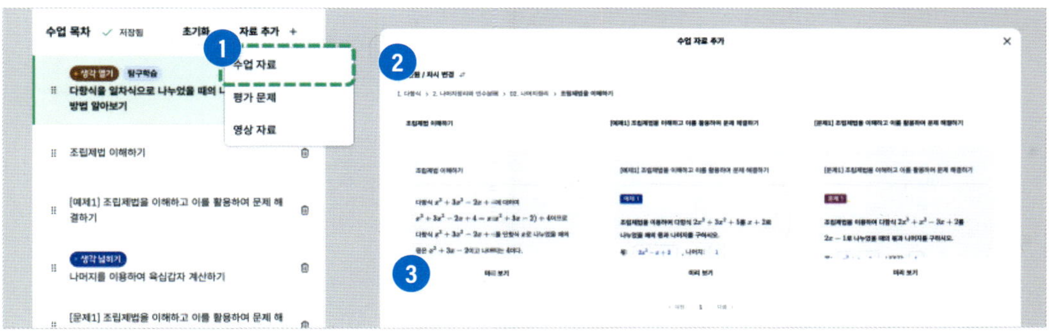

① 교과서에서 제공하는 모든 수업 자료를 확인하고, 필요한 자료를 수업 목차에 추가할 수 있다.

② 교과서의 모든 차시 목록을 조회하고, 다른 차시를 선택해 해당 차시의 수업 자료를 조회할 수 있다.

③ 자료의 내용을 확인하거나 수업 목차에 자료를 바로 추가할 수 있다.

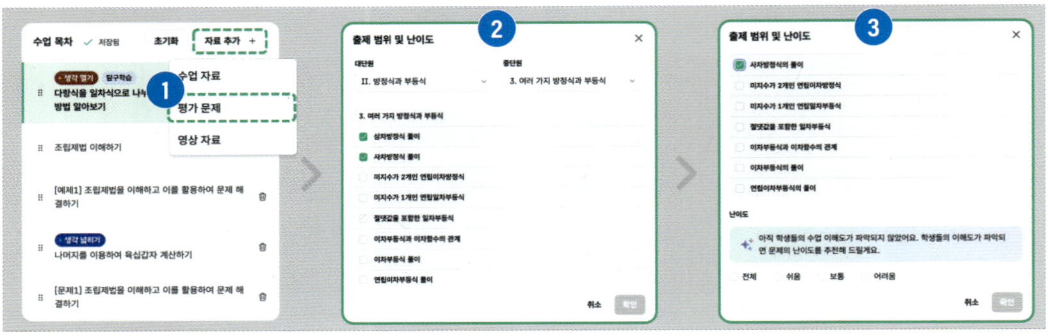

① 수업에 필요한 평가 문제를 직접 찾아 추가할 수 있다.

② 평가 문제를 검색할 단원을 선택하고, 해당 단원 내의 개념을 선택한다.

③ 평가 문제를 검색할 출제 범위와 난이도를 선택한다. 수업 재구성에 참고할 수 있도록 수업 데이터를 기반으로 AI 보조 교사의 추천 메시지가 제공된다.

교사의 함께 보기 시작 화면

함께 보기 작동 시 다른 화면에 있던 학생 화면

함께 보기 중 교사의 필기 화면

함께 보기 중 교사의 필기가 보이는 학생 화면

① 수업 함께 보기를 클릭하면 학생이 다른 페이지에 있어도 수업으로 불러올 수 있다.

② 선생님이 함께 보기를 켠 상태에서 필기를 하면 학생들이 해당 필기를 볼 수 있다.

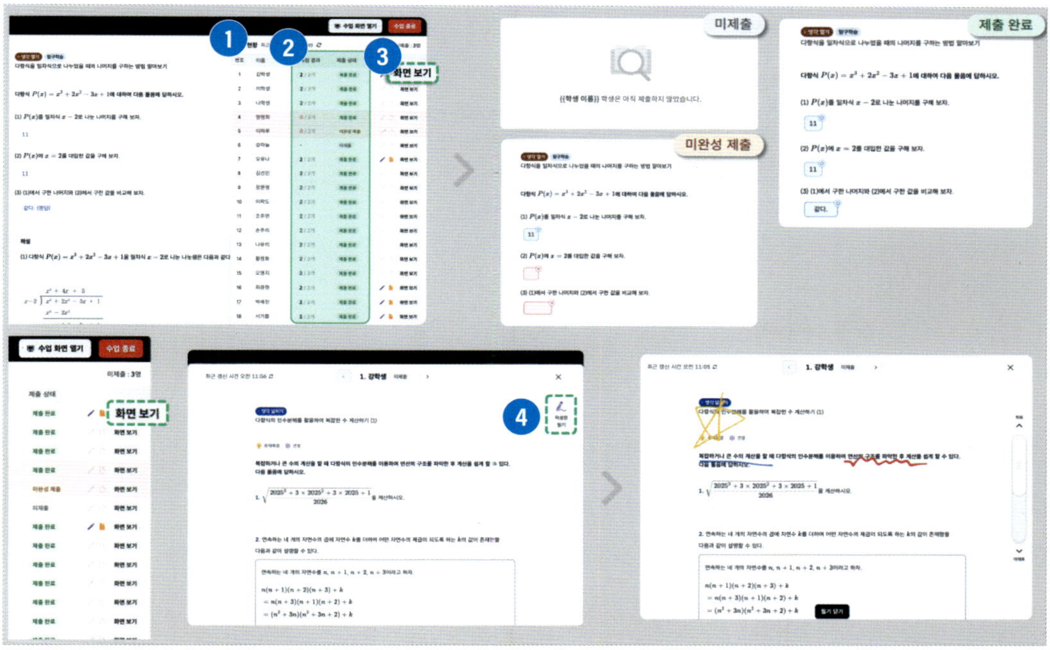

① 모니터링 화면에서 학급에 소속된 전체 학생의 번호순 목록을 볼 수 있다.

② 자동 채점이 가능한 활동의 경우, 제출 현황에서 학생의 채점 결과를 확인할 수 있다.

③ 제출 현황에서 화면 보기를 클릭하면 학생이 작성한 답안지를 확인할 수 있다.

④ 모니터링 화면에서 학생이 수업 중 필기한 내용을 확인할 수 있다.

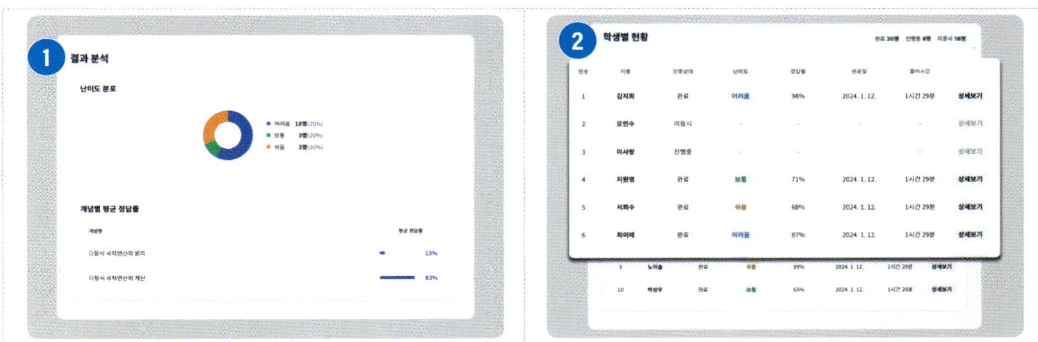

① AI 맞춤 학습 과제에 대한 학급 학생의 전체적인 분석이 제공된다. 학급 학생에게 제공된 맞춤 문제의 난이도 분포, 개념별 평균 정답률을 확인할 수 있다.

② AI 맞춤 학습 과제의 학생별 진행 현황(학생별 과제 진행 상태, 맞춤 문제의 난이도, 정답률, 완료일, 풀이 시간)을 한눈에 확인할 수 있다.

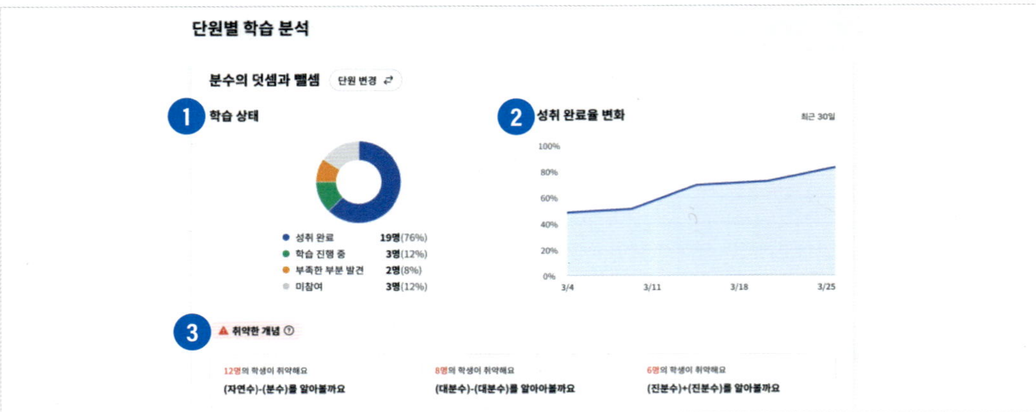

① 우리 반 학생들의 단원 학습 상태별 현황을 확인할 수 있다.

② 우리 반 학생들의 단원 성취 완료율 변화를 최근 30일 기준으로 확인할 수 있다.

③ 단원에서 학생들이 가장 취약한 개념을 확인할 수 있다.

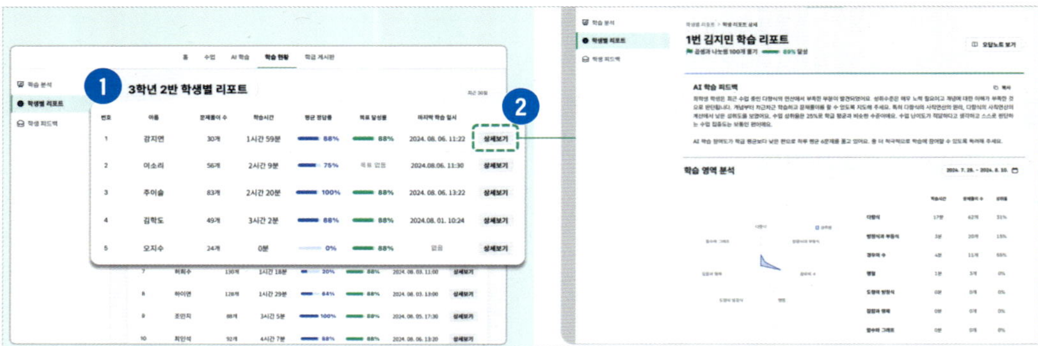

① 학생별 리포트 메뉴에서는 학생들의 학습 현황(최근 30일간 문제 풀이 수, 학습 시간, 평균 정답률, 목표 달성률, 마지막 학습 일시)을 목록으로 확인할 수 있다.

② 전체 학생 목록에서 특정 학생의 상세보기 버튼을 클릭하면 학생 개인에 대한 상세한 학습 현황을 확인할 수 있다.

3) AI 코스웨어의 종류 및 기능 탐색

(1) 영어 - AI 펭톡

사용 환경	PC, 모바일 환경 모두 지원
대상	초·중·고등학교
특징	• EBS에서 제공하는 무료 AI 영어 학습 서비스 • AI가 발음, 유창성, 정확성 등을 분석하여 피드백을 제공함 • 교사용 대시보드를 제공하며, 교사용 대시보드에서 학생의 학습 시간과 학습 내역을 확인할 수 있음 • 토픽월드, 렛츠톡, 스피킹, 파닉스 등의 다양한 기능으로 학생 수준 맞춤형 영어 학습이 가능함 • 스쿨톡 기능으로 교사가 콘텐츠를 저구성하여 제공할 수 있음 • 성취 정도, 학습 데이터(영어 발음 음성)를 확인할 수 있고 피드백을 줄 수 있음

① 학생 사이트 대시보드

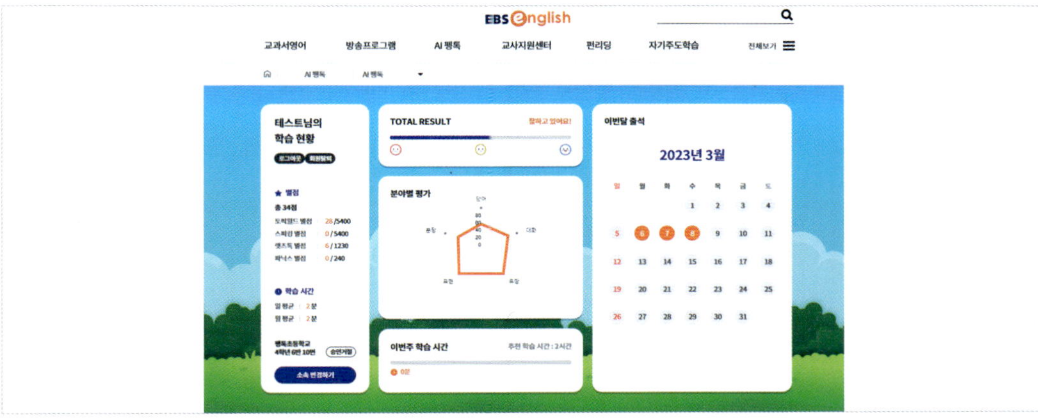

- 학생이 AI 펭톡에 로그인하면 학습 현황 창을 통해 자신의 분야별 평가, 학습 시간, 출석 현황 등을 확인할 수 있다. 분야별 평가에서는 단어, 문장, 대화, 표현, 유창 등에 대한 정보를 제공한다.

② 교사 사이트 대시보드

- 학습 현황 목록

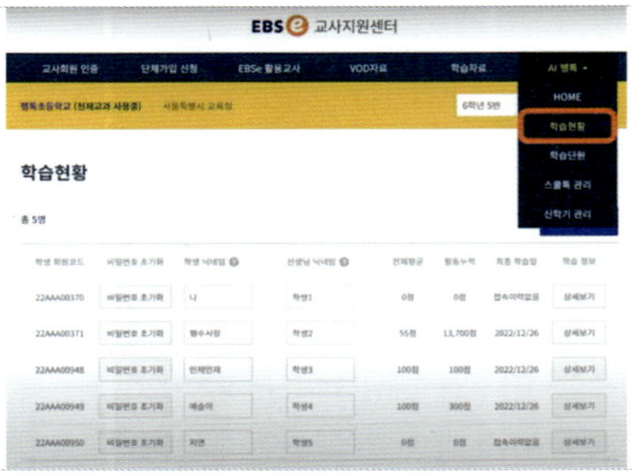

- 학생 목록과 함께 학생들의 평균 점수, 활동 누적 점수, 최종 학습일, 학습 정보를 확인할 수 있다.

- 개별 학생의 학습 정보 상세보기

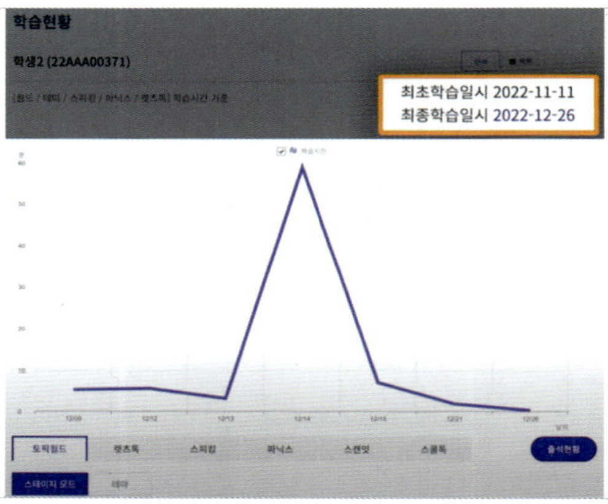

- 최초 학습 일시, 최종 학습 일시가 표시되며, 최근 1주일간 학습 시간이 그래프로 표시된다.

- 콘텐츠별 학습 현황 확인

- 해당 학생의 콘텐츠별 학습 현황을 확인할 수 있다.

(2) 수학 - 똑똑! 수학탐험대

사용 환경	PC, 모바일 환경 모두 지원
대상	초등학교
특징	• 교육부와 한국교육학술정보원(KERIS), 17개 시도교육청이 공동 개발한 무료 AI 수학 학습 플랫폼 • 학생의 수준과 학습 이력을 AI가 분석하여 맞춤형 학습 콘텐츠를 추천해 줌 • 교과 활동, AI 추천 활동, 탐험 활동, 평가 등 다양한 기능을 제공함 • 게임형 활동을 통해 수학에 대한 학성들의 흥미와 자신감이 향상됨 • 교사용 대시보드에서 학생들의 학습 현황과 성취도를 실시간으로 모니터링할 수 있음 • 국가 교육 과정에 따른 초등 수학 교과 과정을 충실히 반영함 • 수업에서 활용 가능한 교구와 영상 콘텐츠를 제공함 • 가정에서도 학생들의 자기 주도적 힉습이 가능하며, 미션 완료 시 보상을 제공함 • 교과서 내용과 연계되어 있어 수업 시간에 활용하기 용이함

① 학생 사이트 대시보드

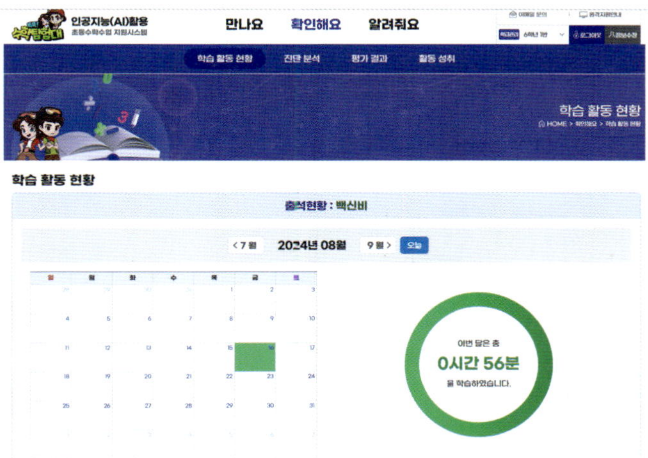

- 학생은 '확인해요' 메뉴에서 자신의 학습 활동 현황(출석, 학습 패턴, 상세 이력 등)을 확인할 수 있다.

② 교사 사이트 대시보드

- 학습 현황 목록

- 학생들의 학습 활동, 학습 시간 등을 확인할 수 있다.

- 개별 학생의 학습 정보 상세보기

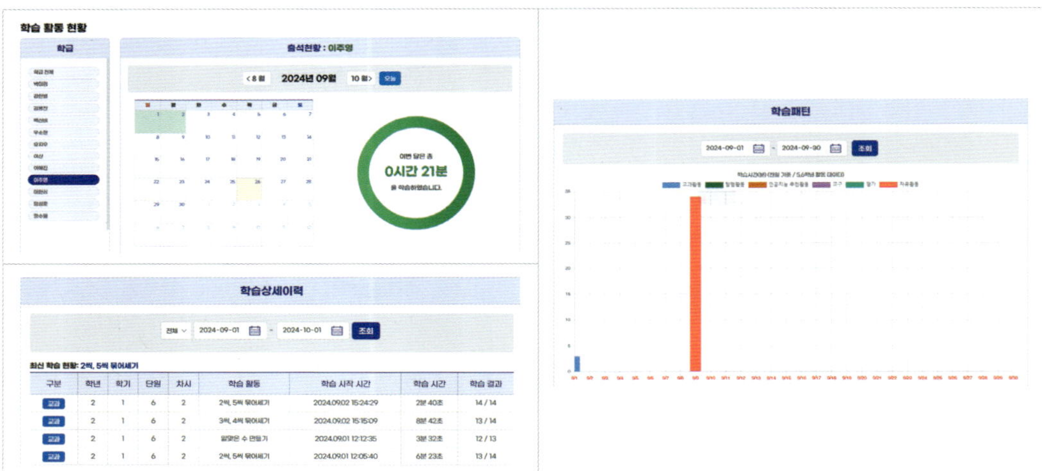

- 학생의 출석 현황, 학습 상세 이력, 학습 패턴 등을 확인할 수 있다.

- 진단 분석

- 진단 평가 결과를 통해 학생들의 학습 변화를 확인할 수 있다. 학년 군별로 진단 분석 보고서 양식에는 다소 차이가 있다.

• 수시 평가

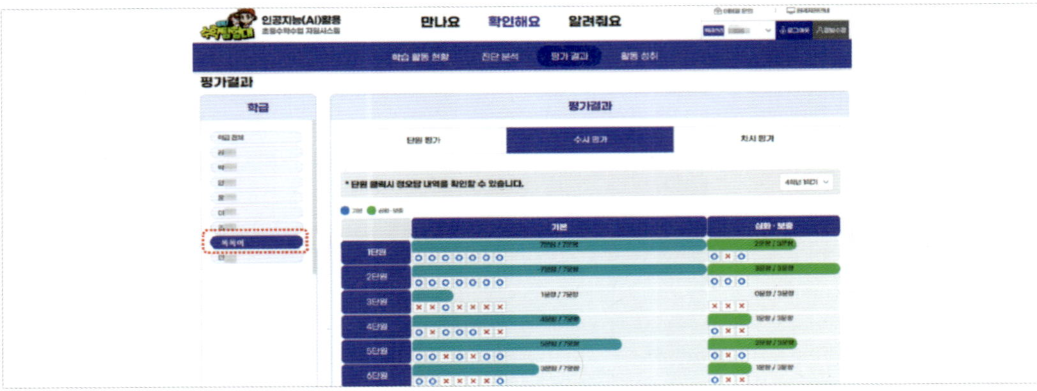

- 학년, 학기, 단원별로 학생들의 수시 평가 결과를 확인할 수 있다.

• 활동 성취

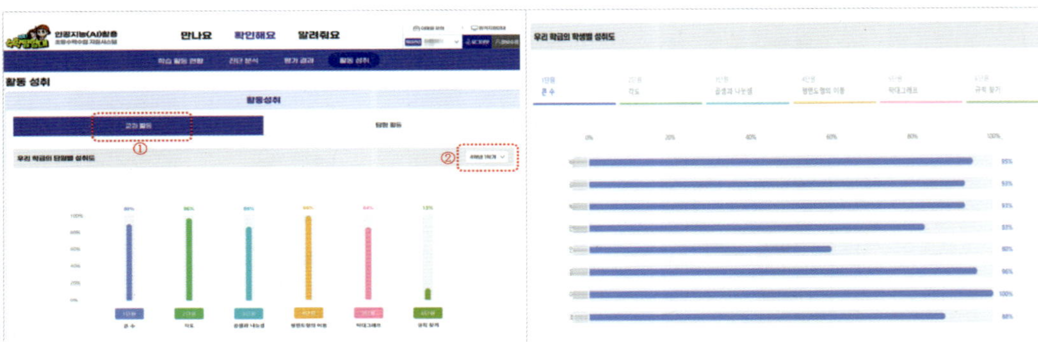

- 교과 활동에서는 학급의 학기별로 단원별 성취도를 확인할 수 있고, 탐험 활동의 결과도 살펴볼 수 있다.

(3) 정보 - AI EDUTOM

사용 환경	PC, 모바일 환경 모두 지원
대상	초·중·고등학교
특징	• 초등학교 3학년부터 고등학생까지 폭넓게 활용할 수 있음 • 코딩 지식 없이도 AI에 대해 배우고 체험할 수 있는 서비스를 제공함 • Feel-Learn-Do 단계를 통해 AI 작동 원리를 체득하도록 설계됨 • 다양한 AI 체험 콘텐츠(끝말잇기, 음성인식, 표정인식 등)를 제공함 • 웹 기반 서비스로 별도 설치 없이 인터넷 환경에서 사용이 가능함 • 데이터 라벨링, 학습, 예측 등 AI 개발 과정을 직접 체험할 수 있음 • 학생들이 만든 AI 모델을 공유하고 활용할 수 있는 기능을 제공함 • 교사를 위한 학습관리시스템(LMS) 기능을 제공함 • 교사용 대시보드에서 학생들의 학습 현황과 성취도를 모니터링할 수 있음 • 교사를 위한 AI 교육 자료 및 커리큘럼, 모델 학습 원리와 알고리즘 교육 자료를 제공함 • 교사 계정에서 학생 관리 등의 학습관리시스템(LMS)을 활용하려면 유료이지만, 일반 가입자는 무료로 사용할 수 있음

① 학생 사이트 화면

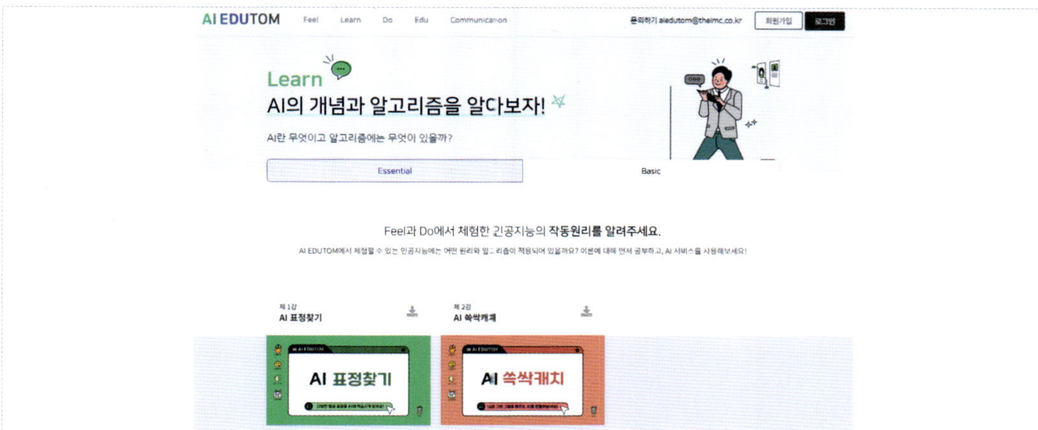

- 3가지 메뉴(Feel, Learn, Do)를 통해 코딩 없이 AI에 대해 학습할 수 있도록 교육 내용을 제공하고, 개별 학습을 할 수 있도록 지원해 준다.

② 교사 사이트 대시보드

- 클래스 상세보기

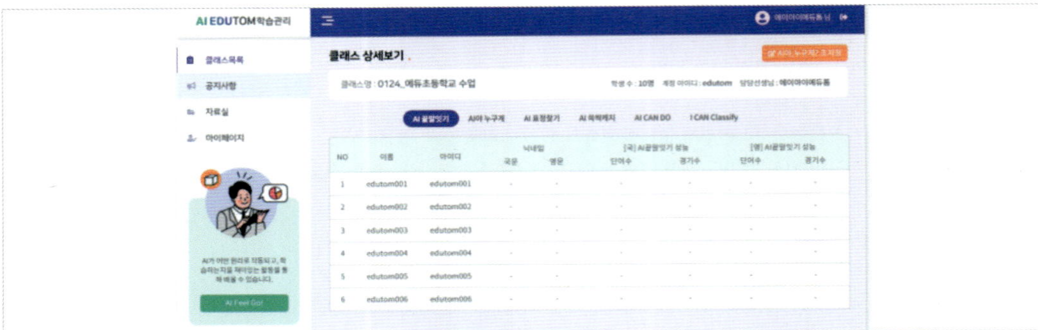

- 콘텐츠 제목을 클릭하면 학생의 세부 학습 결과를 살펴볼 수 있다.

참고문헌

1. 교육부. (2023). 모두를 위한 맞춤 교육의 실현 디지털 기반 교육혁신 방안.
2. Ben Johnson. (2024). The Evolution And The Future Of eLearning. eLearning Industry. https://elearningindustry.com/the-evolution-and-the-future-of-elearning
3. Martin Weller. (2018). Twenty Years of Edtech. Educause Review. https://er.educause.edu/articles/2018/7/twenty-years-of-edtech
4. 삼일PwC경영연구원. (2024). 초개인화 학습의 혁명이 시작된다: 에듀테크. https://www.pwc.com/kr/ko/insights/samil-insight/samilpwc_paradigm-shift06_feb2024.pdf
5. Yiamyongchai et al. (2023). StudyScape: A Development of a Simple Collaborative Learning Environment Using a Cloud Application Platform.
6. Shaukat & Shaikh Mohammed. (2023). Exploring the Potential of Augmented Reality(AR) and Virtual Reality(VR) in Education.
7. de Moffarts, Guillaume, & Sébastien Combéfis. (2020). Challengr, a Classroom Response System for Competency Based Assessment and Real-Time Feedback with Micro-Contests.
8. 길현영. (2016). 초 · 중등 교육용 프로그래밍 언어(EPL). 월간SW중심사회, 2016년 8월호.
9. 허경. (2011). 알고리즘적 사고 문제 모델을 이용한 두리틀 프로그래밍 문제 개발 및 적용. 실천공학교육논문지, 3(2), 69-74.

PART 3

디지털 융합 교육

CHAPTER

6

디지털 융합 교육의 이해

앞으로 여러분은 교실에서 디지털 융합 교육을 실천하게 될 것이다. 디지털 융합 교육의 본질과 가치를 제대로 이해하기 위해서는 먼저 '융합 교육'에 대한 기본적인 이해가 필요하다.

디지털 융합 교육의 진정한 의미를 생각해 보자. 중요한 점은 디지털 융합 교육이 단순히 기존의 융합 교육에 디지털 도구를 더하는 것이 아니라는 점이다. 예를 들어 과학 수업에서 태양계를 가르친다고 생각해 보자.

> **단순한 접근**
> 기존 수업 방식은 그대로 두고, 마지막에 VR(가상현실)로 태양계를 구경하는 시간만 추가
>
> **진정한 디지털 융합 교육**
> VR이 가진 특성(공간 체험, 실감 나는 크기와 거리, 다양한 관찰 시점)을 활용해 수업 전체를 재구성

진정한 디지털 융합 교육에서는 학생들이 VR 속에서 행성 사이를 자유롭게 이동하면서 태양계 구조를 체험하며 이해하고, 이를 통해 과학적 개념을 더 깊이 학습할 수 있다. 여기서 VR은 단순한 디지털 기술이 아니라 학습 경험을 근본적으로 변화시키는 매개체이다.

이처럼 디지털 융합 교육은 디지털 기술의 특성을 깊이 이해하고, 이를 바탕으로 교육의 목표와 방법을 새롭게 설계하는 것이다. 이것은 마치 새로운 재료로 요리할 때, 단순히 기존 요리에 재료를 추가하는 것이 아니라 새로운 재료의 특성을 살려 새로운 요리법을 개발하는 것과 같다. 따라서 디지털 융합 교육의 핵심은 '디지털 기술의 추가'가 아닌 '교육적 경험의 재구성'에 있다.

그렇다면 융합 교육의 토대가 되는 '융합'이란 무엇일까? 융합(融合)의 정의는 생각보다 간단하지 않다. Frodeman, Klein, Pacheco(2017)[1]이 지적했듯이 융합은 다양한 장소에서, 다양한 수준으로, 그리고 다양한 유형으로 이루어지기 때문에 어떤 맥락을 강조하느냐에 따라 그 의미가 달라질 수 있다. 따라서 우리는 융합의 의미를 맥락적이고 다차원적으로 이해할 필요가 있다. 이러한 맥락적 특성은 융합 교육을 이해하는 데에도 그대로 적용된다. 그래서 우리는 먼저 융합의 기본적인 의미부터 차근차근 살펴볼 것이다.

1. 융합의 의미

국립국어원 표준국어대사전에서는 융합의 정의를 '다른 종류의 것이 녹아서 서로 구별이 없게 하나로 합하여지거나 그렇게 만듦. 또는 그런 일'로 제시하고 있다. 이는 단순한 물리적 결합이 아닌, 서로 다른 요소들이 화학적으로 결합하여 새로운 특성을 만들어내는 과정을 뜻한다.

교육 분야에서 '융합'이라는 용어는 연구자에 따라 다양하게 사용되고 있으며, 융합 외에도 통합(integration), 통섭(consilience), 복합(multidisciplinary), 연계(connection) 등의 유사 용어가 활용되고 있다. 융합의 개념을 더 명확하게 이해하려면 이러한 유사 용어들에 대한 이해도 필요하다.

표 6-1은 교육 분야에서 융합과 유사하게 사용되는 주요 용어들을 정리한 것이다.

표 6-1 교육 분야에서 융합과 유사하게 사용되는 용어

용어	정의	교육적 의미	특징
융합	서로 다른 요소들이 화학적으로 결합하여 새로운 형태나 가치를 창출하는 것	여러 학문 분야가 서로 녹아들어 새로운 지식과 통찰을 만들어내는 교육적 접근	• 기존 학문의 경계가 허물어지며 새로운 지식 체계 형성 • 각 분야의 본질적 통합을 통한 창의적 가치 창출 • 문제 해결 중심의 실제적 접근
통합	여러 교과나 학문 영역을 의미 있게 연결하여 하나의 체계로 조직하는 것	교과 간 내용과 방법이 일부 사라지거나 연계되면서 새로운 지식체계가 만들어져 통일된 학습 경험 제공	• 각 교과의 정체성을 유지하면서 연결점 모색 • 커리큘럼 수준에서의 체계적 조직 • 학습 내용의 유기적 연계성 강조
통섭	서로 다른 학문 분야를 가로지르는 지식의 통일성을 추구하는 것	인문학과 자연과학의 통합적 이해를 추구하는 교육적 접근	• 학문 간 근본적인 통일성 추구 • 진화론적 관점에서의 지식 통합 • 거시적 관점에서의 지식체계 구축
복합	둘 이상의 요소가 물리적으로 결합하여 공존하는 것	여러 학문 분야의 내용을 함께 다루는 교육적 접근	• 각 분야의 독립성 유지 • 병렬적 학습 내용 구성 • 다양한 관점의 공존 강조
연계	서로 다른 요소들 사이의 관련성을 만들어내는 것	교과 간 또는 학습 내용 간의 관련성을 바탕으로 한 교육적 접근	• 지식의 맥락적 이해 촉진 • 순차적·발달적 학습 구성 • 학습 내용 간 관련성 강조

교육 분야에서 사용되는 융합과 관련된 용어들은 각각 고유한 특성이 있으며, 다음과 같은 3가지 핵심적 측면에서 그 차이를 구분할 수 있다.

첫째, 결합의 깊이에 따른 차이이다. 결합의 깊이는 융합 > 통섭 > 통합 > 복합 > 연계 순으로 '융합'이 가장 깊은 수준의 결합을, '연계'가 가장 느슨한 수준의 결합을 의미한다.

- 융합의 예: STEAM 교육에서는 과학, 기술공학, 예술, 수학이 완전히 녹아들어 새로운 학습 경험을 창출한다.
- 통섭의 예: 인문학과 자연과학의 근본적 원리를 연결하여 통합적 이해를 추구한다.
- 통합의 예: 사회과 수업에서 역사, 지리, 일반사회를 연계하여 하나의 주제를 구성한다.
- 복합의 예: 수학과 과학을 함께 가르치되, 각각의 특성을 유지한다.
- 연계의 예: 국어 수업의 글쓰기와 사회 수업의 역사적 사건을 단순 연결한다.

둘째, 새로운 가치 창출 측면의 차이이다. '융합'과 '통섭'은 새로운 가치 창출을 적극적으로 추구하는 반면에 '통합', '복합', '연계'는 기존 가치의 조직화에 중점을 둔다.

- 융합, 통섭의 가치 창출: 예술과 기술의 융합으로 새로운 형태의 디지털 아트를 창작하는 수업에서는 기존에 없던 새로운 통찰과 해결 방안을 도출한다.
- 통합, 복합, 연계의 가치 창출: 주로 교과 간 연계를 통한 학습 내용의 효율적 전달과 이해에 초점을 맞춘다.

셋째, 교육 과정 구성의 유연성 측면의 차이이다. '융합'은 가장 유연하고 개방적인 접근이 가능한 반면, '통합'과 '연계'는 비교적 체계적이고 구조화된 접근이 요구된다.

- 융합의 유연성: 프로젝트 학습에서 필요한 요소들을 자유롭게 결합하는 등 상황과 필요에 따라 자유로운 재구성이 가능하다.
- 통합과 연계의 구조화: 더 체계적이고 구조화된 접근을 요구하며, 교육 과정 재구성 시 더 많은 계획과 준비가 필요하다. 교과 간 연계 시 각 교과의 성취 기준을 고려한 체계적 설계가 필요하다.

이러한 이론적 구분에도 불구하고 실제 학교 현장에서는 이 용어들이 맥락과 상황에 따라 혼용되는 경우가 많다. 이는 교육 현장의 복잡성과 다양성을 반영하는 것으로, 순수한 의미의 융합이나 통합만을 추구하기보다 교육 목표와 상황에 따라 여러 접근 방식을 유연하게 활용하는 것이 현실적이기 때문이다.

그러나 이러한 용어들의 개념적 차이를 이해하는 것은 여전히 중요하다. 이는 교육 목표에 따른 적절한 접근법 선택, 학생의 수준과 특성에 맞는 교육 방법 결정, 교육 자원과 시간의 효율적 활용 계획 수립, 평가 방법의 적절한 선택과 적용 등을 위한 이론적 기초를 제공하기 때문이다. 특히 예비 교사들은 이러한 차이를 이해함으로써 수업 설계 시 더 명확한 방향을 설정할 수 있고, 학습 목표에 맞는 적절한 교수법을 선택할 수 있으며, 더 효과적인 교육 과정 재구성 능력을 개발할 수 있다.

나아가 이러한 이해는 교육 현장에서 각 접근 방식의 장단점을 파악하고, 상황에 맞는 최적의 교육적 선택을 할 수 있는 기반이 된다. 예를 들어 깊이 있는 통합적 이해가 필요한 주제에는 융합적 접근을,

기초 개념의 체계적 학습이 필요한 경우에는 연계나 통합적 접근을 선택할 수 있다. 이러한 이해를 교육적 맥락에 맞게 유연하게 적용하면, 더 효과적이고 의미 있는 학습 경험을 제공할 수 있다.

2. 융합 교육의 의미

1) 융합 교육과 통합 교육

융합 교육의 본질을 더 깊이 이해하기 위해서는 먼저 '통합 교육'의 맥락에서 살펴볼 필요가 있다. 전문 분야에서는 학제 간 연구를 표현하기 위해 다양한 용어를 사용하고 있고, 대체로 '융합'이라는 용어로 통일하여 사용하고 있으나, 학교 교육의 맥락에서는 통합 교육이 시기적으로 먼저 논의되었기에 '통합 교육', '통합적 접근', '통합 교육 과정 접근'이라는 용어를 사용하고 있다.[2, 3, 4] 이에 통합 교육의 관점에서 융합 교육에 대해 어떻게 논의하고 있는지 살펴보자.

Ingram(1979)[5]은 학교 교육을 평생 교육의 관점에서 재고하고, 학생들이 지식을 통합적으로 이해하며 삶과 연관 지어 학습하는 능력을 기르도록 돕는 포괄적인 교육 과정 개선 방향을 제시하였다. 그는 교육 과정의 형태와 조직에 초점을 맞춘 구조적 접근을 양적 통합과 질적 통합으로 구분하였는데, 질적 통합에서 융합을 제시하였다. 질적 통합은 여러 과목의 내용을 단순히 합치는 양적 통합을 넘어 개념, 주제 또는 문제 중심으로 내용을 재조직하여 새로운 지식 구조를 만드는 통합 방식으로서, 융합적 접근으로서의 통합과 종합적 접근으로서의 통합을 언급하였다. 여기에서 융합적 접근은 여러 교과의 내용이 완전히 녹아들어 새로운 교과 또는 분야를 형성하는 형태로서, 서로 다른 색깔을 섞어 완전히 새로운 색깔을 만드는 것처럼 기존 교과의 경계가 사라지고 구별하기 어려워지는 것을 지향한다. 반면 종합적 접근은 여러 교과의 내용이 공통의 주제, 문제 또는 프로젝트를 중심으로 연결되지만, 개별 교과의 정체성(경계)은 여전히 유지되는 형태로서, 서로 다른 과일을 한 접시에 담아내는 과일샐러드처럼 각 교과의 특징은 살아있으면서 전체적인 조화를 이룬다.

그림 6-1 Ingram의 통합 접근 방식

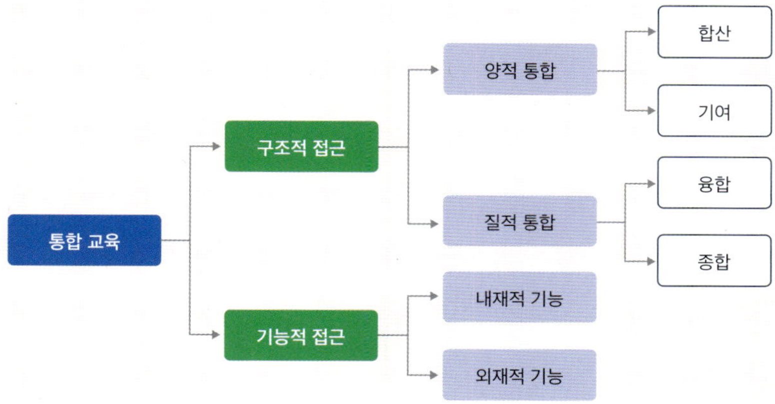

우리나라의 융합 교육은 정책적으로는 Ingram의 통합 교육 유형 중 융합적 접근으로, 여러 교과의 내용이 완전히 녹아들어 새로운 교과 또는 분야를 형성하는 것이지만, 실제 중등 교육의 현장에서는 기존의 교과 틀 안에서 주제나 프로젝트 중심으로 교과 내용을 연결하고 활용하는 형태이므로 종합적 접근에 가깝다고 할 수 있다.

Vars(1991, 2001)[6, 7]는 교과별로 분절된 학교 교육 과정의 문제점을 지적하며, 이에 대한 해결책으로 교육 과정을 통합하는 방법을 제시했다. 그는 50년 이상 통합 교육을 옹호하며, 이를 '중핵 교육 과정(core curriculum)' 개념으로 구체화하였다. 그가 정의한 통합 교육은 학생들의 필요, 문제, 관심사나 사회의 주요 쟁점을 교육 설계의 출발점으로 삼고, 이를 해결하기 위해 국어, 사회, 과학 등 여러 교과 영역의 내용과 기술을 활용하는 것이다. 그는 학교 현장에서 이러한 통합 교육 과정을 실현하기 위한 세 가지 조직적 방안을 제시했으며, 이는 중핵 교육 과정이 단순히 여러 과목의 내용을 합치는 '융합(fusion)'보다 더 발전된 상위 개념이라고 보았다.

- **학교 전체 주제 선정**: 모든 교직원이 하나의 주제를 중심으로 각자의 수업을 연계하는 방식
- **학제 간 팀 구성**: 여러 과목의 교사들이 하나의 학생 그룹을 맡아 수업 내용의 일부를 서로 연계하여 가르치는 방식
- **블록 타임 활용**: 한 명의 교사가 연장된 시간(블록 타임) 동안 여러 과목을 통합하여 가르치는 방식

박휴용(2018)[8]은 '통합'이 단편적인 지식, 정보, 사실을 수집하고 정리하여 일관성 있게 체계화하는 과정이고, '융합'은 이와 달리 각 교과 지식의 독자적 영역이나 특징을 전제하지 않으며, 기본적으로 지

식을 학문 영역별로 분리하여 다루지 않는다는 점을 강조했다. 또한 이러한 차이는 교육 과정을 통합하거나 융합할 때도 드러난다고 하였다. 통합 교육이 지식이나 학문 영역을 우선 구분한 후에 통합을 시도한다면, 융합 교육은 2개 이상 교과의 학습 목표나 표준을 이음새 없이 융합하여 교과 내용 간의 충분한 결속을 이루는 것을 목표로 한다는 것이다.

김성숙(2011)[9]은 이러한 차이를 더욱 명확히 설명했다. 통합 교육 과정이 기여적 · 합산적인 소극적 통합(약한 통합)의 성격을 띤다면, 융합 교육 과정은 교과들이 밀착되어 결합 · 재조직되는 적극적 통합(강한 통합)의 성격을 갖는다고 보았다. 또한 통합 교육이 조직 요소의 배열에 초점을 맞춘 환원적 관계라면, 융합 교육은 요소들이 하나로 녹아 뒤섞여 비환원적 특성을 갖는다고 설명했다.

이상의 논의를 종합하면 '통합'은 각 구성 요소의 구분을 전제로 한 후 이들을 합하는 과정인 반면, '융합'은 이러한 구분 자체가 사라지고 하나로 합해진 상태를 의미한다고 볼 수 있다. 미국의 NSTC(2022)가 발표한 보고서에서도 이 통합의 개념을 적용해 융합 교육을 다루었다.

융합 교육의 통합 수준에 대한 이해를 돕기 위해 아이스크림을 활용한 비유를 살펴보면 **그림 6-2**와 같다. 단일 학문적 접근은 각각 하나의 맛이 담긴 개별 아이스크림콘으로 표현할 수 있다. 이는 서로 다른 영역 간에 어떠한 중첩이나 연결도 없는 상태를 의미한다. 다학문적 접근은 여러 가지 맛이 한 콘에 담겨있지만 각각의 맛이 여전히 분리된 상태로 표현된다. 간학문적 접근은 아이스크림 선데로 비유될 수 있다. 여러 맛이 함께 어우러져 있지만, 각각의 원래 맛을 여전히 구분할 수 있는 상태를 의미한다. 초학문적 접근은 밀크셰이크와 같다. 여러 재료(아이스크림)가 완전히 섞여 새로운 무언가를 만들어 내며, 원래의 구성 요소들은 더 이상 분리할 수 없는 상태가 된다.

이러한 비유는 융합 교육에서 나타나는 다양한 수준의 통합을 이해하는 데 도움을 주며, 단계별로 통합의 정도가 깊어지면서 최종적으로는 완전한 융합에 이르게 되는 과정을 명확하게 보여준다.

교사들이 단일 학문적 접근에서 초학문적 교수 · 학습으로 발전하는 과정을 이해하려면 특정 주제를 중심으로 한 통합의 단계별 예시를 살펴보는 것이 도움이 된다. 교사들은 하나의 수업이나 단원에서 이러한 통합의 다양한 수준을 자유롭게 활용할 수 있다. 이를 통해 학생들은 초학문적 학습에 필요한 핵심 지식과 기술을 자연스럽게 습득하게 된다.

표 6-2는 교사들이 복잡한 주제를 다룰 때 단일 학문적 접근에서 초학문적 접근으로 나아가는 구체적인 방법의 예시를 보여준다. 특히 초학문적 수준의 학습에서는 비판적 사고, 협력, 창의성, 의사소통과 같은 21세기 핵심 역량을 개발할 수 있는 기회가 자연스럽게 생성된다는 점이 중요하다.

그림 6-2 통합의 수준

단일 학문적 접근	다학문적 접근	간학문적 접근	초학문적 접근
학생들은 개념과 기능을 분리된 상태로 학습한다.	학생들은 공통된 주제에 대해서 각 교과에서 개념과 기능을 따로 학습한다.	학생들은 2개 이상의 교과에서 지식과 기능을 깊이 있게 습득하기 위해 서로 긴밀하게 연결된 개념과 기술을 학습한다.	학생들은 실제 세계의 문제나 프로젝트를 수행하면서 2개 이상의 교과에서 배운 지식과 기능을 적용하고 이를 통해 학습 경험을 직접 형성해 나간다.
"이는 가장 기초적인 단계로, 각 개념과 기술이 서로 연결되지 않은 채 독립적으로 학습되는 상태를 의미해요." "아이스크림을 각각 먹어요."	"이 단계에서는 하나의 주제를 중심으로 학습이 이루어지지만, 여전히 각 교과의 학습은 개별적으로 진행돼요." "하나의 콘에 있지만 여러 맛을 느낄 수 있어요."	"이 단계에서는 교과 간의 실질적인 연계가 이루어지며, 이를 통해 더 깊은 수준의 학습이 가능해져요." "여러 가지 토핑으로 맛을 내지만 토핑이 무엇인지 알 수 있어요."	"가장 발전된 형태의 통합 단계로, 학생들이 실질적인 문제 해결 과정에서 여러 교과의 지식을 종합적으로 활용하고, 자신의 학습을 주도적으로 구성해 나가요." "아이스크림을 블렌딩해서 분리할 수 없어요. 섞여 있는 맛으로 먹어요."

출처: Vasquez, J. A., Comer, M., & Sneider, C. (2013). STEM lesson essentials, grades 3-8: Integrating science, technology, engineering, and mathematics. Heinemann.

표 6-2 단일 학문적 접근에서 초학문적 접근까지의 구체적인 사례

단일 학문적 접근	• 해양 산성화의 정의와 원인 나열 • 산-염기 화학의 이해(아레니우스 정의): pH와 pH 척도, 약산과 강산의 구분, 적절한 지시약 사용, 전해질로서의 산과 염기, 중화, 적정 • 생물체에 대한 pH 변화의 다양한 영향을 요약하는 학습 카드 제작 • 탄산 생성의 화학 반응 메커니즘 검토 • 해수의 구성과 생성 과정 파악 • 평가: 퀴즈
다학문적 접근	• 수학: pH와 관련하여 로그 척도 학습 • 영어: 닉 헤이즈(Nick Hayes)의 그래픽 노블 『Tales of the Modern Mariner』 읽기 • 역사: 지질학적 과거에 해양 산성화로 인한 대멸종 사건 연구 • 공학/기술: 빗물의 pH를 측정하기 위한 빗물 수집 장치 설계 및 제작 • 평가: 퀴즈 + 활동 참여도

(계속)

간학문적 접근	• 팀별로 물, 소금물, 식초에서의 초크 용해 현상 탐구 • 팀별로 초크/해수 구성을 연구하고, 껍데기가 있는 생물과 연관 짓기 • 산성화 과정을 되돌리는 방법에 대해 브레인스토밍하기 • 교사 또는 학생 그룹이 NOAA 전문가를 실제 또는 가상으로 초청하여 강연 진행 • 평가: 데이터 해석 요약 보고서/안내문
초학문적 접근	• 학생들이 시나리오 맥락에서 실제 문제 확인 (비판적 사고) 예 환경 변화가 생물에 미치는 영향은 무엇인가?, 조개류나 산호초의 껍질이 얇아지는 원인은 무엇인가?, 이 과정을 어떻게 늦추거나 되돌릴 수 있을까? • 팀별로 해양 산성화의 영향을 받는 껍데기 생물을 연구하고 선택. 해양 시스템을 설계하고, pH를 측정하고 변화시키며, 변수 조작에 따른 껍데기 변화를 관찰 (협력) • 팀별로 산성화 증가를 완화시키는 해결책을 설계하고, 시험과 재시험을 통해 데이터를 수집하고 분석하여 효과 검증 (창의성) • 팀별로 과학 박람회에서 학급/지역사회에 구두 및 서면으로 해결책 발표 (의사소통) • 평가: 단계별 루브릭+3분 동영상 발표

2) 융합 교육의 다양한 정의

이러한 맥락에서 융합 교육의 의미를 보다 깊이 있게 살펴볼 필요가 있다. 융합 교육은 학자들마다 다양하게 정의해 왔으며, 시대적 맥락과 교육적 필요에 따라 그 의미가 지속적으로 발전되어 왔다. 일반적으로 융합 교육은 전통적인 교과 경계를 넘어서는 교육적 접근으로, 복잡한 실제 문제를 해결하기 위해 여러 학문 분야의 지식, 방법, 관점을 유기적으로 통합하는 것을 의미한다. 특히 융합 교육은 개별 교과를 단순히 병렬적으로 나열하거나 가르치는 것이 아니라, 이들을 하나의 유기적 학습 경험으로 통합하여 제시한다. 이를 통해 학생들은 서로 다른 개념 간의 연관성을 자연스럽게 이해할 수 있으며, 현대 사회의 복잡한 문제들을 통합적 관점에서 해결하는 역량을 기를 수 있다. 이러한 융합 교육에 대한 이해를 더욱 깊게 하기 위해 학자들의 주요 정의를 구체적으로 살펴보면 다음과 같다.

Nicolescu(2002)[10]는 '융합' 대신 주로 '초학문성(transdisciplinarity)'을 강조하지만, 이는 엄격한 학문 경계를 허물고 통찰력을 끌어내야 한다는 점에서 융합 교육과 동일한 맥락을 공유한다. 또한 학문 간 경계가 해체되는 지점에서 진정한 혁신과 통찰이 생긴다고 주장하였으며, 이는 융합 교육이 추구하는 핵심 방향과 일치한다.

Drake와 Burns(2004)[11]는 '융합 교육' 대신 '통합 교육 과정(integrated curriculum)'이라는 용어를 사용했다. 여러 교과를 하나의 통합적 수업으로 엮고, 학생들이 의미 있는 과제를 통해 문제해결능력을 기를 수 있도록 지원하는 방법을 제시한다. 또한 단계별 전략을 구체적으로 소개하여 교사가 교과 간 경계를 허무는 수업을 체계적으로 설계할 수 있도록 돕는다.

Fogarty와 Pete(2009)[12]는 교과 간 경계를 허물어 의미 있는 과제와 프로젝트를 중심으로 학생들이 스스로 사고하고 협력하여, 실제적 문제를 통합적인 시각으로 해결하도록 이끄는 교육 접근 방식으로 융합 교육을 설명하고 있다. Ambrose 외(2010)[13]는 비록 '융합'이라는 용어를 직접 사용하지는 않았지만, 다양한 관점의 통합을 통한 학습 설계가 학생들의 인지적 참여도를 높이고 더 깊은 학습을 유도한다고 설명했다. 이러한 관점은 오늘날 교과 간 경계를 넘나드는 융합 교육의 핵심 취지와 맥을 같이 한다.

김진수(2011)[14]는 미국의 STEAM 교육을 한국의 맥락에서 재해석하며, 이상갑(2001)[15]의 큐빅모형을 확장한 STEAM 교육 큐빅모형을 제안했다. 이 모형은 여러 분야가 하나로 유기적으로 연결되는 과정을 보여주며, 단순한 교과 통합을 넘어 창의적 가치 창출의 중요성을 강조했다는 점에서 의의가 있다.

최정훈(2011)[16]은 STEAM 교육을 창의적 융합 교육의 관점에서 설명했다. 그는 융합 교육이 기초과학의 학문적 경계를 넘어 과학 · 기술 · 공학 간, 학문 간, 더 나아가 제품 · 서비스 · 산업 간의 포괄적 융합을 추구해야 한다고 주장했다. 특히 그는 융합을 단순한 물리적 결합이 아닌 화학적 결합에 비유하며, 완전히 새로운 형태의 창조적 산물을 만들어내는 과정으로 설명했다.

태진미(2011)[17]는 STEAM 교육을 예술 교육의 관점에서 조명했다. 예술 교육의 트렌드가 목적, 내용, 운영 방식 측면에서 과거의 전통적 예술 교육과는 큰 차이가 있다고 밝히면서 예술 융합 교육의 새로운 패러다임을 제시하였다.

백윤수 외(2012)[18]는 STEAM 교육의 관점에서 융합 교육을 과학, 기술, 공학, 예술, 수학 등 다양한 분야의 지식과 경험을 융합하여 창의적 문제해결능력을 기르는 교육이라고 정의했다. 이들은 한국형 STEAM 교육의 실행 방안을 제시하며, 실제 문제해결능력을 갖춘 '융합 인재' 양성을 위한 체계적 접근 방법을 구체화했다.

김성애(2019)[19]는 융합 교육을 실생활의 문제나 주제를 중심으로, 학생들이 각 교과에서 습득한 다양한 지식들 중 문제 해결에 적합한 것을 선별하고 적용하여 해결책을 도출해 내는 통합적 능력을 기르는 교육이라고 정의하였다. 이는 이론적 논의를 넘어 실제 교육 현장에서 어떻게 융합 교육을 구현할 수 있는지에 대한 실천적 적용에 초점을 맞춘 정의로, 특히 학생들이 지식을 활용하는 과정과 문제해결능력의 개발을 강조했다는 점에서 의의가 있다.

미국 국가과학기술위원회(NSTC)(2022)[20]는 『CONVERGENCE EDUCATION: A GUIDE TO TRANSDISCIPLINARY STEM LEARNING AND TEACHING』 보고서에서 융합 교육을 학생이 다양한 학문 분야에 걸쳐 혼합된 접근 방식을 사용하여 지식과 기술을 적용해 새로운 해결책을 만들고 혁신하는, 설득력 있거나 복잡한 사회과학적 문제 또는 주제에 의해 주도되는 것이라고 정의했다.

융합 교육 대신 '융복합 교육'이란 용어를 사용하는 경우도 있다. 김시정과 이삼형(2012)[21]은 '2가지 이상의 교과나 지식체계 등이 만나 완전히 새로운 제3의 지식체계나 교과를 형성하는 것'을 융합 교육, '교과나 지식체계 결합을 통해 하나의 교과로 마련되지만 본래 결합의 대상이 되었던 것들이 그 본래적 성격을 유지하는 것'을 복합 교육이라고 하였다. 따라서 융복합 교육이란 '궁극적으로 학생의 융복합적 사고 능력을 교육하기 위하여 교과와 교과, 또는 서로 다른 배경의 학문이 융합에서 복합에 이르는 다양한 방식으로 결합된 교육'을 의미한다.

이러한 학자들의 정의를 통해 우리는 융합 교육이 단순한 교과 통합을 넘어서는 포괄적이고 혁신적인 교육적 접근이라는 것을 알 수 있다. 특히 융합 교육은 실제적 문제해결능력과 창의성 함양을 핵심 목표로 삼고 있다는 점에서 주목할 만하다.

3) STEM 교육과 STEAM 교육

융합 교육이 어떤 형태로 자리 잡았는지 이해하기 위해서는 STEM 교육과 STEAM 교육을 살펴볼 필요가 있다. 현대의 융합 교육은 하루아침에 등장한 것이 아니라 20세기 초반부터 이어져 온 교육적 전통에 기반을 두고 있기 때문이다. 특히 주목할 만한 것은 1920년대 미국의 진보주의 교육 운동에서 시작된 '통합 교육(integrated education)'이다. 당시 통합 교육은 획기적인 교육적 시도였다. 기존의 교육이 각 교과를 엄격하게 구분하여 가르쳤다면, 통합 교육은 이러한 교과 간의 경계를 허물고자 했기 때문이다. 더 중요한 것은 학생의 경험을 중심에 두고 지식, 감성, 행동이 조화롭게 발달하는 전인적 교육을 추구했다는 점이다. 앞에서도 언급한 바와 같이 역사적으로 통합 교육이 먼저 이론적 토대를 마련했기 때문에 통합 교육의 철학과 방법론은 오늘날 우리가 이야기하는 융합 교육의 방향성과 맥을 같이하고 있다. 현대의 융합 교육 역시 교과 간의 통합을 통해 학생들의 총체적인 성장을 도모하고자 하기 때문이다. 따라서 융합 교육 과정을 설계하고 실행하는 과정에서 통합 교육 과정의 이론적 토대를 차용하는 경향이 있다. 이는 두 교육적 접근이 지식의 유기적 연계와 실제적 학습 경험 제공이라는 공통의 가치를 추구하는 데서 비롯된 현상이다.

융합 교육의 본질을 깊이 있게 이해하기 위해서는 통합 교육의 역사적 발전 과정과 이론적 토대를 함께 살펴볼 필요가 있다. 이러한 역사적 고찰을 통해 현대적 의미의 융합 교육이 형성된 과정과 그것이 추구하는 교육적 가치 및 방법론을 더욱 명확하게 이해할 수 있다.

융합적 접근의 교육은 매우 오래된 역사를 가지고 있다. 고대 그리스 시대부터 철학을 중심으로 수학, 음악, 천문학 등 다양한 영역이 통합된 학문과 교육이 이루어져 왔다. 그러나 현대적 의미의 융합 교육이 체계적인 모습을 갖추기 시작한 것은 1950년대 미국의 진보주의 교육 운동이었으며, 이는 교육 과정 통합이라는 형태로 구체화되었다. 1957년 소련이 최초의 인공위성 스푸트니크 1호를 발사한 사건은 미국 교육계에 큰 전환점이 되었다. 이 사건을 계기로 미국의 진보주의 교육은 깊이 있는 지식 탐구를 저해한다는 비판을 받게 되었고, 지식 중심 교육이 강조되면서 통합 교육의 흐름은 한동안 교육계의 주목을 받지 못했다. 그러나 1980년대 후반에 이르러 통합 교육에 대한 관심이 다시 부활하기 시작했다.

이 시기에는 주목할 만한 두 출판물이 등장했는데, 바로 1989년 제이콥스(H. Jacobs)의 『간학문적 교육과정: 설계와 실행(Interdisciplinary curriculum: Design and implementation)』과 1991년 슈메이커(B. Shoemaker)의 『교육 2000: 통합교육과정(Education 2000: Integrated curriculum)』이다. 이 출판물은 교육 과정 분야에서 통합이라는 개념이 다시 주목받게 되는 중요한 계기가 되었다.[22]

이러한 이론적 토대 위에서 다양한 형태의 교과 통합 접근이 시도되었다. 먼저 MST(Mathematics, Science, Technology) 교육과 STS(Science, Technology, Social Science) 교육이 등장했다. 1993년 미국과학진흥협회(AAAS)는 과학, 수학, 기술의 통합을 권고하기도 하였다. 다만 MST 교육과 STS 교육 모두 수학, 사회, 기술 교육의 통합에 관심을 가진 것이 아니라 새로운 과학 교육 방법으로서 과학 수업을 위한 맥락에서만 제시되었다는 점에서 한계가 있었다.

STEM 교육이 본격적으로 체계화되기 시작한 것은 미국 버지니아 공과대학교의 대학원 기술교육과에 Integrative STEM 교육 과정을 개설하면서부터였다. 이를 계기로 기술 교육을 중심으로 한 STEM(Science, Technology, Engineering, Mathematics) 교육이 본격적으로 논의되기 시작했으며, 진정한 의미의 통합을 이루기 위한 다양한 노력이 이어졌다.

특히 국제기술공학교육학회(ITEEA)는 미국항공우주국(NASA)과 미국국립과학재단(NSF)의 지원을 받아 주목할 만한 성과를 이루었다. 과학, 기술, 공학, 수학 교육 전문가들이 협력하여 초·중등 학교급과 학년별 특성을 고려한 교육 기준을 개발했으며, 이를 바탕으로 preK-12를 위한 Engineering by Design™(EbD™) 프로그램을 구축하였다. 2005~2006년경에 확산되기 시작한 EbD™ 프로그램은 새로운 교육 기준, 신기술, 다양한 기관과의 파트너십에 발맞추어 지속적으로 업데이트되고 있다.

2007년에는 STEM 교육의 새로운 전환점이 있었다. 중학교 기술 교사이자 미국 버지니아 공과대학교 기술교육과 Integrative STEM 전공의 박사과정생이었던 조젯 야크만(Georgette Yakman)은 STEM 수업을 가르치며 흥미로운 현상을 발견했다. 그것은 바로 STEM 수업 시간에 자연스럽게 음악, 미술과 같은 Fine Arts, 사회, 언어, 역사 등과 같은 Liberal Arts가 STEM 교육에 통합되고 있다는 사실이었다. 야크만(Yakman)은 이러한 현상을 체계화하여 STEAM(Science, Technology, Engineering, Art, Mathematics) 교육을 제안했고, 이는 통합 교육의 범위를 더욱 확장하는 계기가 되었다.[4]

그림 6-3 Engineering by Design™(EbD™) 프로그램 일부

Engineering for All (EfA)
Extension Units
Ideal for 7th to 9th grade students
4- to 7-week courses

Vertical Farms: Fresh Food for Cities: In order to address the Grand Challenge of producing food for a growing world population, students become "experts" in designing and constructing hydroponic systems. Once their hydroponic systems are up and running and plants are growing, the students receive a message that their firm has been asked to design a hydroponic system for the wall of an existing apartment building.

Water: The World in Crisis: To address the grand challenge of improving water availability and safety, students will explore issues of water scarcity, including the effects of unsafe water, water contaminants, and water filtration methods. The unit begins as students are told they have been accepted to be part of a team of engineering students working with the local chapter of Engineers across Borders. Students learn about the world water crisis and water scarcity and become "experts" in "traditional" design and construction of water filtration systems.

출처: ITEEA(국제기술공학교육학회). PreK-12th Grade STEM Curriculum byDesign Course Descriptions. https://assets-002.noviams.com/novi-file-uploads/iteea/stemcenter/STEM_Curriculum_2024_v2.pdf

그림 6-4 STEAM 교육 연구 기반 정의 및 프레임워크

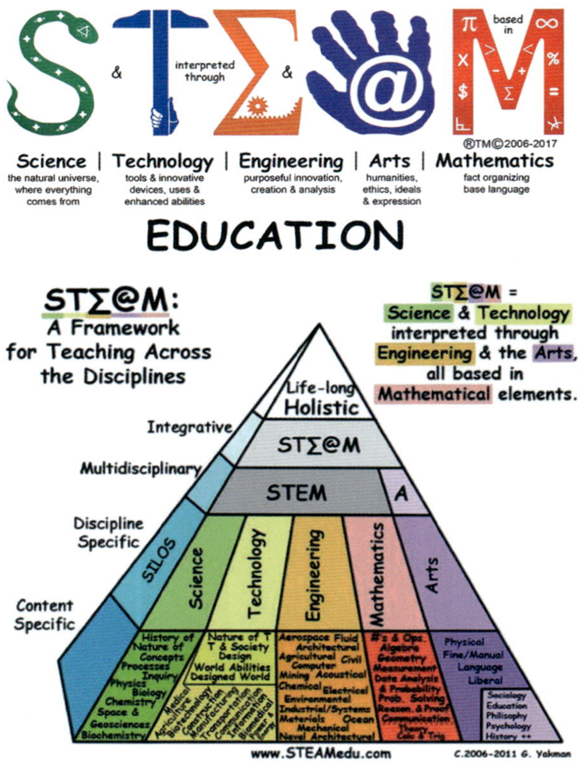

출처: Georgette Yakman. (2019). STEAM - An Educational Framework to Relate Things To Each Other And Reality. K12 Digest. https://www.k12digest.com/steam-an-educational-framework-to-relate-things-to-each-other-and-reality (Accessed 2024. 10. 2.)

이러한 교육 현장의 변화는 정책적 차원에서도 큰 발전을 이루었다. 학계와 교육 현장에서 활발하게 확산되었던 미국의 STEM/STEAM 교육은 정책이 수립되면서 더욱 체계적으로 강화되었다. 특히 국가 경쟁력 강화를 위해 2013년 5월 미국 국가과학기술위원회(NSTC) 산하의 STEM 교육 위원회(CoSTEM)가 「STEM 교육을 위한 5개년 연방 전략 계획」을 수립했다. 이 계획은 이후 5년마다 꾸준히 업데이트되며 시대적 요구를 반영하고 있다.

2018년 12월에 업데이트된 「STEM 교육을 위한 5개년 전략 계획」은 특히 디지털 융합 교육과 관련하여 주목할 만한 내용을 담고 있다. 이 계획은 미국 시민들이 디지털 기술의 혜택을 충분히 활용하고 디지털 경제 속에서 비판적이고 윤리적인 참여자로 성장할 수 있도록 하는 것을 목표로 한다. 이를 위해 computational literacy 구축을 주요 발전 경로로 제시하고 있으며, 구체적으로 '디지털 리터러시와 사이버 안전 증진', '모든 교육에서 컴퓨팅 사고력을 핵심 요소로 만드는 것', '교수와 학습을 위한 디지털 플랫폼의 확대'라는 3가지 세부 목표를 설정하고 있다.

그림 6-5 디지털 융합 교육과 관련된 미국 STEM 교육 5개년 계획

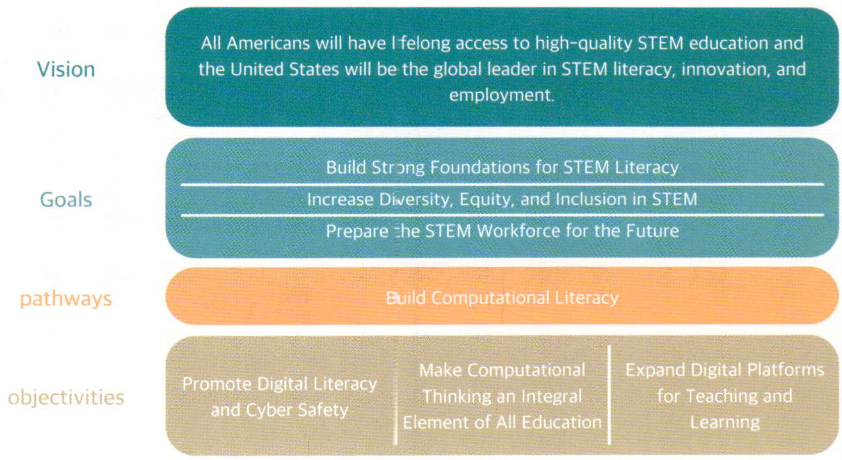

출처: 미국 정부 과학기술정책실. (2021). 연방 STEM 교육 전략 계획 이행 경과 보고서. 2. https://www.energy.gov/sites/default/files/2024-03/2021-CoSTEM-Progress-Report-OSTP.pdf

가장 최근에 업데이트된 2024년 11월에는 「STEM 교육 발전과 STEM 인재 육성을 위한 5개년 연방 전략 계획」이 발표되었다. 이 새로운 계획은 이전의 전략들을 발전시켜 더욱 포괄적인 접근을 보여준다. 평생 STEM 참여, STEM 교수 학습, STEM 인력 양성, STEM 연구 및 혁신 역량 강화, STEM 환경 조성을 핵심 요소로 제시하며, 3가지 중요한 원칙을 바탕으로 하고 있다. 첫째, 모든 개인과 지역사회가 참여할 수 있는 기회를 제공하고(형평성), 둘째, 여러 기관과 다양한 부문이 협력하여 STEM 생태계를 개발하며(글로벌 협업), 셋째, 연방 STEM 전략의 실행 과정에서 투명성과 책임을 강조한다(안전한 STEM 환경).

미국의 이러한 융합 교육 정책이 갖는 특별한 점은 STEM 능력이 특정 분야의 전문가들만이 아닌 모든 사람에게 필요하다고 보는 관점에 있다. 태어나면서부터 성인이 될 때까지 진로나 경력에 관계없이 모든 개인이 STEM 능력을 키워야 한다고 강조하고 있으며, 이것이 바로 지속 가능한 미래를 만드는 핵심이라고 본다. 그러나 이렇게 광범위한 전략을 하나의 정부기관이 단독으로 실행하기는 어렵기 때문에 여러 연방기관이 협력하여 추진해야 한다는 점을 분명히 하고 있다.

그림 6-6 전 생애에 걸친 STEM 인재 개발 전략

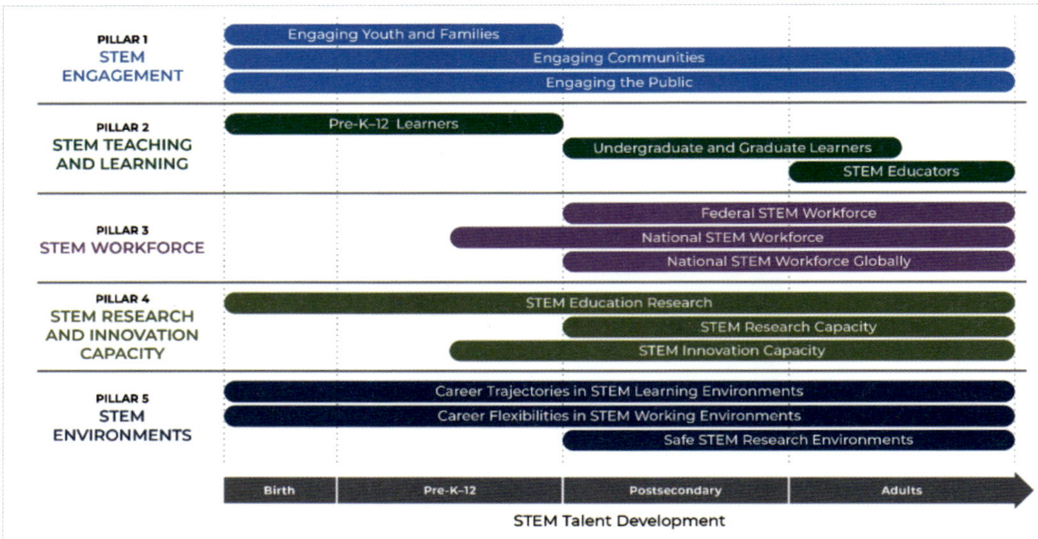

출처: 미국 정부 국가과학기술위원회 산하 STEM COMMITTEE. (2024). STEM 교육 발전과 STEM 인재 육성을 위한 5개년 연방 전략 계획. https://bidenwhitehouse.archives.gov/wp-content/uploads/2024/11/2024fedSTEMplan.pdf

전 세계 학생들은 다양한 교육 프로그램으로 실생활 문제나 더 복잡한 글로벌 이슈를 해결하는 프로젝트 수업을 통해 STEM 교육을 경험하고 있다. 이 중 최근 많이 활용되고 있는 주제로는 밀레니엄프로젝트의 15대 글로벌 과제[23], UN지속가능발전목표(SDGs)[24], NSF 빅 아이디어[25], NASEM 환경공학 그랜드 챌린지와 기회[26], *FIRST*® 재단의 Robotics Program 등이 있다.

STEM 교육이 활성화되면서 이를 가장 잘 실현할 수 있는 도구로 로봇이 주목받았으며,[27] 다양한 로봇 교육 프로그램을 통해 다양한 학교급에서 STEM 교육을 경험하고 있다. 이 로봇 교육 프로그램으로는 다양한 분야의 전문가 거버넌스를 통해 2022년 에너지, 2023년 예술융합, 2024년 해양, 2025년 고고학 등 매년 다른 주제를 발표하여 다양한 국가의 학생들이 STEM 교육을 경험할 수 있도록 하는

FIRST®(For Inspiration and Recognition of Science and Technology) 프로그램, UN의 SDGs를 주제로 한 UN 로봇대회 프로그램, VEX Robotics 프로그램, WRO(World Robot Olympiad) 프로그램 등이 있다. *FIRST*® 프로그램의 경우 세계적으로 가장 많은 학생들이 참여하는 로봇 기반 STEM 교육 프로그램인 만큼 초·중·고등학교에서 STEM, ROBOTICS 등의 교과목에서 교육 과정에 도입하여 활용되고 있다. 정규 및 방과 후 교육 활동, 그리고 경진대회로 그치는 것이 아니라 학생들의 STEM에 대한 자신감, 흥미, 진로 연계 등에 미치는 영향을 대학과 함께 연구하여 2005년부터 매년 영향 보고서를 발표하고 있다. 2024년 보고서에 따르면 *FIRST*® 프로그램을 경험한 학생들은 전체 학생과 여학생 모두 STEM 관련 태도(지식, 정체성, 직업, 활동, 흥미 등)가 *FIRST*® 프로그램을 한 번도 경험하지 못한 학생들로 구성된 비교그룹보다 높아졌다.[28]

그림 6-7 로봇을 활용한 STEM 교육 사례(*FIRST*® 프로그램)

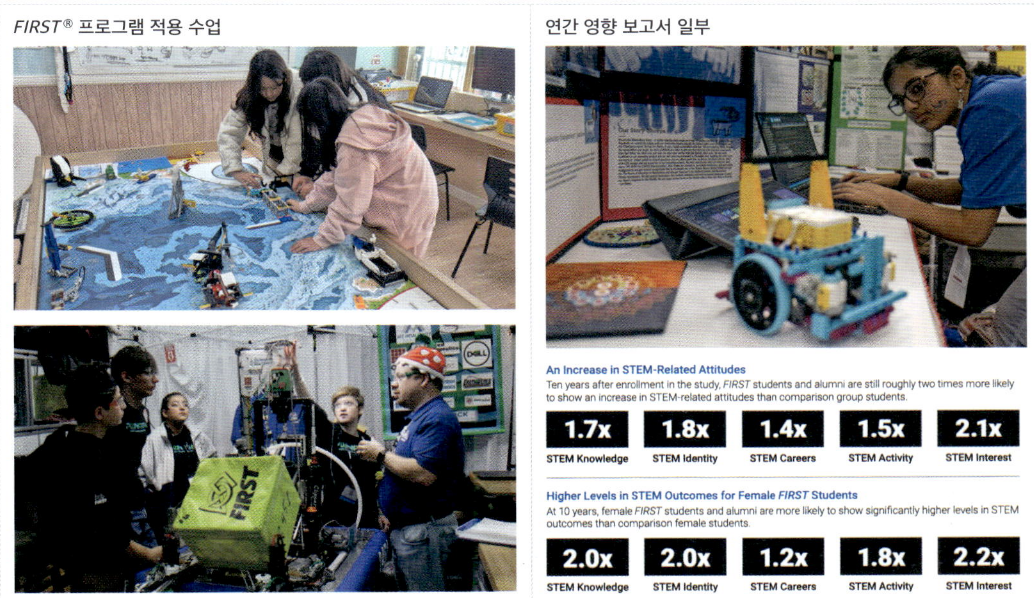

출처: *FIRST*®. https://www.firstinspires.org, 사단법인 상상. https://imagine.or.kr

또한 미국에서 널리 알려진 preK-12 STEM 교육 프로그램인 PLTW(Project Lead The Way) Gateway 프로그램에서는 공학(engineering), 컴퓨터 과학(computer science), 생명 의학(biomedical science) 등의 다양한 모듈을 제공하고 있으며, 학생들이 직접 문제를 해결하고 설계하며 실제 결과물을 만들어보는 경험을 통해 STEM 교육을 실현하고 있다. 공학 과정에는 디자인 및 모델링, 자동화 및 로봇공학, 항공 및 우주, 에너지와 환경, 친환경 건축 등이 포함되며, 모듈 중 가장 많은 과정이 개설되어 운영되고 있다.

그림 6-8 프로젝트 수업 기반의 STEM 교육 사례(PLTW)

출처: PLTW. https://www.pltw.org/blog

한편 우리나라에서 통합 교육의 공식적인 시작은 제4차 교육 과정(1981~1987) 시기로 거슬러 올라간다. 이 시기에 초등학교 1학년과 2학년을 대상으로 한 통합 교과서가 처음 개발되었는데, 교과 간 통합의 성격에 따라 3가지 교과서가 만들어졌다. 도덕, 국어, 사회를 통합한 '바른 생활', 산수(수학)와 자연(과학)을 통합한 '슬기로운 생활', 그리고 체육, 음악, 미술을 통합한 '즐거운 생활'이 그것이다.

이러한 시도는 제5차 교육 과정(1987~1992)에서 더욱 체계화되었다. 이 시기에는 '통합 교육 과정'이라는 공식 명칭이 도입되었고, 이에 따른 통합 교과서가 개발되어 초등학교 저학년에서 본격적으로 활용되기 시작했다. 이후 '통합'이라는 개념은 교육 과정 구성은 물론 실제 교수-학습 상황에서도 핵심적인 교육 원리로 자리 잡게 되었다.

이러한 통합 교육의 흐름은 2009년 12월 23일에 고시된 2009 개정 교육 과정에서 융합형 인재 양성이라는 새로운 방향으로 확장되었다. 2009 개정 교육 과정이 추구하는 방향은 전인적 성장을 위한 '창의 인재'를 양성하는 교육으로의 변화였다. 이에 따라 창의적 체험활동을 도입하여 기존의 특별활동과 창의적 재량활동을 통합하고, 교과 외 활동을 본래의 취지를 살려 체험 중심으로 운영하고자 노력하였다. 2009 개정 교육 과정은 초등학교 1~2학년, 중학교 1학년, 고등학교 1학년을 대상으로 2011년부터 연도별로 적용되었다.

2011년에 교육과학기술부는 미국의 STEAM 교육을 '융합인재교육'이라고 명명하며 본격적으로 우리나라에 도입하였다. 미국의 STEAM 교육이 기술 교육을 기반으로 확산된 것과 달리, 우리나라는 과학 교육을 기반으로 확산되었다. 우리나라의 STEAM 교육은 과학기술 기반의 융합적 사고력과 문제해결능력에 인문학적 · 예술적 소양을 겸비한 과학기술 인재 양성을 목표로 하였으며, 초기에는 '융합인재교육(STEAM)'으로 불리다가 최근에는 '융합교육(STEAM)'으로 명칭이 변경되었다.

한국과학창의재단은 STEAM 융합교육 사이트를 운영하고 있으며, 이를 통해 교수 학습 자료와 정책 성과물 등을 제공하고 있다. 한국과학창의재단은 '융합교육(STEAM)'의 개념을 **그림 6-9**와 같이 제시하고 있다.

그림 6-9 한국과학창의재단의 융합교육(STEAM) 개념

융합교육(STEAM)은 과학기술에 대한 흥미와 이해를 높이고,
과학기술 기반의 통합적 사고와 문제해결력을 함양하는 교육입니다.
STEAM은 Science(과학), Technology(기술), Engineering(공학),
Arts(인문·예술), Mathematics(수학)의 머리글자를 모아서 나타낸
것으로, 과학기술 분야인 STEM에 인문학적·예술적 소양을 겸비한
인재 육성을 고려하여 A를 추가하였습니다.

출처: 한국과학창의재단. https://steam.kosac.re.kr

이러한 융합 교육에 대한 강조는 2015 개정 교육 과정에서 더욱 본격화되었는데, 우리 교육이 추구해야 할 인간상으로 '창의융합형 인재상'을 제시하였다. 교육부는 창의융합형 인재의 의미를 '인문학적 상상력과 과학기술 창조력을 갖추고 바른 인성을 겸비하여 새로운 지식을 창조하고 다양한 지식을 융합하여 새로운 가치를 창출할 수 있는 사람'이라고 정의했다.

이러한 창의융합형 인재 양성을 위해 2015 개정 교육 과정에서는 문과와 이과라는 과정 구분에 따른 고등학생들의 지식 편중을 막고, 균형 있는 지식 습득을 보장하고자 하였다. 이를 위해 국어, 수학, 영어, 사회, 과학 교과에서 반드시 배워야 할 내용으로 구성된 '공통 과목'을 개발하고 이를 모든 학생이 이수하도록 하였으며, 특히 사회 교과와 과학 교과에서는 '통합사회'와 '통합과학'이라는 공통 과목을 개발하여 필수로 이수하도록 하였다.

2024년부터 현장에 적용된 2022 개정 교육 과정에서는 이러한 융합 교육의 방향이 더욱 강화되었다. '미래 사회가 요구하는 역량 함양이 가능한 교육 과정'이라는 비전 아래, 디지털 기초 소양과 AI(인공지능) 교육을 강화하고 있으며, 특히 고교학점제의 도입과 함께 학생들이 다양한 교과를 융합적으로 학습할 수 있는 기회를 확대하였다.

이와 같은 교육 과정의 변화는 단위학교를 중심으로 전개되어 온 융합 교육의 흐름을 잘 보여준다. 특히 주목할 만한 점은 융합 교육이 이제 유치원부터 대학에 이르기까지 전 교육 과정에 걸쳐 새로운 교육 패러다임으로 자리 잡고 있다는 것이다. 이는 현대 사회의 복잡한 문제들을 해결하기 위해서는 기존의 분절된 교과 교육으로는 한계가 있다는 인식이 확산되었기 때문이다.

이와 같이 살펴본 결과, 융합 교육이 국내에 소개되기 시작한 2010년 초반 무렵은 'STEAM'과 '과학

기술의 기반'이 융합 교육을 설명하는 데 있어 필수적인 개념 조건이었음을 확인할 수 있다.

오늘날 교육 현장에서 제시되는 융합 교육은 초기에 소개된 융합 교육의 개념보다 확장된 의미를 담고 있다. 먼저 교육부가 한국과학창의재단에 위탁하여 운영하고 있는 미래형 융합 교육 선도학교 운영 매뉴얼에 소개된 '미래형 융합 교육'의 정의를 살펴보자.

> "미래형 융합 교육은 '2개 이상의 학문 분야나 교과(목)의 지식, 개념 등을 연계하여 미래 사회 구성원으로서 접하게 되는 실생활 문제에 대한 해결 방법을 제시할 수 있도록 융합 역량을 함양하는 교육'입니다. 미래 사회 구성원으로서 접하게 되는 실생활 문제는 가정, 학교 등에서 발생하는 일상의 문제부터 사회, 환경 등의 문제까지 확장될 수 있습니다."[29]

이러한 미래형 융합 교육의 정의에서 알 수 있듯이, 현대의 융합 교육은 미래 사회 구성원으로서 접하게 되는 실생활 문제 해결과 다양한 학문 분야의 연계를 통한 융합 역량 함양에 중점을 두고 있다. 이를 바탕으로 미래형 융합 교육은 다음과 같은 주요 특징을 가진다.

첫째, 미래형 융합 교육은 다양한 주제 선택이 가능하다. 과학 교과에만 기반을 두지 않고 전 교과를 융합 대상으로 주제의 범위를 확장하였다는 점에서 기존의 융합 교육(STEAM)과는 차이가 있다. 과거 STEAM 교육은 '과학기술에 대한 학생의 흥미와 이해를 높이고 과학기술 기반의 융합적 사고력과 실생활 문제해결능력을 배양하는 교육'이며, 어떤 교과라도 중심 교과가 될 수 있으나, 반드시 과학 교과를 포함해야 했다. 하지만 미래형 융합 교육에서는 교과나 주제에 제한을 두지 않으며, 범교과 대상으로 실생활 관련 내용에서부터 사회적 문제에 관한 내용 등 수업에서 다룰 수 있는 주제에도 한정을 두지 않는다. 다시 말해 STEAM 교육과 마찬가지로 어떤 교과라도 중심 교과가 될 수 있고, 주제에 따라 자유롭게 교과에 참여할 수 있도록 설계되었으나, 필수 참여 교과의 조건은 없다.

둘째, 미래형 융합 교육은 교육 공간의 개념을 기존의 교실 공간 또는 교실 밖의 공간에서 온·오프라인 공간으로 확장하였다. 미래형 융합 교육에서는 첨단기술 및 도구 적용 수업이 가능한 에듀테크 환경이 조성되고, 이를 충분히 활용할 수 있도록 권장한다. 또한 교내외 및 지역 인프라를 활용하여 온·오프라인 프로그램을 경험함으로써 미래 사회 다양한 삶의 환경에 적응할 수 있도록 역량을 강화할 수 있는 교육을 지향한다.

셋째, 미래형 융합 교육은 '설계'가 아닌 문제 '해결'에 중심을 둔 성과 산출을 위해 프로젝트 중심 학습(문제 중심 학습)과 과정 중심 평가의 비중을 확대하여 운영한다. 기존의 STEAM 교육에서는 상황 제시, 창의적 설계, 감성적 체험이라는 학습 준거틀의 사용을 권장하여 학생들이 문제를 해결하기 위해 창의적으로 '설계'를 하는 것에 목적을 두었다. 하지만 미래형 융합 교육은 학생이 각 교과의 학습 요소 원리를 이해하고, 이를 융합하여 활용하고자 하는지에 중점을 둔다. 그리고 교사는 문제를 '해결'하기 위한 '과정'에 개입하여 학생이 스스로 융합할 수 있는 역량을 기를 수 있도록 돕는다.

3. 디지털 융합 교육의 의미

앞에서 살펴본 바와 같이 국내의 초기 융합 교육은 미국의 STEM 교육과 STEAM 교육을 기반으로 초·중·고등학교에서 활발하게 추진되었다. 그리고 최근에는 고등 교육 현장인 대학 교육에서도 AI 시대를 이끌어갈 창의적인 인재 양성을 위한 대안적 교육으로 주목받고 있으며, 모든 전공에서 이를 적용하고 있다. 이처럼 교육 현장에서 융합 교육의 중요성이 강조되는 가운데, 특히 디지털 기술의 발전과 함께 새로운 형태의 융합 교육이 요구되고 있다.

이러한 변화의 흐름 속에서 디지털 융합 교육의 의미를 보다 깊이 있게 이해할 필요가 있다. 디지털 융합 교육은 단순히 기존의 융합 교육에 디지털 기술을 더하는 것이 아니라, 디지털 기술의 고유한 특성을 깊이 이해하고 이를 바탕으로 교육의 전반적인 구조를 재설계하는 것을 의미한다.

디지털 융합 교육의 핵심은 디지털 기술이 제공하는 새로운 가능성을 교육적으로 재해석하는 데 있다. 디지털 기술은 단순한 도구가 아니라 학습 경험을 근본적으로 변화시키는 매개체로서, 학생이 지식을 이해하고 구성하는 방식 자체를 변화시킬 수 있다. 예를 들어 영어 수업에서 AI 챗봇을 활용할 때, 단순히 기존 회화 수업의 보조 도구로 AI를 사용하는 것은 진정한 의미의 디지털 융합 교육이라 할 수 없다. 그보다는 AI의 고유한 특성, 즉 실시간 피드백이 가능하다는 점, 학생의 수준에 맞춤화된 대화가 가능하다는 점, 다양한 상황과 맥락에서의 언어 사용을 경험할 수 있다는 점 등을 고려하여 수업 전체를 재구성해야 한다.

이와 같은 기술의 특성을 고려한 수업 재구성은 교육 환경을 전반적으로 변화시킨다. 교육 과정의 재구성뿐만 아니라 교사의 역할 변화, 학습 공간의 재설계, 평가 방식의 혁신 등이 함께 이루어져야 한다. 교사는 더 이상 지식의 전달자가 아닌 학습 경험의 설계자이자 조력자로서의 역할을 수행하게 되며, 학습 공간은 디지털 기술을 활용한 상호작용과 협력이 자유롭게 이루어질 수 있는 환경으로 진화해야 한다. 또한 평가는 단순한 지식의 습득 여부를 넘어 디지털 환경에서의 문제해결능력, 협업 능력, 창의적 사고력 등을 종합적으로 측정할 수 있는 방식으로 발전되어야 한다.

더불어 디지털 융합 교육은 미래 사회가 요구하는 새로운 역량 개발에도 주목한다. 디지털 리터러시, 컴퓨팅 사고력, 디지털 시민성 등은 현대 사회를 살아가는 데 필수적인 역량이 되었다. 디지털 융합 교육은 이러한 역량을 자연스럽게 함양할 수 있는 교육적 맥락을 제공함으로써 학생들이 디지털 사회의 능동적이고 책임감 있는 구성원으로 성장할 수 있도록 지원한다.

이와 같은 미래 역량 함양을 위해 디지털 융합 교육이 지향하는 목표와 가치를 실현하기 위해서는 그 특징을 보다 구체적으로 이해할 필요가 있다. 디지털 융합 교육에는 크게 3가지 중요한 특징이 있다.

첫째, 디지털 융합 교육은 디지털 기술의 특성을 깊이 있게 이해하고 활용한다. 즉, 각각의 디지털 기술이 가진 고유한 특성(상호작용성, 즉시성, 연결성 등)을 교육적 맥락에서 재해석한다. 예를 들어 AI 기반 학습 도구를 활용할 때는 AI가 지닌 개별 학생에 대한 즉각적 피드백 기능, 학습 데이터 분석을 통한 맞춤형 학습 경로 제시 능력, 다양한 학습 자료의 실시간 제공 가능성 등을 교육적으로 활용할 수 있다. 또한 교육용 로봇의 경우, 물리적 상호작용이 가능하다는 특성을 활용해 추상적 개념을 구체적 경험으로 전환할 수 있다. 예를 들어 초등 수학에서 로봇 프로그래밍을 통해 각도와 거리 개념을 체험적으로 학습하거나, 과학 실험에서 로봇을 활용하여 센서 데이터를 수집하고 분석하는 등 실질적인 탐구 활동을 설계할 수 있으며, 기술 수업에서 자율주행차량을 설계하고 제작함으로써 실질적인 수송 및 물류 기술을 체험하고 이해할 수 있게 된다.

둘째, 디지털 융합 교육은 학습 경험의 질적 변화를 추구한다. 이는 단순히 기존 교육 방식에 디지털 요소를 추가하는 것이 아니라, 학생이 지식을 이해하고 구성하는 방식 자체를 새롭게 설계하는 것을 의미한다. 영어 회화 수업에서 AI 챗봇을 활용할 때는 실시간 발음 교정, 맥락에 맞는 다양한 표현 제시, 학생의 수준에 따른 대화 난이도 조절 등의 특성을 활용하여 학생이 능동적으로 언어를 탐구하고 사용하는 경험을 설계할 수 있다. 한편 메타버스를 활용한 역사 수업에서는 가상의 역사적 공간을 구현하여 학생들이 특정 시대의 환경을 직접 체험하고, 다른 시대의 학생들과 실시간으로 소통하며, 역사적 사건을 재현하고 토론하는 등의 몰입형 학습 경험을 제공할 수 있다.

셋째, 디지털 융합 교육은 교육의 목표와 방법을 유기적으로 재구성한다. 이는 디지털 기술이 제공하는 가능성을 고려하여 교육 과정 전반을 새롭게 구조화하는 것을 의미한다. AI를 활용한 영어 교육에서는 실질적인 의사소통 경험을 통해 실용적인 언어 사용 능력을 기르는 것을 목표로 할 수 있다. AR(증강현실)을 활용한 과학 교육에서는 추상적인 과학 개념을 시각화하고 실제 환경과 결합하여 제시함으로써 과학적 원리에 대한 직관적인 이해와 실생활 적용 능력을 함양하는 것을 목표로 삼을 수 있다. 예를 들어 분자 구조나 전자기장과 같이 눈에 보이지 않는 현상을 AR로 시각화하여 관찰하고, 실험 결과를 실시간으로 AR에 투영하여 분석하는 등 새로운 형태의 과학 탐구 활동을 할 수 있다.

이러한 3가지 특징을 종합해 보면 디지털 융합 교육은 기존의 융합 교육과 디지털 기술을 단순히 조합하는 것이 아니라 디지털 기술의 고유한 특성을 깊이 이해하고 이를 교육적으로 재해석하여 학습 경험 전반을 혁신적으로 재구성하는 교육적 접근을 의미한다. 이는 단순한 디지털 도구의 활용을 넘어서, 학생들이 지식을 이해하고 구성하는 방식 자체를 근본적으로 변화시키는 것을 목표로 한다. 더불어 디지털 융합 교육은 미래 사회가 요구하는 새로운 역량, 즉 디지털 리터러시, 컴퓨팅 사고력, 디지털 시민성 등을 자연스럽게 함양할 수 있는 교육적 맥락을 제공한다. 이를 통해 학생들은 디지털 사회의 능동적이고 책임감 있는 구성원으로 성장할 수 있게 된다. 결과적으로 디지털 융합 교육은 단순한 교수법의 변화가 아닌, 디지털 시대에 부응하는 새로운 교육 패러다임으로서의 의미가 있다. 이는 교육의 목표, 내용, 방법, 평가 등 교육의 모든 측면에서 혁신을 요구하며, 이러한 변화는 미래 사회에 필요한 인재를 양성하는 데 기여할 수 있다.

CHAPTER
7

디지털 융합 교육의 유형

디지털 융합 교육에 적합한 유형은 무엇일까? 어떤 내용을, 어떤 교육 과정에서, 어느 학교의 누구를 대상으로 하는지에 따라 적합한 융합 교육 유형은 달라진다. 따라서 어떤 유형이 적합하다고 말하기보다 다양한 유형을 제시하고 교사가 수업을 설계할 때 가장 적합한 유형을 선택하도록 하는 것이 바람직할 것이다. 즉, 디지털 융합 교육에 적합한 유형을 알아보는 여정은 다양한 융합 교육의 유형을 파악하는 것이라고 할 수 있다.

융합 교육의 유형은 학자들마다 다양하게 제시하고 있으며, 일반적으로 통합 교육 유형에 근거해 설명한다. 학자들이 제시한 통합 교육 유형을 종합해 보면 교과의 통합 형태에 따른 접근, 학문과의 통합 정도에 따른 접근, 통합 요소에 따른 접근으로 구분해 볼 수 있다.[4, 15, 30, 31, 32, 33]

1. 교과의 통합 형태에 따른 접근

'구조적 통합'으로 알려진 접근 방식은 주로 교과 내용을 통합하는 방식에 중점을 둔다. 이 방법은 교과목 내의 지식 구조를 재구조화하는 것을 강조하기 때문에 일반적으로 '교사 중심 통합'이라고 일컬어진다. 교사가 중심적인 역할을 하여 지식을 체계적으로 제시하고, 교과의 구조를 재구성하는 방식이기 때문이다. 이와 대조적으로 '기능적 통합'은 통합적인 경험을 중시하는 학습을 통해 학생들의 통합적인 능력을 계발하는 데 중점을 두기 때문에 '학생 중심 통합'이라고 불린다.

이 장에서 우리는 교과의 통합 형태에 따른 접근을 학습할 것이기 때문에 구조적 통합을 중심으로 탐구할 것이다. 구조적 통합은 크게 '양적 통합'과 '질적 통합'의 두 가지 유형으로 분류할 수 있다.

1) 양적 통합

양적 통합은 각 학문 분야의 구조적 경계를 존중하면서 각 교과가 독립적으로 통합에 기여하기 때문에 교과의 수가 늘어나게 된다. 이는 통합의 정도가 매우 약한 편에 속하지만 학문 간의 명확한 구분을 허용한다는 특징이 있으며, 학습 자료를 연속적으로 제시하는 경향이 있다. 양적 통합은 '합산적 통합'과 '기여적 통합'이라는 두 가지 형태로 나눌 수 있다.

합산적 통합은 각 교과를 독립적으로 지도하는 것을 원칙으로 한다. 예를 들어 시간표를 블록 단위로 진행하면서 공통 주제에 따라 여러 과목을 결합할 수도 있고, 한 명의 교사가 2~3가지 관련 과목을 가르칠 수도 있다. 여기서 목표는 교과에서 다루는 내용이나 구조를 변경하기보다는 구조적인 조정을 통해 통합을 촉진하는 것이다.

기여적 통합은 합산적 통합과 달리 주제 전반에 걸쳐 공통 요소를 식별하고 강조함으로써 각 교과가 학생들의 학습을 상호 보완하고 지원할 수 있도록 한다. 예를 들어 한 과목에서 다루는 개념이 다른 과목의 부족한 부분을 보충하거나 강화하여 더욱 상호 보완된 학습 경험을 창출할 수 있다. 이 방법은 학생들이 다양한 관점에서 주제에 접근할 수 있도록 함으로써 학생들의 이해를 심화시키고 궁극적으로 지식과 이해력을 풍부하게 만든다.

기후 위기를 주제로 하여 교과의 통합 형태에 따른 양적 통합을 유형별로 살펴볼 때, 실제 수업에서 활용되는 예시를 정리해 보면 **표 7-1**과 같다.

표 7-1 기후 위기를 주제로 한 양적 통합의 유형별 예시

구분	개념	수업 내용 예시
합산적 통합	교과의 독립성을 존중함, 공통된 주제로 구성됨	기후 위기에 대해 과학, 기술, 사회, 미술, 음악 등을 독립적으로 학습함
기여적 통합	교과목 전반에 공통된 요소를 파악하여 교육함	과학에서 수학 시간에 배운 계산 능력을 활용해 탄소발자국을 계산함, 수학에서 과학과 기술 시간에 배운 기후 위기 내용을 바탕으로 이산화탄소 배출량 데이터를 분석함

2) 질적 통합

질적 통합은 양적 접근 방식과 달리 다양한 주제의 요소를 보다 응집력 있고 통일된 전체로 재구성한다. 이 방법은 다양한 분야를 연결하는 기본 원칙과 개념을 식별하여 더 깊이 있는 이해를 추구한다. 또한 학습 자료를 재검토하고 공통 구조 원칙을 강조함으로써 포괄적이고 상호 연결된 교육 경험을 창출하는 것을 목표로 한다.

질적 통합은 '융합적 통합'과 '종합적 통합'으로 구분된다. 융합적 통합은 단순히 주제를 재배치하거나 보완하는 것을 넘어선다. 여기에는 공유된 원칙, 중복되는 주제 또는 학문 전반에 걸친 공통 관심사를 기반으로 교육 프로그램을 완전히 재구성하는 것이 포함된다. 이는 통합에 대한 기능적 접근 방식과 유사한 점도 있지만, 융합적 통합은 근본적으로 구조적이다. 주요 목표는 상호 연결성을 강조하는 방식으로 지식을 재구성함으로써 의미 있고 학생 중심적인 학습 경험을 창출하는 것이다.

종합적 통합은 개별 주제나 학문의 경계를 넘어 더 넓은 관점을 취하며, 여러 분야에 걸쳐 중요한 개념과 공유된 의미를 식별하고 탐구한다. 이 접근 방식은 학생들이 다양한 방법론을 비교하고, 현실에 대한 다양한 접근 방식을 해석하며, 대조되는 가치와 관점을 비판적으로 평가하도록 장려한다. 이 과

정을 통해 종합적 통합은 고차원적인 사고를 촉진하고, 다양한 학문이 우리의 지식에 어떻게 기여하는지를 더 깊이 탐구하게 한다. 종합적 통합은 질적 통합에서 지식이 구조화되고 제시되는 방식을 더욱 개선하기 위해 선형적 통합, 순환적 통합, 방법론적 통합, 총체적 통합으로 구분된다.

선형적 통합은 지식의 고유한 구조에 기초한 방법으로, 논리적 연결을 반영하는 순서대로 주제를 정렬하여 단계별 이해를 촉진한다. 순환적 통합은 학생의 발달 단계에 맞게 설계된 접근 방식으로, 학생들은 계속해서 성장하므로 학생의 발달 단계에 다라 적합한 방식으로 지식의 특정 측면을 선정하여 제시하는 것이다. 방법론적 통합은 문제 분석이나 비판적 사고와 같이 다양한 과목을 가르치는 방식에서 통일된 원칙을 도출하거나 다양한 분야의 기초가 되는 방법과 프로세스를 강조하는 것을 말한다. 총체적 통합은 지식을 별도의 과목으로 나누어보는 것이 아니라 실제 경험에서 연관성을 찾고, 학습의 모든 측면을 삶 전체와 연결시켜 모든 것이 어떻게 조화를 이루는지 이해하는 것을 강조한다.

기후 위기를 주제로 하여 교과의 통합 형태에 따른 질적 통합을 유형별로 살펴볼 때, 실제 수업에서 활용되는 예시를 정리해 보면 **표 7-2**와 같다.

표 7-2 기후 위기를 주제로 한 질적 통합의 유형별 예시

구분		개념	수업 내용 예시
융합적 통합		공유된 원칙과 학문 전반에 걸쳐 중복되는 관심 사항을 중심으로 교육을 재구성함	과학, 사회, 기술, 도덕 교과에서 학생들이 단일 학습 경험의 상호 연결된 부분으로 기후 시스템, 인간에게 미치는 영향, 해결책, 윤리적 책임을 조사하는 통합 프로그램을 결합시킴
종합적 통합	선형적 통합	이해를 돕기 위해 논리적으로 배열된 학습으로 단계별 이해를 촉진함	과학 시간에 온실효과 이론 학습 → 기술 시간에 신재생에너지 기술 및 영향 학습 → 사회 시간에 사회경제적인 영향 학습 또는 토론 등으로 선형적으로 학습
	순환적 통합	발달 단계에 맞게 복잡성을 증가시킴	지구온난화가 동물과 식물에 미치는 영향 학습(초등) → 화석연료와 신재생에너지가 미치는 영향 학습(중등) → 심층적인 과학 또는 기술적 메커니즘 연구(고등)
	방법론적 통합	문제 분석이나 관찰과 같은 공유된 교육 방법이나 전략에 중점을 둠	각 교과목에서 패턴 인식, 데이터 분석, 의사결정 등의 방법을 공유하여 기후 변화를 탐구함
	총체적 통합	학습의 모든 측면을 삶의 경험에 연결하고, 지식의 총체성을 강조함	각 교과목에서 다양한 관점으로 기후 변화를 탐구하되 삶과 연계함

2. 학문과의 통합 정도에 따른 접근

학문과의 통합 정도에 따른 접근은 김재복(1983)[31], Drake(1993)[33] 외 다양한 학자들에 의해 제시되고 있다. 이때 공통으로 등장하는 용어는 간학문, 다학문, 탈학문이다. 김재복, Drake는 학문을 중심으로 이루어지는 교육 과정 통합의 유형을 다학문적 통합(multidisciplinary integration), 간학문적 통합(interdisciplinary integration), 탈학문적 통합(extradisciplinary integration)으로 분류했으며, Drake는 다학문적 통합, 간학문적 통합, 탈학문적 통합으로 갈수록 통합의 정도가 강해진다고 하였다. 각각의 통합적 접근은 고유한 특징이 있으며, 주제 전반에 걸쳐 지식을 결합하는 다양한 방법을 강조한다.

다학문적 통합 유형에서는 개별 학문이나 교과의 독립성이 인정되며, 교과별로 특정 주제와 관련이 있는 내용을 각 학문의 시각에서 독립적으로 가르친다. 이 유형에서 수학, 과학, 기술 교사는 학생들이 서로 다른 교과 수업에서 배운 내용 사이의 연관성을 명확하게 이해할 수 있도록 돕는다.

학습 주제가 기후 위기인 경우 다학문적 통합의 교과별 예시는 다음과 같다. 수학 시간에는 수십 년 동안의 지구 온도 추세를 보여주는 그래프를 분석할 수 있으며, 과학 시간에는 이산화탄소가 온실효과와 지구온난화에 미치는 영향을 이해할 수 있다. 기술 시간에는 재생 가능 에너지 기술과 이러한 기술이 탄소 배출을 줄이는 데 어떻게 도움이 되는지 학습할 수 있다. 각 과목은 독립적으로 가르치며, 학생들은 학습 주제를 직접 연결하지 않고도 여러 분야에서 통찰력을 얻을 수 있다. 이 접근 방식은 각 학문 분야의 구조와 방법론을 존중하면서도 공유된 주제에 초점을 맞추고 있다.

간학문적 통합 유형에서는 학문이나 교과 사이의 경계선이 허물어지며, 개념 또는 방법이나 과정을 중심으로 2개 이상의 학문을 연결하거나 재구성하는 방식이다. 대부분의 교과는 이러한 학제성을 가지고 있으므로 하나의 주제를 중심으로 여러 가지 학문이 통합될 수 있다. 이 유형에서 수학, 과학, 기술을 담당하는 교사는 학제적 단위를 개발하기 위해서 서로 협력한다.

학습 주제가 기후 위기인 경우 교사들은 기후 위기에 대한 단원을 설계하고, 학생들은 다양한 학문 분야가 실제로 어떻게 연계되는지 이해할 수 있다. 과학 시간에 기후 위기의 원인과 개념을 배울 때 수학 시간에 배운 방정식이나 함수 등의 개념을 통해 탄소발자국을 계산할 수 있으며, 기술이나 정보 시간에 날씨와 관련된 프로그래밍을 할 때 수학 시간에 배운 수학적 기초 소양을 바탕으로 데이터를 분석할 수 있다. 학습의 중점을 공통된 문제나 개념에 두어 학생들이 각 교과에서 배운 내용을 연관 지어서 이해할 수 있도록 한다.

탈학문적 통합 유형에서는 학문 간의 벽을 허물고, 전체적으로 통합된 접근법이 나타난다. 이것은 학문 간의 관련성에 중점을 두는 것이 아니라, 학습이 이루어지는 과정이나 심리적 측면을 강조한다. 이 접근 방식에서 수학, 과학, 기술 교사는 각 과목을 각각 3시간씩 가르치거나, 함께 팀티칭(협동지도)하는 등 통합된 수학, 과학, 기술 과목으로 묶어서 시간표를 작성한다.

학문과의 통합 정도에 따른 접근 유형을 그림으로 나타내면 그림 7-1과 같다.

그림 7-1 학문과의 통합 정도에 따른 접근 유형

3. 통합 요소에 따른 접근

통합 요소에 따른 접근은 학자마다 다양하기 때문에 흥미, 활동, 탐구, 경험, 기초학습기능, 주제, 문제 등으로 통합 요소 및 학습 요소를 분류할 수 있으며, 융합 교육에 적합한 통합 교육 프로그램에 맞추어 주제 중심, 활동 중심, 문제 중심, 필요와 흥미 중심으로 나눌 수 있다.[4]

① 주제 중심 통합

주제 중심 통합은 특정 주제를 중심으로 관련 내용을 다양한 분야의 콘텐츠와 통합적으로 구성하는 방식이다. 이 방법은 교과목 간의 경계를 넘어서 주제를 포괄적으로 탐구할 수 있게 해준다. 또한 주제를 깊이 이해하고, 그 중요성을 인식하며, 지식을 다양한 맥락에 적용하는 데 중점을 둔다. 이 접근 방식은 다양한 영역의 아이디어를 연결함으로써 학생들이 더 넓은 관점에서 각 분야가 주제에 어떻게 기여하는지 이해하는 데 도움을 준다.

② 활동 중심 통합

활동 중심 통합은 학생들이 자신의 생각, 감정, 아이디어를 자유롭게 표현할 수 있는 활동에 초점을 맞추는 방식이다. 이 방법에서 학생들은 창의적이고 자발적인 활동에 참여하게 되고, 이 과정 속에서 스스로 다양한 표현을 하는 것을 학습 과정의 핵심으로 삼는다. 이러한 접근 방식은 창의성을 키우는 데 효과적이며, 학생들이 자발적이고 창의적인 문제해결능력을 개발하는 데 도움을 준다.

③ 문제 중심 통합

실제 문제나 과제를 중심으로 학습을 구성하는 접근 방식이다. 현대 사회 문제를 단위별로 구성하고, 다양한 분야의 지식과 데이터 및 정보를 결합하여 이러한 문제를 포괄적으로 해결하고자 한다. 이 방법은 학생들이 복잡한 실제 문제에 대한 해결책을 찾기 위해 노력하면서 배운 내용을 실질적인 방법으로 적용하고 비판적 사고, 협력적 태도, 문제해결능력을 배양하는 데 도움을 준다.

④ 필요와 흥미 중심 통합

Ingram(2014)[34]은 교과 중심의 교육이 학생들의 학습 흥미를 떨어뜨리고, 집중하지 못하는 학생들이 수업 시간에 소외감을 느낄 수 있기 때문에, 학습 동기를 유발하고 스스로의 경험을 변별할 수 있도록 하기 위해 필요와 흥미 중심의 통합이 필요하다고 보았다. 필요와 흥미 중심 통합은 학생들의 심리적 요구, 동기, 개인적인 관심을 우선시하는 교육적 접근 방법이다. 이 방법은 과목의 핵심 내용에만 교육과정을 집중시키는 대신, 학생들이 흥미를 느끼는 내용에 맞게 수업을 맞춤화한다. 또한 학습을 관심 분야에 맞추고 개인의 요구사항을 해결함으로써 학생들의 호기심을 유발하고 동기를 부여하며, 보다 개인화되고 즐거운 학습 경험을 창출한다.

이러한 통합 요소를 중심으로 한 통합 방법은 더욱 풍부한 학습 경험을 제공할 수 있다. 또한 이와 같은 접근 방식을 통해 학생들에게 학습은 더욱 매력적이고 의미 있으며 실제 삶에 적용 가능한 형태로 확장되고, 교사는 전통적인 교과 장벽을 허물고 지식의 상호 연결성에 대해 더 깊이 이해할 수 있을 것이다. 앞의 통합 요소별 내용을 정리하면 **표 7-3**과 같다.

표 7-3 통합 요소에 따른 접근 유형 비교

구분	지향점	주요 기능	예시
주제 중심	다양한 학문 분야의 중심 주제 탐구	여러 주제 중 의미 있는 주제 선택	사회, 과학, 기술·가정, 미술을 통해 '지속 가능한 발전'에 대해 학습
활동 중심	창의적이고 표현력 있는 활동 참여	이야기 쓰기, 예술 작품 만들기, 공연 등 학생이 만든 작품을 중심으로 학습	벽화를 그리고, 이야기를 만들며, 환경 인식에 관한 연극 공연을 하면서 '환경'에 대해 학습

(계속)

구분	지향점	주요 기능	예시
문제 중심	학제 간 학습을 통해 현실 세계의 문제 해결	지식을 통합하고 실행 가능한 해결책을 개발하기 위해 사회적으로 이슈가 되는 문제를 중심으로 학습	사회, 과학, 기술·가정 수업에서 음식물 쓰레기 문제 해결 방안 탐색
필요와 흥미 중심	학생들의 개인적 관심과 필요에 맞춰 수업 조정	학생들의 공감을 불러일으키는 주제에 중점을 두고 동기 부여 및 참여도 향상	학생들의 흥미와 관심을 바탕으로 온라인 게임을 통한 기술, 수학, 역사 탐구

지금까지 다양한 통합 유형을 살펴보았다. 이 유형들을 디지털 융합 교육에 어떻게 적용할 수 있을까? 몇 가지 유형을 중심으로 살펴보자.

먼저, 교과의 통합 형태에 따른 접근 중 기여적 통합이다. 기여적 통합은 교과목 전반에 디지털 교육을 융합하는 데 필요한 공통된 요소를 파악하여 교육할 수 있다는 점에서 유용하다. 예를 들어 수학, 과학, 기술에서 기후 위기를 기반으로 디지털 융합 교육을 할 때 '기후 데이터'라는 공통된 요소를 파악할 수 있다. 수학 시간에는 기후 데이터를 수학적으로 분석하는 과정에서 디지털 융합 교육이 실현되며, 과학 시간에는 기후 데이터를 기반으로 시뮬레이션을 돌려봄으로써 디지털 융합 교육을 실현할 수 있고, 기술 시간에는 기후 위기를 주제로 디지털 요소를 융합하여 발명 아이디어를 창출 및 구현함으로써 디지털 융합 교육을 실현할 수 있다.

둘째, 학문과의 통합 정도에 따른 접근 중 다학문적 접근 방식의 경우 각 과목의 독립성을 존중하면서 공유된 주제를 중심으로 수업을 구성하는 것이므로, 기후 위기라는 주제를 과학, 기술·가정(기술 영역), 정보 교육 과정에 맞춰 디지털 기술을 융합하여 수업을 진행할 수 있다. 중·고등학교에서 융합 교육을 시행한다면 각 교과가 독립적으로 교과의 교육 과정이나 내용을 변경 또는 재구성하지 않고 공통된 주제를 수업하는 다학문적 접근 방식이 일반적으로 가장 많이 활용된다.

간학문적 접근 방식을 적용한다면 공통의 목표를 달성하기 위해 각 과목의 교육 과정을 재구성할 수 있다. 예를 들어 에너지 효율을 생각한 친환경적인 스마트 시티를 개발하는 프로젝트를 진행한다고 하자. 이때 국어 시간에는 의사소통이나 제안서와 같은 문서화에 초점을 맞추되, 디지털 도구를 활용할 수 있다. 수학 시간에는 설계 시 계산, 비용 계산, 인구 증가 예측 등의 분석적이고 정량적인 계산에 초점을 맞추되, 공학 도구를 활용하여 효율성을 높일 수 있다. 과학 시간에는 스마트 시티와 관련된 과학적 원리에 초점을 맞추되, 시뮬레이션을 적용할 수 있다. 기술 시간에는 스마트 시티에 대한 아이디어를 창출하고 설계하며 프로토타입을 만드는 것에 초점을 맞추되, 아이디어에 IoT(사물인터넷) 장치를 추가할 수 있으며 설계 시에는 3D 모델링을, 프로토타입 개발 시에는 각종 디지털 도구를 활용할 수 있다.

탈학문적 접근 방식은 특정 과목이나 학교라는 시스템에 제한을 두지 않고 실제 문제를 해결하는 데 중점을 둔다. 예를 들어 물 부족을 주제로 한다면 시청이나 구청과 같은 지방자치단체 및 NGO와 협력할 수 있으며, 학생 자율 동아리 시간에 GIS 매핑 도구를 활용하여 지역의 수원을 분석할 수 있고, 봉사활동 시간에는 디지털 센서를 활용하여 수질을 측정할 수 있다. 또한 개인 브이로그를 활용하여 물 부족의 심각성을 홍보할 수도 있다. 이 방식은 교과에 제한을 두지 않고 학교 내 다양한 시스템을 활용하며, 개인 및 사회와 연대하는 방식으로 접근할 수 있다.

셋째, 통합 요소에 따른 접근 중 주제 중심 통합은 동일한 주제를 다룬다. 예를 들어 로봇을 주제로 한다면 과학 시간에는 로봇을 설계할 때 고려해야 하는 운동량이나 충격량과 같은 원리를 학습하되, 시뮬레이션을 통해 이해를 도울 수 있으며, 기술 시간에는 실제 로봇을 설계하고 제작하는 방식으로 통합이 이루어질 수 있다.

활동 중심 통합은 활동을 중심으로 통합이 이루어지는 방식으로, 다문화 축제를 기획하기 위해 국어, 영어, 제2외국어와 같은 언어 수업에서 디지털 초대장을 만들고, 미술 시간에 행사용 포스터 디지털 브로슈어와 부스를 디자인할 수 있다. 또한 수학 시간에는 축제 예산을 책정하고 비용을 관리하는 활동을, 정보 시간에는 다문화 축제 예산 관리 프로그램을 만드는 활동을 통해 학생들이 적극적으로 창작하고 참여할 수 있다.

문제 중심 통합은 사회적으로 이슈가 되는 문제를 중심으로 통합이 이루어지며, 실제 문제 해결을 위해 다양한 분야의 지식과 기술을 통합함으로써 학생들이 다양한 관점에서 접근할 수 있는 수업 방식이다. 예를 들어 딥페이크 문제 해결을 목표로 수업을 진행한다면 인공지능기초 시간에 GAN의 작동 방식을 이해하고, 로봇과 공학세계 시간에 딥페이크 감지 도구를 통해 실제 콘텐츠와 가짜 콘텐츠를 분석하여 기술의 문제점에 대해 토의하는 시간을 가질 수 있다. 또한 국어 시간에는 딥페이크의 위험성을 교육하기 위한 기사를 작성하고 웹에 게시함으로써 인식 제고를 위해 노력할 수 있다.

필요와 흥미 중심 통합은 학생들이 의미 있고 흥미롭다고 생각하는 내용을 기반으로 설계되어, 이를 충족하는 과목이 통합하는 방식이다. 예를 들어 학생들이 우주 탐험을 주제로 정했다면 이를 충족하는 과목은 과학과 기술이고, 과학 시간에는 태양계와 다른 행성에서 생명체가 살아가는 조건을 탐구하고, 기술 시간에는 시뮬레이션을 통해 행성의 위치를 매칭하거나 우주 탐사선을 설계할 수 있다.

그렇다면 이제 다음 페이지에서 개인 또는 모둠별로 디지털 교육에 대한 아이디어를 정리해 보자.

(1) 생각해 보기

다양한 통합 유형 중 디지털 교육에 적합한 유형이라고 생각되는 것은 어떤 유형인가? 자신의 생각을 정리해 본 후, 토의 활동을 통해 서로의 생각을 이야기하고 의견을 종합해 보자.

나의 생각	토의 결과, 우리 모둠에서는…

(2) 직접 해보기

다양한 통합 교육 관점 중 하나를 선택한 후, 2~4개 과목의 디지털 융합 수업 예시를 만들어보자. 모둠별로 해도 좋고, 개인적으로 한 후 서로 이야기를 나누어도 좋다.

융합 수업 대상		
선택한 접근 방식		
공통의 목표		
2~4개 과목의 수업 흐름 예시	(과목명:)	(과목명:)
	(과목명:)	(과목명:)

CHAPTER

8

융합 교육 과정과 교수 설계

현대 사회는 디지털 기술의 발전으로 인해 삶의 모든 영역에서 경계가 허물어지고 융합이 가속화되고 있다. 이러한 변화는 교육 분야에도 큰 영향을 미치고 있으며, 특히 디지털 환경에서의 효과적인 교육을 위해서는 전통적인 교과 중심의 분절된 접근에서 벗어나 융합적 관점의 교육이 필수적이라는 것을 앞에서 살펴본 바 있다.

디지털 융합 교육의 개념을 알았다면 실제 수업을 위해서는 융합 교육 과정을 이해해야 하며, 이는 디지털 시대의 교육 혁신을 위한 첫걸음이다. 학생들이 실제 세계에서 마주하는 문제는 더 이상 단일 교과의 지식만으로는 해결하기 어려우며, 여러 분야의 지식과 기술을 통합적으로 활용할 수 있는 능력이 필요하다. 따라서 융합 교육 과정의 본질과 특성을 이해하는 것은 디지털 융합 교육의 성공적인 실현을 위한 기본 토대가 될 것이다.

그러나 융합 교육 과정의 이해만으로는 실제 교육 현장에서 융합 교육을 효과적으로 구현하기가 어렵다. 이를 실천하기 위해서는 체계적인 교수 설계 이론과 모형에 대한 이해가 뒤따라야 한다. 라이겔루스(Reigeluth)의 정교화 이론부터 딕과 캐리(Dick & Carey) 모형에 이르기까지 다양한 교수 설계 이론들은 실제 교육 현장에서 융합 교육 과정을 구조화하고 실행하는 데 필요한 구체적인 지침과 방법론을 제공한다. 이러한 이론적 도구를 통해 교사들은 디지털 환경에서의 융합 교육을 보다 효과적으로 설계하고 실행할 수 있다.

1. 융합 교육 과정

1) 융합 교육 과정의 의미

교육 과정의 융합적 접근에 대한 다양한 용어와 정의를 살펴보면, 교육 현장에서는 '교육 과정 융합', '통합 교과', '교과 융합' 등의 유사 용어들이 사용되고 있다. 이러한 용어들은 근본적으로 유사한 개념을 내포하고 있으나, 각각의 강조점에 따라 세부적인 차이를 보인다.

표 8-1 융합 교육 과정의 유사 개념

관점	사용되는 용어
교육부를 포함한 국가기관(정부출연연구기관 등)	교육 과정 융합, 융합 교육 과정, 통합 교과, 교과 융합
교사가 교육 과정을 재구성하여 융합	교과의 융합적 운영, 교육 과정 재구성
융합의 과정 중심	교육 과정 융합, 교과 융합

(계속)

관점	사용되는 용어
학생 중심	융합적 학습
교사 중심	융합적 수업

출처: 황미정. (2005). 개념기반의 주제 중심 단원 설계 준거 개발(미간행 박사학위논문). 경북대학교. (박사학위 논문 재구성)

융합 교육 과정에 대한 학자들의 정의를 시대순으로 고찰해 보면, 1980년대 초반 곽병선(1981)[35]은 전통적인 분과 중심의 교육 과정에서 벗어나 학생의 흥미와 문제 중심으로 교육 과정을 재구성할 것을 주장했다. 이영덕(1983)[36]과 김재복(1983)[31]은 시간과 공간, 내용 측면에서 서로 다른 학습 경험들이 의미 있게 연결되어 전체적인 학습으로 완성되며, 이를 통해 학생의 인격 성숙을 도모한다는 관점을 제시했다. 이러한 관점은 황윤한(1996)[37]에 의해 더욱 발전되어 학습 경험의 통합을 통한 인격 성숙의 중요성이 강조되었다.

APEID 사업과 Keller(1982)[38]는 융합 교육 과정에 대해 학생 중심의 실용적 관점을 제시했다. 1982년부터 시작한 APEID(Asian Programme of Educational Innovation for Development) 사업에서는 융합 교육 과정의 본질을 학생의 개성 발달과 사회 구성원으로서의 성장이라는 2가지 목표를 중심으로 설명하면서, 학생의 실제 생활 경험을 기반으로 전체적으로 재구성되어야 한다는 점을 강조했다. 이는 지식과 학습 과정이 하나로 통합되고, 인지적 영역과 정의적 영역이 조화롭게 융합되며, 지식이 실제 행위와 연결되고, 더 나아가 학습된 지식이 실생활과 긴밀하게 융합되는 것과 같이 4가지 차원의 융합을 통해 실현되는 것이다.

이러한 관점은 같은 해에 Keller(1982)가 제시한 융합 교육 과정의 정의와 맥을 같이 한다. Keller는 지식 조직의 의미성을 강조하면서, 융합 교육 과정이 사회적 맥락과 개별 학생의 개인적 의미를 모두 고려해야 한다고 주장했다. 이는 교육 과정이 단순한 지식의 나열이 아닌, 사회와 개인 모두에게 의미 있는 방식으로 구조화되어야 함을 시사한다.

1990년대에 들어서면서 이종원(1991)[39]은 학습의 효율성과 경제성 측면에서 융합 교육 과정을 재조명했으며, 이경섭 외(1994)[40]는 인간의 전인적 발달과 학습의 경제성을 동시에 추구하는 이원적 접근을 제안했다. 김대현과 이영만(1995)[41]은 개별 교육 내용의 결합을 통한 전체성 형성을 강조했다. 배건(1997)[30]은 전통적인 교과 구분에서 벗어나 학생 중심의 경험과 지식을 재구성하는 방향으로 개념을 확장했다.

2000년대에는 김재복(2000)[42]이 독립적인 계획과 관찰을 중심으로 하는 개념적 접근과 생활 문제 중심적 접근을 강조했으며, Wolfinger와 Stockard(2003)[43]는 교과 간 경계를 없애는 교육 과정 구성 방식으로 융합 교육 과정을 설명했다. 원덕재와 정성봉(2004)[44]은 전인적 발달을 위한 교과 간 융합의 중요성을 강조했다. 특히 김재복의 융합 교육 과정에 대한 이론적 관점은 현대 교육을 이해하는 데 도움을 주며, 오늘날 사회가 요구하는 통합적 사고력과 문제해결능력 함양이라는 교육적 과제에 적절한 해답을 제시한다. 김재복은 융합 교육 과정을 2가지 핵심 축으로 설명한다.

첫 번째는 '맥락적 통합'의 원리이다. 이는 개별 학습 활동이 독자적으로 수행되더라도 이들이 하나의 의미 있는 맥락 속에서 유기적으로 연결되어야 한다는 것을 의미한다. 예를 들면 환경 문제를 학습할 때 과학적 관찰, 사회적 영향 분석, 수학적 데이터 처리가 서로 분절되지 않고 하나의 통합된 맥락 안에서 이루어지는 것을 들 수 있다.

두 번째는 '교과 경계의 해체'이다. 이는 단순히 교과목들을 기계적으로 결합하는 것이 아니라, 실제 생활의 문제나 개념적 주제를 중심으로 지식과 경험을 유기적으로 재구성하는 것을 의미한다. 이러한 접근은 실제 세계의 문제들이 특정 교과의 경계를 넘어 복합적으로 존재하는 현실을 반영하며, 이러한 관점은 현대 교육이 나아가야 할 방향을 제시한다. 교과의 경계를 넘어선 통합적 학습은 학생들이 실제 생활에서 마주하는 복잡한 문제들을 해결하는 데 필요한 종합적 역량을 효과적으로 길러주기 때문이다. 이는 단순한 교과 지식의 습득을 넘어, 실질적이고 맥락적인 문제해결능력을 키우는 교육적 접근이라고 할 수 있다.

이러한 다양한 학자들의 정의를 종합해 보면 융합 교육 과정은 전통적인 교과 구분을 탈피하여 학생의 전인적 발달과 실질적 역량 향상을 도모하는 교육 과정 구성 방식이다. 이는 단순한 교과 내용의 통합을 넘어, 학생들의 실질적인 경험과 의미 있는 학습을 추구하는 포괄적인 교육적 접근이라고 볼 수 있다.

2) 융합 교육 과정의 기능

그렇다면 이러한 의미를 가지는 융합 교육 과정의 기능은 어떤 것일까? 배건(1997)[30]의 융합 교육 과정에 대한 분류는 교육의 핵심적인 3가지 측면을 체계적으로 보여준다. 그는 융합 교육 과정의 기능을 지식의 측면에서 바라보는 '인식론적 관점', 학생의 발달 측면에서 접근하는 '심리적 관점', 그리고 실제 적용의 측면을 강조하는 '사회적 관점'으로 구분했다.

인식론적 관점은 학생들이 지식을 어떻게 받아들이고 활용하는지에 초점을 맞춘다. 쉽게 말해, 학생들이 배운 내용을 이해하고 실제로 사용할 수 있게 만드는 것이 핵심이다. 이와 관련하여 김재복(1995)[45]은 빠르게 변하는 사회에서 낡은 지식을 새로운 지식으로 대체하는 능력이 필요하다고 보았으며, 배운 지식이 실제 생활에서 쓸모가 있어야 한다고 강조했다. Ingram(2014)[34]은 지식이 서로 동떨어진 조각들로 나뉘는 것을 막아야 한다고 주장했는데, 이는 마치 퍼즐 조각들이 서로 연결되어야 전체 그림을 볼 수 있는 것과 같은 원리이다.

심리적 관점은 학생의 성장을 중심으로 하며, 학습 과정에서 일어나는 학생의 내적 변화와 발달을 살펴본다. 그리고 마치 학생이 책과 대화를 나누는 것처럼, 학습 과정에서 일어나는 상호작용에 주목한다. Ingram(2002)[5]은 이러한 관점에서 학생들이 더 쉽게 배울 수 있는 교육 과정이 필요하다고 보았으며, 이를 통해 학생들이 전인적으로 성장할 수 있다고 주장했다. 곽병선(1981)[35]은 학생들의 나이와 특성에 맞는 학습이 중요하다고 강조했다.

사회적 관점은 학생들이 배운 내용을 실제 사회에서 적용하는 데 중점을 둔다. Ingram(2014)[34]은 이와 관련하여 3가지 중요한 점을 제시했다. 첫째는 현대 사회의 복잡한 문제를 해결하는 능력을 키우는 것이고, 둘째는 함께 배우면서 협력하는 태도를 기르는 것이며, 셋째는 학교에서 배운 내용을 실제 사회생활과 연결하는 것이다. 이는 마치 학교가 작은 사회의 축소판이 되어 실제 생활에 필요한 능력을 키워주는 것과 같다.

이러한 3가지 관점은 각각 독립적이면서도 서로 긴밀하게 연결되어 있어, 현대 교육에서 융합 교육 과정이 나아가야 할 방향을 종합적으로 보여준다. 또한 이 분류는 교육의 본질적 요소인 '무엇을 가르칠 것인가(인식론적)', '누구를 가르칠 것인가(심리적)', '어떻게 적용할 것인가(사회적)'라는 교육의 근본적인 질문들을 모두 포괄하고 있기 때문에 현재까지도 융합 교육 과정을 이해하는 데 핵심적인 틀로 활용된다. 따라서 이 분류는 융합 교육 과정을 설명할 때 빠지지 않고 다뤄지는 중요한 이론적 기반이다.

3) 융합 교육 과정의 조직 유형

이러한 기능을 토대로 실제 교육 과정에서 어떻게 융합적 접근이 이루어져 왔는지 그 조직을 살펴볼 필요가 있다. 융합 교육 과정의 내용 조직 유형은 여러 학자들에 의해 다양하게 연구되어 왔다. 1950년대부터 시작된 이 연구들을 시대순으로 살펴보면, 먼저 Dougherty, Gorman, Phillips(1950)[46]는 교육 과정이 어떻게 구조화되고 조직되는지에 따라 발전해 나가는 이행 단계를 8가지 유형(분과형, 상관형, 동위형, 광역형, 중핵형, 융합형, 활동형, 경험형 교육 과정)으로 분류했다. 이는 가장 기본적인 분과형에서 시작하여 점차 통합적인 형태로 발전하는 과정을 보여준다. 8가지 유형에 대한 설명은 **표 8-2**와 같다.

표 8-2 교육 과정의 발전 이행 단계

단계	개념	사례
분과형 교육 과정	• 국어, 수학, 사회, 과학 등 각 과목이 완전히 독립적으로 운영됨 • 전통적인 교과서 중심 수업	국어 시간에는 오직 국어만 배우고, 과학 시간에는 오직 과학만 배우며, 과목 간 연결성이 거의 없는 형태
상관형 교육 과정	• 독립된 과목 체계를 유지하지만, 관련 내용을 가르칠 때 다른 과목과의 연계를 시도함 • 교사가 의도적으로 과목 간 연결고리를 만듦	국어 시간에 '환경' 관련 글을 읽으면서 과학 시간에 배운 '환경 오염' 내용을 언급하는 형태
동위형 교육 과정	• 유사한 주제를 다룰 때 여러 과목을 함께 가르침 • 주제별 학습이 시작되는 단계	'물'이라는 주제로 과학(물의 특성), 사회(수자원 관리), 국어(물 관련 시)를 동시에 다루는 형태
광역형 교육 과정	• 유사한 특성을 지닌 여러 과목을 하나의 넓은 영역으로 통합함	물리, 화학, 생물, 지구과학을 '과학'이라는 하나의 교과로 통합하고, 역사, 지리, 사회를 '사회'로 통합하며, 제조, 건설, 수송, 정보통신, 생명 기술을 '기술'로 통합하는 형태
중핵형 교육 과정	• 핵심 주제나 문제를 중심으로 교육 과정을 재구성함 • 교과의 경계가 더욱 약해지고 주제 중심 학습이 강화됨	'지속 가능한 발전'이라는 주제를 중심으로 모든 과목의 내용을 연결하여 통합적으로 학습하는 형태
융합형 교육 과정	• 과목 간 경계가 거의 사라지고, 실생활 문제나 주제를 해결하기 위해 여러 지식을 자유롭게 활용함 • STEAM 교육과 유사함	'마을 환경 개선 프로젝트'를 수행하면서 필요에 따라 수학(통계), 과학(환경), 사회(정책), 국어(보고서), 기술(친환경마을 건설하기) 등의 지식을 융합적으로 적용하는 형태
활동형 교육 과정	• 학생의 활동과 참여가 중심이 되는 교육 과정 • 교과서의 지식보다는 학생이 직접 탐구하고 실험하고 토론하는 활동을 통해 학습이 이루어짐 • 강의식 수업보다는 프로젝트, 실험, 현장조사 등이 주된 학습 방법이 됨	역사 수업에서 특정 시대나 사건(예: 대한민국 임시정부)을 학생들이 직접 역할극으로 재현하거나, 당시 신문을 제작하거나, 역사적 인물들의 가상 대화를 구성하는 형태(교과서를 읽는 대신 학생들이 역사적 상황을 능동적으로 체험하고 해석함)
경험형 교육 과정	• 학생의 실제 생활 경험과 흥미에서 출발하는 가장 발전된 교육 과정 • 교사는 안내자 역할을 함 • 학생의 자기 주도적 학습이 극대화됨	학생들이 지역 노인들의 디지털 격차 문제에 관심을 갖게 되면, 이를 해결하기 위해 노인들을 위한 기술 교육 스타트업을 직접 창업하는 프로젝트를 스스로 계획하고 실행하면서 노인 심리학을 자발적으로 학습하고, 교육 방법론을 연구하며, 비즈니스 모델을 개발하고, 마케팅 전략을 수립하는 형태(교육 과정은 미리 계획되지 않고, 학생들의 실제 경험과 도전에서 자연스럽게 발생함)

같은 시기에 Smith, Stanley, Shores(1950)[47]는 교육 과정을 3가지 큰 범주로 구분하여 체계화했다. 첫째 '교과형'은 가장 전통적인 형태로, 분과 교육 과정에서 시작하여 점차 교과 간의 연계성을 높인 상관 교육 과정, 그리고 더 넓은 영역을 통합한 광역 교육 과정으로 발전하는 형태를 보여준다. 둘째 '활동형'은 학생의 직접적인 참여를 강조하는 활동 교육 과정과 학생의 내적 동기를 중시하는 흥미 교육 과정으로 구성된다. 셋째 '중핵형'은 가장 통합적인 형태로, 광역 교육 과정을 기반으로 하되 더 나아가 융합 교육 과정과 중핵 교육 과정으로 발전하는 도습을 보여준다.

한편 Taba(1962)[48]는 보다 체계적인 4가지 주요 분류 기준을 제시했다. 첫째 '스코프(scope)'는 교육 과정의 범위와 폭을, 둘째 '시퀀스(sequence)'는 학습 내용의 순서와 계열성을, 셋째 '연속성'은 학습 경험의 지속적인 심화를, 넷째 '융합성'은 교과 간의 통합 정도를 의미한다. 이러한 기준을 바탕으로 Taba는 6가지 교육 과정 유형을 제시했다. '교과 조직'은 전통적인 교과 중심의 구성을, '광역 교육 과정'은 관련 교과들의 통합적 구성을, '사회 기능 교육 과정'은 사회적 요구와 기능을 중심으로 한 구성을, '활동 교육 과정'은 학생의 직접적인 활동 중심의 구성을, '경험 교육 과정'은 학생의 실제 경험을 중심으로 한 구성을, 마지막으로 '중핵 교육 과정'은 핵심적인 주제나 문제를 중심으로 한 통합적 구성을 의미한다. 이를 통해 교과 조직부터 중핵 교육 과정까지 보다 체계적인 분류가 가능해졌다.

이후 Beckner와 Cornett(1972)[49]은 좀 더 실용적인 관점에서 교육 과정을 '기존 유형'과 '생성 유형'으로 구분했다. 기존 유형에는 분과, 상관, 광역, 중핵, 경험 교육 과정이 포함되며, 생성 유형에는 무학년제, 복식진급안, 트랙 교육 과정과 같은 새로운 형태의 교육 과정이 포함된다.

Zais(1976)[50]가 제시한 교육 과정 분류는 교육의 3가지 핵심 축을 중심으로 체계화되었다. 각 유형은 교육의 중점을 어디에 두는지에 따라 뚜렷한 특징을 보이는데, 이를 자세히 살펴보면 다음과 같다.

첫째, '교과 중심 유형'은 전통적인 학문 지식의 전달과 체계적 학습을 강조한다. 이는 다시 세부적으로 나뉘는데, '교과 교육 과정'은 개별 교과의 고유한 지식체계와 논리를 중시하며, '학문 교육 과정'은 인류의 문화유산으로서의 지식을 강조한다. '광역 교육 과정'은 관련된 여러 교과를 하나의 큰 영역으로 통합하여 제시함으로써 지식의 연계성을 높인다. 이 유형은 체계적인 지식 전달이 가능하다는 장점이 있으나, 학생의 개별적 요구나 실제적 맥락을 충분히 반영하기 어렵다는 한계가 있다.

둘째, '학습자 중심 유형'은 학생의 흥미, 필요, 경험을 교육 과정의 중심에 둔다. '활동 또는 경험 교육 과정'은 학생의 직접적인 활동과 경험을 통한 학습을 강조하며, '개방학교'는 학생의 자율성과 선택권을 최대한 보장한다. '인본주의 교육 과정'은 학생의 전인적 성장과 자아실현을 목표로 한다. 이 유형은 학생의 적극적인 참여와 내적 동기 유발에 효과적이지만, 체계적인 지식 습득이 어려울 수 있다는 한계가 있다.

셋째, '문제 중심 유형'은 실제 삶의 문제나 사회적 이슈를 중심으로 교육 과정을 구성한다. '생활 영역 교육 과정'은 일상생활에서 마주하는 실질적인 문제를 다루며, '개인 및 사회적 관심 교육 과정'은 개인과 사회가 당면한 중요한 이슈들을 교육 내용으로 삼는다. '중핵 교육 과정'은 핵심적인 주제나 문제를 중심으로 여러 교과의 지식을 통합적으로 적용한다. 이 유형은 학습의 실제성과 유용성을 높일 수 있으나, 학문의 체계성이 약화될 수 있다는 단점이 있다.

Zais의 이러한 분류 체계는 교육의 목적, 내용, 방법을 포괄적으로 고려하면서도 각 유형의 특징과 장단점을 명확히 보여준다. 이는 교육 과정 개발자들이 교육의 목적과 상황에 따라 적절한 유형을 선택하고 적용하는 데 유용한 기준을 제공한다. 또한 각 유형이 상호 배타적이지 않아 실제 교육 과정 설계 시 여러 유형의 장점을 통합적으로 활용할 수 있다는 점에서 실용적 가치가 높다.

이경섭(1990)[51]은 한국 교육 상황에 맞으면서도 국제적 교육 이론을 반영한 독특한 교육 과정 분류 체계를 만들었다. 그의 체계는 3가지 주요 유형으로 나뉘며, 각각의 특징은 다음과 같다.

첫째, '교과형' 교육 과정은 전통적인 지식 전달에서 시작해 점차 통합을 강화한다. 가장 기본인 '분과 교육 과정'은 각 과목을 독립적으로 가르치고, '상관 교육 과정'은 관련 과목들을 연결시킨다. '융합 교육 과정'은 과목 간 경계를 더 낮추며, '광역 교육 과정'은 넓은 영역 안에서 여러 과목을 다룬다. '중핵 교육 과정'은 핵심 주제를 중심으로 모든 과목의 지식을 통합한다.

둘째, '경험형' 교육 과정은 학생의 직접 체험과 활동에 중점을 둔다. '활동 교육 과정'은 학생의 참여와 실천을 강조하고, '광역 교육 과정'은 이런 활동을 더 넓게 연결한다. '중핵 교육 과정'은 중요한 실생활 문제를 중심으로 경험을 구성하며, '생성 교육 과정'은 학습 과정에서 자연스럽게 생기는 경험을 교육에 활용한다. 이는 학생들의 실제 삶과 학교 교육을 이어주는 역할을 한다.

셋째, '학문형' 교육 과정은 학문의 특성을 반영하면서도 현대 교육 요구를 수용한다. '분과별 교육 과정'은 각 학문 영역의 고유한 체계를 존중하고, '다과정 교육 과정'은 다양한 학습 경로를 제공해 학생들의 선택권을 보장한다. '개별화 교육 과정'은 학생 개인의 특성과 능력에 맞춘 학습을 가능하게 한다.

이와 같은 이경섭의 분류 체계는 교과, 경험, 학문이라는 세 축을 통해 교육 과정의 여러 측면을 균형 있게 다루고, 각 유형 내에서도 통합 정도에 따라 세부 구분을 제시한다. 이는 다양한 교육 현장의 요구를 유연하게 수용할 수 있게 하며, 특히 한국 교육 상황에 실제 적용할 수 있는 형태로 체계화했다는 점에서 실용적 가치가 높다.

윤말중(1984)[52]은 인간의 전인적 발달이라는 교육의 근본 목적에 초점을 맞추어 인간 중심 교육 과정을 7가지 유형으로 분류하였다. 이 분류 체계는 학생의 총체적 성장을 다양한 관점에서 접근한 것으로 볼 수 있다.

첫째, '정의 교육 과정'은 윤리적 판단력과 도덕성 함양에 중점을 둔다. 이는 단순히 도덕적 규범을 주입하는 것이 아니라, 학생이 스스로 윤리적 상황을 탐색하고 내면화하는 과정을 중시한다. 둘째, '인문 교육 과정'은 문학, 역사, 철학 등 인문학적 지식을 통해 인간 존재의 의미를 탐구하며, 이를 통해 비판적 사고력과 창의적 상상력을 배양한다. 셋째와 넷째, '개방 교육 과정'과 '개별 교육 과정'은 각각 학생의 자율성과 고유성에 주목한다. 전자는 학생이 자신의 학습 경로를 자유롭게 선택할 권리를 보장하며, 후자는 개인별 특성과 학습 속도에 맞춘 맞춤형 접근을 강조한다. 다섯째, '관련 교육 과정'은 지식 간의 유기적 연계성을 추구하여 학습 내용을 통합적으로 이해할 수 있도록 구성한다. 여섯째, '질문 교육 과정'은 학생의 호기심과 탐구심을 자극하는 질문 중심의 학습을 통해 능동적인 지식 구성을 유도한다. 일곱째, '초월 교육 과정'은 지식의 습득을 넘어 자아실현과 창의성 발현 등 보다 높은 차원의 인간적 성장을 지향한다.

윤말중의 이러한 교육 과정 유형화는 기존 교육 관점을 뛰어넘는 혁신적 시각을 제시했다. 그는 학생을 단순히 지식을 받아들이는 수동적 존재가 아닌, 스스로 생각하고 창조하는 능동적 주체로 보았다. 이러한 관점에서 다양한 교육 방식을 체계적으로 정리함으로써 오늘날 중요시되는 학생 중심 교육과 역량 중심 교육의 이론적 토대를 마련했다고 볼 수 있다. 또한 이 체계는 교육 과정을 개발하는 전문가들에게 명확한 구조를 제공할 뿐 아니라, 교사들이 각자의 교실 환경과 학생들의 특성에 맞는 교육 방식을 선택하고 응용할 수 있는 실용적인 지침이 되고 있다.

이처럼 다양한 학자들의 분류 체계는 각각의 특징과 장점을 가지고 발전해 왔다. 이러한 이론적 발전과 실천적 경험을 토대로, 김재복(2000)[42]은 현대적 관점에서 융합 교육 과정의 내용 조직 유형을 다음과 같이 제시하였다.

첫째는 교과 중심 교육 과정이다. 이는 실질적으로 학교 현장에서 많이 활용되는 교육 과정으로, 인류의 문화유산을 논리적으로 조직한 지식체계를 중심으로 구성된다. 특히 중 · 고등학교에서 가장 많이 활용되며, 다음과 같은 3가지 유형으로 나눌 수 있다.

① 분과형 교육 과정

분과형 교육 과정은 각 교과가 다른 교과와 연관되지 않고 독립적으로 조직된다. 이 유형은 교과 내의 계열성이 분명하고, 내용의 깊이와 발전성을 보장한다는 장점이 있다. 하지만 교과 간 관련성이 부족하고, 실생활과의 연관성이 낮으며, 단편적인 지식 습득에 그칠 수 있다는 단점이 있다.

② 상관형 교육 과정

상관형 교육 과정은 교과 내용을 유지하면서 2개 이상의 교과를 관련시켜 가르친다. 사실의 상관(역사와 문학), 원리의 상관(심리학과 역사), 규범의 상관(도덕적 가치) 등의 방식을 사용한다. 이 유형은 교과 간 연관성을 확보하고, 단편적인 학습을 지양한다는 장점이 있다. 하지만 여전히 학생의 욕구보다는 내용 중심이며, 중 · 고등학교에서는 중복 현상이 발생할 수 있다는 단점이 있다.

③ 광역형 교육 과정

광역형 교육 과정은 교과목 간 구분을 해소하고, 넓은 영역에서 지식, 개념, 원리 등을 주제 중심으로 조직한다. 사회(역사, 지리, 정치 등 통합), 과학(물리, 화학, 생물 등 통합) 등이 그 예이다. 이 유형은 지식의 통합을 촉진하고, 기능적 조직이 가능하며, 기본 개념과 원리에 충실하다는 장점이 있다. 반면에 개략적 내용만 다루기 쉽고, 교과 고유의 논리성과 개념 체계가 약화될 수 있다는 단점이 있다.

표 8-3 교과 중심 교육 과정의 유형

구분	특징	예시
분과형	• 가장 전통적인 교육 과정 형태로, 각 교과의 고유한 지식 체계와 논리적 구조를 중시함 • 각 교과는 자신만의 독특한 지식체계와 탐구 방법을 유지하면서, 다른 교과와의 접점을 찾아 의미 있는 연결을 시도함 • 교과별 전문성 함양에는 효과적이지만, 실제 생활에서 필요한 통합적 사고력 발달에는 제한이 있을 수 있음	수학 시간에 '삼각함수'를 학습할 때 자연스럽게 수와 도형의 개념이 융합되며, '통계'를 학습할 때 확률과 함수의 개념이 통합됨
상관형	• 교과의 독립성을 유지하면서도 관련 있는 내용들을 연계하여 가르치는 방식 • 지식 간의 연관성을 이해하는 데 도움을 줌 • 실생활에서의 적용 가능성을 높임	'조선시대 과학기술'을 주제로 했을 때, 과학 시간에는 디지털 시뮬레이션을 통한 측우기의 과학적 원리를, 역사 시간에는 VR 기기를 활용한 역사적 배경 체험을, 수학 시간에는 공학 도구를 활용한 변환 계산을 통해 측정과 단위의 개념을, 창의공학설계에서는 측우기 제작을 위한 3D 모델링을 학습함
광역형	• 상관형 교육 과정보다 더 교과목 간의 구분을 해소함 • 더 넓은 맥락에서 지식, 개념, 원리 등을 조직함 • 통합적 사고력을 키울 수 있음	고등학교 융합과학에서 '우주의 탄생'을 배울 때 물리, 화학, 생물, 지구과학의 구분 없이 하나의 큰 맥락에서 통합적으로 학습함

둘째는 경험 중심 교육 과정이다. 이는 지식보다 학생의 흥미, 필요, 목적에 따른 자발적 활동과 경험을 중시하며, 생활과 관련된 활동 경험을 중심으로 통합적으로 구성된다.

① 활동형 교육 과정

활동형 교육 과정은 학생의 흥미와 문제가 학습 경험 선정의 기본이 된다. 킬패트릭(Kilpatrick)의 구안법, 듀이(Dewey)의 실험학교(말하기, 만들기, 찾기, 창작하기 활동) 등이 그 예이다. 이 유형은 학생의 필요에 적합하고, 생활 경험을 반영하며, 통합적 접근이 가능하다는 장점이 있다. 하지만 체계적 교육 계획 수립이 어렵고, 기본 내용 이수를 보장하지 못하며, 계열성 확보가 어렵다는 단점이 있다.

② 중핵형 교육 과정

중핵형 교육 과정은 중핵 과정(생활/욕구 관련 내용)과 주변 과정(계통 학습)으로 구성되며, 교과 중심 중핵형(광역 과목, 통합 과목, 문화사 중심), 개인 중심 중핵형(학생의 발달 과업, 흥미, 욕구 중심), 사회 중심 중핵형(사회 기능, 사회 문제 중심) 등으로 나뉜다. 이 유형은 의미 있는 학습 경험을 제공하고, 통합적 성장에 도움을 주며, 비판적 사고력을 개발할 수 있다는 장점이 있다. 반면 여러 교과나 영역을 통합하여 가르치므로 교사의 전문성 및 준비 부족, 교육 과정 구성 및 운영의 복잡성, 학문 체계성과 심층성 부족에 대한 우려, 통합적 평가 및 기존 행정·제도적 제약 등의 단점이 있다.

③ 현성형 교육 과정

현성형 교육 과정은 사전 계획 없이 교사와 학생이 학습 현장에서 함께 주제와 내용을 결정한다. 이 유형은 자유롭고 유연한 학습이 가능하며, 학생의 심리와 환경을 중시한다는 장점이 있다. 반면에 유능한 교사가 필요하고, 내용의 계열성과 관련성 확보가 어렵다는 단점이 있다.

표 8-4 경험 중심 교육 과정의 유형

구분	특징	예시
활동형	• 학생의 흥미와 필요에 기반한 활동을 중심으로 구성됨 • 학생의 자발적 참여를 유도하고, 실질적인 학습 경험을 제공함	'학교 텃밭 가꾸기' 활동을 통해 과학(텃밭 생태계 AR 체험), 기술·가정(학교 텃밭을 가꾸기 위한 생명기술 학습), 예술(타임랩스 촬영 등을 통한 디지털 미디어 창작 활동) 등 다양한 학습이 자연스럽게 이루어짐
중핵형	• 핵심이 되는 중심 과정과 이를 보완하는 주변 과정으로 구성됨 • 통합적이면서도 체계적인 학습이 가능함	'환경 보호'라는 중핵 주제를 중심으로, 이와 관련된 과학적 지식, 사회적 영향, 경제적 측면 등을 주변 과정으로 구성함
현성형 (생성형)	• 교육 현장에서 교사와 학생이 함께 주제와 내용을 결정함 • 학습의 실제성과 참여도를 높일 수 있지만, 체계적인 학습 계획이 어려울 수 있음	'학급에서 발생한 갈등 상황'을 학습 주제로 하여, 이를 민주시민교육으로 발전시키는 방식으로 수업이 진행됨

셋째는 학문 중심 교육 과정이다. 학문 중심 교육 과정은 교과의 기본 개념과 구조, 그리고 탐구 방법을 강조한다.

① 나선형 교육 과정

나선형 교육 과정은 기본 개념이나 핵심 아이디어를 점점 깊고 넓게 발전시키는 형태로 구성된다. PSSC, SMSG, SAPA 등의 과학·수학 교육 과정이 그 예이다. 이 유형은 계열성을 반영하고, 학생의 성장 단계를 고려하며, 유의미한 학습이 가능하다는 장점이 있다. 하지만 여전히 분과적 접근을 취하고, 생활과의 연계가 부족하며, 교과 구획화 현상이 나타날 수 있다는 단점이 있다.

② 간학문적 교육 과정

간학문적 교육 과정은 2개 이상 교과의 개념, 원리, 방법을 관련시켜 통합 조직한다. 한 교과의 문제를 다른 교과의 방법으로 해결하는 방식(예 생화학)과 여러 교과를 동원해 한 문제나 주제를 해결하는 방식(예 환경 문제)으로 나뉜다. 이 유형은 종합적 관점을 제공하고, 실제 문제해결능력을 향상시킨다는 장점이 있다. 하지만 내용 선정과 조직이 어렵고, 적합한 교사가 부족하다는 단점이 있다.

③ 다학문적 교육 과정

다학문적 교육 과정은 하나의 대상을 여러 학문을 통해 바라보는 접근법이다. 각 학문의 고유한 연구 방법과 이론적 틀을 유지하면서 동일한 대상을 다양한 관점에서 이해할 수 있다. 학생들은 복잡한 현실의 문제들이 단일 학문의 관점으로는 충분히 해결될 수 없다는 것을 인식하게 된다. 이 유형은 통합적 사고력과 문제해결능력을 향상시킨다는 장점이 있다. 하지만 각 학문의 깊이 있는 이해가 부족할 수도 있다는 단점이 있다.

표 8-5 학문 중심 교육 과정의 유형

구분	특징	예시
나선형	• 동일한 개념이나 주제를 심화·확장하면서 반복적으로 다루는 방식 • 핵심 내용을 반복적으로 다루기 때문에 다룰 때마다 깊이와 폭을 확장할 수 있어 학습 목표 및 학습의 연계성과 심화를 효과적으로 달성할 수 있음	'에너지' 개념을 학년이 올라갈수록 더 깊고 넓게 다룸 • 기초: 간단한 시뮬레이션이나 AR 콘텐츠를 이용하여 에너지의 기본 개념을 이해함 • 심화: 데이터 수집 도구 및 분석 프로그램을 통해 에너지의 원리를 탐구함 • 사회적 맥락: 게임 기반 학습을 통해 에너지 정책과 환경 문제를 종합적으로 이해함 • 지속 가능성: 메이커 교육과 연계하여 미래 에너지 기술에 대한 창의적인 해결 방안을 모색함
간학문적 (간학문형)	• 2개 이상의 학문 분야를 의도적으로 결합함 • 현실의 문제 해결에 필요한 통합적 사고력을 기르는 데 효과적임 • 현상이나 문제를 더 이상 개별 학문의 관점에서 분절적으로 보지 않고, 통합된 시각으로 바라봄 • 교사의 높은 전문성과 준비도를 요구함 • STEM 교육, STEAM 교육	'기후 변화와 우리의 미래' 프로젝트를 진행함(통합하여 하나의 결과물 창출) • 창의공학설계: 라즈베리파이피코W, 온습도 센서, 미세먼지 센서를 연결하여 학교 주변의 환경을 측정하고, 수집한 데이터를 IoT 플랫폼에 실시간으로 공유함, 지역 환경 변화를 지속적으로 관찰함, 엔지니어링 프로세스를 통한 기후 위기 대처를 위한 제품을 제작함 • 인공지능기초: 머신러닝을 활용한 기온 변화 예측 모델을 제작함, 엔지니어링 프로세스를 통해 기후 위기 대처를 위한 제품을 제작함
다학문적 (다학문형)	• 하나의 대상을 여러 학문을 통해 바라봄 • 각 학문의 고유한 연구 방법과 이론적 틀을 유지하면서 동일한 대상을 다양한 관점에서 이해할 수 있음 • 복잡한 현실의 문제들이 단일 학문의 관점으로는 충분히 해결될 수 없다는 것을 인식하게 됨 • 통합적 사고력과 문제해결능력 향상 • 각 학문의 깊이 있는 이해가 부족할 수도 있음	'물'이라는 주제를 각 과목에서 다룸(각각의 학문적 맥락에서 결과물 창출) • 과학: 과학적 관점에서 물의 특성을 연구함, 실험 결과를 디지털 실험 노트에 기록하고 과학적 방법으로 분석함(실험 보고서) • 수학: 물과 관련된 데이터를 통계적으로 분석함, 공학 도구를 활용하여 데이터를 분석함(통계 분석 리포트) • 로봇과 공학세계: 수자원을 다루는 건설공학을 이해함, 수자원 관련 기술에 활용되는 로봇을 탐구함(수자원 로봇 탐구 보고서)

넷째는 인간 중심 교육 과정이다. 인간 중심 교육 과정은 인간다운 삶과 자아실현을 위해 정의적 측

면과 개인적 · 사회적 삶의 의미를 강조한다.

① 정의형 교육 과정

정의형 교육 과정은 정의적 특성 자체를 교육 내용으로 강조한다. 지식은 정의적 의미 창출을 위한 소재로 활용된다. 이 유형은 교육의 정의적 측면을 강조하고, 의미 중심의 접근을 취한다는 장점이 있다. 하지만 정의적 속성의 분류와 조직이 어렵고, 지적 내용과의 통합 방식이 불분명하다는 단점이 있다.

② 개방형 교육 과정

개방형 교육 과정은 학생에게 최대한의 선택 가능성과 자유를 부여하고, 학생의 흥미를 기반으로 하며, 융통성 있는 활동 중심으로 구성된다. 이 유형은 개인의 특성을 최대한 반영하고, 자율성과 창의성을 촉진한다는 장점이 있다. 하지만 지나치게 개인 중심적이며, 체계적이지 않다는 단점이 있다.

③ 관련형 교육 과정

관련형 교육 과정은 학습 내용을 학생의 심리적 특성 및 사회적 문제와 연관시키며, 개인적 · 사회적 문제를 주제로 통합적 접근을 취한다. 이 유형은 개인과 사회에 의미 있는 학습을 제공한다는 장점이 있다. 하지만 내용 선정과 조직의 기준이 모호하다는 단점이 있다.

표 8-6 인간 중심 교육 과정의 유형

구분	특징	예시
정의형	• 감정, 태도, 가치관 등 정의적 특성의 발달을 중시함 • 전인적 성장을 위해 필수적이지만, 평가와 측정이 어려울 수 있음	'감정 디지털 일기' 프로그램을 통해 학생들은 매일 자신의 감정을 관찰하고 기록하면서 다양한 감정을 인식하고 표현할 수 있음
개방형	• 학생에게 최대한의 선택권을 부여하여 학습 동기와 책임감을 높일 수 있음 • 학생의 관심사와 필요에 따라 학습 내용과 방법이 유연하게 조정될 수 있음 • 운영의 복잡성이 증가할 수 있음	한 학생은 '지속 가능한 미래'라는 큰 주제에서 환경 문제에 관심을 가지고 AI 디지털 교과서를 활용하여 재생 에너지를 탐구할 수 있고, 다른 학생은 사회 정의의 관점에서 빈곤 문제를 연구할 때 VR을 이용하여 현상을 가상 체험할 수 있으며, 또 다른 학생은 미래 기술의 윤리적 측면을 탐구하기 위해 협업 도구를 활용해서 세계 여러 나라의 학생들과 토의할 수 있음
관련형	• 교과나 학문의 논리보다 학생의 심리적 특성과 생활 경험을 중심으로 교육 내용이 구성됨 • 학습 내용이 학생의 실제 삶, 경험, 관심사와 얼마나 밀접하게 연결되어 있는지를 의미하는 관련성이 가장 중요함 • 학습의 의미성과 효과성을 높일 수 있지만, 학문적 체계성이 약화될 수 있음	'학생들의 스마트폰 사용'을 주제로 할 때, 단순히 기술적 측면이나 규범적 측면만을 다루는 것이 아니라 학생들의 실제 사용 경험, 또래 관계에서의 의미, 자기 조절의 어려움, 대안적 여가 활동 등 학생들의 삶과 직접적으로 관련된 다양한 측면을 통합적으로 다룸

이렇게 살펴본 교육 과정 유형은 학교 교육 내용의 선정, 조직 관점과 방식에 따라 구분되며, 어떤 유형을 선택하느냐에 따라 교육 내용, 학습 자료, 수업 방식, 교육 결과가 달라진다. 교과 중심과 학문 중심 유형은 하위 유형 간의 구분이 명확한 반면, 경험 중심과 인간 중심 유형은 강조점의 차이는 있으나 내용 조직 방식의 구분이 다소 모호하다는 특징이 있다.

2. 디지털 융합 교육을 위한 교수 설계

교수 설계 모형은 다양한 교수 설계 이론을 통합하여 체계적인 과정으로 제시함으로써 실질적인 지침을 제공한다.[53] 이러한 모형 중 가장 널리 알려진 ADDIE 모형은 분석, 설계, 개발, 실행, 평가 단계로 구성되어 있으며,[54, 55] Dick & Carey 모형과 RPISD 모형 역시 교수 설계 과정을 체계화하여 교육 현장에서 널리 활용되고 있다.[56] 이와 함께 주목할 만한 ASSURE 모형은 테크놀로지를 효과적으로 활용하여 체계적인 교수-학습 과정을 설계하는 현장 적용성이 높은 모형으로, AI 교육에 적합한 틀을 제공한다.[57] 이 모형은 테크놀로지 기반의 수업 설계에 특화되어 있으며, 학습자 분석부터 시작하여 목표 진술, 교수 방법과 교수 매체 및 자료 선정, 매체와 자료 활용, 학습자 참여 유도(또는 촉진), 평가와 수정까지 총 6단계로 구성된다.[58] 각 단계는 학습자 특성 기반의 교육 목표 수립과 이를 달성하기 위한 적절한 교수법 및 테크놀로지 선택, 그리고 학습자의 능동적인 참여를 유도하는 과정을 포함한다.

교수 설계 이론이나 모형은 교수 설계자가 가장 빈번하게 활용하는 도구이다. 이러한 관점에서 교수 설계 모형은 교사가 교육 현장에서 수업을 체계적으로 계획하고 실행하는 데 필수적인 도구라고 할 수 있다. 앞서 언급한 ASSURE 모형과 같은 테크놀로지 중심의 교수 설계 모형은 교사가 AI 교육을 포함한 디지털 교육을 효과적으로 실천하는 데 중요한 안내 역할을 한다.

현대 사회에서는 AI를 비롯한 디지털 기술이 갈수록 중요해지고 있다. 2011년에 발표된 UNESCO의 Digital literacy in education 보고서[59]에서는 이러한 기술 변화에 대응하여 학습자가 디지털 환경에서 효과적으로 생활할 수 있도록 준비시키는 교육이 필요하다고 강조하였다. 또한 2019년에 발표된 Artificial intelligence in education: challenges and opportunities for sustainable development 보고서[60]에서는 교육에서의 AI 활용에 대한 방향성을 제시하고 있다. 같은 해에 UNESCO는 Beijing Consensus on Artificial Intelligence and Education[61]에서 유네스코 회원국들이 AI를 교육 분야에 활용하는 방안에 대해 합의한 최초의 문서를 발표하기도 하였다.

이에 따라 학교 교육에서도 AI 활용 교육이 점차 확대되고 있으며, 교사에게는 기술적 지식뿐만 아니라 교수 학습 방법, 사용 도구, 학습 평가 방식 등에 있어 새로운 접근법이 요구되고 있다.[62] 교사의 교수 설계 및 실행 방식에 변화가 필요한 지금 시점에서 교수 설계 모형은 교사에게 수업의 방향성과 구체적인 지침을 제공해 주며, 교사가 다양한 교육 상황에 맞게 모형을 적용할 수 있는 기반을 마련해 준다.[63] 따라서 디지털 융합 교육의 효과적인 실현을 위해 ADDIE, Dick & Carey, RPISD, ASSURE, 보편적 학습 설계와 같은 교수 설계 모형을 심층적으로 검토할 필요가 있다. 덧붙여 디지털 교육에 많이 활용되는 메이커 교육 모형도 함께 검토할 필요가 있다.

1) ADDIE 모형

ADDIE 모형은 교수 설계 과정에서 널리 활용되는 프레임워크로, 교육 과정과 교수법 개발을 위한 체계적인 접근 방식이다. Seels와 Richey(1994)[64]에 따르면 이 모형은 분석(Analysis), 설계(Design), 개발(Development), 실행(Implementation), 평가(Evaluation)의 5단계로 구성된다. 이 모형은 선형적 모형이 아닌 순환형 구조를 가지고 있으며, **그림 8-1**과 같이 평가 단계가 중앙에 위치하여 모든 단계에서 지속적인 평가가 가능하도록 설계되었다. 또한 단계적 진행과 동시적 진행이 모두 가능하며, 특정 단계에서 문제가 발견되면 이전 단계로 돌아갈 수 있는 유연한 구조를 가지고 있다. 이러한 유연성은 모형의 중심에 평가 요소가 자리 잡고 있기 때문에 가능한 것이다. 세부 단계를 정리해 보면 다음과 같다.

그림 8-1 유연한 구조를 가진 ADDIE 모형

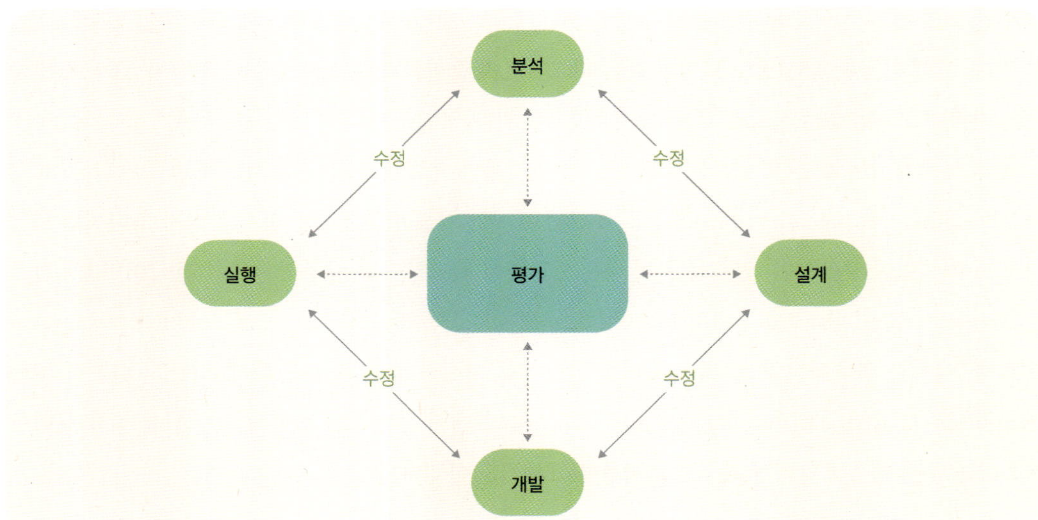

먼저 '분석(Analysis)' 단계는 4가지 핵심 요소로 구성된다. 첫째는 요구 분석이다. 학습자의 현재 지식과 기능 수준을 파악하고, 교육 프로그램 이후 습득해야 할 목표 역량과의 차이를 확인하며, 이를 통해 학습자가 현재 어떤 인식 수준에 있는지 명확히 이해할 수 있다. 둘째는 학습자 분석이다. 학습자의 인지적 · 정의적 특성을 조사하고, 개인별 배경을 파악하며, 이렇게 수집된 정보는 프로그램 설계를 위한 중요한 기초 자료가 된다. 셋째는 환경 분석이다. 교육이 이루어질 물리적 · 디지털 환경을 종합적으로 검토하며, 여기에는 교수 · 학습 매체, 필요한 기자재, 교육 시설과 같은 학습 공간이 모두 포함된다. 디지털 교육에서는 디지털 환경 구축이 선행되어야 하는 경우가 많으므로 환경 분석은 매우 중요하고 꼭 이루어져야 하는 분석이다. 넷째는 직무 및 과제 분석이다. 교육 목표 달성을 위해 필요한 과제들의 관계와 계열성을 명확히 정립하며, 이 과정을 통해 학습 내용의 논리적 흐름과 구조를 체계화할 수 있다. 이는 수업의 주요 내용이면서 교육 과정 재구성과도 연계되므로 놓치면 안 될 부분이다. 이러한 종합적인 분석을 통해 교육 프로그램의 효과적인 설계를 위한 기초를 마련한다.

'설계(Design)' 단계는 교육 프로그램을 구체적으로 어떻게 만들지 계획하는 과정이며, 이 단계에서는 5가지 핵심 요소를 정한다. 첫째, 프로그램을 마친 뒤 학습자가 무엇을 할 수 있는지 구체적인 목표를 정한다. 둘째, 설정한 목표를 잘 달성했는지에 대한 여부를 평가하는 방법(평가 도구)을 정한다. 셋째, 학습 내용이나 활동을 어떤 순서와 방식으로 제시할지(프로그램 구조)를 설계한다. 넷째, 학습 목표를 효과적으로 달성하기 위해 가르치는 방법(교수 전략)을 세운다. 다섯째, 이러한 전략 실행에 필요한 다양한 도구(교수 매체)를 선택한다. 따라서 설계 단계에서는 '무엇을', '어떻게', '어떤 순서로', '어떤 방법으로', '어떤 도구를 사용하여' 가르치고 평가할지를 명확하게 계획하는 단계라고 할 수 있다.

'개발(Development)' 단계에서는 설계 계획에 따라 프로그램 초안과 교수 · 학습 자료를 제작한다. 이때 학습자용 자료와 교사용 자료를 모두 개발하며, 전문가 검토와 학습자 피드백을 통한 평가 및 수정 과정을 거쳐 프로그램을 최적화해 최종 형태로 완성한다.

'실행(Implementation)' 단계에서는 개발된 교육 프로그램을 실제 교육 현장에서 적용하고 운영한다. 일회성 운영이 아닌 지속적인 유지와 발전을 위한 체계적인 관리가 필요하며, 이는 프로그램 내용뿐 아니라 교수 · 학습 매체, 기자재, 교육 시설 등 학습 환경 전반을 포함한다.

'평가(Evaluation)' 단계에서는 교육 프로그램의 성과와 효과성을 종합적으로 평가한다. 설문지 등의 평가 도구와 면담을 활용하여 프로그램의 효과를 분석하고, 개선점을 파악한다. 이 과정에서 프로그램의 수정 방향 설정과 현장 적용 방안에 대한 심층적인 논의가 이루어진다.

2) Dick & Carey 모형

체계적 접근에 해당하는 모형으로는 앞서 살펴본 ADDIE 모형과 Dick & Carey 모형이 있다. Dick & Carey 모형은 투입, 과정, 산출의 논리 기반으로 각 단계가 연결되어 있으며, **그림 8-2**와 같이 교수 목표 확인, 교수 분석, 학습자 및 맥락 분석, 수행 목표 진술, 평가 도구 개발, 교수 전략 개발, 교수 자료 개발 및 선정, 형성 평가 설계 및 수행, 교수 자료 수정, 총괄 평가 설계 및 수행의 10개 과정이 있다.[65] Dick & Carey 모형에 대해 구체적으로 살펴보면 다음과 같다.

그림 8-2 Dick & Carey의 체계적 교수 설계 모형

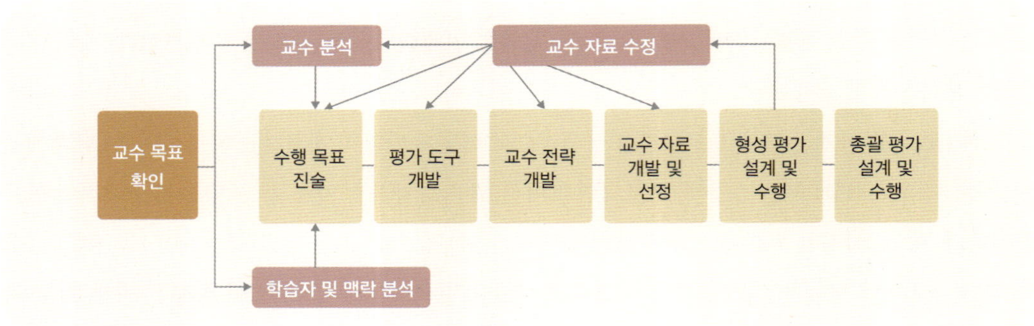

'교수 목표 확인'은 학습을 통해 학습자가 무엇을 할 수 있는지 명확하고 구체적인 목표를 설정하는 단계이다. '교수 분석'은 설정된 교수 목표를 달성하기 위해 학습자가 습득해야 할 하위 기능, 지식 및 태도를 분석하며, 위계 분석 등을 통해 학습의 단계를 구조화하는 것이다. '학습자 및 맥락 분석'은 수업에 대상이 되는 학습자의 특성(사전 지식, 기능, 태도 등)과 학습할 환경(물리적, 사회적, 문화적 맥락 등)을 분석하여 교수 설계를 위한 기초 정보를 확보하는 것이다.

'수행 목표 진술'은 학습 분석 결과를 바탕으로 학습자가 도달해야 할 구체적이고 관찰 가능한 학습 성과를 명확한 행동 용어로 진술하는 것이다. 이는 학습 평가의 기준이 된다. '평가 도구 개발'은 앞서 진술한 수행 목표에 따라 학습자의 목표 달성 정도를 측정하기 위한 평가 문항 또는 도구를 개발하는 것이다. 이때 목표 지향 평가가 강조되므로 준거 지향 평가를 기반으로 한 평가 도구를 개발하는 것으로 설명되기도 한다. '교수 전략 개발'은 학습 목표를 달성하기 위한 전반적인 교수-학습 활동 계획을 수립하는 것이다. 여기에는 제시 방법, 학습 활동, 피드백 제공 방안 등이 포함된다. '교수 자료 개발 및 선정'은 개발된 교수 전략에 따라 필요한 교수-학습 자료(교재, 멀티미디어 자료 등)를 개발하거나 기존 자료를 선정하는 것이다. 또한 기존 자료를 토대로 수정 및 보완하기도 한다.

'형성 평가 설계 및 수행' 단계에서 형성 평가는 교수 설계 과정에서 개발 중인 교수 프로그램 또는 교

수 자료 자체의 효과성, 효율성, 매력성을 개선하기 위해 실시하는 평가로, 교사가 단위수업 중이나 후에 실시하는 형성 평가의 개념과는 다르다. 따라서 개발 초기 단계의 교수 프로그램을 대상으로 비전문가(처음 보는 사람이 이해할 수 있는지를 확인), 내용 전문가 및 교수 설계 전문가(내용 검토 및 교수 설계 자체 타당성을 평가), 실제 학습자(실제 학습자 그룹 중 3~5명을 선정하여 pilot test를 진행) 등을 통해 데이터를 수집하여 개선점을 파악하고 수정하며, 이 과정은 반복적으로 이루어진다. '교수 자료 수정'은 형성 평가 결과를 바탕으로 교수 목표, 분석 내용, 전략, 자료 등을 수정하고 개선하는 것이다. '총괄 평가 설계 및 수행' 단계는 형성 평가와 마찬가지로 수업 중 총괄 평가를 이야기하는 것이 아니라 최종적으로 완성된 교수 프로그램 또는 교수 자료의 전반적인 효과성, 효율성, 실제 적용 가능성 및 가치를 판단하기 위해 실시하는 평가를 말하며, 주로 외부 전문가에 의해 수행된다.

이와 같이 Dick & Carey의 체계적 교수 설계 모형은 각 단계가 상호 연결된 시스템적 접근법을 제공한다. 이 모형의 가장 큰 특징은 선형적으로 보이지만 실제로는 순환적이고 반복적인 과정을 강조한다는 점이다. 특히 형성 평가와 교수 수정 단계를 통해 지속적인 개선이 이루어지므로, 교수 설계가 단순한 일회성 활동이 아니라 진화하는 과정임을 보여준다. 또한 이 모형은 교육 현장에서 체계적이고 효과적인 수업 설계를 위한 실용적인 지침을 제공하며, 학습자 중심의 접근법과 결과 지향적 설계를 강조한다. 그리고 평가를 교수 설계의 핵심 요소로 통합함으로써 증거 기반의 교수 설계가 가능하다. 따라서 Dick & Carey 모형은 오늘날까지도 많은 교육 설계자들에게 중요한 이론적 · 실천적 기반을 제공하고 있다.

3) RPISD 모형(래피드 프로토타입 개발 방법론)

RPISD(Rapid Prototyping Instructional Systems Design) 모형은 교수 설계의 여러 단계를 동시에 중첩적으로 수행하는 과정을 의미한다.[66] 이는 대안적 교수 체제 설계 방법론으로서, 전통적인 교수 설계와는 다른 접근 방식이다. '래피드 프로토타이핑(Rapid Prototyping)'이라는 개념 자체는 원래 소프트웨어 개발이나 제품 디자인 분야에서 시작되었으며, 최소한의 기능을 가진 초기 모델(프로토타입)을 빠르게 만들어 사용자에게 보여주고 피드백을 받아 즉시 수정하는 반복적인 과정을 통해 최종 결과물을 완성하는 방식을 말한다. 이렇게 기업에서 사용하던 개념을 Tripp과 Bichelmeyer(1990)[67]가 설계(design)의 관점에서 소프트웨어 공학과 교수 설계의 유사성에 주목하면서 교육 분야에서도 사용되기 시작했다.

Tripp과 Bichelmeyer는 설계와 개발이 분리된 전통적인 교수 설계 방법론과 달리 설계와 개발을 동시에 수행할 수 있다는 점에서 RPISD 모형을 대안적 교수 설계 전략으로 활용할 수 있다고 주장하였다. 이러한 주장에 힘입어 Jones와 Richey(2000)[68]도 분석, 설계, 개발, 실행, 평가가 직선적으로 수행되는 기존의 ISD 모형과 달리, RPISD 모형에서는 개발의 각 단계가 중첩되어 반복적으로 진행될 수 있음을 강조하였다.

RPISD 모형은 **그림 8-3**과 같이 분석, 설계, 사용성 평가, 개발, 실행 단계로 구성된다. 이러한 구성은 전통적인 모형의 직선적 구조와 달리 순환적이고 반복적이라는 특징이 있으며, 각 단계가 유기적으로 연결되어 있다.[69,70] RPISD 모형의 구체적인 내용을 살펴보면 다음과 같다.

그림 8-3 **교수 체제 설계를 위한 RPISD 모형**

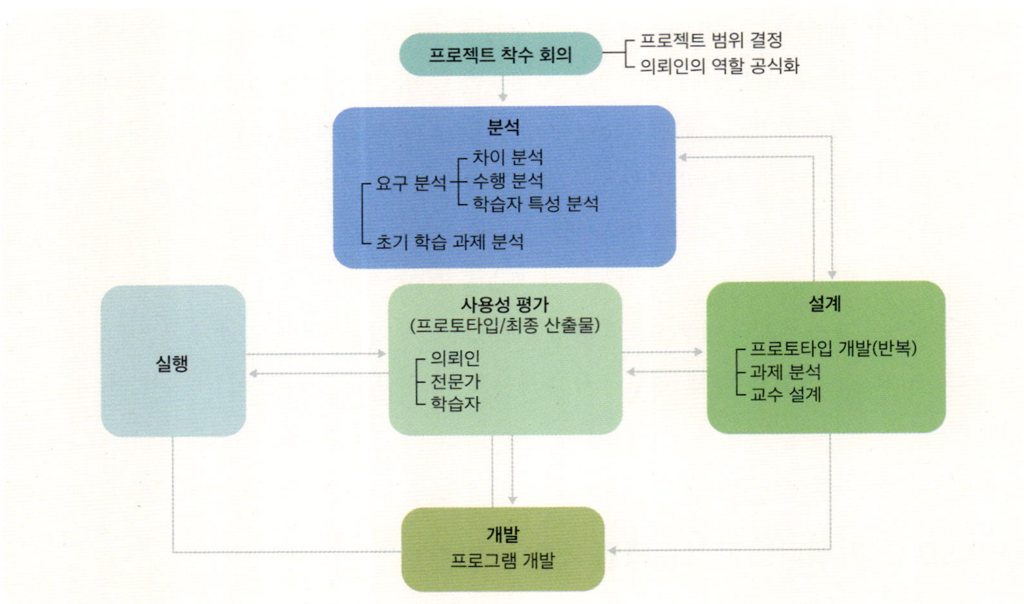

출처: 임철일 & 연은경. (2006). 기업교육 프로그램 개발을 위한 사용자 중심의 래피드 프로토타입 방법론에 관한 연구. 기업교육과 인재연구, 8(2), 27-50.

RPISD 모형의 첫 단계인 '분석'에서는 2가지 핵심 활동이 진행된다. 하나는 요구 분석으로, 학습자가 현재 보유한 수준과 도달해야 할 바람직한 수준 사이의 간극을 명확히 하여 교육 프로그램 개발의 당위성을 확인한다. 또 다른 하나는 초기 학습 과제 분석으로, PNA(Performance Needs Analysis) 모형을 주로 활용하여 교육 프로그램에 포함될 구체적인 교육 내용 요소를 식별한다.

'설계' 단계에서는 분석한 결과를 토대로 초기 프로토타입을 구상하고, 학습 주제의 체계적인 구조화 방식과 효과적인 교수 전략을 결정하는 교수 설계 작업이 이루어진다. 이 단계의 중요한 특징은 설계 작업이 단일 과정으로 완료되지 않고 분석, 사용성 평가, 개발 단계를 아우르며 순환적으로 반복된다는 점이다.

'사용성 평가' 단계에서는 초기에 설계한 프로토타입이 적절한지 의뢰인, 분야 전문가, 실제 학습자 등 다양한 이해관계자의 시각에서 검증한다. 이 과정을 통해 이전 단계에서 간과했거나 제대로 파악하지 못한 요소들을 발견하고 프로토타입을 개선할 수 있으며, 최상의 교육 프로그램 설계를 위해서 프로토타입은 사용성 평가를 통해 지속적으로 보완된다.

'개발' 단계에서는 교육 프로그램의 실질적 구성과 운영에 필요한 자료들을 제작한다. 이 과정에서 교사를 위한 매뉴얼, 프로그램 운영자를 위한 지침서, 학습자가 활용할 학습 자료 등 다양한 교육 자원이 개발된다.

'실행' 단계에서는 형성 평가적 관점에서 완성된 교육 프로그램을 실제 상황에 적용해 보고, 이를 통해 최종적인 개선점을 식별한다.

이와 같은 고유한 특성을 지닌 RPISD 모형은 현재 국내 교육계 전반에서 다양한 교육 프로그램 개발에 적극적으로 활용되고 있다. 특히 코로나19 시대에 이러닝이 확산되면서 널리 활용되었으며, 급변하는 교육적 요구와 환경에 신속하게 대응할 수 있는 융통성 있는 교수 설계 방법론으로 높은 평가를 받고 있다.

4) ASSURE 모형

교수 매체를 효과적으로 활용하기 위한 대표적인 교수 설계 모형으로는 ASSURE 모형이 있다. ASSURE 모형은 교수 설계를 위한 절차로 매체의 선택, 매체 활용을 위한 전략 등을 포함하므로 테크놀로지 통합 수업을 설계하는 데 적합할 뿐만 아니라 다양한 교수 학습 방법을 적용할 수 있다는 점에서 포괄성이 높다. 또한 단위 수업을 설계하는 데 적용하기 쉬운 실천적 모형이기도 하다.[71] ASSURE는 A(Analyze learner), S(State objectives), S(Select methods, media, materials), U(Utilize media and materials), R(Require learner participation), E(Evaluate and revise)의 영문 첫 글자를 따서 만든 약자로, 모형의 6가지 핵심 단계를 나타낸다. ASSURE 모형에 대한 구체적인 내용은 다음과 같다.[58]

그림 8-4 교수 매체의 선정과 활용을 위한 ASSURE 모형

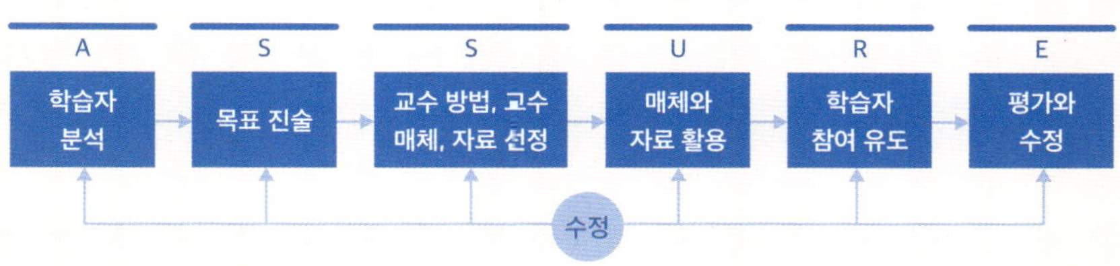

첫 번째 단계인 '학습자 분석(A)'은 프로그램 사용자의 특성을 파악하는 과정이다. 여기에는 학습자의 일반적 특성, 출발점 능력, 학습 스타일의 3가지 분석이 포함된다. 일반적 특성은 연령, 학년, 문화적·경제적 배경을 의미하고, 출발점 능력은 선수 지식과 부족한 역량을 확인하는 것이며, 학습 스타일은 학습자의 심리적 특성과 선호도를 파악하는 것이다. 이런 분석 결과는 목표 설정, 매체 선택 등 프로그램 개발의 기초가 된다. 효과적인 교육을 위해서는 학습자 특성과 교수 방법, 자료가 조화를 이루어야 하므로, 학습자 분석은 교수 설계 성공의 핵심 요소라 할 수 있다.

두 번째 단계인 '목표 진술(S)'에서는 기대되는 학습 성과를 명확히 기술한다. 이때 ABCD 방식이 일반적으로 사용되는데, A는 학습자(Audience), B는 습득할 행동(Behavior), C는 수행 조건(Conditions), D는 달성 정도(Degree)를 나타낸다. 이처럼 구체적으로 목표를 명시함으로써 학습 방향이 분명해지고 평가 기준도 명확해진다.

세 번째 단계인 '교수 방법, 교수 매체, 자료 선정(S)'에서는 학습 과제에 적합한 교수 방법을 결정하고, 이에 맞는 교수 매체를 선택하며, 필요한 기능을 선별하여 새롭게 설계한다. 매체 선정 시에는 흥미 유발 요소, 참여 기회, 기술적 완성도, 사용 안내 등을 고려해야 한다. 학습 목표와 학습자 특성에 부합하는 교수 방법과 교수 매체를 선택하고, 기존 자료를 적절히 수정하는 것이 중요하다.

네 번째 단계인 '매체와 자료 활용(U)'은 실제 교수-학습 과정에서 선정된 자료를 활용하는 과정이다. 이 단계는 5P로 알려진 5가지 절차로 구성되는데, 이는 미리보기(Preview), 자료 준비(Prepare the materials), 환경 준비(Prepare the environment), 학습자 준비(Prepare the learners), 학습 경험 제공(Provide the learning experience)을 나타낸다. 미리보기는 예상치 못한 문제를 방지하기 위한 사전 점검이고, 자료 준비는 필요한 자료를 순서대로 정리하고 테스트하는 것이다. 환경 준비는 조명, 환기, 좌석 배치, 장비 작동 상태 등을 확인하는 것이며, 학습자 준비는 동기 부여와 용어 설명을 통해 수업 참여를 유도하는 것이다. 학습 경험 제공은 발성, 시선, 자세, 시각 자료 등을 고려한 효과적인 프레젠테이션을 의미한다. 이러한 요소들을 종합적으로 고려하여 매체와 자료를 활용할 때 성공적인 학습이 가능하다.

다섯 번째 단계인 '학습자 참여 유도(R)'는 피드백을 통해 학습을 강화하고 능동적인 참여를 촉진하는 과정이다. 토론, 퀴즈, 연습, 피드백, 의사소통 등 다양한 활동을 통해 학습자의 적극적인 참여를 유도하고, 적절한 피드백으로 학습 상태를 점검하고 개선할 수 있도록 지원한다.

여섯 번째 단계인 '평가와 수정(E)'에서는 학습자의 성취도 평가와 교수 방법 및 교수 매체 평가를 통해 전반적으로 수업을 개선한다. 이 과정에서는 학습 목표의 달성 여부뿐만 아니라 교수 설계 전체에 대한 평가와 개선이 이루어진다. 향후 수업의 질적 향상을 위해서는 경험에 대한 평가가 매우 중요하다.

현대 사회에서 테크놀로지 활용은 필수적이며, 이에 따라 학습자의 디지털 역량을 키우는 교육이 중요해지고 있다. ASSURE 모형은 교육 현장에서 테크놀로지의 통합을 위한 구체적인 지침을 제공함으로써 디지털 시대의 교육 혁신에 기여할 수 있다. 또한 매체의 효과적인 활용을 위한 명확한 절차와 고려사항을 제시하고 있어, 교사는 체계적인 교육 방안을 구성하여 현장에서 쉽게 적용할 수 있다. 교육용 테크놀로지의 지속적인 발전과 함께 ASSURE 모형은 앞으로도 교수 설계의 중요한 기반이 되어, 학습자 중심의 효과적인 교육 환경 조성에 기여할 것이다.

5) 보편적 학습 설계(Universal Design for Learning, UDL)

보편적 설계(Universal Design, UD)는 장애 유무와 관계없이 모든 사용자를 초기 단계부터 고려하는 설계 방식을 의미한다. Mace(1985)[72]는 이를 '장애의 유무와 관계없이 모든 사람에게 매력적이고 기능적인 건물이나 시설이 될 수 있도록 별도의 비용 부담 없이 설계하는 방법'으로 정의했다. 우리는 생활 속에서 보편적 설계를 적용해 모두가 편리하게 사용하고 있는 제품을 흔히 발견할 수 있다.

그림 8-5 보편적 설계를 통해 탄생한 생활 속 제품

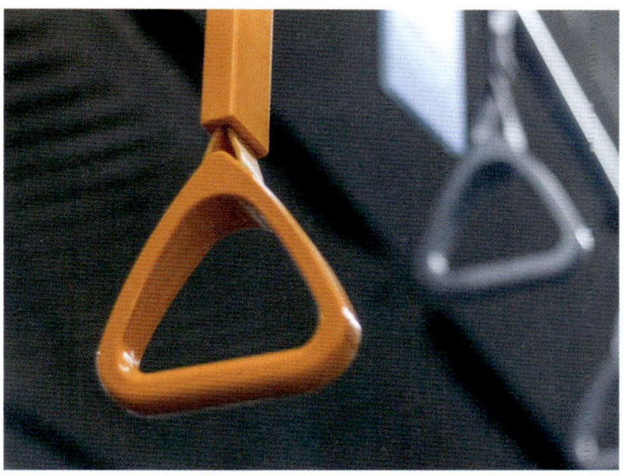

높낮이를 다르게 한 지하철 손잡이

돌리지 않고 누르면 열리는 손잡이

학습 분야에서의 보편적 설계 연구는 미국 응용특수공학센터(Center for Applied Special Technology, CAST)가 주도하였으며, 다양한 특성과 장애를 가진 학생들이 일반 교육 과정에 더 효과적으로 접근하고 참여할 수 있도록 '보편적 학습 설계(Universal Design for Learning, UDL)'라는 개념을 제안했다.[73] 또한 CAST에서는 UDL을 '새로운 뇌 연구와 매체 공학에 근거하여 다양한 학습자들을 위한 교수, 학습, 평가의 새로운 접근 방법'이라고 정의하였다.

UDL은 모든 학생들이 자신의 특성과 요구에 맞는 교육을 받을 수 있도록 지원하는 교육적 접근법이다. 즉, 교육 과정 및 학습 설계에 있어 학생의 다양성을 존중하며, 장애 학생을 포함한 모든 학생이 교육 과정에 접근하고 참여할 수 있도록 형평성과 포용성을 증진하여 모든 학생들의 학습 장벽을 최소화하는 프레임워크이다. **그림 8-6**은 UDL과 다른 교육 방식을 비교한 것이다.

그림 8-6 UDL과 다른 교육 방식의 비교

또한 CAST는 UDL의 핵심 원리로 '참여(engagement)', '표상(representation)', '행동 및 표현(action & expression)'이라는 3가지 요소를 강조하고 있으며, 자세한 내용은 다음과 같다.[73, 74]

첫째, 참여(engagement, 학습의 이유)이다. 이는 학생이 학습에 몰입할 수 있도록 흥미를 유발하고 동기를 부여하는 것을 의미하며, 학습 목표와 개인적인 관심사를 연결하거나 협업 활동을 통해 지속적인 노력을 유도하는 방식으로 이루어진다.

둘째, 표상(representation, 학습의 내용)이다. 이는 학습 자료를 다양한 형태로 제공하여 학생이 정보를 인식하고 처리할 수 있는 선택지를 제공하는 것을 의미한다. 예를 들어 텍스트, 비디오, 오디오 등 다양한 매체를 활용하여 정보를 전달하거나 언어적 · 시각적 · 촉각적 자료를 조합해 학생의 접근성을 높일 수 있다.

셋째, 행동 및 표현(action & expression, 학습의 방법)이다. 이는 학생에게 자신이 이해한 것과 지식을 표현할 수 있는 다양한 방법을 제공하는 것을 의미한다. 글쓰기, 말하기, 그림 그리기 등 다양한 표현 방식이 있으며, 평가 방법도 유연하게 적용할 수 있다.

그림 8-7 UDL의 3가지 원칙

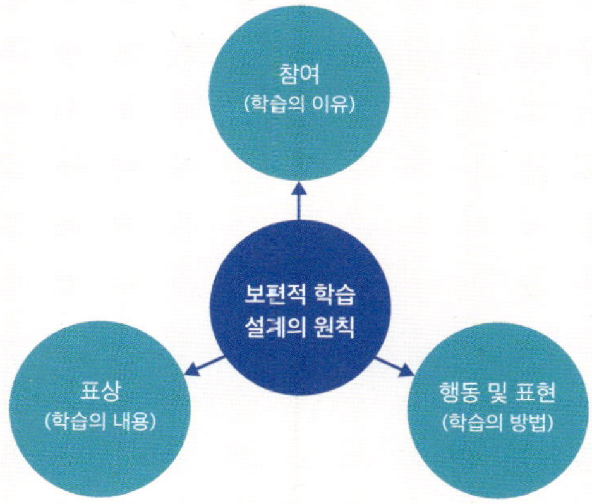

CAST는 교사, 교육 과정 개발자, 연구자, 학부모 등이 실제 교육에 UDL 프레임워크를 적용할 수 있도록 2008년부터 UDL 가이드라인을 만들어 지원하고 있다(2024년 7월 30일 3.0 버전 출시). 이는 모든 학생의 다양성을 고려한 교육 설계를 위한 지침서로서, 앞서 언급된 UDL의 핵심 원리를 반영하여 구성된다. 첫째, '참여'는 관심사와 정체성 환영, 노력과 지속성 유지, 정서적 역량 개발을 통해 학생들에게 동기를 부여하고 학생들의 참여를 촉진하는 것을 의미한다. 둘째, '표상'은 인식 지원, 언어와 기호 이해, 지식 구축 지원을 통해 다양한 방식으로 정보를 제공하는 것을 의미한다. 셋째, '행동 및 표현'은 상호작용 지원, 표현과 의사소통 지원, 전략 개발 지원을 통해 학생들의 다양한 표현 방식을 지원하는 것을 의미한다. 이 가이드라인은 접근성, 지원, 실행 기능 영역에서 모든 학생들의 성공적인 학습 경험을 지원한다. 또한 학습 장벽을 제거하고 학습 유연성을 증진시키며, 포용적 학습 환경을 조성하고 자기 주도적 학습 능력을 강화시킨다.

그림 8-8 UDL 가이드라인 3.0

	다양한 참여 방법 설계 (Design Multiple Means of Engagement)	다양한 표상 수단 설계 (Design Multiple Means of Representation)	다양한 행동과 표현 수단 설계 (Design Multiple Means of Action & Expression)
접근성	**관심사와 정체성 환영** • 선택과 자율성 최적화 • 관련성, 가치, 진정성 최적화 • 즐거움과 놀이 육성 • 편향, 위협, 방해 요소 해결	**인식 지원** • 정보 표시 사용자 지정 기회 지원 • 정보를 인식하는 다양한 방법 지원 • 진정성 있는 방식으로 다양한 관점과 정체성 표현	**상호작용 지원** • 응답, 탐색, 움직임의 방법 다양화 및 존중 • 접근 가능한 자료와 보조 기술 및 도구에 대한 접근 최적화
지원	**노력과 지속성 유지** • 목표의 의미와 목적 명확화 • 도전과 지원 최적화 • 협력, 상호 의존성, 집단 학습 촉진 • 소속감과 공동체 의식 조성 • 행동 지향적 피드백 제공	**언어와 기호 이해** • 어휘, 기호, 언어 구조 명확화 • 텍스트, 수학 표기법, 기호 해독 지원 • 다양한 언어와 방언 간 이해와 존중 육성 • 언어와 기호 사용에서의 편향 해결 • 다양한 매체를 통한 설명	**표현과 의사소통 지원** • 의사소통을 위한 다양한 매체 사용 • 구성, 작곡, 창의성을 위한 다양한 도구 사용 • 연습과 성능을 위한 단계적 지원으로 유창성 구축 • 표현과 의사소통 방식 관련 편향 해결
실행기능	**정서적 역량 개발** • 기대, 신념, 동기 인식 • 자기 인식과 타인 인식 개발 • 개인 및 집단적 성찰 촉진 • 공감과 회복적 실천 육성	**지식 구축 지원** • 사전 지식을 새로운 학습과 연결 • 패턴, 중요 특징, 큰 아이디어, 관계 강조 및 탐색 • 지식과 의미 만들기의 다양한 방법 육성 • 전이와 일반화 최대화	**전략 개발 지원** • 의미 있는 목표 설정 • 도전에 대한 예상 및 계획 • 정보와 자원 구성 • 진행 상황 모니터링 능력 향상 • 배타적 관행 도전

출처: CAST. (2024). Universal design for learning guidelines version 3.0 [graphic organizer]. Lynnfield, MA: Author. https://udlguidelines.cast.org

6) 메이커 교육 모형

메이커 교육(maker education)은 메이커 운동의 영향으로 고등 교육에서부터 시작되었다. 초기 사례로는 MIT의 Neil Gershenfeld(2005)가 필요한 도구를 구매하거나 아웃소싱하는 대신, 생산하여 일상의 문제를 해결할 수 있는 교육 환경을 만든 것이 꼽힌다. 이후 Fab Foundation이 설립되었고, 이를 통해 전 세계적으로 새로운 FabLabs가 만들어지고 FabLabs라는 공간에서 디지털 도구를 사용하여 설계 및 제작하게 되었으며, 전 세계의 preK-12 실정에 맞게 확산되었다.[75, 76]

메이커 교육은 학생이 직접 아이디어를 구상하고, 디지털 도구와 다양한 재료를 활용하여 실제 결과물을 만들어서 공유하며 발전시키는 학생 중심의 교육 패러다임으로서 학생들이 실제로 무언가를 설계하고 제작하는 과정을 통해 학습하도록 장려한다. 이는 디지털 기술, 공학적 설계, 프로젝트 학습 등

다양한 도구와 방법을 활용하며, 학생들이 주도적으로 탐구하고 창조하는 경험을 제공한다.[77]

최근 여러 분야에서 큰 잠재력을 보여주고 있는 AI 교육은 메이커 교육과 결합하여 교육 분야에 큰 영향을 미치고 있으며, 디지털 교육 자원의 통합과 교육의 균형 있는 발전에 매우 중요한 의미가 있다.[75] 특히 AI, IoT, 코딩, 로봇 등 디지털 기술이 중요해지는 현대 사회에서 메이커 교육은 창의적 문제 해결능력과 기술활용능력을 함양하는 핵심적인 교육 방식으로 주목받고 있다. 대표적인 메이커 교육 모형인 TMSI 모형과 PTP 모형을 중심으로 메이커 교육 모형을 살펴보면 다음과 같다.

황중원, 강인애, 김홍순(2016)[78]에 의해 제안된 TMSI 모형은 개념화 및 탐색(Tinkering), 제작(Making), 공유(Sharing), 개선(Improving)의 4단계를 순환적으로 거치며 학습이 이루어지는 메이커 교육 교수 학습 모형이다. 이 모형은 창의적 문제 해결(CPS) 과정과도 연계되어 각 단계의 교육적 효과를 심화시킨다.[79] 각 단계를 자세히 살펴보면 다음과 같다.

'개념화 및 탐색'은 학생이 다양한 재료와 도구를 자유롭게 탐색하고 조작하며 아이디어를 구상하고 구체화하는 단계이다. 메이커 활동 자체에 대한 흥미와 동기를 유발하고, 만들고자 하는 것에 대한 개념을 정립한다.

'제작'은 개념화 및 탐색 단계를 통해 얻은 아이디어를 바탕으로 실제 결과물을 제작하는 단계이다. 계획을 세우고, 필요한 기술을 습득하며, 협업을 통해 아이디어를 유형(有形)의 형태로 구현한다. 3D 모델링 소프트웨어, 3D 프린터, 레이저 커터 등의 디지털 도구는 아이디어를 정교하고 신속하게 물리적 형태로 제작할 수 있도록 해준다. 또한 코딩 플랫폼(스크래치, 파이썬 등)과 피지컬 컴퓨팅 도구(아두이노, 라즈베리파이 등)를 활용하여 인터랙티브한 작품 제작이 가능하다.

'공유'는 완성된 결과물뿐만 아니라 제작 과정, 경험, 지식 등을 온라인 또는 오프라인 커뮤니티를 통해 다른 사람들과 공유하는 단계이다. 이를 통해 피드백을 받고 아이디어를 확산시킬 수 있다. 이때 구글 사이트 도구, Canva 등을 활용하여 OPP(Open Portfolio Project)로 과정을 디지털화한 뒤, 링크를 통해 공유할 수 있다.

'개선'은 공유와 피드백을 통해 얻은 성찰을 바탕으로 기존 결과물을 개선하거나 새로운 아이디어를 도출하여 다음 제작 활동으로 발전시키는 단계이다. 디지털 도구를 통해 수집된 피드백을 체계적으로 관리하고, 이를 바탕으로 디자인 소프트웨어에서 쉽게 설계를 수정하고 시뮬레이션을 통해 개선점을 검증하며 신속한 반복(iteration)이 가능하다.

김성애(2020)[80]는 피지컬 컴퓨팅을 활용한 AI 기반 메이커 교육 프로그램을 위해 Pre-tinkering, Tinkering, Post-tinkering의 3단계 모형을 제시했다. 이 모형은 특히 AI와 피지컬 컴퓨팅 기술을 메이커 활동에 통합하여 미래 사회에 필요한 핵심 역량을 기르는 데 중점을 두고 있다. tinkering의 의미가 '무언가를 만지작거리다, 무언가를 시도해 보다'라는 것에 착안하여, 메이킹의 전 과정이 tinkering

과정임에 주목한 모형이다. 특히 디지털 도구를 활용하는 메이킹 활동의 경우 제작에 들어가기 전에 소프트웨어나 하드웨어에 대한 기본 지식이나 기능을 갖추어야 하므로, 이를 위한 tinkering이 사전 교육이라는 형태로 이루어지고 있다는 점에서 메이커 모형의 전 과정을 tinkering으로 제시하고 있다.

'Pre-tinkering(사전 메이커 교육 활동)'은 본격적인 제작 활동에 앞서 사전 학습이 이루어지는 단계이다. 이때 AI의 기본 원리, 하드웨어 원리, 피지컬 컴퓨팅 도구의 특성 등을 학습하고, 교사를 통한 교육이나 자기 주도적 학습을 통해 해결할 문제나 만들고 싶은 것에 대한 사전 준비를 하고, 관련 영감을 얻게 된다.

'Tinkering(본격적인 메이커 교육 활동)'은 아이디어를 구체화하고 실제로 구현하는 핵심 단계로, 기술적 문제 해결 과정(일반적으로 문제 정의, 아이디어 구상 및 설계, 프로토타입 제작, 테스트 및 평가의 요소 포함)을 적용한다. 학생 수준에 맞는 피지컬 컴퓨팅 도구(마이크로컨트롤러, 센서, 액추에이터 등)와 프로그래밍 언어를 사용하여 AI 모델을 적용하거나 데이터를 활용한 시스템을 구축한다.

'Post-tinkering(사후 메이커 교육 활동)'은 제작 과정과 결과물을 영상이나 OPP 형태로 기록하고 온라인으로 공유하여 다른 학생들이나 교사로부터 피드백을 받는 단계이다. 이를 통해 메이커 문화를 실천하고, 성찰을 통해 학습 내용을 심화하며, 개선점을 도출한다. 제작 과정을 담은 영상이나 코드는 유튜브, GitHub 등의 플랫폼을 통해 공유할 수 있고, 결과물과 학습 과정은 구글 사이트, 패들렛 등 다양한 디지털 포트폴리오 도구를 활용하여 체계적으로 기록하고 발표 및 공유할 수 있다. 또한 온라인 협업 도구를 통해 팀 프로젝트 결과물을 공동으로 편집하고 발표 자료를 만들 수 있다.

결론적으로 TMSI 모형과 PTP 모형은 디지털 시대의 메이커 교육을 위한 견고한 이론적 토대를 제공한다. 또한 TMSI 모형과 PTP 모형은 모두 학생이 주도적으로 아이디어를 현실로 만들고, 그 과정에서 배우고 성장하는 메이커 교육의 핵심 철학을 담고 있다. 디지털 기술이 교육의 모든 영역에 통합되는 상황에서 이 두 모형은 온라인 학습 플랫폼, 디지털 제작 도구, 피지컬 컴퓨팅, AI, VR/AR 등 첨단 기술과 결합하여 더욱 강력한 학습 경험을 제공할 수 있다. 교사는 이러한 모형의 특성을 이해하고 학습 목표와 환경에 맞게 디지털 도구를 효과적으로 통합함으로써, 학생들이 미래 사회의 창의적인 문제 해결사이자 혁신가로 성장하도록 지원해야 할 것이다.

3. 디지털 융합 교육을 위한 교수 설계 예시

본 수업은 학생들이 도시의 문제를 해결하는 '데이터 탐정'이자, 스마트한 도시의 거버넌스를 구축하는 '도시 계획자 겸 설계자'가 되어, 상상을 현실로 만드는 '발명가'로 성장하는 여정을 담은 프로젝트 수업이다. 이 수업은 과학, 기술·가정, 정보가 함께 디지털 융합 교육을 실현하는 사례이기도 하다. 경우에 따라서는 사회와 도덕 교과도 함께 융합할 수 있다. 이 프로젝트 수업을 통해 학생들은 다음과 같은 경험을 하게 된다.

첫 번째 경험은 '도시의 숨겨진 문제 찾기'이다. 교통, 쓰레기, 에너지 등 우리 주변의 문제를 직접 찾아내고, 이 문제를 해결하기 위해 어떤 '데이터'가 필요한지 함께 토론하며 도시를 새롭게 바라보게 된다.

두 번째 경험은 '데이터로 도시의 미래 예측하기'이다. 자신들이 살고 있는 ○○시의 실제 기후 데이터를 분석해 자신들의 지역에 가장 효율적인 에너지 발전소는 무엇일지 고민하고, 규칙을 직접 설계하여 미래를 시뮬레이션해 본다.

세 번째 경험은 '정보통신기술과 함께 살아 움직이는 도시 만들기'이다. 학생들은 설계한 알고리즘을 하드웨어에 적용하여 생명을 불어넣는다. 예를 들어 어두워지면 스스로 켜지는 스마트 가로등처럼 우리의 아이디어가 현실에서 작동하는 짜릿한 순간을 경험할 수 있다.

네 번째 경험은 '자신의 결과물을 공유하고 개선하기'이다. 학생들은 자신들이 만든 결과물을 모의 전시회 활동을 통해 온·오프라인으로 공유하게 된다. 이때 친구들의 피드백을 통해 결과물을 개선함으로써 더 나은 기술이 탄생하게 된다.

다섯 번째 경험은 '더 나은 기술에 대해 토론하기'이다. 학생들은 자신들이 만든 기술이 세상을 어떻게 바꿀 수 있을지, 더 나은 기술은 어떤 모습이어야 할지 함께 고민하고 토론하며 책임감 있는 미래의 리더로 성장하는 토대를 만들게 된다.

이 프로젝트가 끝날 때쯤 학생들은 다양한 지식뿐만 아니라, 복잡한 문제를 창의적으로 해결하고 친구들과 협력하며 자신들이 살아갈 세상을 더 나은 곳으로 만들 수 있다는 자신감을 얻게 될 것이다.

우리가 만드는 세상, 지속 가능한 스마트 커뮤니티

1. 교수·학습 활동 개요

<table>
<tr><td>학년</td><td colspan="2">중학교 2학년</td></tr>
<tr><td>교과</td><td colspan="2">과학, 기술·가정, 정보</td></tr>
<tr><td>디지털 교육 유형</td><td colspan="2">디지털 융합 교육</td></tr>
<tr><td colspan="3">관련 교육 과정</td></tr>
<tr><td>핵심 아이디어</td><td colspan="2">• 전하와 전류는 다양한 전기와 자기 현상을 일으키고, 전기와 자기에 대한 성질은 전구, 전동기 등 여러 가지 전기 기구의 작동 원리로 유용하게 활용된다.
• 로봇은 기계요소, 전기전자 등의 하드웨어와 이를 제어하는 소프트웨어로 구성되며, 여러 가지 기술과 지식이 적용된 첨단 융합기술의 산물로서 사회 각 분야에 활용된다.
• 정보통신기술의 발달은 시공간 극복을 통해 정보와 문화의 교류 및 세계화에 기여해 왔으며, 다양한 기술과 융합하여 인간을 새로운 영역으로 이끈다.
• 문제 해결을 위해서는 필요한 데이터를 수집하고 분석하여 의미를 해석하는 것이 필요하다.
• 자동화를 고려해 설계된 알고리즘은 컴퓨터가 이해할 수 있는 언어로 구현되어 생활을 더욱 편리하게 하는 데 활용된다.</td></tr>
<tr><td rowspan="2">내용 요소</td><td>지식·이해</td><td>• 전기에너지
• 전기전자 부품과 회로
• 정보통신과 AI 기술
• 기계요소와 운동
• 로봇과 제어
• 데이터 수집과 관리
• 데이터 구조화 및 분석
• 알고리즘 표현 방법
• 순차적인 데이터 저장
• 논리 연산
• 중첩 제어 구조
• 함수와 디버깅</td></tr>
<tr><td>과정·기능</td><td>• 과학적 증거에 기반하여 주장하기
• 운동과 에너지와 관련된 다양한 현상을 관찰하여 규칙성 추리하기
• 도구를 선택하고 이용하기
• 부품 활용과 회로 구성하기
• 기술적 문제 해결하기
• 융합적 사고하기
• 미래 기술 예측하기
• 데이터를 목적에 맞게 수집, 분류, 저장하기
• 데이터를 구조화하고 의미 해석하기
• 문제 해결을 위한 다양한 알고리즘을 설계하고 적용하기
• 논리 연산, 중첩 제어 구조, 순차적인 데이터 저장을 활용하여 프로그램 작성하기
• 함수를 활용하여 프로그램을 모듈화하고, 프로그램의 오류를 발견하여 수정하기</td></tr>
</table>

(계속)

<table>
<tr><td>내용 요소</td><td>가치·태도</td><td>• 과학 문제 해결에 대한 개방성
• 기술에 대한 가치와 중요성 인식하기
• 기술적 문제 해결에 대한 관심, 공감, 도전
• 융합기술의 중요성과 가치 인식
• 창조적 활동에 대한 자신감
• 데이터에 기반하여 현상을 바라보는 관점
• 문제 해결을 위한 다양한 해법을 탐색하고, 명확하게 알고리즘으로 표현하는 자세
• 소프트웨어를 통한 협력과 공유의 가치
• 프로그램의 효과성을 분석하고, 프로그램의 오류를 해결하려는 자세</td></tr>
<tr><td>성취 기준</td><td colspan="2">• [9과14-03] 저항의 직렬연결과 병렬연결의 특징을 비교하고, 일상생활에서 전기에너지가 다양한 형태의 에너지로 전환된다는 것을 소비전력과 관련지어 설명할 수 있다.
• [9기가04-04] 전기·전자 부품의 종류와 기능을 이해하고, 기능에 맞는 부품을 선택하여 문제를 해결하기 위한 간단한 회로를 구성하고 제작 및 평가한다.
• [9기가04-05] 정보통신과 AI 기술의 활용 사례를 탐구하고, 정보통신과 AI 기술이 우리 삶에 미치는 영향을 다양한 관점에서 평가한다.
• [9기가04-06] 정보통신과 AI 기술 관련 문제를 이해하고, 해결 방안을 탐색, 실현, 평가함으로써 긍정적인 문제 해결 태도를 갖는다.
• [9기가04-09] 로봇에 활용되고 있는 제어 및 자동화 기술 등을 탐구하여 간단한 로봇을 제작하고 평가함으로써 창조에 대한 자신감을 갖는다.
• [9정02-02] 문제 해결에 적합한 데이터를 수집하고, 목적에 맞게 구분하여 관리한다.
• [9정02-03] 실생활의 데이터를 표, 다이어그램 등 다양한 형태로 구조화한다.
• [9정02-05] 여러 학문 분야의 사례를 중심으로 데이터를 수집·분석하여 융합적으로 문제를 해결한다.
• [9정03-04] 사례를 중심으로 문제 해결에 적합한 전략을 선택하여 알고리즘을 설계한다.
• [9정03-08] 실생활의 문제를 탐색하여 발견하고, 프로그래밍을 통해 해결한다.
• [9정03-09] 다양한 학문 분야의 문제 해결을 위해 협력하여 소프트웨어를 개발한다.</td></tr>
<tr><td colspan="3">교수·학습 활동 안내</td></tr>
<tr><td>수업 활동 개요</td><td colspan="2">본 수업은 지식의 단편적인 전달을 넘어, 학생들이 실제적인 맥락 속에서 문제 해결의 전 과정을 주도적으로 경험하도록 설계되었다. '○○시'라는 자신들이 살고 있는 지역을 기반으로 하여 학습의 몰입도와 현실 연계성을 높이고 있다. 이를 통해 학생들이 융합적 사고력과 문제해결력(기술적 문제해결력, 컴퓨팅 사고력)을 체계적으로 함양하고, 기술의 사회적 역할과 책임에 대해 성찰하며, 미래 사회에 필요한 핵심 역량을 갖춘 인재로 성장할 수 있도록 설계되었다. 총 16차시로 구성되어 있으며, 문제 발견부터 해결, 성찰에 이르는 통합적인 과정으로 진행된다.</td></tr>
</table>

(계속)

<table>
<tr>
<td rowspan="5">수업 흐름
(주요 활동)</td>
<td>1~3차시
(기술·가정)</td>
<td>도시 문제 '데이터'로 바라보기
• 우리 지역의 문제(교통, 쓰레기, 에너지)를 정의하기
• 이 문제에 대해 논의하기 위해 어떤 '데이터'가 필요한지 토의하기
• 데이터 수집 방법에 대해 탐색하기
데이터 수집 및 시각화를 통해 문제 정의하기
• 공공데이터 포털 또는 스마트폰 앱 등을 활용해 관련 데이터 수집하기
• 스프레드시트를 이용해 수집한 데이터를 정렬하고, 그래프로 시각화하여 문제의 심각성 및 패턴 분석하기
• 데이터 분석을 통해 해결해야 할 문제 확인하기
문제 해결을 위한 아이디어 탐색하기
• 정의한 문제를 해결하기 위한 발명 아이디어 탐색하기
• 해결 방안 선정 및 구체화하기
• 도시 문제 해결을 위한 스마트 기기 제어 시스템 설계하기
- 하드웨어 설계하기
- 대략적인 알고리즘 설계하기</td>
</tr>
<tr>
<td>4~5차시
(과학)</td>
<td>에너지 전환 및 지역에 따른 에너지 사용 이해하기
• 발전소에서 생산된 에너지가 가정에서 다양한 에너지로 전환된다는 것을 이해하기
• 지역의 기후 및 지리적 특징으로 인해 사용되는 전기 제품이 다르다는 것을 이해하기
에너지 절약을 위한 창의적인 방안 고안하기
• 지역 특징을 바탕으로 효율적인 냉난방 기구 및 단열 방법에 대해 탐구하기
• 모둠별로 에너지 절약을 위한 창의적인 방안을 토의하기</td>
</tr>
<tr>
<td>6~7차시
(정보)</td>
<td>에너지 발전 효율 '알고리즘'으로 설계하기
• 지역의 기후 데이터(일조량, 풍속)를 바탕으로, 가장 효율적인 신재생에너지 발전량을 예측하는 논리적 절차(알고리즘) 설계하기
• 순서도 또는 의사코드(Pseudocode)로 표현하기
예 만약 (일조량 > 기준값)이고 (날씨 == '맑음')이면, 태양광 발전량 = A × 일조량
시뮬레이션을 통해 알고리즘 검증하기
• 블록 코딩(엔트리, 스크래치)이나 스프레드시트의 함수를 이용해 설계한 알고리즘을 간이 시뮬레이션으로 구현하고, 어떤 조건에서 가장 효율적인지 테스트하기</td>
</tr>
<tr>
<td>8~10차시
(기술·가정
/정보)</td>
<td>아이디어 실행하기
프로토타입 제작하기
• 정보통신기술(마이크로비트, 각종 센서, LED 및 모터) 활용하기
• 설계한 알고리즘을 바탕으로 프로그래밍하기
- 블록 코딩으로 프로그래밍하여, '데이터(센서값)'에 따라 기기가 '자동으로' 작동하는 프로토타입 제작하기</td>
</tr>
<tr>
<td>11~13차시
(기술·가정
/정보)</td>
<td>데이터 기반 냉난방 시스템 모델링하기
• 지역의 계절별 온도, 습도 데이터를 분석하여 에너지 낭비를 최소화하는 냉난방기 작동 알고리즘 설계하기
예 창문 개폐 여부, 외부 온도에 따라 자동 조절
시스템 연동 및 최적화하기
• 제작한 개별 프로토타입(가로등, 냉난방 등)들이 서로 데이터를 주고받는 '스마트 그리드' 개념을 구상하고, 도시 전체의 에너지 효율을 높이는 방안 토의하기
알고리즘의 사회적 규칙 설계하기
• '쾌적함'의 기준(온도, 소음)에 대한 합의를 도출하고, 이를 알고리즘의 '매개변수(parameter)'로 설정하는 과정 체험하기</td>
</tr>
</table>

(계속)

<table>
<tr><td rowspan="2">수업 흐름
(주요 활동)</td><td>14~15차시
(기술·가정)</td><td>모의 전시회 활동하기
• 완성된 프로토타입의 시연과 함께, 어떤 문제를 해결하기 위해 어떤 데이터를 활용했고, 어떤 논리(알고리즘)로 작동하는지를 중심으로 부스별 발표하기
• 관람객(학생)은 발표를 듣고 개선할 점 적어주기
프로토타입 수정 보완하기
• 부스운영자(학생)는 개선점 중 적용할 점을 찾아서 프로토타입 개선하기</td></tr>
<tr><td>16차시
(기술·가정
/정보)</td><td>데이터 기반 사회의 윤리 토론하기
• 스마트 시티가 수집하는 데이터의 소유권과 프라이버시 문제에 대해 탐색하기
• 알고리즘이 특정 집단에게 불리하게 작용할 가능성(알고리즘 편향성) 등에 대해 토론하고, 기술 개발자가 가져야 할 사회적 책임 성찰하기</td></tr>
<tr><td>교수·학습 방법</td><td colspan="2">강의법, 토의·토론, 프로젝트 학습</td></tr>
<tr><td>평가 방법</td><td colspan="2">관찰 평가, 토의토론 평가, 학생작품 평가, 포트폴리오 평가, 동료 평가, 자기 평가</td></tr>
<tr><td>지도 및
평가상의 유의점</td><td colspan="2">• 이 수업은 중등의 특성상 교과를 유지하면서 융합하는 모형이므로 각각의 수업이 각 교과의 수업과 잘 연계되도록 하는 것이 가장 중요하다.
• 이 수업에서 교사는 지식을 전달하는 사람이 아닌, 학생들이 스스로 길을 찾도록 돕는 학습 조력자(facilitator)가 되어야 한다. “이 코드가 맞아.”라고 알려주기보다는 “왜 그렇게 생각했니?”, “다른 방법은 없을까?”, “만약 이런 문제가 생기면 어떻게 해결할래?”와 같은 핵심적인 질문을 통해 학생들의 사고를 확장시키는 데 집중해야 한다.
• 실패와 디버깅의 교육적 가치를 강조할 필요가 있다. 오류가 발생했을 때 학생들이 좌절하지 않고, 이를 문제 해결의 과정으로 자연스럽게 받아들이는 안전한 학습 환경을 조성해야 한다. “와, 좋은 버그를 찾았네! 이 문제를 해결하면 우리 프로젝트가 더 튼튼해지겠다!”와 같이 실패를 격려하고, 디버깅(오류 수정) 과정 자체가 중요한 학습임을 지속적으로 강조해야 한다.
• 도구가 아닌 원리에 집중하도록 할 필요가 있다. ‘이 센서가 수집한 데이터의 의미는 무엇인지’, ‘이 알고리즘이 작동하는 논리는 무엇인지’ 등 기술의 근본적인 원리를 이해하고 설명할 수 있도록 끊임없이 되짚어 주어야 한다.
• 평가 시 결과물 중심이 아닌 ‘과정 중심’으로 포트폴리오를 평가할 필요가 있다. 프로토타입의 최종 완성도나 완벽한 작동 여부만으로 평가해서는 안 된다. 학생이 문제 정의부터 최종 성찰까지 프로젝트의 전 과정에 걸쳐 얼마나 성장했는지를 평가의 중심으로 삼아야 한다.
• 학생의 역량을 종합적으로 파악하기 위해 다양한 평가 방법을 활용한다.
- 관찰 평가: 수업 중 협업 태도, 의사소통 방식, 문제 해결 과정 참여도 등을 지속적으로 관찰하고 기록한다.
- 발표 평가: 최종 결과물을 발표할 때, 단순히 결과물을 시연하는 것을 넘어 문제 해결 과정과 자신이 설계한 알고리즘의 논리를 명확하게 설명하는지를 중점적으로 평가한다.
- 동료 평가: 모둠 활동에 대한 기여도, 협업 능력 등을 동료들이 상호 평가하게 하여 협력의 가치를 내면화하도록 한다.
- 자기 평가: 프로젝트 전반에 걸친 자신의 성장과 배움, 느낀 점 등을 학생 스스로 성찰하고 기록하도록 한다.</td></tr>
</table>

2. 교수·학습 활동 과정안 예시 (1)

<table>
<tr><th colspan="2">학습 주제</th><td>에너지 시스템의 효율 예측을 위한 알고리즘 설계 및 시뮬레이션</td><th>차시</th><td>6~7차시</td></tr>
<tr><th colspan="2">학습 목표</th><td colspan="3">• 지역의 기후 데이터를 변수로 사용하여 에너지 발전량을 예측하는 논리적 절차(알고리즘)를 설계할 수 있다.
• 설계한 알고리즘을 시뮬레이션으로 구현하고, 조건에 따른 결과를 분석하여 타당성을 검증할 수 있다.
• 모둠원과 협력하여 아이디어를 구체화하고, 문제를 해결하는 과정에 적극적으로 참여할 수 있다.</td></tr>
<tr><th colspan="2">수업 흐름</th><th rowspan="2" colspan="2">교수·학습 활동</th><th rowspan="2">지도상의 유의점</th></tr>
<tr><th>단계</th><th>차시</th></tr>
<tr><td>도입</td><td>6</td><td colspan="2">생각 열기
• 교사: “지난 시간에 우리 지역의 문제를 데이터로 분석해 보았습니다. 만약 우리가 오산시에 태양광 발전소를 짓는다면, 1년 내내 똑같은 양의 전기를 만들 수 있을까요? 왜 그럴까요?”
• 학생: (날씨, 계절, 구름의 양 등에 따라 다를 것이라고 대답한다.)
• 교사: “맞습니다. 오늘은 바로 그 ‘조건’에 따라 발전량을 ‘예측’하는 규칙, 즉 알고리즘을 직접 설계해 보겠습니다.”
학습 목표 제시하기
• 교사: “오늘의 학습 목표를 다 함께 읽어봅니다.”</td><td>• 과학 수업과 자연스럽게 연결하여 수업의 흐름이 이어지도록 지도한다.</td></tr>
<tr><td>전개</td><td>6~7</td><td colspan="2">활동 1: 알고리즘의 개념 및 변수 탐색하기
• 교사: 알고리즘의 개념과 ‘만약 ~라면, ~한다(If-Then)’ 형식의 조건문 구조를 실생활 예시(라면 끓이기 등)로 설명한다.
• 교사: “에너지 발전량을 예측하려면 어떤 데이터(조건)가 필요할까요?”
• 학생: (일조량, 풍속, 기온, 날씨 등을 발표한다.)
• 교사: 이러한 조건들이 바로 우리 알고리즘의 ‘변수’가 됨을 안내한다.
활동 2: 모둠별 에너지 발전 알고리즘 설계하기
• 교사: 모둠별로 태양광, 풍력 중 하나를 선택하고, 해당 에너지 발전에 영향을 미치는 변수를 2~3개 선정하도록 한다.
• 교사: 활동지를 활용하여 ‘어떤 조건일 때, 발전량이 어떻게 변하는지’에 대한 규칙을 순서도나 의사코드(글로 쓴 코드)로 작성하게 한다.
예 태양광: 만약 (일조량 > 5) 그리고 (날씨 == ‘맑음’)이면, 발전량 = ‘상’
• 학생: 모둠별 토의를 통해 알고리즘을 설계하고 활동지에 정리한다.
활동 3: 시뮬레이션 구현 및 검증하기
• 교사: 블록 코딩이나 스프레드시트의 IF 함수를 이용해 방금 설계한 알고리즘을 간단한 시뮬레이션으로 만드는 방법을 안내한다.
• 학생: 설계한 알고리즘을 직접 프로그램으로 구현한다.
• 학생: 다양한 조건 값(맑은 날, 흐린 날, 바람 없는 날 등)을 입력하며 자신들의 알고리즘이 타당하게 작동하는지 테스트하고 결과를 공유한다.</td><td>• 알고리즘의 논리적 절차에 집중하도록 지도하고, 복잡한 계산식보다는 조건에 따른 결과의 변화에 초점을 맞추도록 지도한다.
• 모둠을 순회하면서 설계에 어려움을 겪는 모둠을 지원한다.</td></tr>
</table>

(계속)

정리	7	**활동 내용 정리하기** • 교사: “오늘 우리는 무엇을 설계했나요? 알고리즘을 설계하고 검증하는 과정에서 무엇을 느꼈나요?” • 학생: (데이터를 기반으로 규칙을 만드는 과정, 시뮬레이션의 원리 등에 대해 발표한다.) **차시 예고하기** • 교사: “다음은 기술시간에서 활동이 이어지겠습니다. 오늘 우리가 설계한 이 ‘논리’를 실제 하드웨어와 결합하여, 주변 환경에 따라 스스로 작동하는 스마트 기기를 직접 만들어 보겠습니다.”	

2. 교수·학습 활동 과정안 예시 (2)

학습 주제		지속 가능한 스마트 기기 만들기	차시	8~10차시
학습 목표		• 센서(입력), 마이크로컨트롤러(처리), 액추에이터(출력)의 관계를 이해하고, 하드웨어를 설계하고 제작할 수 있다. • 주변 환경 데이터(센서 값)에 기반하여 작동하는 스마트 기기 제어 프로그램을 설계 및 작성하고 업로드할 수 있다. • 프로토타입 제작 시 발생하는 오류를 문제 해결의 과정으로 인식하고, 끈기 있게 디버깅하려는 태도를 가진다.		
수업 흐름		교수·학습 활동		지도상의 유의점
단계	차시			
도입	8	**생각 열기** • 교사: (스스로 켜지고 꺼지는 스마트 가로등 영상을 보여준다.) “이 가로등은 어떻게 사람 없이도 어두워지면 켜질까요? 무엇으로 보고, 무엇으로 생각하고, 무엇으로 불을 켤까요?” • 학생: (센서, 컴퓨터, 전구 등을 자유롭게 이야기한다.) • 교사: “네, 오늘은 바로 그 ‘보고, 생각하고, 행동하는’ 기계를 정보통신기술을 활용하여 직접 만들어 볼 것입니다.” **학습 목표 제시하기** • 교사: “오늘의 학습 목표를 다 함께 읽어봅니다.”		• 이전 차시의 수업과 자연스럽게 연결하여 수업의 흐름이 이어지도록 지도한다.
전개	9	**활동 1: 프로토타입 제작하기** • 학생: 설계한 대로 기구부를 제작하고, 회로도를 보면서 센서와 마이크로컨트롤러, 액추에이터를 연결한다. • 학생: 모둠별로 알고리즘을 설계한 대로 직접 제어 프로그램을 코딩하고, USB 케이블을 통해 완성된 코드를 마이크로컨트롤러에 업로드한다. **활동 2: 테스트와 디버깅(오류 수정)** • 교사: “이제 우리 모둠의 가로등이 잘 작동하는지 테스트해봅시다. 손으로 빛 센서를 가려보세요.” • 학생: (프로토타입을 테스트한다. 작동이 안 될 경우, 왜 안 되는지 토의한다.) • 교사: “작동이 안 되나요? 아주 좋은 현상입니다! 코드가 문제일까요, 연결이 문제일까요? 오류를 찾는 탐정이 되어봅시다.” • 교사: 모둠 순회를 하며 디버깅 과정을 촉진하고, 문제 해결을 위한 힌트를 제공한다.		• 알고리즘의 논리적 절차에 집중하도록 지도하고, 복잡한 계산식보다는 조건에 따른 결과의 변화에 초점을 맞추도록 지도한다. • 모둠을 순회하면서 제작에 어려움을 겪는 모둠을 지원한다.

(계속)

정리	10	**활동 내용 정리하기** • 교사: "오늘 프로토타입을 제작하는 과정에서 무엇을 느꼈나요? 또한 어떤 어려움을 어떻게 극복했나요? 포트폴리오에 정리해봅시다." • 학생: (자신들의 포트폴리오에 성찰 과정을 정리한다.) **차시 예고하기** • 교사: "다음 ○○시간에는 데이터 기반으로 냉난방 시스템을 제어해 보겠습니다."	• 다른 교과에서 다음 수업이 연계되는 경우 어떤 과목인지 알려주고, 자신의 교과에서 진행하는 경우 다음 시간으로 안내한다.

참고문헌

1. Frodeman, R., Klein, J. T., & Pacheco, R. C. D. S. (Eds.). (2017). The Oxford handbook of interdisciplinarity. Oxford University Press.
2. 김재복. (2007). 통합교육과정의 연구 과제와 저해 요인. 통합교육과정연구, 1, 1-11.
3. 이경진 & 김경자. (2012). 통합교육 접근으로서의 '융합인재교육(STEAM)'의 의미와 실천 가능성 탐색. 초등교육연구, 25(3), 55-81.
4. 김성애. (2015). 중학교 영재교육대상자를 위한 로봇 주제 중심의 TEAMS 통합 교육 프로그램 개발(미간행 박사학위논문). 한국교원대학교 대학원.
5. Ingram, J. B. (2002). 교육과정 통합과 평생교육(배진수, 이영만 역). 학지사. (원본 출판 1979년)
6. Vars, G. F. (1991). Integrated curriculum in historical perspective. Educational Leadership, 14-15.
7. Vars, G. F. (2001). Can curriculum integration survive in an era of high-stakes testing?. Middle School Journal, 33(2), 7-17. https://doi.org/10.1080/00940771.2001.11494658
8. 박휴용. (2018). 융합지식과 융합교육과정. 전북대학교 출판문화원.
9. 김성숙. (2011). 미술 · 과학교과가 융합된 교수학습방안(미간행 석사학위논문). 경인교육대학교 교육대학원.
10. Nicolescu, B. (2002). Manifesto of Transdisciplinarity. Albany: State University of New York Press.
11. Drake, S. & Burns, R. (2004). Meeting standards through integrated curriculum. ASCD.
12. Fogarty, R. J. & Pete, B. M. (2009). How to integrate the curricula. Corwin Press.
13. Ambrose, S. A., Bridges, M. W., DiPietro, M., Lovett, M. C., & Norman, M. K. (2010). How learning works: Seven research-based principles for smart teaching. John Wiley & Sons.
14. 김진수. (2011). STEAM 교육을 위한 큐빅 모형. 한국기술교육학회지, 11(2), 124-139.
15. 이상갑. (2001). 주제 중심 통합적 접근에 의한 기술교과 교육프로그램 개발(미간행 박사학위논문). 한국교원대학교.
16. 최정훈. (2011). 융합을 기반으로 하는 STEAM 교육. 한국현장과학교육학회 하계학술대회, 한국교원대학교.
17. 태진미. (2011). 창의적 융합인재양성. 왜 예술교육에 주목하는가?. 영재교육연구, 21(4), 1011-1032.
18. 백윤수, 박현주, 김영민, 노석구, 이주연, 정진수, … & 최종현. (2012). 융합인재교육(STEAM) 실행방향 정립을 위한 기초연구. 한국과학창의재단 연구보고서.
19. 김성애. (2019). 기술 교육 기반의 '안전' 주제 중심 IT 융합 교육이 중학생의 안전 의식과 융합인재교육(steam) 태도에 미치는 영향. 표준인증안전학회지, 9(1), 69-84.
20. Interagency Working Group on Convergence. (2022). Convergence education: A guide to transdisciplinary STEM learning and teaching. National Science and Technology Council.

21. 김시정 & 이삼형. (2012). 융복합 교육의 양상에 대한 국어교육적 접근. 국어교육학연구, 43, 125-153.

22. 소경희. (2017). 교육과정의 이해. 형설출판사.

23. The Millennium Project. 15 Global Challenges. https://millennium-project.org/challenges-overview

24. United Nations. The 17 Goals. https://sdgs.un.org/goals

25. U.S. National Science Foundation. NSF's 10 Big Ideas. https://new.nsf.gov/about/history/big-ideas

26. National Academies. Grand Challenges and Opportunities in Environmental Engineering for the Twenty-first Century. https://www.nationalacademies.org/our-work/grand-challenges-and-opportunities-in-environmental-engineering-for-the-twenty-first-century

27. 김성애 & 구지훈. (2019). Effects of Robotics Education Program based on the Design Thinking Process on the Creativity for Engineering College Students in the field of IT. Journal of Knowledge Information Technology and Systems, 14(2), 157-169. https://doi.org/10.34163/jkits.2019.14.2.006

28. *FIRST*®. (2024). 2024 ANNUAL IMPACT REPORT. https://www.firstinspires.org/sites/default/files/uploads/annual-report/FIRST-AR-FY24-Report.pdf#page=3.03

29. 김현경, 차정호, 김용진, 이동현, 김도환, 민재식, & 이다은. (2023). 미래형 융합 교육 선도학교 운영 매뉴얼. 한국과학창의재단, 3.

30. 배건. (1997). 초등학교 통합교육과정의 통합유형 분석(미간행 박사학위논문). 한국교원대학교.

31. 김재복. (1983). 교육과정의 통합적 접근에 관한 연구(미간행 박사학위논문). 동국대학교.

32. Jacobs, H. H. (1989). Interdisciplinary curriculum: Design, development, and implementation. Alexandria, VA: ASCD.

33. Drake, S. M. (1993). Planning integrated curriculum: The call to adventure. Association for Supervision and Curriculum Development. Alexandria.

34. Ingram, J. B. (2014). Curriculum integration and lifelong education: A contribution to the improvement of school curricula(Vol. 6). Elsevier.

35. 곽병선. (1981). 통합 교과용 도서의 효율적인 지도를 위한 워크숍. 한국교육개발원.

36. 이영덕. (1983). 통합교육과정의 이론과 실제. 교육과학사, 15-56.

37. 황윤한. (1996). 구성주의적 수업을 통한 초등학교의 통합교과 운영. 열린교육연구, 4(1), 77-92.

38. Keller, J. G. (1982). Modification of a physical education experimental teaching unit(Doctoral dissertation, Virginia Polytechnic Institute and State University).

39. 이종원. (1991). '지식의 구조'를 통해 본 지식 통합의 재해석. 교육과정연구, 10, 33-45.

40. 이경섭, 최병옥, & 강현석. (1994). 교과통합의 연구. 교육과학사.

41. 김대현 & 이영만. (1995). 열린 교육을 위한 학교중심의 통합교육과정 개발. 양서원.

42. 김재복. (2000). 통합교육과정. 교육과학사.

43. Wolfinger, D. M. & Stockard, J. W. (2003). 통합 교육과정의 이론과 실제(강현석, 박영무, 조영남, 허영식, & 이종원 역). 양서원. (초판 발행 1996년)

44. 원덕재 & 정성봉. (2004). 주제 중심의 통합적 접근을 통한 실과의 전통문화 교육프로그램 개발. 실과교육연구, 10(1), 19-40.

45. 김재복. (1995). 열린교육과 새 교육과정 운영. 열린교육연구, 3(1), 95-100.

46. Dougherty, J. H., Gorman, F. H., & Phillips, C. A. (1950). Elementary school organization and management. Macmillan.

47. Smith, B. O., Stanley, W. O., & Shores, J. H. (1950). Fundamentals of Curriculum Development. New Yorks World Book.

48. Taba, H. & Spalding, W. B. (1962). Curriculum development: Theory and practice(Vol. 37). New York: Harcourt, Brace & World.

49. Beckner, W. & Cornett, J. D. (1972). The secondary school curriculum: Content and structure. Intext Educational Publishers.

50. Zais, R. S. (1976). Curriculum: Principles and foundations. Crowell.

51. 이경섭. (1990). 교육과정 유형별 연구. 교육과학사

52. 윤팔중. (1984). 교육과정이론(인간중심). 교육과학사.

53. Wedman, J. & Tessmer, M. (1991). Adapting instructional design to project circumstance: The layers of necessity model. Educational Technology, 31(7), 48-52.

54. Gustafson, K. L. & Branch, R. M. (2002). What is instructional design. Trends and issues in instructional design and technology, 2, 10-16.

55. Visscher-Voerman, I. & Gustafson, K. L. (2004). Paradigms in the theory and practice of education and training design. Educational technology research and development, 52, 69-89.

56. 박기용 & 강이철. (2007). 설계의 본질에 기반한 교수설계의 정체성 성찰. 교육공학연구, 23(1), 63-96.

57. 장정원 & 정현일. (2022). 미술 교과에서 인공지능 활용을 위한 체제적 수업설계-ASSURE 모형에 기초하여. Brain, Digital, & Learning, 12(2), 231-242.

58. Heinich, R., Molenda, M., Russell, J., & Smaldino, S. (2002). The ASSURE model. Instructional media and technologies for learning, 52-84.

59. Karpati, A. (2011). Digital literacy in education[Policy Brief]. UNESCO Institute for Information Technologies in Education. https://iite.unesco.org/publications/3214688

60. Pedro, F., Subosa, M., Rivas, A., & Valverde, P. (2019). Artificial intelligence in education: challenges and opportunities for sustainable development. Working Papers on Education Policy, 07. UNESCO Education Sector. https://unesdoc.unesco.org/ark:/48223/pf0000366994

61. UNESCO. (2019). Beijing Consensus on Artificial Intelligence and Education. United Nations Educational, Scientific and Cultural Organization. https://unesdoc.unesco.org/ark:/48223/pf0000368303

62. Ng, D. T. K., Leung, J. K. L., Su, J., Ng, R. C. W., & Chu, S. K. W. (2023). Teachers' AI digital competencies and twenty-first century skills in the post-pandemic world. Educational technology research and development, 71(1), 137-161.

63. 박기용. (2007). 교수설계 모형과 실천 간의 차이와 원인 분석. 교육공학연구, 23(4), 1-30.

64. Seels, B. B. & Richey, R. C. (2012). Instructional technology: The definition and domains of the field. Iap(Information Age Publishing).

65. Dick, W., Carey, L., & Carey, J. O. (2001). The systematic design of instruction(5th). New York: Longmann.

66. 임철일 & 연은경. (2006). 기업교육 프로그램 개발을 위한 사용자 중심의 래피드 프로토타입 방법론에 관한 연구. 기업교육과 인재연구, 8(2), 27-50.

67. Tripp, S. D. & Bichelmeyer, B. (1990). Rapid prototyping: An alternative instructional design strategy. Educational technology research and development, 38(1), 31-44.

68. Jones, T. S. & Richey, R. C. (2000). Rapid prototyping methodology in action: Adevelopmental study. Educational Technology Research and Development, 48(2), 63-80.

69. 임철일 & 연은경. (2015). 기업교육 프로그램 개발과 교수체제설계. 파주: 교육과학사.

70. Lim, C., Song, Y., Hong, S., & Park, C. (2020). A study on the application and improvement of the Rapid Prototyping to Instructional Systems Design(RPISD) model. Journal of Educational Technology, 36(3), 589-617.

71. Kim, D. & Downey, S. (2016). Examining the Use of the ASSURE Model by K-12 Teachers. Computers in the Schools, 33(3), 153-168.

72. Mace, R. (1985). Universal design: Barrier free environments for everyone. Designers West, 33(1), 147-152.

73. Rose, D. H. & Meyer, A. (2002). Teaching every student in the digital age: Universal design for learning. Association for Supervision and Curriculum Development, Alexandria.

74. Rose, D. (2002). Universal design for learning. Journal of Special Education Technology, 17(2), 57-59.

75. Ou, Q. & Chen, X. (2024). Investigation and anclysis of maker education curriculum from the perspective of artificial intelligence. Scientific Reports, 14(1), 1959.

76. Halverson, E. R. & Sheridan, K. M. (2014). The Maker Movement in Education. Harvard Educational Review, 84(4), 495-504, 563,565. https://www.proquest.com/scholarly-journals/maker-movement-education/docview/1642662200/se-2

77. Hughes, J. M. & Kumpulainen, K. (2021). Maker education: Opportunities and challenges. Frontiers Media SA, InFrontiers in education(Vol. 6), 798094.

78. 황중원, 강인애, & 김홍순. (2016). 메이커 페다고지(Maker Pedagogy)로서 TMSI 모형의 가능성 탐색: 고등학교 사례를 중심으로. 한국교육공학회 학술대회발표자료집, 2016(2), 166-176.

79. 조영재. (2019). 창의적문제해결(CPS)을 적용한 메이커교육 프로그램 개발. 수산해양교육연구, 31(3), 856-876.

80. 김성애. (2020). 피지컬컴퓨팅을 활용한 인공지능(AI) 기반 메이커 교육프로그램 개발. 한국기술교육학회지, 20(3), 76-95.

AI

PART 4

디지털 윤리 교육

CHAPTER

9

디지털 윤리의 개념

강력한 기술은 사회적으로도 큰 영향력을 가진다. 디지털의 개념은 단지 아날로그의 반대말이 아니라 정보를 강력하게 응용할 수 있는 힘을 이야기하며, 최근에는 소프트웨어와 AI(인공지능)로 인해 그 영향력이 더욱 커지고 있다. 이에 따라 디지털을 올바르게 이해하고 그 영향력에 대해 고민하는 디지털 윤리가 강조되고 있다.

디지털 윤리는 최근 이슈가 되고 있는 AI 윤리를 포함해 그동안 연구 및 논의되어 왔던 컴퓨터 윤리, 인터넷 윤리, 정보 윤리 등의 개념을 포함한 넓은 의미의 개념이라 할 수 있다. 본 장에서는 디지털 윤리의 개념을 이해하기 위해 그동안 논의되어 왔던 유사 용어에 대한 개념들을 살펴보고자 한다.

1. 컴퓨터 윤리

'컴퓨터 윤리(computer ethics)'는 컴퓨터의 등장과 함께 논의된 개념으로, 제2차 세계대전 기간에 빠른 전투기를 격추시키기 위한 대공포 개발에 참여했던 노버트 위너(N. Weiner)에 의해 학술적으로 다루어지기 시작했다. 노버트 위너는 여러 학자들과 함께 사이버네틱스(cybernetics)라는 학문 분야를 만들고, 당시 컴퓨터를 통해 자동화되고 효율적으로 처리되는 정보가 인간과 사회에 미치는 영향력에 대한 고민을 시작했다. 노버트 위너는 단지 윤리적 행동뿐만 아니라 컴퓨터에 의한 근로 환경의 변화, 새로운 법과 규제의 필요성 등에 대해 제시했다. 그리고 컴퓨터로 인해 변화되는 사회에 맞춰 컴퓨터 관련 학자뿐만 아니라 심리학자, 사회학자, 철학자 등이 심리학, 사회학, 철학 등의 개념을 새롭게 정의해야 한다고 주장했다.

이후 컴퓨터 윤리의 개념을 본격적으로 정립한 것은 제임스 무어(James Moor)라 할 수 있다. 제임스 무어는《컴퓨터 윤리란 무엇인가?》라는 논문을 통해서 노버트 위너 이후 다양하게 제시되었던 컴퓨터 윤리의 개념과 역할 등을 검토하고, 종합적인 방향을 제시하였다. 그는 컴퓨터 윤리를 정보기술의 사회적 · 윤리적 사용과 관련된 '정책적 공백 상태'와 '개념적 혼란 상태'에 관심을 기울이는 분야라고 정의하였다. 그가 제시한 컴퓨터 윤리의 개념을 살펴보면 다음과 같다.

> "컴퓨터 윤리의 전형적인 이슈는 컴퓨터 기술에 의해 생긴 새로운 상황에 대한 정책적 공백 상태로 인해 발생한다. 컴퓨터는 우리가 새로운 능력을 갖게 해주며, 우리는 이를 통해 새로운 선택을 할 수 있게 된다. 이러한 상황 속에서 그동안 어떠한 정책도 존재하지 않았거나 기존의 정책들이 부적절해 보이기도 한다.

컴퓨터 윤리의 핵심 과제는 이러한 경우 우리가 어떻게 행동해야 하는지를 알려주는 것이다(James Moor, 1985)."

2. 인터넷 윤리

1990년대 인터넷의 급격한 확산과 함께 그동안 다루어왔던 컴퓨터 윤리의 개념은 온라인 공간에서 요구되는 윤리적 행동과 그와 관련된 전반의 개념을 논의하는 '인터넷 윤리(internet ethics)'로 확장되었다. 인터넷은 정보의 자유로운 교환을 가능하게 했지만, 동시에 개인정보 보호, 저작권 침해, 정보의 진위성 문제 등 새로운 윤리적 딜레마를 초래했다. 인터넷 윤리는 이와 같은 문제들을 해결하기 위해 발전했으며, 특히 온라인 커뮤니티의 행위 규범, 인터넷 거버넌스(internet governance), 표현의 자유와 같은 주제들을 중심으로 논의되었다.

대표적인 예로 1999년 냅스터 사건이 있다. 냅스터(Napster)는 숀 패닝(Shawn Fanning)이 만든 온라인 음악 파일 공유 서비스이며, 1999년 6월부터 2001년 7월까지 운영되었다. 이는 당시 인터넷의 등장과 함께 널리 쓰였던 P2P(Peer-to-Peer) 공유 서비스였으며, 인터넷 사용자들에게 큰 영향을 미쳤다. 하지만 냅스터는 MP3 형식의 음악 파일을 다른 사람과 공유할 수 있도록 하여, 음악 산업의 저작권 침해라는 결과를 낳았다. 해당 서비스는 1년 만에 중단되었지만, 이후 유사 서비스들이 등장하며 음악 시장은 큰 피해를 보았고, 이를 시작으로 음원 서비스 방식 자체가 변화하게 되었다.

냅스터 사건과 같이 인터넷의 발전으로 인해 기존에 다루지 않았던 새로운 이슈가 등장하면서 새로운 정책과 규범 및 개념이 필요해졌다. 인터넷 윤리는 이러한 개념에 답하기 위한 학문으로 발전하였으며, 주로 인터넷을 기반한 개인과 개인, 개인과 대중에서 발생하는 윤리 문제를 다룬다. 이는 전통적인 윤리 개념과 마찬가지로 개인 행위의 여부를 규정해 주는 처방 윤리이자, 사전 조치의 예방 윤리이며, 인터넷의 특수성에 맞게 전통 윤리를 적용해야 하는 변형 윤리의 특징이 강하다. 그러나 인터넷 윤리는 전통 윤리와 다른 특징이 있다. 인터넷 윤리는 현실의 공간이 아닌 온라인 공간에서 일어나는 윤리 규범으로, 시공을 초월하여 다수의 이용자에게 영향을 미친다는 점이다. 또한 전통 윤리가 주로 행위의 결과보다는 동기나 의도를 중요시하는 데 비해, 인터넷 윤리는 행위의 결과도 중요하다. 이는 행위의 결과로 인한 피해가 현실에서 일어나는 것과는 달리 광범위하고 무차별하여 피해 범위에 한계가 없기 때문이다. 또한 인터넷에서는 사람이 중심이 되는 것이 아니라 새로운 개념과 사물이 윤리의 객체가 되

고 주체가 되어 윤리의 대상이 된다는 특징이 있다.[1]

그림 9-1 냅스터 화면

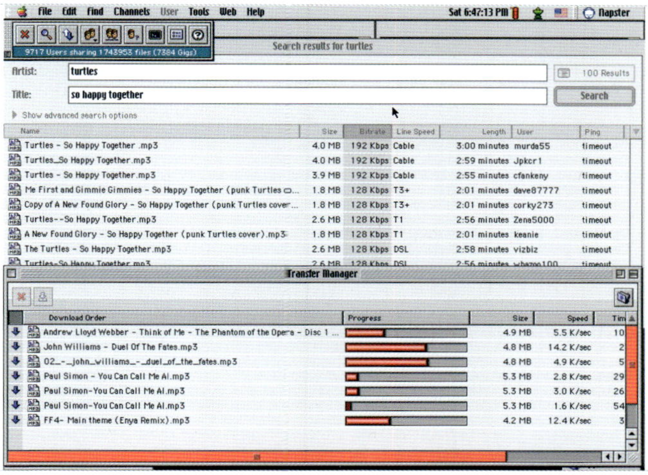

출처: Silicon. Tales In Tech History: Napster. https://www.silicon.co.uk/e-marketing/ecommerce/tales-tech-history-napster-224585

3. 정보 윤리

인터넷 사용이 폭발적으로 증가하는 시기를 지나, 한국을 비롯한 글로벌 주요국은 컴퓨팅 또는 정보 교육을 주요 과목 중 하나로 도입하며 정보 윤리를 함께 다루기 시작했다. 이때의 '정보 윤리'는 과거 논의되었던 컴퓨터 윤리, 인터넷 윤리 등의 개념을 종합적으로 포괄하는 개념으로 사용되기도 하고, 정보의 일생사에서 발생하는 윤리적 쟁점으로 보는 협의의 관점도 있다.

협의의 정보 윤리는 정보를 생성, 가공, 유통, 소비(활용), 폐기하는 정보의 일생사에서 각 단계마다 발생하는 윤리적 쟁점을 다루는 이론이나 규범이라 할 수 있다. 예를 들어 정보의 생성 단계에서는 어떤 정보를 생산하는 것이 바람직한지, 어떤 정보가 나쁜 정보인지 등에 대한 답을 구하는 과정이라 할 수 있다. 정보의 가공 단계에서는 원 정보에 대한 인용, 복제, 변형에 따라 발생하는 윤리적 쟁점을 다룰 수 있다. 다른 사람이 생산한 정보를 나의 목적에 맞게 가공하거나 내 정보로 편입시키는 과정에서 파생되는 갈등, 다른 사람의 이야기를 남에게 전달하는 과정에서 왜곡된 정보를 전달하는 사례 등이 이에 속한다. 결론적으로 이는 저작권에 대한 분쟁으로 발생할 수도 있으나, 법률적 · 기술적 접근에 앞서 윤리적인 고려가 필요하다. 정보의 유통 단계에서는 어떤 유통 구조가 바람직하고 정당한지에 대한 문제를 다룬다. 예를 들어 과거에는 '가수가 CD 1장을 팔았을 때 수익을 어느 정도 얻는가'와 같은 질문이었다면, 이제는 '디지털 음원을 통한 유통 구조에서는 이러한 수익 구조를 어떻게 하는게 올바른가'에 대한 쟁점이 생긴다. 정보의 소비(활용) 단계에서는 정보의 구매자이자 활용자로서 어떤 의식을 가지고 어떤 권리를 주장할 수 있는지와 관련한 쟁점을 다룰 수 있다. 예를 들어 내가 돈을 주고 산 음악 CD를 디지털 파일로 저장한 후 그 파일을 이메일로 보낼 경우 어떠한 윤리적 · 법적 문제가 되는지 고민할 필요가 있다. 마지막으로 정보의 폐기 단계에서는 정보를 어떻게 안전하게 폐기할 것인지에 대한 쟁점을 다룬다. 예를 들어 인터넷 서비스에 가입을 했다가 해지를 원할 때, 가입 시 제출했던 개인정보에 대한 삭제를 요구할 경우 이것이 회사 측의 권리와 충돌할 수도 있다. 이때 윤리적으로 어떻게 처리하는 것이 바람직한지 등에 대한 고민이 필요하다.[2]

그림 9-2 정보의 일생사

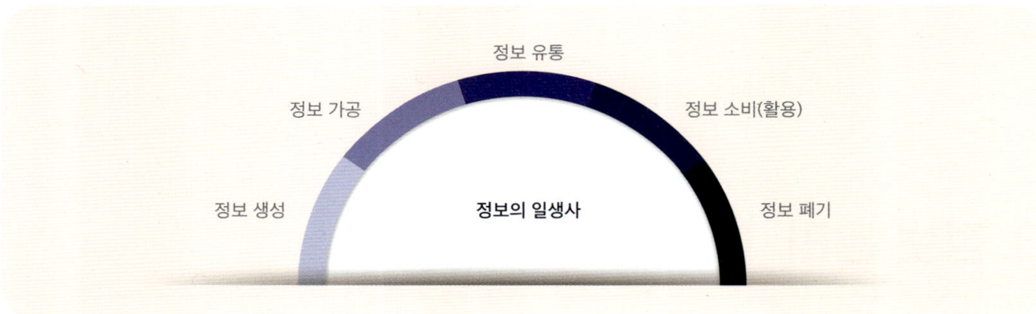

4. AI 윤리

컴퓨터와 인터넷이 고도화된 3차 산업혁명 시대를 지나 디지털 대전환 시대로 접어들면서 4차 산업혁명 시대의 핵심이라 할 수 있는 소프트웨어와 AI는 비약적으로 발전하였다. 특히 AI는 현대 사회의 혁신을 이끄는 핵심 기술로, 다양한 산업과 일상생활에 깊이 자리 잡고 있다. 그러나 AI 기술의 급속한 발전은 인간의 삶에 긍정적으로 기여하는 동시에 기술의 사회적 · 윤리적 영향에 대한 우려를 불러일으킨다. 예를 들어 AI 시스템이 의사결정 과정에 참여하면서 편향, 차별, 프라이버시 침해, 예측 불가능한 위험성 등 다양한 문제가 발생할 가능성이 있다. 이러한 이유로 AI는 그 부작용과 악영향을 최소화하기 위한 윤리적 원칙과 기준을 마련하는 것이 필수적이다.

'AI 윤리'란 AI의 개발, 배포, 사용 과정에서 발생할 수 있는 윤리적 문제를 예방하고 조정하는 체계를 의미한다. 이는 단순한 기술적 성과에 초점을 맞추는 것을 넘어, AI가 인간의 존엄성과 권리를 존중하며 사회에 긍정적인 영향을 미칠 수 있도록 구제와 원칙을 마련하는 것에 초점을 둔다. 주요 윤리적 원칙으로는 공정성, 투명성, 책임성, 신뢰성, 프라이버시 보호 등이 있으며, AI 윤리는 AI 시스템이 이를 준수함으로써 인류 사회와 공존할 수 있는 기술로 자리 잡게 하는 데 목표를 둔다.

특히 AI 시스템은 학습 데이터에 기반하여 작동하기 때문에 데이터 편향 문제가 발생할 수 있다. 잘못된 데이터나 불충분한 데이터로 인해 AI는 특정 집단이나 성별, 인종에 대해 차별적인 결과를 낼 수 있고, 이는 의료, 채용, 금융 등 다양한 분야에서 부당한 결과를 초래할 수 있다. 따라서 AI의 공정성을 보장하기 위한 윤리적 고려가 필요하다.

또한 AI는 빅데이터와 밀접하게 연관되어 있으며, 이러한 데이터를 분석하여 개인화된 서비스를 제공한다. 그러나 개인정보가 무분별하게 수집되고 악용될 경우 심각한 프라이버시 침해가 발생할 수 있다. 따라서 개인정보를 보호하고 AI의 데이터 사용에 대한 투명성을 확보하는 것이 중요하다.

그리고 AI 시스템이 실생활에 적용되면서 발생하는 결정의 책임을 누가 질 것인가에 대한 문제가 존재한다. 특히 자율주행차나 의료 진단 등 인간의 생명과 안전에 직결되는 영역에서는 AI가 내린 결정에 대한 투명성과 그에 대한 책임 소재가 명확히 규명되어야 한다. 투명성과 책임성을 보장하지 않는다면 AI에 대한 불신이 높아질 가능성이 크다.

이뿐만 아니라 AI 시스템의 오작동이나 예기치 않은 행동으로 인해 안전상의 문제가 발생할 수 있다. 예를 들어 자율주행차가 갑작스럽게 오작동을 일으켜 사고를 유발할 수 있다. 따라서 AI 시스템의 신뢰성과 안전성을 높이고 이를 지속적으로 점검하는 과정이 필요하다.

마지막으로 AI는 효율성을 극대화하지만, 그 과정에서 AI가 많은 일자리를 대체할 가능성이 있다. 이에 따라 고용 감소와 불평등 문제를 해결하기 위한 사회적 대책이 요구되며, AI 도입에 따른 경제적 변화가 사회적 불평등을 심화시키지 않도록 하는 윤리적 고려가 필요하다.

이러한 논의들은 AI 윤리가 답해야 할 과제로, 과거 컴퓨터 윤리에서 한층 더 복잡하고 인간에게 보다 직접적인 관련이 있다는 것을 알 수 있다.

CHAPTER
10

디지털 윤리와 교육 과정

2022 개정 교육 과정에서 정보 교과와 실과(기술·가정) 교과의 영역 중 디지털 윤리와 관련된 내용을 살펴보면 다음과 같다.[3]

1. 정보 과목의 교육 과정과 디지털 윤리

1) 중학교 정보 과목의 교육 과정 내 디지털 윤리

중학교 정보 교과의 정보 과목 영역은 '컴퓨팅 시스템', '데이터', '알고리즘과 프로그래밍', '인공지능', '디지털 문화'로, 이 5개 영역은 교과의 핵심 역량과 목표를 달성하기 위한 형태로 제시되었다. 디지털 윤리는 이 중 '인공지능' 영역과 '디지털 문화' 영역에서 주로 다루어진다. 디지털 문화는 ① 디지털 사회의 특성을 탐구하고, 사회 변화에 따른 직업의 변화를 탐구하는 활동과 ② 디지털 사회의 구성원으로서 편리하고 안전한 생활을 위한 규칙에 대해 민주적으로 논의하고 실천 방안을 수립하는 활동, 그리고 ③ 사례를 중심으로 디지털 공간에서 함께 살아가기 위해 개인정보 및 권리와 저작권을 보호하는 실천 방법을 탐구하는 활동으로 구성되어 있다.

표 10-1 중학교 정보 과목의 '인공지능' 영역

핵심 아이디어		• 인공지능 기술로 구현된 에이전트는 외부와의 상호작용을 통해 기존에 해결할 수 없었던 복잡하고 어려운 문제를 해결하는 데 활용된다. • 인공지능은 데이터를 기반으로 문제 해결을 가능하게 하므로, 인공지능에 사용되는 데이터는 윤리적 편향성이 없도록 하는 것이 중요하다.
구분		중학교
내용 요소	지식·이해	• 인공지능의 개념과 특성 • 인공지능 시스템
	과정·기능	• 인공지능 소프트웨어 구별하기 • 인공지능 학습에 필요한 데이터를 수집하여 활용하기 • 인공지능 시스템을 활용하여 해결할 수 있는 문제 발견하기 • 인공지능 시스템을 선택하여 문제 해결하기
	가치·태도	• 인공지능 시스템에서 적용 가능한 문제를 발견하는 자세 • 인공지능 학습에서 데이터로 인한 문제 가능성을 최소화하는 태도

표 10-2 중학교 정보 과목의 '디지털 문화' 영역

<table>
<tr><td colspan="2">핵심 아이디어</td><td>• 디지털 기술의 발전에 따라 디지털 사회에서 지켜야 할 규칙과 주의해야 할 위험 요소가 새롭게 등장한다.
• 디지털 세상에서의 직업이나 진로는 기술의 발전에 따라 변화되므로, 기술과 사회 변화의 관계를 파악하는 것이 중요하다.</td></tr>
<tr><td colspan="2">구분</td><td>중학교</td></tr>
<tr><td rowspan="3">내용 요소</td><td>지식·이해</td><td>• 디지털 사회와 직업
• 디지털 윤리
• 개인정보와 저작권</td></tr>
<tr><td>과정·기능</td><td>• 디지털 사회의 특성에 따른 직업의 변화 탐구하기
• 디지털 공간에서 지켜야 하는 윤리 토론하기
• 디지털 공간에서 나와 다른 사람을 보호하는 방법 탐구하기</td></tr>
<tr><td>가치·태도</td><td>• 디지털 사회로의 변화가 나의 삶과 진로 결정에 미치는 영향력을 탐색하는 자세
• 디지털 공간에서 함께 살아가기 위한 윤리적인 태도</td></tr>
</table>

'인공지능' 영역은 인공지능 학습에 필요한 데이터의 수집과 활용에서 나타날 수 있는 여러 가지 현실적인 문제들에 대해 법적·사회적·윤리적으로 타당성을 가지는 해결 방안을 제시할 수 있도록 안내하고 있다. 그리고 하나의 문제를 바라보는 여러 측면에 대해 고려하고, 각각의 해결 방안이 가지는 장단점을 정리한 후, 결론을 도출하는 과정을 경험하면서 인공지능의 사회적 역할과 가치를 판단할 수 있도록 관련 내용이 구성되어 있다.

한편 '디지털 문화' 영역은 디지털 사회를 안전하고 편리하게 살아가는 데 필요한 정보 윤리, 사이버 폭력 및 범죄 예방에 대한 기본적인 소양을 갖추고, 스마트폰·인터넷 중독, 게임 과몰입 등의 구체적인 사례를 분석할 수 있도록 안내하고 있다. 그리고 분석 내용을 기반으로 개인과 사회가 각각 수행해야 하는 실천 방안을 도출하여 자신의 삶에 적용하려는 태도를 갖출 수 있도록 관련 내용이 구성되어 있다.

2) 고등학교 정보 과목의 교육 과정 내 디지털 윤리

고등학교 정보 교과의 정보 과목 교육 과정에서는 디지털 윤리 관련 내용이 확대되는 것을 알 수 있다. 고등학교 정보 과목의 영역 또한 중학교와 같이 '컴퓨팅 시스템', '데이터', '알고리즘과 프로그래밍', '인공지능', '디지털 문화'로, 이 5개 영역은 교과의 핵심 역량과 목표를 달성하기 위한 형태로 제시되었다.

표 10-3 고등학교 정보 과목의 '데이터' 영역

핵심 아이디어		• 데이터의 압축과 암호화는 데이터를 효율적으로 관리하고 보호하는 데 도움을 준다. • 수집된 데이터 간의 관계를 파악하여 구조화하는 것은 데이터를 통해 새로운 지식을 찾는 데 도움을 준다. • 빅데이터 기술을 활용하여 데이터를 수집, 처리, 관리하는 과정에서 윤리적인 문제를 고려해서 수행해야 올바른 결과가 도출된다
구분		고등학교
내용 요소	지식·이해	• 디지털 데이터 압축과 암호화 • 빅데이터 개념과 분석
	과정·기능	• 디지털 데이터 압축의 효율성을 분석하고 평가하기 • 암호화 활용 사례 탐색하기 • 빅데이터 기술을 활용하여 데이터를 분석하고 시각화하기
	가치·태도	• 효율적인 데이터 표현의 긍정적 측면을 활용하려는 자세 • 데이터를 안전하게 관리하고 보호하는 태도 • 빅데이터 분석의 가치에 대한 사회적, 윤리적 측면의 성찰

표 10-4 고등학교 정보 과목의 '인공지능' 영역

핵심 아이디어		• 지능 에이전트는 외부와의 상호작용을 통해 기존에 해결할 수 없었던 복잡하고 어려운 문제를 해결하는 데 활용된다. • 기계학습 기반의 인공지능을 구현하기 위해서는 문제 해결에 적합한 데이터와 기계학습 모델을 활용한다.
구분		고등학교
내용 요소	지식·이해	• 지능 에이전트의 역할 • 기계학습의 개념과 유형
	과정·기능	• 인공지능 제품이나 서비스에서 지능 에이전트의 역할 탐색하기 • 기계학습으로 해결할 수 있는 문제의 유형 비교하기
	가치·태도	• 인간과 인공지능의 관계에 대한 올바른 인식 • 사회 문제를 해결하기 위해 기계학습을 적극적으로 활용하는 자세

표 10-5 고등학교 정보 과목의 '디지털 문화' 영역

핵심 아이디어		• 디지털 세상에서의 직업이나 진로는 기술의 발전에 따라 변화되므로, 기술과 사회 변화의 관계를 파악하는 것이 중요하다. • 디지털 사회를 안전하게 살아가기 위해서는 정보 보호와 정보보안의 규칙을 우리 모두가 지켜야 한다.
구분		고등학교
내용 요소	지식·이해	• 디지털 사회와 진로 • 정보 보호와 보안
	과정·기능	• 디지털 기술의 발전에 따른 사회 변화와 연계하여 진로 설계하기 • 정보 보호와 보안 기술의 적용이 필요한 문제를 발견하고 해결 방법 적용하기
	가치·태도	• 미래 사회의 발전 방향에 대해 예측하고 통찰하는 자세 • 올바른 정보 보호 및 보안 의식

이 중 '데이터' 영역은 데이터의 생성, 저장, 송 · 수신, 활용 등의 활동에 디지털 자원과 전기 에너지가 소요됨을 인식하고, 데이터 압축 및 암호화를 통해 컴퓨팅 자원 절약과 탄소 중립 실천에 영향을 미칠 수 있음을 안내하고 있다. 그리고 수집한 데이터와 분석 방법에 따라 특정 문제에 대한 해석이 다를 수 있음을 인정하고, 다른 사람의 의견을 존중하면서 데이터에 기반하여 자신의 주장을 펼치는 민주적인 토의 · 토론 문화를 조성할 수 있도록 관련 내용이 구성되어 있다.

'인공지능' 영역은 기계학습으로 해결 가능한 지속가능발전목표(SDGs) 관련 문제를 탐색하여 인공지능이 사회 문제 해결에 도움이 되는 경험을 제공할 수 있도록 한다.

마지막으로 '디지털 문화' 영역은 개인정보를 포함하여 정보 보호 및 보안의 중요성을 이해하기 위해 공급자 측면과 사용자 측면을 두루 살펴보고, 개인 암호 설정 및 변경, 기기 및 클라우드 접근 제어, 바이러스 백신 등 학생들이 실천할 수 있는 활동을 제시하여, 학습 과정을 누적하여 기록하거나 서 · 논술형으로 평가할 수 있음을 안내하고 있다. 그리고 디지털 사회에서 발생하는 여러 문제에 대한 다양한 견해가 있을 수 있음을 인식하고, 디지털 환경에서 지켜야 할 규칙을 민주적인 방식으로 함께 수립해 볼 수 있도록 관련 내용이 구성되어 있다.

이 외의 정보 교과 내 다양한 과목에서 디지털 윤리와 관련된 내용을 통합적으로 제시하고 있다.

2. 실과(기술·가정) 과목의 교육 과정과 디지털 윤리

1) 초 · 중학교 실과(기술 · 가정) 과목의 교육 과정 내 디지털 윤리

초 · 중학교 공통 교육 과정으로서 실과(기술 · 가정) 과목의 영역은 '인간 발달과 주도적 삶', '생활 환경과 지속 가능한 선택', '기술적 문제 해결과 혁신', '지속 가능한 기술과 융합', '디지털 사회와 인공지능'으로 구성되어 있다.

이 중 '기술적 문제 해결과 혁신'과 '지속 가능한 기술과 융합' 영역은 인간의 혁신적인 활동과 관련된 기술에 대한 지식과 이해, 사고 과정과 기능, 추구하는 가치와 태도를 형성하여 기술적 소양을 갖추게 하고, 그 과정에서 기술적 문제 해결에 대한 사고 발현 및 계발 역량 함량을 지향하고 있다. 또한 기술학의 내용 요소에 해당하는 기술과 사회, 재료와 제조, 구조물과 건설, 에너지와 수송, 자동화와 정보통신, 생명과 의료 분야, 식량자원 등에 대한 지식을 설계, 생산, 유지, 평가하는 학습 과정 및 기술적 문제 해결 과정의 경험을 제공한다.

표 10-6 초·중학교 실과(기술·가정) 과목의 '지속 가능한 기술과 융합' 영역

구분		초등학교 5~6학년	중학교 1~3학년
핵심 아이디어		• 건설기술은 쾌적하고 편리하며 안전한 생활을 위한 다양한 설계와 시공 및 유지관리 방법을 적용하고 있으며, 다른 산업의 수행을 위한 기반 요소로서 가치를 가진다. • 로봇은 기계요소, 전기전자 등의 하드웨어와 이를 제어하는 소프트웨어로 구성되며, 여러 가지 기술과 지식이 적용된 첨단 융합기술의 산물로서 사회 각 분야에 활용된다. • 정보통신기술의 발달은 시공간 극복을 통해 정보와 문화의 교류 및 세계화에 기여해 왔으며, 다양한 기술과 융합하여 인간을 새로운 영역으로 이끈다. • 생명기술은 다양한 기술과 융합하여 발달하고 있으며, 식량자원의 활용과 농업의 순환체험은 지속가능한 미래생활을 위한 기초가 된다.	
내용 요소	지식·이해	• 건설기술의 개념과 친환경 구조물 • 디지털 기술의 특징과 디지털 콘텐츠의 종류 • 로봇의 개념과 작동 원리 • 로봇 융합기술의 이해 • 생활 속 동식물의 이해 • 동식물 자원의 분류 • 동식물 자원의 친환경 농업 • 미래생활과 연관된 농업활동 • 농업과 농촌의 다원적인 역할	• 건축구조물과 사회기반시설 • 구조물의 계획, 설계, 시공 및 유지관리 • 전기전자 부품과 회로 • 정보통신과 인공지능 기술 • 기계요소와 운동 • 로봇과 제어 • 생명기술과 지속가능 • 기술의 융합과 미래
	과정·기능	• 생활 속 건설 구조물 탐색과 체험하기 • 디지털 콘텐츠의 제작과 공유하기 • 간단한 로봇의 조립과 작동시키기 • 로봇의 동작에 코딩 프로그램 적용하기 • 융합적 사고하기 • 동식물과 관련된 생명기술 탐색하기 • 동식물을 기르고 가꾸기 • 생활 속 농업활동 체험하기	• 시공 및 제작하기 • 도구의 선택과 이용하기 • 부품 활용과 회로 구성하기 • 기술적 문제 해결하기 • 기술 사례 조사 및 활용하기 • 융합적 사고하기 • 다양한 기술 비교 분석하기 • 미래 기술 예측하기
	가치·태도	• 건설기술에 대한 가치 인식 • 로봇에 대한 관심과 흥미 • 건전한 사이버 공간의 활용 태도 • 동식물에 대한 생태존중감을 갖는 태도 • 지속가능한 농업의 순환성과 중요성 인식 • 농업에 대한 관심과 흥미 • 농산업에 대한 올바른 진로관을 갖는 태도	• 기술에 대한 가치와 중요성 인식 • 기술적 문제 해결에 대한 관심, 공감, 도전 • 창조적 활동에 대한 자신감 • 융합기술의 중요성과 가치 인식 • 진로 탐색과 자아실현 • 생명 존중과 윤리적 태도 • 기술 활동에 안전을 고려하는 태도

표 10-7 초등학교 실과(기술·가정) 과목의 '디지털 사회와 인공지능' 영역

<table>
<tr><td colspan="2">핵심 아이디어</td><td>• 프로그래밍은 디지털 사회에서 발생하는 다양한 문제를 해결하는 데 도움을 준다.
• 컴퓨터로 처리할 수 있는 데이터는 디지털 데이터이며, 문제 해결을 위한 명령은 명확한 절차가 필요하다.
• 인공지능은 인간의 지능을 모방하여 만든 프로그램 시스템으로 생활 속의 다양한 분야에 영향을 미친다.</td></tr>
<tr><th colspan="2">구분</th><th>초등학교 5~6학년</th></tr>
<tr><td rowspan="3">내용 요소</td><td>지식·이해</td><td>• 컴퓨터의 개념
• 문제 찾기와 문제 해결 절차
• 컴퓨터에게 명령하는 방법
• 데이터의 종류와 표현
• 생활 속 인공지능</td></tr>
<tr><td>과정·기능</td><td>• 생활 속에서 활용되는 컴퓨터의 사례 탐색하기
• 일상생활의 문제를 해결하기 위한 알고리즘 구상하기
• 문제를 해결하는 기초적인 프로그래밍하기
• 데이터 간에 공통되는 유형이나 형태 탐색하기
• 인공지능이 만들어지는 과정 탐색하기</td></tr>
<tr><td>가치·태도</td><td>• 생활 속에서 컴퓨터를 활용해 해결 가능한 문제를 탐색해 보려는 자세
• 프로그래밍을 통해 만든 산출물을 타인과 공유하고 협력하려는 자세
• 생활 속의 여러 가지 데이터가 갖는 의미를 파악하는 자세
• 인공지능이 사회에 미치는 영향을 파악하는 자세</td></tr>
</table>

표 10-6의 초·중학교 실과(기술·가정) 과목의 '지속 가능한 기술과 융합' 영역에서는 '건전한 사이버 공간의 활용 태도', '기술 활동에 안전을 고려하는 태도' 등과 같이 디지털 윤리와 관련된 내용들을 다루고 있다. 그리고 **표 10-7**의 초등학교 실과(기술·가정) 과목의 '디지털 사회와 인공지능' 영역은 중학교 1~3학년의 정보 교과와 연계되어 변화하는 세상을 인식하고, 컴퓨팅 사고를 바탕으로 인공지능을 활용한 실생활 문제 해결 역량 함양을 지향한다.

2) 고등학교 기술·가정 과목의 교육 과정 내 디지털 윤리

고등학교 기술·가정은 고등학교 1~3학년군에 해당하는 일반선택 과목으로 '생활과학' 분야 및 '공학' 분야의 진로선택과 융합선택 과목을 학습하는 데 기본이 되는 과목이다. 특히 학생들이 현재와 미래의 삶에서 경험하게 될 '가정과 생활과학'에 대한 탐구를 바탕으로 비판적 사고 능력, 실천적 문제해결능력을 함양하며, 정서적 공감 능력을 바탕으로 인간애를 발휘하는 생활의 태도를 기르고, '기술과 공학'에 대한 공학적 사고력, 공학적 문제해결능력, 공학적 가치를 인식하고 태도를 기르는 데 중점을 둔다.

표 10-8 고등학교 기술·가정 과목의 '인간과 성장하는 관계' 영역

<table>
<tr><td colspan="2">핵심 아이디어</td><td>• 성인기 이후 인간 발달에 대한 이해는 개인적 발달을 넘어서 자신과 타인을 존중하고 발달적 요구를 반영한 상호 돌봄을 실천하는 데 기여할 수 있다.
• 삶의 위기 경험에 대한 치유와 회복은 인간에게 성장할 수 있는 계기가 될 수 있으며, 치유와 회복을 위해서는 긍정적 마인드와 지속적인 훈련을 통해 회복탄력성을 유지하는 것이 중요하다.</td></tr>
<tr><th colspan="2">구분</th><th>고등학교</th></tr>
<tr><td rowspan="3">내용 요소</td><td>지식·이해</td><td>• 성과 사랑
• 성년기의 독립과 결혼
• 부모됨의 선택과 역할
• 중년기 부모와 청소년기 자녀
• 노년기 생활과 유니버설 디자인
• 디지털 시대의 관계 형성
• 회복탄력성과 성장</td></tr>
<tr><td>과정·기능</td><td>• 성인의 발달에 대한 배경과 맥락 파악하기
• 인간의 발달 특징을 자신과 가족에게 적용하기
• 관계에서의 문제 해결을 위한 최선의 방안 결정하기
• 가족 상호 돌봄의 방안 탐색하기
• 회복탄력성 키우기
• 위기의 배경과 맥락을 이해하고 긍정적으로 해석하기
• 역할기대를 고려하여 문제 해결 방안 탐색하기</td></tr>
<tr><td>가치·태도</td><td>• 디지털 공간까지 확장된 인간에 대한 보호와 존중
• 가족 내 소통과 협력적 태도
• 노년기 생활 안전에 대처하려는 자세
• 노년기 삶에 대한 존중과 나이 듦에 대한 긍정적 태도
• 관계로부터의 안전을 생각하는 태도
• 위기를 통한 성장의 의미 수용</td></tr>
</table>

표 10-9 고등학교 기술·가정 과목의 '지속 가능한 융합 공학' 영역

<table>
<tr><td colspan="2">핵심 아이디어</td><td>• 정보통신 공학은 사람과 사람, 사람과 사물, 사물과 사물의 연결과 정보교환을 통해 인공지능 기술 발전에 기여하고 있으며, 건설공학은 인간의 삶의 터전으로서 도시와 공간, 건설 구조물에 대한 다양한 문제를 융합적으로 해결하는 데 활용된다.
• 생명공학은 인간의 건강한 삶을 유지하기 위해 농·축산업, 에너지, 의료, 의공학 분야에서 광범위하게 활용되고 있으며, 첨단 융합 공학은 정보통신을 중심으로 다양한 영역의 지식과 융합하여 공학적 문제를 해결하는 데 기여한다.</td></tr>
<tr><th colspan="2">구분</th><th>고등학교</th></tr>
<tr><td>내용 요소</td><td>지식·이해</td><td>• 초연결사회와 정보통신 공학
• 스마트 도시와 건설공학
• 생명공학과 의공학
• 첨단 융합 공학</td></tr>
</table>

(계속)

내용 요소	과정·기능	• 공학의 융합 사례 및 방안 탐구하기 • 융합적 문제 해결하기 • 인공지능 기술 활용하기 • 재료와 도구의 선택 및 활용하기 • 건설 구조물 설계하기 • 생명공학 기술 활용하기 • 제작과 시공하기 • 자동화 및 제어 프로그래밍 • 공학적 문제 해결 과정 기록하기 • 공학적 산출물 평가 및 공유하기 • 공학의 융합 방향 예측하기
	가치·태도	• 융합적 사고와 비판적 태도 • 공학에 대한 가치 인식 • 공학 윤리 실천 • 공학에 대한 도전적 자세 • 의사소통의 중요성 인식 • 협력하는 태도와 긍정적 자세

'인간과 성장하는 관계' 영역에서는 성년기 발달 과업인 성인으로서의 독립과 새로운 가족의 형성을 이해하기 위하여 자아에 대한 이해 및 성숙, 독립된 타인에 대한 존중이 바탕이 되는 성과 사랑에 대하여 이론적인 탐색을 바탕으로 다양한 관점에서 성찰할 수 있도록 안내하고 있다. 그리고 성년기 타인과의 건강한 관계가 가지는 중요성과 가치를 이해하고, 자신과 타인의 주체성과 독립성을 인정하는 관계 맺기를 통해 자신과 타인을 보호할 수 있음을 인식할 수 있어야 한다. 특히 디지털상에서의 관계 맺기에서도 사이버 공간에서의 폭력이 발생하지 않도록 서로 간의 존중과 보호가 전제되어야 하는 사실을 알아야 한다.

'지속 가능한 융합 공학' 영역은 '융합적 사고와 비판적 태도', '공학 윤리 실천' 등과 같이 디지털 윤리와 관련된 내용이 포함되어 있다. 특히 빅데이터, 사물인터넷, 인공지능 등 최신 기술을 통해 정보통신 공학을 이해하고, 정보통신 공학의 활용 사례를 탐구하여 정보통신기술을 윤리적으로 활용하는 태도를 가질 수 있도록 디지털 윤리와 관련 성취 기준을 제시하고 있다. 또한 다양한 영역의 지식을 융합하여 공학적 문제를 해결한 융합 공학 사례를 탐색하는 과정에서 공학에 대한 긍정적 태도를 가지고 공학 윤리 실천의 중요성을 인식할 수 있도록 안내하고 있다.

표 10-10 고등학교 로봇과 공학세계 과목의 '로봇의 이해' 영역

핵심 아이디어		• 로봇은 하드웨어와 소프트웨어로 구성되어 작동하며 다양한 공학의 융·복합적 특성을 가진다. • 인간은 로봇 개발과 활용의 주체로서 다양한 분야에 로봇을 이용하고 있으며, 바람직한 윤리의식을 바탕으로 로봇을 연구·개발 활용해야 한다.
구분		고등학교
내용 요소	지식·이해	• 로봇의 개념과 특성 • 로봇의 하드웨어와 소프트웨어 • 생활 속의 로봇 종류와 활용 • 로봇 윤리
	과정·기능	• 융합공학으로서의 로봇 원리 탐구하기 • 로봇 구성 및 하드웨어 제작하기 • 로봇 소프트웨어 탐구하기 • 로봇 소프트웨어로 하드웨어 제어하기 • 생활 속의 로봇 활용 분야 탐구하기 • 로봇 윤리 탐구하기
	가치·태도	• 로봇에 대한 가치와 인식 • 로봇 및 공학에 대한 흥미와 도전 • 로봇의 개발과 활용에 대한 긍정적 사고 • 로봇 개발, 활용에 대한 바람직한 윤리의식

기술·가정 교과의 로봇과 공학세계 과목의 '로봇의 이해' 영역은 로봇 윤리를 주요 내용 요소로 제시하고 있다. 해당 영역은 인공지능 기술에 대하여 이해하고, 이를 접목한 로봇의 활용에 따른 장단점을 분석하여 미래 로봇 개발과 활용에 대한 바람직한 윤리의식을 함양하는 데 초점이 있다. 특히 생활 주변에서 쉽게 접할 수 있는 로봇의 종류와 특성(인공지능 기술 활용 포함)을 조사하고, 로봇의 필요성과 장단점에 대한 토의·토론 수업을 통해서 로봇 개발 및 활용에 대한 윤리적인 활용 능력을 자연스럽게 기를 수 있도록 하고 있다.

이 외의 기술·가정 교과 내 다양한 과목에서 디지털 윤리와 관련된 내용을 통합적으로 제시하고 있다.

CHAPTER

11

디지털 윤리와 이슈

1. 편향성

편향성과 관련된 이슈는 AI 윤리와 관련된 이슈에서 많이 언급되고 있다. 편향성은 크게 데이터 자체의 편향으로 인해 알고리즘과 AI 시스템에 영향을 미치는 '데이터 편향성(data bias)'과, 알고리즘 자체가 가지고 있는 편향성으로 인해 AI 시스템에 영향을 미치는 '알고리즘 편향성(algorithmic bias)'으로 나누어 볼 수 있다.

먼저 데이터 편향성은 데이터가 특정 집단, 사건 또는 결과를 대표하지 못하거나 왜곡된 방식으로 표현될 때 발생하는 문제를 의미한다. 이러한 편향은 데이터를 수집하거나 가공하는 과정에서 발생할 수 있으며, 데이터의 불균형, 제한된 출처, 잘못된 레이블링 등이 주요 원인이다. 데이터 편향성은 주로 다음과 같은 형태로 나타난다.

첫째, 대표 편향(representation bias)이다. 이는 머신러닝에 사용되는 데이터가 특정 인구 집단을 과소 또는 과대 대표할 때 발생한다. 둘째, 선택 편향(selection bias)이다. 이것은 데이터가 특정 방식으로 수집됨으로써 모집단 전체를 적절히 반영하지 못할 때 발생한다. 셋째, 측정 편향(measurement bias)이다. 이것은 데이터 측정 도구 또는 방법이 특정 조건에서 왜곡된 결과를 내는 경우 발생한다.[4]

이처럼 데이터 편향성은 머신러닝 모델의 훈련에 사용되는 데이터가 편향될 경우 모델의 성능 저하뿐만 아니라 차별적 결과를 초래할 수 있다. 이러한 문제는 주로 공정성, 신뢰성, 사회적 윤리에 대한 도전으로 이어지기 때문에 데이터 수집 과정에서 편향을 최소화하기 위한 노력이 필요하다.

다음으로 알고리즘 편향성은 알고리즘이 편향된 데이터로 인해 부정확하거나 불공정한 결론을 내리거나, 설계 과정 자체에서 의도치 않게 특정 편향이 내재될 때 발생한다. 알고리즘 편향성은 알고리즘의 학습 방식, 규칙 설정, 의사결정 과정 등에서 다양한 방식으로 발생할 수 있다. 알고리즘 편향성의 주요 유형은 다음과 같다.

첫째, 훈련 데이터 편향(training data bias)이다. 이는 편향된 데이터로 모델을 훈련시킴으로써 발생하는 편향이다. 둘째, 설계 편향(design bias)이다. 이것은 알고리즘의 설계자가 무의식적으로 자신의 가치나 선입견을 반영한 방식으로 알고리즘을 설계할 때 발생한다. 셋째, 피드백 루프(feedback loop)이다. 이는 편향된 예측 결과가 반복적으로 학습되면서 편향이 강화되는 현상이다.

이처럼 알고리즘 편향성은 단순한 기술적 오류를 넘어 정책적 · 윤리적 문제로 확산될 수 있기 때문에 공정성과 투명성을 보장하기 위한 평가 및 검증 메커니즘이 중요하다.[5, 6]

(1) 사례 1: 미국 경찰서의 예측 수사 프로그램 편향 문제(2022년)

미국 일부 경찰서에서 사용된 범죄 예측 소프트웨어는 과거 범죄 데이터에 기반하여 특정 지역을 '범죄 발생 가능성이 높은 곳'으로 지정했다.[7] 하지만 이 시스템은 기존의 편향된 데이터를 그대로 반영하여 주로 소수 인종과 저소득층 지역을 과도하게 단속 대상으로 설정했다.

더 자세히 살펴보자면 예측 소프트웨어는 범죄 건수 기록을 참고하여 '위험 지역'을 선정했으나, 이 과정에서 과거 단속 이력이 많은 지역을 우선시함으로써 해당 지역에 편견을 심화시켰다. 결과적으로 경찰 측에서는 해당 지역에 더 많은 경찰 인력을 배치하여 불필요한 단속이 반복되었고, 이로 인해 주민들은 과도한 감시에 노출되었다.

그림 11-1 AI와 범죄 예측

출처: OpenAI. (2025). Sora[Large language model]. https://openai.com/ko-KR/sora

또한 이 시스템은 범죄 유형별 분석이 아닌 단순한 지역별 데이터 패턴에 기반하여 작동했기 때문에 특정 집단의 범죄율이 실제보다 높게 계산되었다. 결과적으로 해당 프로그램은 일부 평화로운 지역조차 과거의 낙인으로 인해 고위험 지역으로 분류되었으며, 경찰 예산과 인력이 불균형하게 배분되는 결과를 초래했다.

이는 형평성을 훼손하고 공공 신뢰를 약화시켰다. 문제점이 제기된 후, 관련 단체와 시민단체들은 데이터 분석 방식과 예측 알고리즘의 검증을 요구했으며, 시스템의 개선이 필요하다는 의견이 다수 나왔다. 특히 독립된 기관에 의한 알고리즘 감사와 훈련 데이터 세트의 공정성 평가가 강조되었다. 이 사건은 공공 부문에 AI 기반 시스템을 도입할 때 투명성과 공정성이 필수적이라는 교훈을 남겼다.

(2) 사례 2: ChatGPT의 성별 및 인종 편향 논란

OpenAI의 GPT-3와 GPT-4 모델은 언어 생성 과정에서 특정 직업에 대해 남성 중심적 언급을 선호하거나, 특정 인종에 대해 부정적인 서술을 포함한 문장을 출력하는 문제가 확인되었다.[8,9] 예를 들어 '과학자'라는 단어와 연관된 텍스트 생성 결과에서 남성 대명사가 사용되는 경우가 압도적으로 많았으며, 뿐만 아니라 '성공한 CEO 이미지를 제시해 줘'라고 했을 때는 **그림 11-2**와 같이 남성 중심의 이미지를 제시하였다. 이 외에도 특정 인종을 언급할 때 고정 관념적인 서술이 출력되어 사용자들에게 충격을 주기도 했다.

그림 11-2 GPT-4에 '성공한 CEO 이미지'를 제시해달라고 했을 때

출처: OpenAI. (2024). ChatGPT(4 버전)[Large language model]. https://chat.openai.com

GPT-3와 GPT-4는 인터넷에 존재하는 방대한 데이터를 사용하여 언어 모델을 학습하기 때문에 사회 전반에 내재된 편견을 그대로 반영했다. 이에 따라 생성된 문장에는 의도하지 않은 차별적 요소가 포함되었으며, 언어 모델이 특정 집단의 부정적 이미지를 강화시킬 우려도 제기되었다. 이와 같은 문제는 자연어 처리 모델의 한계와 AI의 공정성 문제를 다시금 떠오르게 했다.

이 문제를 해결하기 위해 OpenAI는 데이터 수집 및 전처리 단계에서 부적절한 문장을 필터링하고, 학습 과정에서 강화 학습을 적용하여 성별 및 인종 편향을 줄이기 위한 개선 방안을 도입했다. 예를 들어 다양한 언어적 사례를 균형 있게 반영하고, 응답의 공정성을 평가할 수 있는 검증 절차를 추가했다. 실제로 2024년 업데이트된 GPT-4o 모델에서는 '성공한 CEO 이미지를 제시해 줘'라고 했을 때 **그림**

11-3과 같이 남성과 여성, 그리고 인종을 고려한 이미지를 보여주는 것을 확인할 수 있다. 하지만 이러한 개선에도 불구하고 학습된 데이터 자체가 방대하기 때문에 모든 편향을 완전히 제거하기는 어렵다는 비판도 여전히 존재한다.

그림 11-3 GPT-4o에 '성공한 CEO 이미지'를 제시해달라고 했을 때

출처: OpenAI. (2025). ChatGPT(4o 버전)[Large language model]. https://chat.openai.com

(3) 사례 3: 채용 AI 시스템의 편향 문제(2024년)[10]

2024년 조사 결과를 보면 기업의 HR 담당자는 이미 채용 및 직원 교육 등에 생성형 AI를 사용하고 있거나 사용할 계획인 것을 확인할 수 있다. 하지만 채용 과정에서 AI를 활용할 때는 여러 가지 사항을 고려해야 한다.

그림 11-4 채용 과정에서 생성형 AI 도입 계획

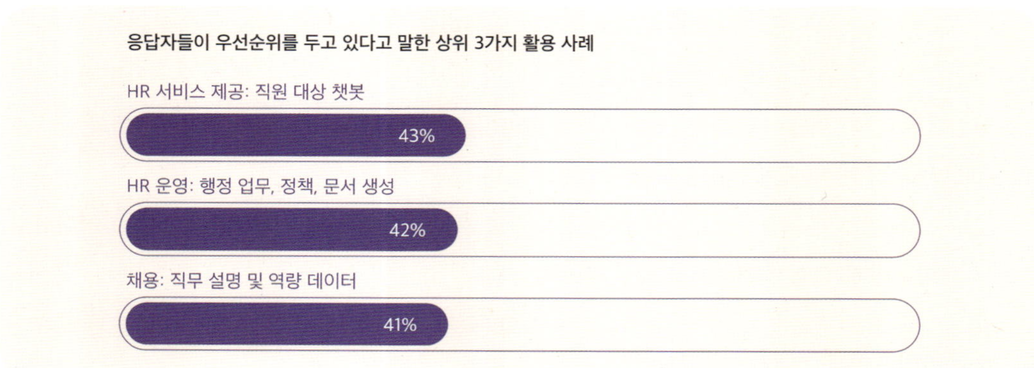

출처: A Gartner, Inc. (2024). Survey of 179 HR leaders.

실제 아마존이 2014년과 2015년 채용 과정에서 보조 도구로 도입했던 채용 AI 시스템이 기존 고용 패턴을 학습하여 여성 및 소수 인종 지원자에게 불리하게 작용한 사례가 있다. 이 AI 시스템은 지원자의 이력서에 포함된 키워드와 학력, 경력을 평가하는 방식으로 사용되었는데, 과거 채용 데이터를 학습한 결과로 남성 지원자를 선호했던 패턴이 반영되었다. 이에 따라 특정 전공이나 경력을 가진 여성 지원자는 일부 표현이 부정적으로 해석되어 가점을 받지 못하거나 면접 추천 목록에서 제외되는 일이 발생했다.

또한 지원자 평가 기준에서 특정 직업군에 대한 선입견이 내재된 표현이 문제가 되었다. 예를 들어 과거 데이터에서 비중 있게 다뤄졌던 특정 키워드(리더십, 적극성 등)가 남성적인 표현으로 해석되면서 여성이 불이익을 받는 상황이 발생했다.

이에 따라 채용 절차에서 AI의 공정성 문제가 큰 이슈로 떠올랐다. 기업은 채용 AI 시스템의 편향성을 해결하기 위해 학습 데이터 세트에 대한 전수 조사를 시행하고, 모델의 의사결정 프로세스를 투명하게 공개하는 조치를 도입했다. 또한 공정성을 평가하는 외부 기관을 통해 지속적인 감사를 진행하여 알고리즘 개선이 필요하다는 점을 인정했다. 이 사건은 채용 과정에서 AI를 사용할 때 편향성을 모니터링하고 공정성을 보장하는 절차가 중요하다는 점을 부각시켰다.

2. 프라이버시

AI의 발전은 데이터 기반의 기술 혁신을 촉진시키며, 우리의 생활 방식을 혁명적으로 변화시키고 있다. 그러나 이러한 발전으로 인해 개인의 프라이버시 보호와 충돌하는 문제가 발생하기도 한다. 프라이버시는 개인의 민감한 정보와 사생활을 보호하기 위한 권리로 정의되며, 디지털 시대에서는 데이터의 수집, 저장, 처리, 공유 과정에서 프라이버시를 위협받을 수 있다.[11]

AI 시스템은 주로 빅데이터를 기반으로 학습하고 예측하며, 이를 위해 방대한 양의 사용자 데이터를 수집한다. 이 과정에서 사용자의 위치 정보, 건강 데이터, 금융 정보, 검색 기록 등 민감한 데이터가 활용된다. AI는 데이터를 바탕으로 개인의 행동을 분석하거나 패턴을 예측하는 기능이 있지만, 이러한 데이터 수집이 비합리적으로 이루어지거나 데이터 관리가 허술한 경우에는 개인정보가 노출되거나 오용될 수 있다. 특히 자동화된 의사결정 시스템은 사용자의 동의 없이 데이터를 처리하거나, 잘못된 정보를 바탕으로 불공정한 판단을 내릴 수도 있다.

AI와 프라이버시는 다음과 같은 문제가 있다. 첫째, 수집한 데이터의 투명성 부족이다. 사용자는 많은 AI 시스템이 자신의 데이터를 어떻게 수집하고 사용하는지 명확히 알지 못하는 경우가 많다. 둘째, 동의하지 않은 데이터의 사용이다. 사용자의 동의 없이 수집된 데이터가 시스템 학습에 활용되거나 제3자에게 제공되는 경우가 있다. 셋째, 익명성 보장 실패이다. AI 시스템이 개인을 특정할 수 없는 데이터를 사용한다고 하더라도, 빅데이터 분석 기술을 통해 개별 사용자를 역추적할 수 있는 가능성이 있다.

이에 따라 전 세계적으로 AI와 프라이버시 문제를 해결하기 위한 법적·기술적 노력이 이루어지고 있다. 유럽연합(EU)의 GDPR(일반 데이터 보호 규정)은 데이터 처리 과정에서 사용자 동의와 투명성을 강조하며, 개인정보 침해 발생 시 높은 수준의 제재를 규정하고 있다. 또한 다양한 기업과 연구기관에서는 개인정보 보호를 위한 차등 프라이버시(differential privacy), 익명화 기술 등 새로운 기술을 도입해 데이터 보호를 강화하고 있다.[12,13]

이와 같이 AI 발전 과정에서 프라이버시 보호 문제는 필연적으로 발생하지만, 법적 규제와 기술적 혁신을 통해 개인정보 보호와 기술 혁신 간 균형을 이루는 것이 중요하다.

(1) 사례 1: 페이스북과 Cambridge Analytica 사건(2018년)

페이스북과 Cambridge Analytica 사건은 전 세계적으로 AI와 프라이버시 문제를 논의하게 된 대표적인 사례이다. 2018년 Cambridge Analytica에서 페이스북 사용자 8,700만 명의 데이터를 무단으로 수집해 정치 캠페인에 사용했다는 사실이 밝혀졌다. 해당 데이터는 사용자가 동의하지 않은 상태로 수집되었으며, 이를 통해 Cambridge Analytica는 사용자들의 정치적 성향과 행동을 분석하여 선거 캠페인을 위한 맞춤형 광고를 제공했다.

그림 11-5 페이스북과 Cambridge Analytica

이 사건은 데이터 수집과 활용 과정의 투명성과 규제의 필요성을 크게 부각시켰다. 페이스북은 사용자의 데이터를 보호하기 위해 다양한 보안 조치를 시행한다고 발표했고, 글로벌 규제 기관에서도 개인정보 보호 규정을 강화하였다. 특히 미국과 유럽연합은 데이터 보호법을 강화하며, 개인정보 유출 및 오남용에 대한 강력한 처벌 규정을 마련했다.

추가로 이 사건은 사용자가 자신의 데이터가 어떻게 사용되는지를 더 명확히 이해할 수 있도록 새로운 개인정보 보호 기능을 도입하는 계기가 되었다. 페이스북은 개인정보 접근 및 사용 권한을 더욱 세분화하여 사용자들이 스스로 권한을 조정할 수 있도록 기능을 개선했다.

또한 이 사건은 데이터 처리의 투명성 부족과 AI 시스템의 자동화된 분석이 정치적 이슈에 미칠 수 있는 영향을 다시 한번 강조했다. 이에 따라 여러 학계와 정책 기관에서는 데이터 처리 프로세스와 개인정보 사용 정책에 대한 글로벌 표준을 마련하기 위해 노력 중이다.

(2) 사례 2: 아마존 Alexa 음성 데이터 저장 및 유출 사건(2019년)[14]

아마존의 AI 기반 음성 비서 Alexa는 사용자의 명령어를 인식하고 다양한 서비스를 제공한다. 그러나 2019년 Alexa가 사용자의 음성 데이터를 저장하고, 아마존 내부 팀에서 이 데이터를 수동으로 청취했다는 사실이 알려지면서 큰 논란이 발생했다.

그림 11-6 아마존 Alexa

특히 일부 사용자 대화는 개인정보가 포함된 매우 민감한 내용이었으며, 외부로 데이터가 유출되거나 오남용될 수 있는 위험성이 지적되었다. 이 사건은 음성 인식에 기반한 AI 시스템이 사생활을 침해할 수 있다는 잠재적 문제를 부각시켰으며, IoT 기기 및 AI 기반 음성 인식 기술의 사용에 대한 불신을 가져왔다. 또한 해당 사건으로 인해 음성 데이터의 저장 방식과 권한 관리에 대한 추가적인 기술적 보완이 요구되었으며, 이에 따라 아마존은 음성 데이터 삭제 기능을 추가하고, 사용자 설정에서 데이터 사용 권한을 세부적으로 조정할 수 있도록 기능을 개선했다.

사건 이후, 다른 주요 음성 비서 플랫폼들도 데이터 저장 및 삭제 옵션을 강화했으며, 개인정보 보호 방침을 재검토하여 공개하였다. 이 사건을 통해 음성 비서 기술에서 공정성과 개인정보 보호를 위해서는 투명한 정책과 더불어 기술적 안전장치가 필수적이라는 점이 강조되었다.

(3) 사례 3: TikTok 개인정보 보호 정책 논란(2022년)[15]

2022년 TikTok이 사용자들의 위치 정보, 검색 기록, 동영상 시청 패턴 등의 데이터를 중국 본토에 있는 모회사 ByteDance와 공유했다는 논란이 불거졌다. 이 사건은 전 세계적으로 사용자 데이터 보안에 대한 우려를 증폭시켰다. 이에 따라 미국과 유럽의 규제 기관들은 관련 조사에 착수했으며, 일부 국가에서는 공공기관과 정부 소속 기기에서 TikTok의 사용을 금지했다.

그림 11-7 TikTok

TikTok은 이러한 문제를 해결하기 위해 글로벌 투명성 센터를 설립하고, 데이터 접근 제한과 유럽 지역 사용자 데이터를 현지화하는 방안을 발표했다. 하지만 이러한 조치에도 불구하고 여전히 국제 사회는 TikTok의 데이터 관리 방식에 대한 우려를 지속적으로 제기했다.

전문가들은 데이터 수집 및 공유 절차의 투명성을 확보하기 위해 정부 규제뿐 아니라 기업 자체적인 데이터 보호 프로그램이 필요하다고 강조했다. 특히 여러 프라이버시 권익 단체들은 TikTok의 사례를 통해 글로벌 SNS 플랫폼들이 개인정보 처리 방식에 대한 개선안을 마련하도록 압력을 가했다.

이처럼 TikTok 사건은 글로벌 IT 기업이 직면한 데이터 보안 및 정책 투명성 문제를 부각시켰으며, 향후 SNS 플랫폼 규제의 기준을 새롭게 정립하는 계기가 되었다.

(4) 사례 4: ChatGPT 개인정보 유출 사건(2023년)[16]

2023년 OpenAI의 ChatGPT에서 발생한 개인정보 유출 사고는 AI 기반 대화형 모델이 사용자 데이터에 얼마나 취약한지를 보여준 대표적인 사례이다. 해당 사건에서는 사용자들의 과거 대화 내역과 결제 정보가 다른 사용자에게 노출되는 문제가 발생했다.

그림 11-8 ChatGPT

이 사고는 실시간 데이터를 다루는 AI 시스템의 설계상 결함과 보안 프로토콜의 허점을 드러냈다. OpenAI는 즉시 서비스를 일시 중단하고 시스템 점검 및 업데이트를 시행하며 재발 방지를 위한 보안 패치를 배포했다. 또한 OpenAI는 사건 직후 사후 보고서를 통해 데이터 접근 권한 관리 및 취약성 보강을 위한 새로운 보안 프로토콜을 도입한다고 밝혔다.

그러나 이 사건은 단순한 서비스 오류 이상의 의미를 가진다. 이는 AI 시스템이 방대한 사용자 데이터를 처리할 때 발생할 수 있는 취약점이 본질적인 위협으로 다가올 수 있음을 보여주었다. 일부 전문가들은 이러한 사고가 AI 도구의 보급화 속도에 비해 보안과 규제가 뒤처져있기 때문에 발생한다고 지적하며, 사용자들이 AI 서비스를 이용할 때 발생할 수 있는 위험을 더 잘 인지할 수 있도록 교육이 필요하다고 주장했다.

3. 저작권

저작권은 창작자가 창작한 저작물에 대해 가지는 배타적 권리이며, 저작권법은 저작자가 자신의 저작물을 복제, 배포, 공연, 전시, 공중 송신 등을 통해 이용할 권리를 보호함으로써 창작 활동을 촉진하고 문화 발전을 도모하는 것을 목적으로 한다.

최근 AI 기술의 발전으로 인해 창작 활동에서 AI의 역할이 점점 확대되고 있다. 특히 AI가 생성하는 이미지, 음악, 문서 등이 창작물로서 저작권 보호의 대상이 될 수 있는지에 대한 논의가 활발하다. 현재 대부분의 국가에서는 인간 창작자의 기여가 없는 AI 생성물은 저작권 보호 대상에서 제외하고 있다.[17] 현행법상 '저작물'은 인간의 창작물을 전제하고 있기 때문이다. 즉, 살아 숨 쉬는 육체를 지닌 인간만을 '저작물을 창작한 자'인 '저작자'로 인정하는 것이다. 물론 AI로 그림이나 글을 생성하기 위해 인간이 프롬프트(명령어)를 입력하긴 하지만, 이는 아이디어 제공이나 지시에 불과할 뿐 창작적 개입으로 보기는 어렵다는 것이 저작권위원회의 의견이다. 결국 AI가 그림을 그리고, 시를 쓰고, 영상을 만들더라도 법적으로 AI는 저작자가 될 수 없고, 그 결과물을 저작물로 인정받지도 못한다.

저작권의 인정 여부 외에도 'AI가 기존 저작물을 학습해 새로운 콘텐츠를 생성하는 과정에서 원저작물의 사용이 저작권 침해로 이어지는가'에 대한 논란과 '이때 저작권 침해가 발생한다면 책임은 누구(기업, 개발자, 사용자 등)에게 있는가'에 대한 법적 기준도 아직 모호한 상황이다.

AI 기술의 발전은 창작 활동의 형태를 변화시키며, 기존 저작권 체계에 새로운 도전 과제를 제시하고 있다. 이에 따라 AI 생성물에 대한 저작권의 법적 기준과 데이터 학습에 대한 규제 및 가이드라인을 마련하는 것이 중요하다. 따라서 각국은 AI 기술의 혁신을 장려하면서도 저작권 보호와 공정한 이용 간의 균형을 위한 법적 프레임워크를 구축할 필요가 있다.

(1) 사례 1: 뉴욕타임스와 OpenAI 간의 소송

2023년 12월 뉴욕타임스는 OpenAI와 마이크로소프트(Microsoft)를 상대로, 이들의 GPT 기반 서비스가 뉴욕타임스의 기사를 대량으로 복제하여 학습함으로써 만들어졌고, 프롬프트에 따라 학습에 사용된 기사를 거의 동일하게 출력해 낸다는 이유로 저작권 침해를 주장하며 미국 뉴욕주 연방지방법원에 소를 제기하였다.[18]

특히 뉴욕타임스는 OpenAI가 뉴욕타임스의 기사를 무단 수집하여 상업적 이익을 위한 AI 모델 훈련에 사용한 것이 저작권 침해에 해당한다고 주장했다. 다만 OpenAI 측은 학습 데이터 사용이 공정 사용 원칙에 따라 허용될 수 있다는 입장을 보이고 있다. 공정 사용은 비영리적 학술 연구나 교육을 위한 목적일 때 허용되는 경우가 많으나, OpenAI는 자신들의 AI 모델을 상업적 서비스로 제공한다는 점에서 공정 사용 요건을 충족하지 못할 가능성도 제기되고 있다.

그림 11-9 OpenAI와 마이크로소프트

2025년 1월 기준, 뉴욕타임스와 OpenAI 간의 저작권 침해 소송은 진행 중이며, 최종 판결은 아직 내려지지 않았다. 2024년 11월에는 다른 뉴스 매체인 로스토리(Raw Story)와 알터넷(AlterNet)이 OpenAI를 상대로 제기한 저작권 소송이 증거 불충분으로 기각되었으나, 원고 측에 소장을 수정하여 제출할 기회가 주어졌다.[19]

뉴욕타임스와 OpenAI의 소송은 AI 기술이 대규모 데이터를 학습하는 과정에서 발생하는 저작권 문제에 대한 법적 기준을 설정할 가능성이 있다. 만약 법원이 뉴욕타임스의 손을 들어준다면, 다른 콘텐츠 제공자들도 AI 기업을 상대로 저작권 보호를 요구할 수 있는 선례가 될 수 있다. 반면 OpenAI가 승소할 경우, AI 기술 개발을 위한 데이터 사용의 자유가 확장될 수 있으며, 이는 AI 연구 및 개발 환경에 큰 영향을 미칠 것으로 보인다.

(2) 사례 2: 게티이미지와 스테빌리티 AI 간의 소송[20]

2023년 1월 게티이미지(Getty Images)는 이미지 생성 AI 모델인 스테빌리티 AI(Stability AI)가 자신들의 이미지를 무단으로 수집해 AI 모델을 훈련시켰다며 저작권 침해 소송을 제기했다. 게티이미지는 스테빌리티 AI가 라이선스 없이 수많은 이미지와 메타데이터를 사용해 상업적 이익을 위한 AI 모델을 훈련시킨 행위가 저작권을 침해했다고 주장했다.

이와 관련된 주요 쟁점의 첫 번째는 데이터 수집의 적법성 문제였다. 스테빌리티 AI는 인터넷에 공개된 이미지를 사용해 모델을 학습했지만, 게티이미지 측은 이 과정이 데이터 소유권을 침해했다고 보았다. 두 번째 쟁점은 공정 사용 여부였다. AI 모델 학습을 위한 데이터 수집이 공정 사용의 범위에 포함될 수 있는지에 대한 여부는 판례와 국가별 규정에 따라 다르지만, 게티이미지는 스테빌리티 AI가 상업적 목적으로 이미지 학습을 진행했기 때문에 공정 사용 요건을 충족하지 못한다고 주장했다.

2025년 1월 기준으로 소송은 아직 진행 중이며, 이 소송은 AI 훈련 과정에서 사용하는 데이터가 어디까지 합법적으로 활용될 수 있는지에 대한 기준을 설정할 수 있는 중요한 사건이라 할 수 있다. 이는 향후 AI 개발자와 콘텐츠 제공자 간의 협력 모델과 데이터 사용 협약의 필요성을 부각시켰다.

이 외에도 유사한 소송을 살펴보면 그림 11-10과 같다.

그림 11-10 생성형 AI와 저작권 관련 주요 소송건

생성형 AI 관련 소송

게티이미지(미 최대 이미지 제공업체)

- **대상** 스태빌리티 AI(이미지 생성 AI 개발사)
- **시점** 2023년 1월
- **이유** 게티이미지 라이선스 없이 이미지 수백만 장을 AI의 이미지 생성에 도용해 저작권을 침해함

세라 앤더슨 등 화가 3명

- **대상** 스태빌리티 AI, 미드저니 인공지능 연구소
- **시점** 2023년 1월
- **이유** 창작자 등의 동의 없이 생성형 AI의 학습에 작품을 무단으로 사용함

코드 소스 생성 AI 깃허브 코파일럿 이용자들(프로그래머)

- **대상** 깃허브 코파일럿(마이크로소프트)
- **시점** 2022년 11월
- **이유** 수백만 프로그래머가 만들어 깃허브에 공유한 수십억 줄의 오픈 소스 코드를 불법 복제해 코드를 생성함

(3) 사례 3: 텐센트 AI 콘텐츠 사용에 대한 저작권 소송[21]

2015년 중국 텐센트(Tencent)는 자신들이 만든 AI 기반의 기사 작성 시스템인 드림라이터(Dreamwriter)가 작성한 경제 기사를 무단 복제해 공개한 상하이잉쉰(盈訊)과학기술 기업을 상대로 저작권 침해 소송을 제기했다. 드림라이터는 주식 시장 변화와 경제 지표를 기반으로 실시간 기사를 작성하는 AI 프로그램으로, 이 사건은 AI가 작성한 콘텐츠에 대해 저작권을 주장한 첫 번째 사례로 주목받았다.

그림 11-11 텐센트

해당 사건은 기사가 출처 없이 복제되어 여러 매체에 유포되면서 발생했다. 이와 관련된 주요 쟁점의 첫 번째는 AI 생성물이 저작권 보호를 받을 수 있는지의 여부였다. 텐센트는 드림라이터가 생성한 기사가 독창성을 가지며, 텐센트의 AI와 개발팀의 기여가 있었으므로 저작권 보호 대상이라고 주장했다. 두 번째 쟁점은 해당 저작권의 귀속 문제였다. 법적으로 AI 자체는 권리를 가질 수 없기 때문에, 생성된 콘텐츠의 권리가 텐센트에 속하는지에 대한 논의가 이루어졌다.

법원은 AI를 활용한 기사 작성 과정에서 인간의 창작적 개입이 있었음을 인정하며, 해당 기사는 저작권법상 보호받는 저작물로 인정된다고 판결했다. 이 판결은 인간이 기여한 AI 생성물이 저작권 보호를 받을 수 있다는 것을 명확히 했으며, AI와 인간의 협업으로 이루어진 창작물에 대한 저작권 보호의 기준을 제시했다.

CHAPTER

12

디지털 윤리 교육의 실제

1. PBL에 기반한 디지털 윤리 수업의 개요: Embedded EthiCS

본 장에서는 PBL(Problem-Based Learning, 문제 중심 학습)에 기반한 디지털 윤리 수업 방법 중 대표적인 Embedded EthiCS의 개요와 사례를 소개한다.[22] Embedded EthiCS는 하버드대학교에서 컴퓨터 과학 및 관련 학문을 전공하는 학생들이 학문적인 성취뿐만 아니라 사회적 · 윤리적 책임을 이해하고 실천할 수 있도록 하기 위해 개발된 교육 프로그램이다.

이 프로그램은 컴퓨터 과학 강의에 윤리 교육을 통합하여 기술 개발 과정에서 필연적으로 마주하게 되는 도덕적 딜레마를 분석하고 해결하는 능력을 기르는 것을 목표로 한다. 하버드대학교에서는 과거 수많은 기술 혁신이 인류 발전에 기여했지만, 동시에 개인정보 유출, 알고리즘 편향성, 자동화로 인한 일자리 감소 등 부정적인 결과를 초래한 사례를 반면교사로 삼았다. 이를 바탕으로 컴퓨터 과학 교육에서 단순히 기술적 문제해결능력만을 강조하는 대신, 기술이 인간과 사회에 미치는 영향을 면밀히 분석할 수 있도록 Embedded EthiCS 프로그램을 도입했다.

Embedded EthiCS 프로그램의 주요 특징은 다음과 같다. 첫째, 강의별 맞춤형 사례 연구를 통해 수업을 설계하고 실행한다. 둘째, CS 분야 전문 교수진과 윤리 교수진의 협업을 통해 강의를 완성한다. 셋째, 학생 참여형 형태로 진행되며, 토론을 하거나 윤리적 문제를 개선하기 위한 방안을 탐구한다. 넷째, 학생들의 윤리적 판단을 도울 수 있는 다양한 도구를 제공한다.[23]

그림 12-1 하버드대학교 Embedded EthiCS의 주요 특징 및 목적

The Embedded EthiCS Mission | The Embedded EthiCS Strategy | The Embedded EthiCS Advantage | History and Evolution of Embedded EthiCS

출처: Harvard University. Embedded EthiCS. https://embeddedethics.seas.harvard.edu/about

이러한 프로그램은 스탠퍼드대학교와 토론토대학교 등의 주요 대학에서도 차용하고 있으며, 각 대학들은 개발한 교육 프로그램을 오픈소스 형태로 공유 · 개방하고 있다. 본 장에서는 이 중 몇 가지 사례를 중 · 고등학생용 콘텐츠로 재구성하여 수업 사례로 제시하고자 한다.

2. 디지털 윤리 수업의 사례

(1) 정보 및 기술·가정: 추천 시스템의 목적 이해

이 수업 모듈에서는 머신러닝을 배우는 학생들에게 추천 시스템 설계와 관련된 몇 가지 기술적·윤리적 개념을 제공한다. 학생들은 먼저 클릭 수, 화면 시간, 기타 참여도 측정값 등 추천 시스템이 최적화할 수 있는 다양한 옵션의 기술적 장단점에 대해 논의한다. 그런 다음, 추천 시스템을 최적화할 때 발생할 수 있는 윤리적 문제를 파악하기 위해 몇 가지 가상의 추천 시스템을 평가한다. 그리고 다양한 조사를 통해 이러한 추천 시스템에 대한 평가가 타인에 대한 피해 또는 조작의 개념으로 공식화될 수 있는지 여부를 고려해 본다. 이 수업 모듈은 학생들이 머신러닝 기반의 추천 시스템은 윤리적으로 어떠한 문제가 있는지 비판적으로 생각해 보는 활동으로 마무리된다.

내가 본 OTT에 AI가!

1. 교수·학습 활동 개요		
학년	고등학생	
교과	정보, 기술·가정	
디지털 교육 유형	디지털 윤리 교육	
관련 교육 과정		
핵심 아이디어	기계학습 기반의 AI를 구현하기 위해서 문제 해결에 적합한 데이터와 기계학습 모델을 활용한다.	
내용 요소	지식·이해	기계학습의 개념과 유형
	과정·기능	AI 제품이나 서비스에서 지능 에이전트의 역할 탐색하기
	가치·태도	인간과 AI의 관계에 대한 올바른 인식
성취 기준	• [12정04-03] 기계학습을 활용하여 해결할 수 있는 문제와 그렇지 않은 문제를 구분하고, 사회 문제 해결에 기계학습을 적용한다. • [12인기03-03] AI에 대한 비판적 자세를 바탕으로 AI와 인간의 공존 방안을 도출한다.	
교수·학습 활동 안내		
수업 활동 개요	실생활에서 활용하고 있는 OTT 서비스 등에 적용된 AI 기술을 살펴보고, 이와 관련된 윤리적 이슈를 이해한다. 이때 각 서비스에 적용된 기술을 비판적으로 분석하고, 이를 개선할 수 있는 방안을 탐구한다.	
수업 흐름 (주요 활동)	1차시	• AI 기반 추천 시스템 이해하기 • AI 기반 추천 시스템(서비스) 탐색하기
	2차시	• AI 기반 추천 시스템의 윤리적 문제점 논의하기 • 윤리적 요소를 고려한 추천 시스템 설계 방향 정리하기
교수·학습 방법	강의법, 토의·토론	

(계속)

평가 방법	관찰 평가, 구술 평가, 면접 평가
지도 및 평가상의 유의점	• 컴퓨터 과학 내용과 윤리적 내용을 균형 있게 다룰 수 있도록 지도한다. • 학생들이 직접 웹을 검색하고 팀별로 토론하여 다양한 이슈를 탐색하고 정리할 수 있도록 한다. • 다양한 질문을 통해 비판적 사고를 기를 수 있도록 한다.

2. 교수·학습 활동 과정안

학습 주제		내가 본 OTT에 AI가!	차시	2차시
학습 목표		• AI 기반의 추천 시스템(서비스)을 이해하고 작동 방식을 설명할 수 있다. • AI 기반 추천 시스템이 가지고 있는 윤리적 문제를 이해하고 설명할 수 있다.		
수업 흐름		교수·학습 활동	자료	
단계	차시			
도입	1	**AI 기반 추천 시스템 이해하기** • 본 수업의 학습 목표를 소개하고, AI 기반 추천 시스템(서비스)과 관련된 주요 이슈들을 안내한다. **모둠별 수업을 위한 인원 구성하기** • 모둠별 수업을 할 수 있도록 인원을 구성하고, 웹을 검색하고 팀의 의견을 정리할 수 있도록 노트북 또는 데스크톱, 태블릿PC 등을 제공한다.	<자료 1> AI 기반 추천 시스템 이해하기 <자료 2> 관련 기사	
활동 1	1	**AI 기반 추천 시스템(서비스) 탐색하기** • 학생들은 교사가 제공하는 정리 매트릭스를 활용해 모둠별로 소셜 플랫폼에서 사용되는 AI 기능을 찾아보고, 각 AI는 어떠한 데이터를 학습하는지 논의한다. **AI 기반 추천 시스템(서비스) 정리하기** • 학습 데이터 및 추천 내용 등은 모둠 내에서 논의하여 정리하고, 충분한 논의가 이루어진 후에는 해당 시스템(서비스)의 웹사이트에서 제공하는 정보를 참고하여 보다 정확하게 정리한다.	<자료 3> AI 기반 추천 시스템(서비스) 정리 매트릭스	
활동 2	1	**발표 및 질의응답** • 각 모둠에서 정리한 내용을 발표하고, 질의응답을 통해 다양한 서비스를 구체적으로 이해할 수 있도록 한다.		
활동 3	2	**AI 기반 추천 시스템의 윤리적 문제점 논의하기** • 교사는 학생들이 탐색하고 정리한 AI 기반 추천 시스템이 내재하고 있는 문제점과 관련된 질문을 한다. • 이때 딜레마 형태로 고민되는 질문과 같이 학생들이 고민할 수 있는 문제를 제기한다. • 몇 가지 문제를 제기한 이후에는 학생들이 직접 그 외 어떠한 문제가 있는지 모둠별로 논의하고 질문할 수 있도록 안내한다. 예 'AI 기반 추천 시스템은 어떠한 방식으로 사용자가 관심 있는 콘텐츠에 더욱 관심을 갖도록 만드는가?', '소셜 플랫폼은 어떠한 콘텐츠를 사용자에게 보여주고, 또 보여주지 말아야 하는가?', 'AI 기반 추천 시스템이 안전하게 작동하기 위해서는 어떠한 데이터를 학습하고, 또 학습하지 말아야 하는가? 그 기준은 무엇인가?'	<자료 4> AI 기반 추천 시스템 알고리즘의 윤리적 문제점 논의하기	
활동 4	2	**윤리적 요소를 고려한 추천 시스템 설계 방향 정리하기** • 각 모둠별로 도출한 질문을 토대로 AI 기반 추천 시스템(서비스)이 보여 주어야 할 것과 아닌 것의 기준을 정리한다. • 이를 토대로 어떠한 데이터를 학습하고, 또 학습하면 안 되는지 등을 논의하고 정리한다.		
정리	2	**발표 및 피드백** • 각 모둠별로 정리한 내용을 발표하고, 교사의 간단한 피드백 후 수업을 마무리한다.		

수업 예시

자료 1 ▶ AI 기반 추천 시스템 이해하기

AI 기반 추천 시스템은 페이스북, 유튜브, 넷플릭스와 같은 소셜 플랫폼에서 사용자에게 맞춤형 콘텐츠를 제공하는 핵심 기술이다. 이 시스템은 사용자의 시청 이력, 평가, 클릭 데이터를 활용해 선호도를 예측하며, 머신러닝 알고리즘을 통해 맞춤형 콘텐츠를 구현한다. 넷플릭스의 경우 협업 필터링과 콘텐츠 기반 필터링을 조합하여 추천 모델을 만든다. 협업 필터링은 비슷한 취향을 가진 다른 사용자 그룹의 데이터를 기반으로 콘텐츠를 추천하고, 콘텐츠 기반 필터링은 개별 콘텐츠의 특성을 분석하여 사용자가 선호할 만한 유사 콘텐츠를 추천한다. 이처럼 많은 플랫폼에서 개인화된 추천을 통해 사용자의 만족도를 높이고, 시청 시간을 늘리는 효과를 얻고 있다.

자료 2 ▶ 관련 기사

[내부고발과 100년 기업 _15] "페이스북 알고리즘 위험하다" 메타 내부고발

SNS 몰입시켜 청소년의 정신 건강 황폐화 유도

내부고발자인 하우건은 메타가 광고 수입을 늘리기 위해 사용자 보호를 외면하고 폭력과 혐오를 조장했다고 비판했다. 2021년 기준 메타의 매출액은 1179억 2900만 달러인데 이 중 97.5%가 광고료일 정도로 광고에 대한 의존도가 높다. 광고주가 더 많은 광고비를 내도록 설득하려면 사용자가 플랫폼에 머무는 시간이 길어져야 한다.

출처: 민진규. (2023). [내부고발과 100년 기업 _15] "페이스북 알고리즘 위험하다" 메타 내부고발. 공정뉴스. https://www.fairn.co.kr/news/articleView.html?idxno=67017

페이스북, 인도서 '종교갈등 조장 콘텐츠' 방치 논란

2019년 2월 가계정 만들어 실험한 내부 보고서 폭로

페이스북이 내부 고발자 폭로로 '도덕성 논란'에 휘말린 가운데 인도에서 종교갈등 조장 알고리즘과 콘텐츠를 알고도 방치했다는 문제가 제기됐다.

출처: 성혜미. (2021). 페이스북, 인도서 '종교갈등 조장 콘텐츠' 방치 논란. 연합뉴스. https://www.yna.co.kr/view/AKR20211024050600104?input=1195m

자료 3 ▶ AI 기반 추천 시스템(서비스) 정리 매트릭스

다음 표는 예시 답안이 포함된 내용이며, 수업 시간에는 다음 표의 일부 내용만 제시하고, 나머지는 빈칸으로 만들어 제공한다.

명칭은?	사용하고 있는 데이터는?	학습하고자 하는 것은?	최적화하고 있는 목적은?
추천 검색 (자동 완성)	사용자와 다른 사람들의 검색 기록	사용자가 보고 싶은 것을 예측할 수 있는 가장 일반적인 검색어	적절한 정보와 함께 관련 내용까지 제공하여 사용자가 플랫폼에 머무르는 시간 확보
검색 결과	사용자와 다른 사람들의 검색 기록 (최종 클릭한 내용이 무엇인지)	사용자가 검색을 할 때 보고 싶어 할 만한 내용	적절한 정보와 함께 관련 내용까지 제공하여 사용자가 플랫폼에 머무르는 시간 확보
댓글 섹션	댓글에 대한 좋아요 수, 댓글을 작성한 사람들의 인지도	가장 관련성이 높은 의견	사용자가 플랫폼에 머무르는 시간 확보
광고	사용자의 검색 또는 시청 기록	사용자의 흥미를 끌 만한 서비스 또는 상품	광고를 통한 수익 창출
맞춤 동영상	사용자와 다른 사람들의 시청 기록	이미 시청한 영상을 기반으로 사용자가 좋아할 만한 동영상	더 많은 동영상 시청(따라서 광고도 포함)
자동 재생	사용자와 다른 사람들의 시청 기록	사용자가 다음에 보고 싶어 할 만한 동영상	더 많은 동영상 시청(따라서 광고도 포함)

출처: 한국교육학술정보원. (2019). 모두를 위한 인공지능 윤리(교육과정과 학습활동). https://keris.or.kr/main/ad/pblcte/selectPblcteETCInfo.do?mi=1142&pblcteSeq=13255

자료 4 ▶ AI 기반 추천 시스템 알고리즘의 윤리적 문제점 논의하기

Q1: 다음 콘텐츠 중 절대 제공해서는 안 되는 콘텐츠가 있는가? 그 이유는 무엇인가?

Q2: 클릭 횟수, 시청 시간, 참여 정도, 로그인 정도 등의 데이터를 가지고 왼쪽에서부터 오른쪽으로 데이터 제공 방식이 변경되었다고 할 때 어떠한 문제가 있는가? 이러한 방식으로 추천해도 문제가 없는가?

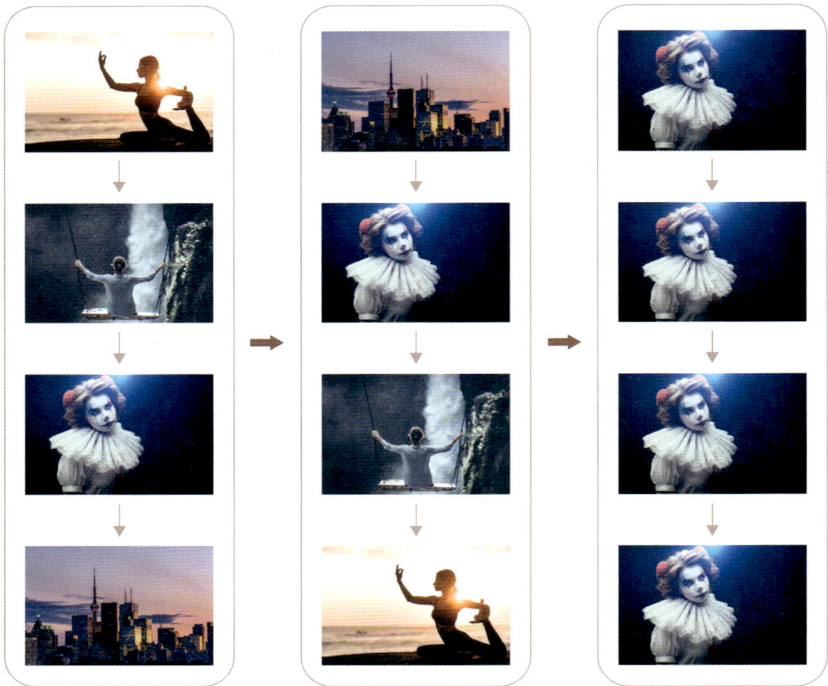

Q3: 다음 정보 중에서 어떠한 정보를 막아야 하는가? 그 이유는 무엇인가? 그 정보를 막았을 때 부작용은 없는가?

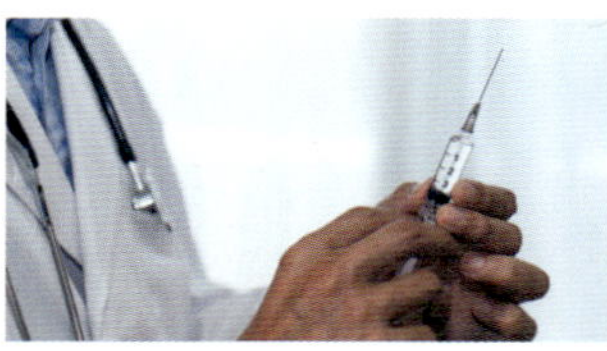

총기 조작 방법

백신이 자폐증을 일으킨다는 허위 정보

무력으로 의회를 탈환하자는 정보

(2) 정보 및 기술·가정: 접촉 추적 시스템과 프라이버시

이 수업 모듈은 웹/앱 서비스 개발 및 플랫폼 언어 등을 배우는 학생들이, 좋은 의도로 개발된 서비스일지라도 예상치 못한 다양한 윤리적 이슈가 발생할 수 있음을 이해할 수 있도록 구성되어 있다. 학생들은 코로나19 시기에 감염자 정보를 공유해 이름, 위치, 시간 등의 정보만으로 유용하게 감염자를 추적할 수 있는 앱을 살펴본다. 하지만 이 앱이 가지고 있는 프라이버시 문제가 조금씩 드러나면서, 학생들은 간단한 정보라고 할지라도 다양하게 조합될 경우 심각한 문제가 발생할 수 있음을 이해할 수 있다. 이 수업 모듈은 학생들이 어떠한 방식으로 이것을 개선해야 할지 함께 논의하고 구체적인 방안을 도출하는 활동으로 마무리된다.

감염자 추적 시스템이 가진 비밀, 프라이버시!

1. 교수·학습 활동 개요

<table>
<tr><th>학년</th><td colspan="2">중학생, 고등학생</td></tr>
<tr><th>교과</th><td colspan="2">정보, 기술·가정</td></tr>
<tr><th>디지털 교육 유형</th><td colspan="2">디지털 윤리 교육</td></tr>
<tr><th colspan="3">관련 교육 과정</th></tr>
<tr><th>핵심 아이디어</th><td colspan="2">디지털 기술의 발전에 따라 디지털 사회에서 지켜야 할 규칙과 주의해야 할 위험 요소가 새롭게 등장한다.</td></tr>
<tr><th rowspan="3">내용 요소</th><td>지식·이해</td><td>개인정보와 저작권</td></tr>
<tr><td>과정·기능</td><td>디지털 공간에서 나와 다른 사람을 보호하는 방법 탐구하기</td></tr>
<tr><td>가치·태도</td><td>디지털 공간에서 함께 살아가기 위한 윤리적인 태도</td></tr>
<tr><th>성취 기준</th><td colspan="2">• [9정05-03] 사례를 중심으로 디지털 공간에서 함께 살아가기 위해 개인정보 및 권리와 저작권을 보호하는 실천 방법을 탐구한다.
• [12정05-02] 보호해야 할 정보와 공유해야 할 정보를 구분하고, 올바른 정보 보호 방법을 실천한다.
• [12기가06-05] 다양한 지식과 융합된 공학의 세계를 탐구하고 융합 공학 문제를 해결하며, 그 과정에서 공학에 대한 긍정적 태도와 공학 윤리 실천의 중요성을 인식한다.</td></tr>
<tr><th colspan="3">교수·학습 활동 안내</th></tr>
<tr><th>수업 활동 개요</th><td colspan="2">코로나와 같은 전염성 질병을 관리하기 위해 만들어진 감염자 추적 시스템의 기술적 특징을 살펴보고, 해당 시스템이 가진 윤리적 이슈를 탐구한다.</td></tr>
<tr><th rowspan="2">수업 흐름
(주요 활동)</th><td>1차시</td><td>• 코로나19 감염자 추적 시스템 이해하기
• 그래프 구조 이해하기</td></tr>
<tr><td>2차시</td><td>• 그래프 구조에 기반한 개인정보 프로파일링하기
• 개인정보 프로파일링 결과에 대한 윤리적 문제점 논의하기
• 윤리적 문제를 개선하기 위한 방안 도출하기</td></tr>
<tr><th>교수·학습 방법</th><td colspan="2">강의법, 토의·토론</td></tr>
<tr><th>평가 방법</th><td colspan="2">관찰 평가, 구술 평가, 면접 평가</td></tr>
<tr><th>지도 및
평가상의 유의점</th><td colspan="2">• 컴퓨터 과학 내용과 윤리적 내용을 균형 있게 다룰 수 있도록 지도한다.
• 학생들이 직접 웹을 검색하고 팀별로 토론하여 다양한 이슈를 탐색하고 정리할 수 있도록 한다.
• 다양한 질문을 통해 비판적 사고를 기를 수 있도록 한다.</td></tr>
</table>

2. 교수·학습 활동 과정안

<table>
<tr><td colspan="2">학습 주제</td><td>감염자 추적 시스템이 가진 비밀, 프라이버시!</td><td>차시</td><td>2차시</td></tr>
<tr><td colspan="2">학습 목표</td><td colspan="3">새로운 디지털 서비스에서 발생할 수 있는 프라이버시 문제를 이해하고 해결 방안을 설명할 수 있다.</td></tr>
<tr><td colspan="2">수업 흐름</td><td colspan="2" rowspan="2">교수·학습 활동</td><td rowspan="2">자료</td></tr>
<tr><td>단계</td><td>차시</td></tr>
<tr><td>도입</td><td rowspan="3">1</td><td colspan="2">코로나19 감염자 추적 시스템 이해하기
• 본 수업의 학습 목표를 소개하고, 코로나19 감염자 추적 시스템에 대해 간략히 안내한다.
모둠별 수업을 위한 인원 구성하기
• 모둠별 수업을 할 수 있도록 인원을 구성하고, 웹을 검색하고 팀의 의견을 정리할 수 있도록 노트북 또는 데스크톱, 태블릿PC 등을 제공한다.</td><td><자료 1>
코로나19 감염자 추적 시스템 이해하기
<자료 2>
감염자 접촉 시스템 관련 기사</td></tr>
<tr><td>활동 1</td><td colspan="2">그래프 구조 이해하기
• 그래프 구조를 이해하고, 접촉자 정보를 그래프 구조로 표현해 본다.</td><td><자료 3>
그래프 구조 이해하기
<자료 4-1>
그래프 구조 사용하기</td></tr>
<tr><td>활동 2</td><td colspan="2">그래프 완성하기
• 그래프를 완성하여 확진자와 접촉자에 따른 격리 대상을 확인한다.</td><td><자료 4-2>
그래프 완성하기</td></tr>
<tr><td>활동 3</td><td rowspan="3">2</td><td colspan="2">그래프 구조에 기반한 개인정보 프로파일링하기
• 코로나 접촉 추적 시스템이 제공하는 또 다른 정보는 무엇이 있는지 데이터 마이닝을 한다.
• 추적 시스템이 내재하고 있는 문제 이해를 위해 함께 데이터 마이닝을 한다.
• 표와 그래프를 보고 예시(자료 6) 외에 어떠한 정보를 알 수 있는지 이야기하고 발표한다.</td><td><자료 4-3>
데이터 마이닝 예시</td></tr>
<tr><td>활동 4</td><td colspan="2">개인정보 프로파일링 결과에 대한 윤리적 문제점 논의하기
• 데이터 마이닝 이후 어떤 윤리적 문제가 있는지 토론하고 발표한다.
예 '표와 그래프를 통해 알 수 있는 정보 중 프라이버시와 관련된 정보는 무엇인가?', '해당 정보는 개발자나 해당 서비스를 제공하는 기업 또는 그 외 대중이 알아도 문제가 없는가?', '이러한 정보가 당사자가 아닌 다른 사람들에게 무단으로 공개되었을 때 어떠한 피해가 일어날 수 있는가?'</td><td><자료 5>
윤리적 문제점 논의하기</td></tr>
<tr><td>정리</td><td colspan="2">윤리적 문제를 개선하기 위한 방안 도출하기
• 좋은 의도로 개발된 서비스일지라도 다양한 윤리적 문제가 발생할 수 있음을 이해한다.
• 이러한 서비스를 개선할 수 있는 방안에 대해 자유롭게 이야기하며 마무리한다.</td><td></td></tr>
</table>

수업 예시

자료 1 ▶ 코로나19 감염자 추적 시스템 이해하기

세계보건기구(WHO)는 접촉자 추적을 '질병에 노출된 사람들을 식별, 평가, 관리하여 향후 전염을 예방하는 과정'이라고 설명한다. 접촉자 추적을 지원하는 소프트웨어의 핵심 작업은 감염자가 지정된 기간 내에 접촉한 모든 사람을 식별하는 것이다. 접촉을 구성하는 항목과 기간의 세부 사항은 질병에 따라 다르다. 크로나바이러스감염증-19(COVID-19)의 경우 감염된 사람에게 노출되었을 수 있는 개인을 식별하고, 마지막 노출 시점으로부터 14일 동안 매일 후속 조치를 취해야 한다.

자료 2 ▶ 감염자 접촉 시스템 관련 기사

"기존 역학조사로는 역부족" 앱 기반 추적 시스템 화두로

30일 '감염 추적 시스템의 문제와 대안' 국회 토론회 개최
하이브리드 비콘 방식 등 '디지털 트레이싱 시스템' 제안
정부 "국민 수용성 및 정확도 우려"

코로나19(COVID-19) 신규 확진자를 신속히 발견하고, 급격한 확진자 증가에 대응하기 위해 앱 기반 접촉자 추적관리 시스템을 도입해야 한다는 의견이 나왔다. 보건소 등 기존 역학조사 인력으로는 새로운 방역체계 전환에 한계가 있다는 주장인데, 정부는 신뢰성과 기술적 한계 등을 이유로 조심스러운 입장이다. 이러한 의견은 더불어민주당 안민석 의원실이 30일 개최한 '감염 추적 시스템의 문제와 대안' 국회 토론회에서 제시됐다.

출처: 김나현. (2021). "기존 역학조사로는 역부족" 앱 기반 추적 시스템 화두로. 메디칼업저버. https://www.monews.co.kr/news/articleView.html?idxno=307444

자료 3 ▶ 그래프 구조 이해하기

그래프(자료 구조)

그래프(graph)는 버텍스(vertex)와 에지(edge)로 구성된 한정된 자료 구조를 의미한다. 버텍스는 정점, 에지는 정점과 정점을 연결하는 간선이다.
컴퓨터 시스템에 **그래프**를 저장하는 방법은 여러 가지가 있다. 자료 구조는 그래프 구조와 그래프 관리에 사용되는 알고리즘에 영향을 받는다. 이론적으로 그래프는 리스트와 행렬 구조 중의 하나로 구별이 가능하다. 하지만 실제 적용에 있어서 최적의 자료 구조는 이 두 구조의 조합된 형태를 띤다. 리스트 구조는 종종 sparse graphs에 적합하며 적은 메모리 공간을 요구한다. 행렬 구조는 많은 양의 메모리를 필요로 하지만 더욱 빠른 접근을 제공한다.

출처: 위키백과. 그래프(자료 구조). https://ko.wikipedia.org/wiki/%EA%B7%B8%EB%9E%98%ED%94%84_(%EC%9E%90%EB%A3%8C_%EA%B5%AC%EC%A1%B0)

자료 4-1 ▶ 그래프 구조 사용하기

각 노드(Node)가 사람에 해당하고, 일정 기간 거의 동시에 서로 2미터 이내에 있는 경우 사람 X와 사람 Y 사이를 에지(Edge)로 표현한다.

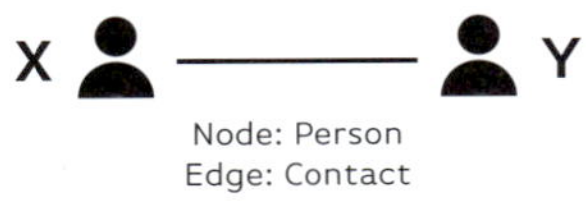

첫 번째 열(Name)은 개인이 고유하게 식별되는 정보가 포함되어 있으며, 그래프의 노드로 표시된다. 두 번째 열(Location)은 이들이 반경 2미터 이내에 있다고 가정하며, 시작 시간부터 종료 시간까지 그 사람이 있었던 장소를 보여준다. 세 번째 열(Start Time)과 네 번째 열(End Time)에는 각각 시작 시간과 종료 시간이 표시된다.

Name	Location	Start Time	End Time
Mike	A	Feb 14th, 9:12 PM	Feb 15th, 1:35 AM
Parsa	A	Feb 14th, 9:37 PM	Feb 15th, 1:15 AM
Tiana	A	Feb 14th, 10:06 PM	Feb 15th, 1:35 AM
Mike	B	Feb 14th, 1:57 AM	Feb 15th, 7:30 AM
Tiana	B	Feb 14th, 1:57 AM	Feb 15th, 9:30 AM
Ahmed	A	Feb 14th, 6:08 PM	Feb 15th, 8:30 AM
Mike	C	Feb 15th, 8:00 AM	Feb 15th, 4:00 PM
Yien	C	Feb 15th, 8:30 AM	Feb 15th, 4:30 PM

자료 4-2 ▶ 그래프 완성하기

다음 그래프 구조 중 빨간색 부분은 표시하지 말고 <자료 4-1>의 표를 참고해 학생들이 직접 완성하도록 한다.

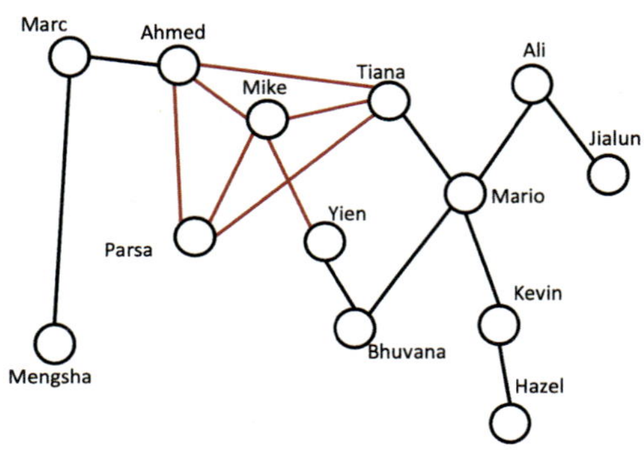

COVID-19와 관련하여 밀접 접촉자는 미국 질병통제예방센터(CDC)에 따라 '질병 발병 2일 전부터 24시간 동안 누적 총 15분 이상, 감염된 사람으로부터 6피트 이내(약 2미터)에 있었던 사람'으로 정의된다. 이 정의에 따라 Mike가 확진 사례라고 가정하면, 그의 밀접 접촉자는 Parsa, Tiana, Ahmed, Yien이다. 따라서 그들에게 관련 정보를 제공할 수 있다는 것을 알 수 있다.

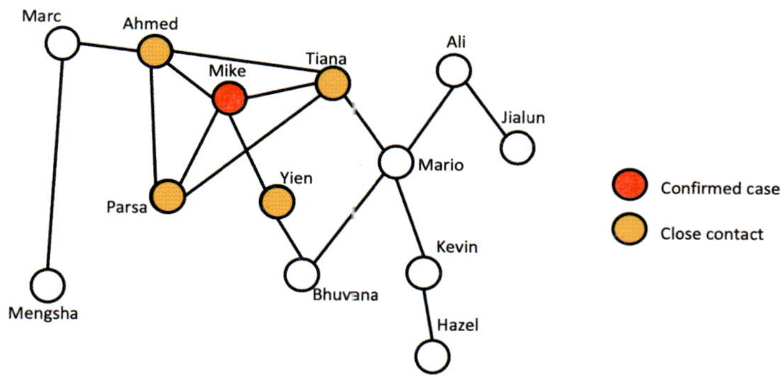

자료 4-3 ▶ 데이터 마이닝 예시

<자료 4-1>의 표를 보면 Mike는 14일 밤에 A 위치에서 Parsa, Tiana, Ahmed와 함께 있었다는 것을 알 수 있다. 그리고 Mike가 B 위치에서 밤을 보내고, 15일 낮에는 C 위치에 있었다는 것으로 미루어 봤을 때 B는 아마도 Mike의 집이고, C는 직장일 것으로 추측해 볼 수 있다.

자료 5 ▶ 윤리적 문제점 논의하기

코로나 추적 앱 100여 개 분석했더니 40%가 민감 정보 노출

여러 나라에서 개발하고 배포한 추적 앱 95개 분석했더니 40%가 허술

국민들 사용하게 하려면 안전하다는 인식 심어줘야… 미래 재난 상황에 힘 될 것

현재 출시되어 있는 확진자 혹은 접촉자 추적 앱들 중 애플과 구글의 노출 알림(Exposure Notifications) 프로토콜을 사용하지 않는 것들을 사용할 경우 사용자의 민감한 정보가 외부로 유출될 가능성이 있는 것으로 조사됐다. 이에 대해 앱 브안 전문 업체인 가드스퀘어(Guardsquare)가 연구해 발표했다.

출처: 문가용. (2020). 코로나 추적 앱 100여 개 분석했더니 40%가 민감 정보 노출. 보안뉴스. https://www.boannews.com/media/view.asp?idx=93351

참고문헌

1. 김용훈. (2012). 모바일 SNS 시대의 인터넷 윤리. 디지털정책연구, 11(2).
2. 임상수. (2003). 정보윤리교육의 방법론 모색. 윤리연구, 54(3), 10-291.
3. 교육부. (2022). [교육부 고시 제2022-33호] 초중등학교 교육과정 총론 및 각론 고시 - [별책10] 실과(기술가정)정보과 교육과정. https://www.moe.go.kr/boardCnts/viewRenew.do?boardID=141&lev=0&statusYN=W&s=moe&m=0404&opType=N&boardSeq=93458
4. Mehrabi et al. (2021). A Survey on Bias and Fairness in Machine Learning.
5. Barocas et al. (2022). Fairness and Machine Learning. MIT Press.
6. Obermeyer et al. (2019). Dissecting Racial Bias in an Algorithm Used to Manage the Health of Populations. Science.
7. 위키피디아. Geolitica. https://en.wikipedia.org/wiki/Geolitica
8. Ali Ayaz, Aditya Nawalgaria, & Ruilian Yin. (2023). Taught by the Internet, Exploring Bias in OpenAIs GPT3. Cornell University. https://arxiv.org/abs/2306.02428
9. 이진규. (2024). [이진규의 AI 편향이야기] ChatGPT도 남녀 차별? AI 젠더편향 위험성. 퍼블릭뉴스. https://www.psnews.co.kr/news/articleView.html?idxno=2043519
10. CUT THE SAAS. (2024). Case Study: How Amazon's AI Recruiting Tool "Learnt" Gender Bias. https://www.cut-the-saas.com/ai/case-study-how-amazons-ai-recruiting-tool-learnt-gender-bias
11. 김재훈, 임석종, & 이혜진. (2024). 디지털 전환 실행을 위한 데이터 고려 사항과 관리 기준. KISTI ISSUE BRIEF, 제72호.
12. Intersoft Consulting. (2016). General Data Protection Regulation GDPR. https://gdpr-info.eu
13. 석승희. (2024). [석승희 칼럼] AI 기술과 프라이버시: 보호와 윤리적 과제. 미디어창업뉴스. http://www.kmedia-news.com/news/articleView.html?idxno=4826
14. 김지우. (2021). AI의 반란, "개인정보 엿듣는다"… 프라이버시 침해 사례 급증. 뉴스메카. https://www.newsmc.net/news/articleView.html?idxno=8645
15. 이성관. (2022). 틱톡 미국 내 개인정보 유출 우려… "모든 것이 중국에서 보인다". AI타임스. https://www.aitimes.com/news/articleView.html?idxno=145285
16. AI리포터. (2024). 챗GPT서 개인 정보 유출했다? … 피해자 발생. 디지털투데이. https://www.digitaltoday.co.kr/news/articleView.html?idxno=504025
17. 권택경. (2024). [생성 AI 길라잡이] AI로 만든 콘텐츠, 저작권 인정될까?. 동아일보. https://www.donga.com/news/It/article/all/20240405/124346196/1

18. 김기정 & 최현윤. (2024). 생성형 AI의 저작권법 상 쟁점과 주요 분쟁 사례. 법률신문. https://www.lawtimes.co.kr/LawFirm-NewsLetter/201296

19. Blake Brittain. (2024). OpenAI defeats news outlets' copyright lawsuit over AI training, for now. Reuters. https://www.reuters.com/legal/litigation/openai-defeats-news-outlets-copyright-lawsuit-over-ai-training-now-2024-11-07/?utm_source=chatgpt.com

20. 변희원. (2023). "AI의 저작권 침해 더 못참아" … 인간, 마침내 칼 빼들다 - 게티이미지, 그림 생성툴 만든 英 '스태빌리티 AI'에 소송 제기. 조선일보. https://www.chosun.com/economy/tech_it/2023/01/26/SYRGM7QCQ5DDXEOHG7ROYVVD2Q/?utm_source=chatgpt.com

21. 김윤구. (2020). 中법원 "AI가 쓴 글도 저작권 보호대상" … 무단 사용에 배상 명령. 연합뉴스. https://www.yna.co.kr/view/AKR20200109118800083

22. Harvard University. https://embeddedethics.seas.harvard.edu

23. Harvard University. https://embeddedethics.seas.harvard.edu/module

부록
디지털 교육의 방향에 대한 토론

오늘날 빠른 기술의 발전과 함께 교육 현장에서의 디지털 기술의 도입도 빠르게 이루어지고 있습니다. AI, 빅데이터, 메타버스, XR 등과 같은 신기술이 교육에 적용되면서 기존에 해오지 못한 교육이 가능해지고 있고, 학습의 실재감과 몰입도가 높아지고 학생 개개인의 특성을 고려한 맞춤형 교육도 가능해지고 있습니다. 그러나 이러한 디지털 기술이 교육 현장에 적용될 때는 신중한 접근과 함께 다양한 고려사항들이 반영되어야 합니다. 교육의 본질인 교사와 학생, 학생과 학생 간의 인간적인 상호작용이 약화되거나 새로운 교육 격차가 발생할 위험도 있기 때문입니다. 그렇다면 디지털 교육은 앞으로 어떤 방향으로 나아가야 할까요?

첫 번째로 고민할 이슈는 고도화된 기술을 교육 현장에 적용할 때 강조점을 '기술 중심'에 둘 것인지 '인간 중심'에 둘 것인지의 문제입니다. 다양한 에듀테크 도구들을 수업에 활용하거나, AI 기반 학습 플랫폼을 적용하거나, 자동 채점 시스템 등 기술을 중심에 둔 교육은 분명 교육의 효율성을 높여줍니다. 학생 개개인의 학습 데이터를 분석하여 맞춤형 콘텐츠를 제공하고, 교사는 반복적인 업무에서 벗어나서 보다 전문적인 피드백과 상담에 집중할 수 있습니다. 하지만 이러한 기술적 편의가 자칫 교사의 역할을 대체하는 방향으로 진행된다면, 오히려 교육이 단순 지식 전달로 축소될 우려가 있습니다. 교사와 학생 간의 상호작용, 배움의 과정에서 이루어지는 정서적 교감과 비판적 사고력, 문제해결능력 증진은 디지털 기술만으로는 완전히 대체할 수 없는 영역입니다. 디지털 기술의 활용에서 중요한 것은 디지털 기술을 적재적소에 어떻게 사용하는가의 문제입니다. 교육의 주체는 교사와 학생이며, 인간적 상호작용은 교육적 효과를 높이는 중요한 요인입니다. 학습 동기, 학습 흥미, 도전 정신 등과 같은 정서적 측면은 학습 몰입과 학습 지속에 영향을 미치며, 이는 인정, 칭찬, 열정 등 인간적 상호작용을 통해서 강화됩니다. 교사와 학생 간, 학생들 간의 토론, 프로젝트 등을 통해서 고차원적인 사고력이 향상되며 문제해결력을 키워갈 수 있습니다. 따라서 기술을 교육의 주체가 아니라 교육의 '도구'로 바라보는 관점이 필요합니다. 기술을 잘 사용하는 것, 인간적 상호작용을 균형 있게 융합하는 '사람 중심의 디지털 교육'을 설계하고 실천할 수 있어야 합니다.

두 번째로 중요한 논의는 디지털 교육이 '교육 격차'를 해소할 수 있는지에 대한 문제입니다. 디지털 기술은 물리적 거리와 시간의 제약을 넘어 학습 기회를 제공합니다. 무료로 공개된 온라인 강의, AI 튜터 등을 통해 누구나 교육에 접근할 수 있는 시대가 열렸습니다. 그러나 동시에 디지털 격차(digital divide)라는 새로운 문제도 발생하고 있습니다. 일부 학생들은 기기나 인터넷 환경이 부족하여 디지털 학습에서 소외될 수 있습니다. 뿐만 아니라 디지털 기기를 다루는 역량의 차이, 즉 '디지털 리터러시'의 격차도 학습 격차로 이어질 위험이 있습니다. 따라서 교사로서 학생의 개별적 상황을 세심하게 살피고, 기술 활용에 소외되는 학생이 발생하지 않도록 해야 합니다. 더욱이 학교 차원과 정책 차원에서도 디지털 인프라의 확충과 디지털 리터러시 강화 교육이 병행되어야 하겠습니다.

세 번째는 AI를 활용한 맞춤형 학습이 새로운 교육의 패러다임으로 주목받는 만큼 이를 실행하는 과정에서 발생하는 '여러 문제들을 예측하고 대응'해야 합니다. AI를 활용한 맞춤형 학습은 학생의 데이터를 기반으로 개인 맞춤형 피드백과 진단을 제공할 수 있다는 점에서 매우 매력적인 방법입니다. 그러나 AI에 과도하게 의존하게 되면, 알고리즘이 제공하는 정보에만 따라가는 '수동적 학습자'를 양산할 위험도 있습니다. 또한 개인정보 보호 문제, 데이터 편향 문제 등 '윤리적 문제'도 함께 고민해야 합니다. AI는 어디까지나 학습을 돕는 조력자이며, 교사의 전문성과 책임감을 대체할 수 없다는 점을 항상 인식해야 할 것입니다.

결론적으로 앞으로의 디지털 교육은 '기술과 인간의 균형을 기반'으로 이루어져야 합니다. 기술에 대한 객관적 시각을 갖고, 장점과 단점을 분명히 알고 활용하는 교사가 되어야 합니다. 디지털 교육의 방향은 단순한 교육의 디지털화가 아니라 고도화된 기술을 통해서 더욱 사람 중심의 교육을 확장하는 것이어야 합니다. 디지털 시대의 교사는 단순한 지식 전달자가 아니라 학습 환경을 구축하고 학습을 설계하고 학습을 이끌어 가는 조력자이며, 인간적 성장을 지원하는 교육 전문가입니다.

여러분이 미래의 교육을 함께 만들어가는 주체로서, 디지털 교육의 방향성을 깊게 고민하고 올바르게 실천해 주시기를 기대합니다.

STEP 1. 나의 생각을 정리해요

1. 디지털 교육에서 무엇이 중요한지에 대한 자신의 생각을 정리해 보세요.

2. 디지털 교육이 교육 격차가 발생하거나 해소하는 데 어떤 영향을 주는지에 대한 자신의 생각을 정리해 보세요.

3. 앞으로의 기술이 교사의 역할을 대체할 수 있다고 생각하는지, 그리고 대체할 수 있는 부분과 교사의 고유한 역할이 무엇인지에 대해서 자신의 생각을 정리해 보세요.

STEP 2. 소그룹 의견을 정리해요

1. 디지털 교육에서 가장 중요한 가치는 무엇인지에 대한 소그룹 토의 결과를 정리해 보세요. (예: 학습의 효율성, 학생의 개별화 교육, 인간적 상호작용, 교육 격차 해소 등)

2. 소그룹의 의견을 통한 디지털 교육의 방향성에 대해서 정리해 보세요.

찾아보기

저자 소개

김성애
성균관대학교 바이오메카트로닉스학과(공학사)
한국교원대학교 기술교육학(교육학 석사)
한국교원대학교 기술교육학(교육학 박사)
덕성여자대학교 교직학부 교수(현)
한국정보통신학회 부회장(현)
한국인공지능교육학회 부회장(현)
한국인공지능윤리학회 이사(현)
경기도교육청 교사(전)

김용성
충남대학교 전자공학교육과(공학사)
고려대학교 전자컴퓨터공학(공학 석사)
고려대학교 컴퓨터공학(공학 박사)
충남대학교 기술교육과 교수(현)
국립중앙도서관 자문위원(현)
한국기술교육학회 이사(현)
소프트웨어정책연구소 선임연구원(전)
고려사이버대학교 소프트웨어공학과 교수(전)

김한성
공주대학교 컴퓨터교육과(교육학사)
공주대학교 컴퓨터교육과(교육학 석사)
고려대학교 컴퓨터교육과(이학 박사)
고려사이버대학교 소프트웨어공학과 교수(현)
한국컴퓨터교육학회 상임이사(현)
한국정보과학회 교육위원(현)
한국교육학술정보원 선임연구원(전)
소프트웨어정책연구소 선임연구원(전)

박주연
이화여자대학교 초등교육과(교육학사)
이화여자대학교 초등교육학(교육학 석사)
이화여자대학교 교육공학(교육공학 박사)
덕성여자대학교 차미리사교양대학 교수(현)
한국컴퓨터교육학회 이사(현)
한국어린이미디어학회 이사(현)
이화여자대학교 교육대학원 AI융합교육전공 객원교수(전)
서울시교육청 교사(전)

이소율
춘천교육대학교 초등교육과(교육학사)
한국교원대학교 컴퓨터교육과(교육학 석사)
한국교원대학교 컴퓨터교육과(교육학 박사)
강원대학교 교육대학원 AI융합교육전공 교수(현)
한국컴퓨터교육학회 편집위원(현)
한국정보과학회 교육위원(현)
한국정보통신학회 이사(현)
강원도교육청 교사(전)